国家出版基金项目
NATIONAL PUBLICATION FOUNDATION

高校马克思主义理论教学与研究文库

思想政治理论课教学的境界

张雷声◎著

SIXIANG ZHENGZHI LILUNKE
JIAOXUE DE JINGJIE

中国人民大学出版社
·北京·

高校马克思主义理论教学与研究文库
编委会

总　序

高校承担着学习、研究、宣传马克思主义，培育和弘扬社会主义核心价值观，为实现中华民族伟大复兴的中国梦提供人才保障和智力支持的重要任务。为推动高校马克思主义理论教学研究人员围绕重大理论和现实问题以及学生关心的热点问题开展研究，提升马克思主义理论学科发展中基础性、导向性和战略性重要问题的研究水平，教育部社科司精心策划，组织相关领域知名专家编写出版“高校马克思主义理论教学与研究文库”，集中推出了一批高质量的研究成果。

本套丛书在已有相关研究成果的基础上，着眼于马克思主义理论的运用，着眼于对实际问题的理论思考，着眼于帮助大学生解决思想认识问题和理论困惑，着眼于新的实践和新的发展，从马克思主义经典著作研究、马克思主义理论学科基础理论研究、中国特色社会主义重大理论和现实问题研究、思想政治理论课理论和现实问题研究、大学生高度关注的热点难点研究等方面，开展了全面深入的研究，提出了具有较强创新性和重要学术价值的观点。

本套丛书从编委会到每卷作者，体现了国内相关学科领域老、中、青三代的结合，既有相关领域的权威作者，也有近几年成长起来的中青年学者；既有国内著名的马克思主义理论专家，也有具有丰富一线教学经验的名师。队伍齐整，阵容强大。

希望本套丛书的出版，可以从理论和实践两个方面更好地助力和推进高校马克思主义理论教学与研究工作，从而促进马克思主义理论学科建设与发展，扎实推进高校宣传思想工作，促进高校马克思主义理论教师素质提升，提高学生对思想政治理论课的认同度和满意度。希望本套丛书成为推动马克思主义中国化、大众化、时代化，坚定中国特色社会主义道路自信、理论自信和制度自信的重要的理论成果。

前　言

教师是一个光荣而神圣的职业。19 岁高中毕业后，我成了一名插队知青。一个偶然的机会，我成了众多知青中的一名农村小学教师。那时根本就没想到，若干年后我会真的进入教师的行列，一干就是三十几年。我清楚地记得，农村小学师资的缺乏、教学硬件的简陋，使我这个什么都不太懂的小丫头承担起语文、数学、体育、美术等课程的教学工作，还能应付“复合班”的教学，从一年级教到了五年级。农村小学三年的教学实践，练就了我的胆量，练就了我的“大嗓门”，也练就了我的教学思维。现在想来，那段岁月确实为我后来的高校教育工作打下了基础。

我属于 1977 年恢复高考后的第一批大学生，毕业后完全可以去政府机关工作，但是，我却毅然决然地选择了到党校教书的工作，因为我觉得教书是人生中的一件快乐事。1987 年研究生毕业后，我又毅然决然地来到了中国人民大学任教。在中国人民大学工作的这些年，慢慢地，我懂得了教学的深刻内涵，理解了教学的底蕴所在，对教学与研究的关系逐渐地也有了一些体悟和感想。我努力积攒着教学和研究的体会，感受着教学和研究的成果所带来的快感和欢乐。这应该是我人生中最美好最无法忘怀的经历。

在中国人民大学工作的这些年，思想政治理论课教学和研究是我一直不离不弃的事业。我教过“马克思主义原理”“中国社会主义建设”“邓小平经济理论概论”“政治经济学原理”“马克思主义政治经济学原理”“马克思主义基本原理概论”等本科课程，教过“邓小平理论概论”“中国特色社会主义理论与实践”“马克思主义基本原理专题”等研究生课程。这些教学研究，成为我人生中不可或缺的重要内容。2005年底，马克思主义理论学科设立以后，我在对学科与思想政治理论课的研究中，又逐渐地认识到学科建设对思想政治理论课教学的重要意义。

教学确实是有境界的。我在教学的研究和实践中，逐渐懂得了学术、体悟、学科构成了思想政治理论课教学的三重境界。本书正是从教学的学术境界、教学的体悟境界、教学的学科境界这三重境界来撰写的，也是我近些年来关于思想政治理论课教学的研究成果。本书的上篇为“教学的学术境界”，主要汇集了我在思想政治理论课教学方面的相关理论研究成果，包括“马克思主义基本原理”“中国特色社会主义理论与实践”“中国马克思主义与当代”等课程的内容，意在说明理论研究对促进思想政治理论课教学的重要意义，思想政治理论课教师必须要“一身二任”：既是“教书匠”，又是“研究者”。教学的学术境界是每个思想政治理论课教师所必须具备的，唯有如此，才会有真正意义上的教学。中篇为“教学的体悟境界”，通过自己关于思想政治理论课教学本身的研究成果，阐述了思想政治理论课教学理念与教学实践的关系、从理论到教学的三个“体系转化”问题，以及思想政治理论课教学实践对教师的要求，意在说明教学研究和行动研究是提高教学实效不可或缺的步骤，是使教学散发出魅力的关键。这两大类研究是教师能够真正理解和把握教学精神的根本，它关涉教学对象、教学规律、教学方法、教学环节、教师素质等多个层面。下篇为“教学的学科境界”。教学与学科是密不可分的，学科建设的关键在于人才培养，而人才培养的根本在于教学，因此，教学必须以学科为支撑。思想政治理论课教学具有特殊性，它所依托的马克思主义理论学科，除了要培养专门的人才以外，还必须面向所有的大学生，为培养各类专门人才服务。该部分从思想政治理论课教学的角度，对于马克思主义理论学科建构、建设等问题进行研究，意在说明学科建设与课程建设的结合是使思想政治理论课教学具有“后劲”的关键，是使思想政治理论课教师在自己的教学历程中具有“专业归属”的根本。

以“思想政治理论课教学的境界”为题写作本书，并非强调自己已达到了这种境界，而是力图阐明对教学境界的一种体会、概括和总结，以不断地要求自己、鞭策自己，并朝这个方向努力迈进。

教育部社科司为促进马克思主义理论学科的发展，进一步办好思想政治理论课，设立了“高校马克思主义理论教学与研究文库”，意义重大。感谢教育部社科司将本书列入文库并支持出版，也感谢中国人民大学出版社对本书给予的所有帮助。

张雷声

目　录

上篇　教学的学术境界

中篇　教学的体悟境界

下篇　教学的学科境界

上篇　教学的学术境界

对教学内容的研究是提高教学实效的首先任务。所谓“以一流的科研带动一流的教学”，体现在社会科学领域，正是理论的研究对于促进教学具有极为重要的作用。在思想政治理论课课程建设中，教学研究与理论研究是使大学生能够“回味无穷”的关键，也是使教师能够“一身二任”，即既是“教书匠”又是“研究者”的根本。这就是教学的一种境界，抑或说，教学的学术境界。

第一章　马克思主义基本原理的研究

马克思主义基本原理是马克思主义理论的精髓。作为一个思想政治理论课教师，无论是从事哪一门课程的教学和研究，都必须准确地理解和掌握马克思主义基本原理，运用马克思主义基本原理来分析社会、解答现实问题。

一、马克思主义基本原理的内涵

当前，理论界对什么是、哪些是马克思主义基本原理，认识还不很清晰，人们在研究和运用中很难分清马克思主义基本原理与马克思主义理论观点，很难分清马克思主义基本原理与马克思主义基本原则，也很难分清哪些是必须长期坚持的马克思主义基本原理，哪些是需要结合新的实际加以丰富发展的理论判断，哪些是必须破除的对马克思主义的教条式的理解，哪些是必须澄清的附加在马克思主义名下的错误观点。要做到这些“分清”，首先是要正确认识和把握什么是、哪些是马克思主义基本原理。

1. 从整体角度认识和把握马克思主义基本原理

马克思主义的整体性决定了马克思主义基本原理的整体性。毫无疑问，马克思主义基本原理的“整体性”是建立在它的完整的世界观基础之上的。因此，马克思主义基本原理的“整体性”就在于，它是马克思主义哲学原理、马克思主义政治经济学原理、科学社会主义原理三个部分相互联系着的理论对客观世界的整体反映，这一整体反映是对客观世界的发展、人的认识发展、人的自身发展、人类社会发展的规律性研究。正是因为有了这一看法，我认为，在坚持和发展马克思主义基本原理中，我们所要把握的马克思主义基本原理是以这三个组成部分为基础的。但是，我们必须看到，对这三个组成部分的研究并不直接等于马克思主义基本原理本身。马克思主义基本原理应该是马克思主义这三个组成部分中一以贯之的理论，是能够反映马克思主义精神实质的理论，是能够反映马克思主义整体性的理论；同时，它也必须能够反映马克思主义创立的根本立场和根本原则，即无产阶级人民大众的立场、理论联系实际的原则，必须能够反映马克思主义开放性和创造性的特征。马克思主义是一个严密的整体，研究马克思主义基本原理是研究马克思主义的整体面貌和精神实质的基础方面。马克思主义基本原理只有在“整体性”中才能得到阐明①。

2. 从对应于“非基本原理”角度来认识和把握马克思主义基本原理

讲“基本原理”，必然会有“非基本原理”与其相对应。搞清楚区别于马克思主义基本原理的“非基本原理”，也是正确认识和把握马克思主义基本原理的一条思路。这里，无非有以下两种情况：

一是认清马克思主义理论观点或结论是不是马克思主义基本原理。在马克思主义经典著作中，有许多理论观点或结论被实践检验和证明了是科学理论观点或结论，具有普适性。最有代表性的，如在对资本主义进行深刻分析和批判的基础上，马克思主义关于资本主义必然灭亡、社会主义必然胜利的理论观点或结论，就是为人类历史发展的实践所证实的客观真理，具有人类历史发展的普适性。这种经过实践检验证实的、具有普适性的理论观点或结论，毫无疑问应该是马克思主义基本原理。正因为如此，

① 张雷声. 论马克思主义基本原理及其科学体系. 教学与研究，2007（8）.

毛泽东将马克思主义基本原理称为“马克思主义的普遍真理”① 是有道理的。当然，在马克思主义经典著作中，也有一些理论观点或结论被实践检验和证明了是“过时的”理论观点或结论。例如，第二国际时期，马克思恩格斯关于社会主义革命只能在几个主要的资本主义国家同时胜利的论点，曾被公认为马克思主义关于革命战略的一个基本原理。但是，随着帝国主义时代的到来，随着革命重心的东移，这个论点不再适用了，因而也就不能将其列入基本原理范围了。因此，马克思主义的个别观点、个别结论，是在特定的条件下对当时当地的历史事件做出的判断和预测，随着条件的变化，就有可能变得不正确了。我们不能将此当作基本原理来看待。正如邓小平所说：“我们坚持的和要当作行动指南的是马列主义、毛泽东思想的基本原理，或者说是由这些基本原理构成的科学体系。至于个别的论断，那末，无论马克思、列宁和毛泽东同志，都不免有这样那样的失误。但是这些都不属于马列主义、毛泽东思想的基本原理所构成的科学体系。”②

二是认清马克思主义基本原则是不是马克思主义基本原理。关于这一问题，也必须做具体分析。有的基本原则是基本原理，有的基本原则却不属于基本原理的范畴。例如，马克思恩格斯在《共产党宣言》中提出的“每个人的自由发展是一切人的自由发展的条件”的共产主义基本原则③，后来在《资本论》第 1 卷中被概括为“每一个个人的全面而自由的发展”④。这一基本原则虽然是对共产主义的一种预见、设想，虽然在社会主义初级阶段的实践中只是初见端倪，但却是马克思主义的最高命题，反映了社会发展的根本在于人的发展。这种逐步为社会主义发展的实践所证实的马克思主义基本原则理应属于基本原理的范畴。又如，马克思主义关于社会主义消灭剥削、公有制、按劳分配的基本原则是科学的，但却是建立在没有商品货币关系的社会主义基础上的，在社会主义现阶

① 毛泽东. 毛泽东选集：第 3 卷. 北京：人民出版社，1991：803.
② 邓小平. 邓小平文选：第 2 卷. 北京：人民出版社，1994：171.
③ 马克思，恩格斯. 马克思恩格斯文集：第 2 卷. 北京：人民出版社，2009：53.
④ 马克思，恩格斯. 马克思恩格斯文集：第 5 卷. 北京：人民出版社，2009：683.

段必须根据具体实际的要求加以发展。这种需要在实践中进一步发展的基本原则也属于马克思主义基本原理的范畴。正因为如此，毛泽东有时又将马克思主义基本原理称为“马克思列宁主义基本原则”①。但是，并不是所有的基本原则都是基本原理，那些被实践证明是行不通的基本原则，就不应列入基本原理的范围。例如，马克思主义关于社会主义是计划经济的基本原则，很长时间都被当作马克思主义基本原理来坚持的，但是，实践已经证明，这一原则并不符合社会主义经济发展的实际。因此，没有为实践所证明的原则，我们便不能盲目地视其为基本原理而加以遵循。

3. 从具体内容角度来认识和把握马克思主义基本原理

理论界有的学者认为马克思主义基本原理就是哲学原理，也有学者认为马克思主义基本原理就是科学社会主义原理。这种各执一端的看法，实际提出了究竟哪些内容属于马克思主义基本原理，或者说，马克思主义基本原理究竟有哪些的问题，这是认识和把握马克思主义基本原理的关键。恩格斯说，“我们党有个很大的优点，就是有一个新的科学的观点作为理论的基础”②。这为我们理解马克思主义基本原理提供了基本的方法。也就是说，马克思主义基本原理不仅包括世界观、方法论，而且还应包括用这种世界观、方法论去解决现实问题而做出的具有普适性的理论概括。因此，基本原理是有层次的。我们可以把世界观、方法论作为基本原理的第一层次，这是马克思主义基本原理的精神实质和核心内容。在马克思主义基本原理第一层次内容形成的同时，也就把认识的工具给予了人类，使人类去认识和掌握世界，从而为创造性地改造世界提供了理论基础。第一层次的基本原理与人类社会普遍实践相结合，形成了第二层次的基本原理。它包括：物质生产是人类社会生存和发展的基础，人与自然的关系是根本力量，人与人的关系是社会有机体内部生产活动中的一定的、必然的、不以人的意志为转移的物质关系；人与自然的关系和人与人的关系之间所具

① 毛泽东．毛泽东选集：第3卷．北京：人民出版社，1991：802.

② 马克思，恩格斯．马克思恩格斯选集：第2卷．北京：人民出版社，1995：39-40.

有的内在联系和矛盾，构成了人类社会基本结构和社会形态的基本矛盾，成为推动人类社会发展的根本力量；人与人的关系在一切社会中又表现为人们在进行生产、分配、交换、消费的经济活动中所形成的相互关系的总和，并以一定的生产资料所有制为基础。第一层次的基本原理与人类社会具体实践相结合，形成了第三层次的基本原理。它包括：在商品经济发达的资本主义社会中，人类社会发展的基本矛盾与商品经济基本矛盾的结合，表现为资本主义基本矛盾，资本主义基本矛盾在资本主义的现实发展中又得到了进一步的展开，尽管当代资本主义出现了一些新变化，但是，资本主义的矛盾运动仍然反映了资本主义生产方式运动的历史趋势；在经济文化比较落后的社会主义社会中，人类社会发展的基本矛盾与社会主义商品经济、经济制度的结合，使其遇到了一些新问题，社会主义在不断探索和解决这些新问题，社会主义的胜利同样是历史的必然，共产主义是人类从必然王国向自由王国的飞跃。马克思主义基本原理的三个层次，反映了基本原理的发展及实际运用，体现了基本原理的生命力及其所具有的与时俱进的理论品质。

正确认识和把握马克思主义基本原理，对于坚持和发展马克思主义基本原理至关重要，对于讲好“马克思主义基本原理概论”课程至关重要。

二、马克思主义基本原理的发展

马克思主义基本原理阐明了自然、社会和思维认识各方面的客观规律，阐明了人类社会由低级向高级发展的客观规律。马克思主义基本原理在与具体实际的结合中，以震撼世界的伟大的社会主义制度的建立和中国特色社会主义的发展，证实了这些客观规律的运用对世界历史走向的改变，对人类社会进程的深刻影响。马克思主义基本原理是随着实践的发展而发展的，同时，发展着的马克思主义基本原理又必将指导着实践的发展。

1. 在实践中发展马克思主义基本原理

马克思主义基本原理具有普适性是就其科学内涵和精神实质而言的。马克思主义基本原理具有普适性，并不是说马克思主义基本原理不需要发展。马克思主义基本原理是一定历史条件的产物，它没有也不可能穷尽人类社会历史长河中的一切真理，它需要根据实践的发展而发展。“真正的马克思列宁主义者必须根据现在的情况，认识、继承和发展马克思列宁主义”，“不以新的思想、观点去继承、发展马克思主义，不是真正的马克思主义者”①。坚持马克思主义基本原理的目的，就在于在实践中发展马克思主义基本原理。

在实践中发展马克思主义基本原理，就是在实践中不断探索马克思主义中国化的过程。中国共产党多年的奋斗历程充分反映了这一过程。在民主革命时期，毛泽东在批判陈独秀右倾机会主义错误和王明“左”倾冒险主义错误基础上，从中国的具体实际出发，总结了中国革命斗争的实践经验，创立了农村革命根据地，找到了农村包围城市的革命道路，在中国革命的实践中发展了马克思主义基本原理。在新中国社会主义建设初期，以毛泽东为代表的中国共产党人很快就意识到，任何一国的历史都不可能是另一国历史的重复，苏联社会主义道路并不完全适用于中国社会主义的发展，中国社会主义建设的道路，只能由中国共产党领导中国人民在实践中去探寻。毛泽东强调了走中国特色社会主义道路的重要性。改革开放以来，邓小平、江泽民、胡锦涛、习近平等中国共产党人解放思想、实事求是、与时俱进、开拓进取，在实践中不断探索马克思主义基本原理的发展，不断总结实践经验，推进了马克思主义中国化，创立了中国特色社会主义理论体系。坚持和发展马克思主义基本原理成为中国改革开放的一条重要经验。

在实践中发展马克思主义基本原理，有两个方面的问题值得我们关注。

第一，对马克思主义基本原理的发展，不是不讲结合实际的发展。理

① 邓小平．邓小平文选：第3卷．北京：人民出版社，1993：291，292.

论的发展在于承认社会历史的变化，敢于正视新情况新问题，能够把基本原理和现实结合起来，进行科学分析和探索，提出解决问题的正确观点和方法。马克思主义基本原理只有结合实际，才能真正得到发展。从这一意义上说，社会历史发展中新情况新问题的出现，并不是马克思主义基本原理“过时”的表现，而恰恰是其得以发展的最好时机。

结合实际发展马克思主义基本原理，不仅是一个运用已有的原理对实践的发展变化进行科学分析和探索的过程，同时也是一个提出解决问题的正确观点和方法，并将其概括为新原理的过程。这个过程是一个不断总结客观世界和人们在实践中提出的新问题，进一步丰富马克思主义基本原理内容的过程。例如，马克思主义认为，社会主义是人类社会发展中必经的一个历史阶段。这一基本原理结合社会主义发展的历史实际，带给我们的就是极为丰富的理论认识，即不同国家的社会主义在本质上是相同的，但社会主义发展的方式却可以是不同的；在经济文化落后基础上建立的社会主义社会存在着商品货币关系，大力发展生产力是不可逾越的；有各国特色的社会主义的发展是走向社会主义全面胜利、实现共产主义的重要途径；等等。马克思主义的这一基本原理运用于对社会主义实践的分析和总结所做出的理论概括，正是对这一基本原理的充实和发展。它充分说明，实践是马克思主义基本原理发展的根本动力，是马克思主义基本原理不断获得崭新内容和强大生命力的源泉。发展马克思主义基本原理如果离开了实际，就会成为无源之水、无本之木。

在这一问题上，必须反对各种形式的教条主义。教条主义对待马克思主义基本原理的态度，就是把马克思主义基本原理当成僵死不变的教条，固守马克思主义经典作家的个别论断甚至个别字句，否认马克思主义要随着实践的发展而不断发展；就是把马克思主义基本原理当成包医百病的灵丹妙药，不断重复马克思主义经典作家的现成词句，否认马克思主义基本原理与具体实际相结合的必要性；就是抽象地谈论马克思主义基本原理，把马克思主义基本原理当作标签贴到各种事物上去，背离马克思主义具体情况具体分析的要求。教条主义的实质就在于，割裂理论与实际之间的本质联系，用理论裁减实际，用理论抹杀现实。尽管经过改革开放，教条主义已没有多大的市场，但它仍然是束缚我们在实践中发展马克思主义基本原理的大敌。教条主义的存在必然会阻隔在实践中发展马克思主义基本原理，扼杀马克思主义基本原理的生机和活力。

马克思从来就认为："哲学家们只是用不同的方式**解释**世界，问题在于**改变**世界。"[①] 所以，与以往所有的哲学家不同的是，马克思在创立马克思主义基本原理的过程中，并不只是满足于对世界的解释和说明，而是致力于使理论与实际相结合，把"改变世界"作为创立马克思主义基本原理的根本要求。因此，马克思主义基本原理本身就是实践的产物，它能够经受实践的检验并随着实践的发展而不断发展，它不允许人们以教条主义的态度来对待它。"我们的理论是发展着的理论，而不是必须背得烂熟并机械地加以重复的教条"[②]，这是马克思恩格斯对待马克思主义基本原理的一贯态度。在中国革命和建设中，毛泽东历来就反对教条式地对待马克思主义。他把完全脱离中国革命实际的"左"倾教条主义称为"假马克思主义"。在1938年10月召开的党的六届六中全会上，他对教条主义进行了批判，指出，"共产党员是国际主义的马克思主义者，但是马克思主义必须和我国的具体特点相结合并通过一定的民族形式才能实现。马克思列宁主义的伟大力量，就在于它是和各个国家具体的革命实践相联系的。对于中国共产党说来，就是要学会把马克思列宁主义的理论应用于中国的具体的环境。成为伟大中华民族的一部分而和这个民族血肉相联的共产党员，离开中国特点来谈马克思主义，只是抽象的空洞的马克思主义"，"教条主义必须休息，而代之以新鲜活泼的、为中国老百姓所喜闻乐见的中国作风和中国气派"[③]。要实现马克思主义中国化，必须反对各种形式的教条主义，必须将马克思主义的普遍真理和中国革命的具体实践完全地恰当地统一起来。对于使理论脱离实际、理论裁减实际、理论抹杀现实的教条主义者，毛泽东认为应该"取消他的'理论家'的资格。只有用马克思主义观点来

① 马克思，恩格斯．马克思恩格斯文集：第1卷．北京：人民出版社，2009：502.
② 马克思，恩格斯．马克思恩格斯文集：第10卷．北京：人民出版社，2009：562.
③ 毛泽东．毛泽东选集：第2卷．北京：人民出版社，1991：534.

研究实际问题、能解决实际问题的，才算实际的理论家”①。

实践是发展的，理论和实践的结合应该随之发展。在实践中发展马克思主义基本原理，必须在反对各种形式的教条主义中向前推进，历史是这样，在今天把坚持马克思主义基本原理与推进马克思主义中国化相结合的发展进程中也是这样。只要我们善于总结已有的实践经验，紧紧地跟上新的实践步伐，并做出理论上的科学概括，我们就能真正发展马克思主义基本原理。

第二，对马克思主义基本原理的发展，不是不讲“坚持”的发展。坚持马克思主义基本原理，就是要在意识形态领域以马克思主义为指导，在实际工作领域贯彻马克思主义基本原理。因此，在实践中发展马克思主义基本原理，必须以坚持马克思主义基本原理并接受它的指导为前提。否则，发展马克思主义基本原理就会走向曲解甚至背离。马克思主义基本原理任何时候都要坚持，否则我们的事业就会因为没有正确的理论基础和思想灵魂而迷失方向，就会归于失败。“发展”只能是“坚持”基础上的“发展”，有了“坚持”，才会有“发展”。同样，“坚持”也只能是“发展”中的“坚持”，对马克思主义基本原理的停滞和僵化，谈不上真正的“坚持”。

坚持马克思主义基本原理，根本在于坚持马克思主义的世界观、方法论，掌握马克思主义观察问题和分析问题的立场、观点和方法，坚持用马克思主义的世界观、方法论揭示人类社会发展的客观规律，坚定中国特色社会主义的共同理想和共产主义必定在人类实现的信念。有了对坚持马克思主义基本原理内涵的理解，“老祖宗不能丢啊!”② 才会成为我们坚持马克思主义基本原理的最通俗的思想表达。但是，坚持马克思主义基本原理不等于“死守”马克思主义的具体结论。其实，我们都很清楚，马克思主义基本原理是用来提供观察问题和处理问题的指导原则、科学工具，它不可能为我们提供解决具体问题的现成答案。如果我们把它绝对化，把它看成完美无缺的东西，把它看成包医百病的灵丹妙药，那我们就会把自己引

---

① 毛泽东．毛泽东文集：第2卷．北京：人民出版社，1993：374.

② 邓小平．邓小平文选：第3卷．北京：人民出版社，1993：369.

到邪路上去。

以坚持马克思主义基本原理为前提，在实践中发展马克思主义基本原理，必须反对那种以“坚持”为口号，否认马克思主义基本原理需要发展的错误态度。以“坚持”为口号，否认马克思主义基本原理的发展，实际上是把“坚持”变成了“守护”，僵化地对待马克思主义基本原理。这种僵化的“坚持”，脱离了实际，脱离了时代发展的要求，不可能真正坚持马克思主义基本原理，而只会窒息马克思主义基本原理。当然，还必须反对那种以“发展”为幌子，否定坚持马克思主义基本原理的重要性，远离马克思主义基本原理去“发展”马克思主义基本原理的错误做法。抛开坚持马克思主义基本原理来“发展”马克思主义基本原理，实际上是否定马克思主义基本原理。这种抛开“坚持”的“发展”，无疑也是对实际、对时代发展要求的背弃，它比僵化的“坚持”更为可怕，因为它会给马克思主义基本原理附加许多错误的观点，影响我们对马克思主义基本原理的正确理解。

在实践中发展马克思主义基本原理，要求我们把理论和实际结合起来，把“坚持”和“发展”结合起来。解放思想、实事求是、与时俱进，是党的思想路线，也是我们在实践中发展马克思主义基本原理的思想方法。用马克思主义基本原理观察和分析实际问题，在实践基础上推进马克思主义基本原理的创新，正是对马克思主义基本原理的坚持和发展。

2. 在反对错误思想倾向中发展马克思主义基本原理

发展马克思主义基本原理是一个充满复杂思想矛盾和实践矛盾的过程，是一个在马克思主义发展史上与各种对待马克思主义基本原理的错误思想倾向进行斗争的过程。这已被中国革命和建设特别是改革开放以来的历史实践充分证明。反对马克思主义基本原理“过时论”，反对对马克思主义基本原理的“教条式”理解，反对对马克思主义基本原理的“纯粹的思维的构想”理解，以科学的态度对待马克思主义基本原理，是发展马克思主义基本原理的重要方面。

马克思主义基本原理“过时”的说法，早在马克思主义创立时期就已出现了。但是，一百多年来，在马克思主义基本原理多次被宣布为“过时”的喧嚣中，马克思主义基本原理依然在与各国的具体实际结合中得到了丰富和发展。马克思主义基本原理的最本质的部分是关于人类社会历史发展规律、关于资本主义时代发展规律的论述。例如，马克思主义关于社会存在和社会意识、生产力和生产关系、经济基础和上层建筑的辩证关系的理论，最深刻地揭示了人类历史发展的普遍规律。马克思主义的这些基本原理，显然适用于人类社会发展的全过程。换言之，只要人类社会没有终止，马克思主义的这些基本原理就决不会“过时”。马克思主义中国化的推进，就是对马克思主义的这些基本原理的应用和发展。在马克思主义经典著作中，既包括对马克思主义基本原理的阐述，也包括这些经典作家针对他们所处时代的某些具体情况和具体问题得出的个别结论。必须区分马克思主义的基本原理与马克思主义的具体结论。随着时间的推移，这些个别的具体结论是可能“过时”的，但是，显然不能由此做出马克思主义基本原理也已“过时”的判断。早在1872年，马克思恩格斯在谈到《共产党宣言》中基本原理和个别结论的关系时就曾指出：不管《共产党宣言》发表之后的25年间，情况发生了多么大的变化，“《宣言》中所阐述的一般原理整个说来直到现在还是完全正确的”①。但是，由这些原理在实际运用中得出的某些个别结论，如关于革命措施的提法、共产党对反对党派态度问题的意见，是可能随着历史条件的转移和工人运动的发展而“过时”②的。因此，不能抓住马克思主义的个别具体观点、个别具体结论，甚至个别具体提法的“过时”，断言马克思主义整个基本原理都已“过时”。

与马克思主义基本原理“过时论”并行的是对马克思主义基本原理的教条式理解，其置人类经济社会发展的状态、趋势于不顾，大谈对马克思主义基本原理的应用。在马克思主义发展史上，这方面的例子也不少。自1878年开始，德国社会民主党一直处于俾斯麦《反社会党人非常法》的恐怖镇压下，但由于工人运动的蓬勃发展，1890年《反社会党人非常法》被

---

① 马克思，恩格斯．马克思恩格斯文集：第2卷．北京：人民出版社，2009：5.

② 同①6.

废除。但是，德国社会民主党内形成的代表小资产阶级半无政府主义的“青年派”，却不顾党的活动条件已经发生的极大变化的实际，否认利用合法斗争形式的必要性，甚至在当社会民主党人在国会选举中获得压倒性多数的胜利、俾斯麦被迫辞职的情况下，还号召工人在5月1日举行总罢工。针对这种教条式地对待马克思主义基本原理的现象，恩格斯明确认为，马克思播下的是“龙种”，而收获的却只可能是“跳蚤”。显然，教条式地对待马克思主义基本原理，是对马克思主义基本原理的扭曲。因此，恩格斯一再强调，马克思主义理论不是教条，而是对包含着一连串互相衔接的阶段的发展过程的阐明。改革开放以来，推进马克思主义中国化的过程，就是一个彻底摆脱教条思维束缚的过程。

对马克思主义基本原理的“纯粹的思维的构想”理解，是马克思主义基本原理“过时论”的另一种表现形式。它实际上是把马克思主义基本原理封闭在“纯粹的思维的构想”的圈子里，说明马克思主义基本原理不可能适用于现时代发展的实际。19 世纪末 20 世纪初，当伯恩施坦修正主义宣称马克思主义基本原理“过时”时，就是采用了这种手法。伯恩施坦反对马克思主义，正是把马克思主义基本原理说成是“纯粹的思维的构想”，表现为“一系列的抽象和还原”，“缺乏现实依据”等，以纯粹思维化的眼光来阉割马克思主义基本原理，从而把马克思主义基本原理与现实完全割裂开来。在马克思主义中国化的推进过程中，同样也有一些人把马克思主义基本原理看成是“纯粹的思维的构想”，试图抽去马克思主义中国化的理论基础。例如，在关于马克思劳动价值论的论战中，有些人就曾把马克思关于劳动价值论的基本原理锁定在“纯粹的思维的构想”之中，认为它是远离现实的，是不可能与中国社会主义发展的现实结合的。而马克思主义中国化的推进恰恰证明了马克思主义基本原理在我国发展的现实，说明了在推进马克思主义中国化的过程中发展马克思主义基本原理的重要性和必然性，说明了用发展了的现实丰富马克思主义基本原理、给马克思主义基本原理注入新的活力的重要性和必然性。

马克思主义中国化的推进实质上就是马克思主义基本原理在中国的发展，这是马克思主义发展史上的一个重要阶段，马克思主义中国化的历史就是马克思主义发展史上一部与对待马克思主义基本原理的错误思想倾向进行斗争的历史。马克思主义中国化的理论成果也正是在与这些错误思想倾向的长期斗争中，在正确理解、科学坚持马克思主义基本原理的过程中逐步形成并不断成熟的。这一斗争的历史深刻说明了发展马克思主义基本原理的重要意义，说明了只有反对脱离中国的具体实际和当代的重大现实问题教条式地对待马克思主义基本原理的错误思想倾向，反对只谈中国的具体实际和当代的重大现实问题而否认马克思主义基本原理的科学性和正确性的错误思想倾向，才能真正坚持和发展马克思主义基本原理，才能真正推进马克思主义中国化。

3. 用发展着的马克思主义基本原理指导实践

马克思主义具有与时俱进的理论品质。在实践中发展起来的马克思主义基本原理，作为马克思主义的精神实质和科学内涵同样也具有与时俱进的理论品质。我们“绝不能要求马克思为解决他去世之后上百年、几百年所产生的问题提供现成答案。列宁同样也不能承担为他去世以后五十年、一百年所产生的问题提供现成答案的任务”①。即使是那些具有普适性的马克思主义基本原理，也需要在具体的实际中不断丰富和深化。因此，马克思主义基本原理必须随着时代、实践和科学的发展不断丰富和发展，才能有效地指导新的实践。马克思主义基本原理的与时俱进，表现为发展着的马克思主义基本原理。它是时代发展的要求，是中国具体实际发展变化的要求。当今中国实践的发展需要用发展着的马克思主义基本原理来指导。

用发展着的马克思主义基本原理指导实践，首先，要搞清楚解放思想是产生发展着的马克思主义基本原理的重要前提。在坚持和发展马克思主义基本原理中，只有自觉地把思想认识从那些不合时宜的观念、做法和体制中解放出来，从对马克思主义的错误的和教条式的理解中解放出来，从主观主义和形而上学的桎梏中解放出来，才能产生发展着的马克思主义基

① 邓小平. 邓小平文选：第3卷. 北京：人民出版社，1993：291.

本原理，也才能用发展着的马克思主义基本原理指导新的实践。解放思想是在马克思主义指导下打破习惯势力和主观偏见的束缚，研究新情况，解决新问题，是使思想和实际相符合，使主观和客观相符合，就是实事求是。改革开放的实践表明，解放思想是一种反对思想僵化的思维创新，但是，这种思维创新必须是既坚持马克思主义的指导地位，又符合变化了的、发展了的客观实际，必须是运用马克思主义基本原理分析和解决客观实际中存在的问题，必须是实事求是。离开了坚持马克思主义的指导地位，离开了实事求是，就不是真正意义上的解放思想，而是主观主义的胡思乱想，是脱离实际的标新立异。因此，解放思想有两层含义：第一，对已有的认识进行再认识，即对符合变化了的、发展了的实际的正确认识必须坚持，而对不符合变化了的、发展了的实际的错误认识、“过时”认识必须纠正；第二，必须在研究新情况、解决新问题、总结新经验的基础上形成新认识。

解放思想的过程，是在坚持马克思主义基本原理的基础上发展马克思主义基本原理的过程。改革开放以来，在应对前进道路上各种新情况新问题、不断开创中国特色社会主义事业新局面中，中国共产党始终坚持解放思想，走自己的路，建设中国特色社会主义，提出了新理论，产生了新观念，形成了包括邓小平理论、“三个代表”重要思想和科学发展观等重大战略思想，以及治国理政新理念新思想新战略在内的中国特色社会主义理论体系。不坚持解放思想，孕育不出中国特色社会主义，不坚持解放思想，同样孕育不出中国特色社会主义理论体系。

其次，要搞清楚中国特色社会主义理论体系就是马克思主义在中国的新的理论形态，是当代中国发展着的马克思主义基本原理。中国特色社会主义理论体系，既源于马克思主义理论本质的内在要求，又深深扎根于中国国情和社会主义现代化建设实践的客观需要之中；既坚持了马克思主义的指导地位，使马克思主义在中国的土壤上生根发芽、开花结果，又体现了马克思主义的中国气派、中国风格和中国特色。中国特色社会主义理论体系把马克思主义基本原理与社会主义发展的现实及中国特色社会主义发展的具体实际结合起来，所形成的社会主义本质、社会主义初级阶段、社会主义改革开放、社会主义市场经济、社会主义基本经济制度、社会主义科学发展、社会主义和谐社会、社会主义政治文明建设等新思想、新观点，就是在中国社会主义发展实践中产生的、发展着的马克思主义基本原理。在当代中国，坚持中国特色社会主义理论体系，就是真正坚持了马克思主义的指导地位，坚持了用发展着的马克思主义基本原理指导实践。

中国特色社会主义理论体系紧密结合新的时代条件和实践要求，生动而具体地坚持和发展了马克思主义，赋予马克思主义新的内涵，开辟了马克思主义的新境界。它凝结了几代中国共产党人带领人民不懈探索实践的智慧和心血，是马克思主义中国化的最新成果，是我们党最可宝贵的政治和精神财富，是全国各族人民团结奋斗的共同思想基础。在当代中国，用中国特色社会主义理论体系指导我们的实践，就能引领我们破除一切妨碍科学发展的思想观念和体制机制弊端，克服前进道路上的一切困难，排除历史的和现实的、自然的和社会的、国内的和国际的各种阻力，保障人民经济、政治、文化、社会权益，实现建成富强民主文明和谐的社会主义现代化强国的宏伟目标。

中国特色社会主义理论体系不仅具有鲜明的实践性特征和民族性特征，而且它还是一个不断发展的开放的理论体系。中国特色社会主义事业是不断发展的事业。我们在前进中还会遇到这样那样的新情况新课题，还要应对各种可以预料和难以预料的风险和挑战，因此还要继续进行新的实践和新的探索。中国特色社会主义理论体系面对的实践是在不断发展变化的，因而在新的实践基础上，它需要不断开放、不断发展，这是一个永无止境的过程。实践永无止境，创新永无止境。新的实践为中国特色社会主义理论体系的创新、发展开拓了新的空间，提供了新的视野。中国特色社会主义理论体系在新的实践基础上的发展，这个过程既是理论引导社会实践不断走向胜利的过程，也是理论自身不断被验证、丰富、发展和创新的过程。用发展着的马克思主义基本原理指导实践，充分体现了对马克思主义基本原理的坚持和发展。马克思主义不可战胜的强大力量及其创造性正是存在于这种坚持和发展之中，对当代中国社会的具体实际的考察和分析，以及当代中国社会所面临的问题的真正解决也正是通过这种坚持和发展得到实现的。

再次，用发展着的马克思主义基本原理指导实践，更为重要的是深入学习、贯彻落实中国特色社会主义理论体系，着力用马克思主义中国化的最新成果武装全党全国各族人民，不断开创中国特色社会主义事业的新局面。贯彻落实中国特色社会主义理论体系的过程，就是用发展着的马克思主义基本原理指导实践的过程。这是一个创造性实践的过程。贯彻落实的前提是全面把握、深刻领会。中国特色社会主义理论体系把认识马克思基本原理与马克思主义在当代中国的新的理论形态统一了起来，把运用马克思主义基本原理与发展马克思主义基本原理统一了起来，坚持了马克思主义基本原理与中国具体实际相结合，实现了马克思主义中国化，使马克思主义更好地发挥了对中国特色社会主义实践的指导作用。它的科学内涵、精神实质、创新意义是推动中国特色社会主义事业发展的理论基础，需要我们认真学习、准确把握。因此，全面把握中国特色社会主义理论体系，对于深刻理解改革开放以来党的实践和理论创新历程，深入理解中国共产党提出的重大理论观点、重大战略思想、重大工作部署，至关重要。

用发展着的马克思主义基本原理指导实践，需要我们大力弘扬理论联系实际的学风，把学习中国特色社会主义理论体系与发展中国特色社会主义的生动实践结合起来。中国特色社会主义理论体系作为马克思主义在中国的新的理论形态，不能只是停留在理论形态，停留在口头上，而是必须落实在行动中。用中国特色社会主义理论体系指导中国特色社会主义发展的实践，就必须面对现实、面向世界、面向未来，深入研究并正确回答改革发展中的重大现实问题，解决中国特色社会主义事业发展中的各种复杂问题，分析世界上其他社会主义国家兴衰成败的经验教训，坚持把理论学习和研究同推动社会重大现实问题的解决结合起来，同解决关系国计民生的现实矛盾结合起来，同指导实际工作结合起来，坚定高举中国特色社会主义伟大旗帜的意志，坚定共产主义远大理想和中国特色社会主义共同理想的信念，提高运用科学理论分析和解决问题的实际能力，提高推动“创新、协调、绿色、开放、共享”发展、全面建成小康社会、实现中华民族伟大复兴的过硬本领，强化与人民群众同呼吸、共命运、心连心的真挚情感，强化增强党性修养、提高思想觉悟的自觉行动。

中国革命和建设的历史实践证明：没有革命的理论，就不会有革命的行动；理论一经群众掌握，就会变成强大的精神力量。坚持和发展马克思主义基本原理的过程，就是一个以革命理论领导革命行动的过程。改革开放的实践也充分说明：在当代中国，要发展马克思主义基本原理，必须谱写新的理论篇章，要发扬革命传统，必须创造新鲜经验，这就要求用发展着的马克思主义基本原理指导新的实践。不坚持马克思主义中国化，不坚持中国特色社会主义理论体系，马克思主义基本原理在中国就得不到发展，也就没有中国特色社会主义的生动活泼的现实。中国特色社会主义理论体系对马克思主义基本原理的突破和创新，是马克思主义的里程碑式的发展，是当代中国马克思主义放射出的灿烂的真理光芒。

三、马克思主义经济学的创新

马克思主义经济学原理是马克思主义基本原理的重要内容。马克思主义经济学的创新和发展，离不开世界历史的发展、世界体系格局的演化和经济全球化的推进。创立于 19 世纪 60 年代中期的马克思主义经济学，在一个多世纪的“历史向世界历史转变”[①]、世界体系格局不断演化、经济全球化日益推进的历史进程中，从研究主题、体系结构到理论内容，都得到了进一步的拓展、丰富和创新。特别是在这一发展进程中，中国共产党提出了一系列适合时代要求的经济思想，丰富和发展了马克思主义经济学。马克思主义经济学的生命价值正寓于研究主题的拓展、体系结构的丰富和理论内容的创新之中。

1. 马克思主义经济学研究主题的拓展

自 19 世纪 40 年代开始直至 60 年代，马克思以投身于社会实践活动、

① 马克思，恩格斯．马克思恩格斯全集：第 3 卷．北京：人民出版社，1960：52.

反映时代发展的客观要求、批判地继承前人一切优秀成果为基础，在对资本主义“典型国家”——英国的经济关系研究中，马克思以惊人的洞察力在对世界历史的形成、扩展及给社会发展带来新的变化的考察中，对人类发展的历史趋向做了总体概括，科学地揭示了社会经济活动的本质和规律，精辟地阐明了资本主义经济关系向未来社会经济关系过渡的历史必然性，创立了真正反映无产阶级根本利益和历史使命的马克思主义经济学。马克思认为，“历史向世界历史的转变”是现代社会的基本特征。人类社会的发展是在不断拓展自身的活动范围基础上的发展，是从狭窄的民族历史走向广阔的世界历史的发展。这一发展过程决定了它不能在自我封闭的历史环境中生存，不能处于孤立隔绝的状态，它具有显著的国际性和开放性。“生产力的普遍发展和与此相联系的世界交往”① 是“历史向世界历史的转变”的动力。反过来，“历史向世界历史的转变”又是生产力与生产关系的矛盾运动在民族性和世界性关系上的反映。世界历史的形成，使得生产力和生产关系的矛盾在狭隘地域内单独进行运动的各个不同的民族、国家，越出了狭隘的地域，卷进了世界历史的旋涡之中。这时，各个民族、国家的生产力和生产关系的矛盾运动，开始纳入世界范围内生产力和生产关系矛盾运动的整体。因此，在世界历史条件下，各民族内部的生产力和生产关系的矛盾运动是和世界范围内生产力和生产关系的矛盾运动相联系的，并在总体上受到世界范围内生产力和生产关系矛盾运动的影响和制约。

马克思不仅研究了世界历史发展的原因、动力和后果，并且运用世界历史的眼光来研究经济学，明确看到了工业较发达的国家向工业较不发达的国家所展示的未来道路主要有两条，即自发地实现工业化，如当时的法国和德国，和被工业发达国家以殖民化的方式被迫工业化，典型的国家是印度，也客观地认识到世界历史的发展，使资本主义发展成了一个“中心”与“外围”相对立的世界体系。马克思对后一条道路的资本主义世界性扩张做了分析，明确提出了发达资本主义国家殖民化方式的两个主要表

---

① 马克思，恩格斯. 马克思恩格斯文集：第1卷. 北京：人民出版社，2009：539.

现：一是在"原始积累"时期，发达国家对殖民地进行公开抢掠，强行地把它们拖入资本主义的发展轨道；二是发达国家把落后国家强行拖入资本主义发展轨道以后，对它们进行殖民式的剥削和掠夺，而殖民式剥削和掠夺的主要途径则是对外贸易和资本输出。这些研究为马克思晚年拓展由他所创立的政治经济学研究主题奠定了重要的理论基础。

马克思主义经济学创立时期，研究主题被明确为发达资本主义经济关系，正如马克思在1867年出版的《资本论》第一卷第一版序言中一再强调的："我要在本书研究的，是资本主义生产方式以及和它相适应的生产关系和交换关系。到现在为止，这种生产方式的典型地点是英国。因此，我在理论阐述上主要用英国作为例证。"因为"已经发育的身体比身体的细胞容易研究些"①，不仅当时英国的商品经济要比德国发达，具有创立政治经济学的肥沃土壤，而且"德国和西欧大陆其他国家的社会统计，与英国相比是很贫乏的"②，更重要的是，政治经济学的"最终目的就是揭示现代社会的经济运动规律"③，只要探索到了社会本身运动的自然规律，对于任何国家来说，虽然"既不能跳过也不能用法令取消自然的发展阶段。但是它能缩短和减轻分娩的痛苦"④。

马克思主义经济学创立以后的一个多世纪以来，随着世界历史的发展、世界体系格局的演化和经济全球化的日益凸显，研究主题不断得到拓展。19世纪70年代中期以后，整个资本主义世界发生了新的变化。第一，资本主义经济关系加速向西欧以外，特别是向广大亚洲、非洲国家延伸，资本主义呈现出越来越显著的所谓"世界主义"的现象。这一变化表明：从18世纪中期到19世纪中期，西欧资本主义发展的历史已经充分说明了，资本主义既具有推进社会生产力发展和人类文明进步的巨大功绩，也明显地暴露出一些难以避免的弊端，给人类社会的进步带来了一系列灾难性的后果。经济文化比较落后的国家在世界历史的潮流面前，怎样才能既保留住资本主义社会发展给人类文明带来的成果，又避免资本主义带来的灾难

---

① 马克思，恩格斯．马克思恩格斯文集：第5卷．北京：人民出版社，2009：8.
② 同①9.
③④ 同①10.

性的后果？第二，资本主义发展进入了相对稳定的状态，经济文化比较落后的国家的社会矛盾随着资本主义的不断入侵而不断激化，无产阶级革命日益高涨。这一变化表明：无产阶级革命的重心开始移向经济文化比较落后的国家。马克思敏锐地注意到了俄国所酝酿的革命风暴，在对俄国农村公社所有制的研究中，提出了经济文化比较落后国家可以跨越资本主义制度“卡夫丁峡谷”的思想，即在发达资本主义国家首先或者同时取得社会主义革命胜利的前提下，经济文化比较落后的国家可以不经受资本主义制度的一切苦难而取得它的全部成果，即“可以不通过资本主义制度的卡夫丁峡谷，而占有资本主义制度所创造的一切积极的成果”①。马克思的这一思想拓展了马克思主义经济学研究的广阔视野，研究主题由创立时期的发达资本主义经济关系拓展为发达资本主义经济关系与经济文化比较落后的国家经济关系并存的研究，这一研究主题也为20世纪中期以后一些马克思主义经济学的“依附”论者如安德列·冈德·弗兰克、西奥东尼奥·多斯· 桑托斯等所坚持。

19世纪末20世纪初，在社会生产力迅速发展的推动下，资本积聚和资本集中迅速膨胀，以自由竞争为特征的资本主义开始向以垄断为特征的资本主义过渡。列宁准确地把握了资本主义发展的这一历史进程，深刻地分析了帝国主义时代“少数发达”与“多数落后”的世界体系格局，以俄国十月革命的胜利使经济文化比较落后国家直接过渡到社会主义成为现实，从而改变了马克思早先认为的经济文化比较落后国家走向社会主义必须要有发达资本主义国家首先或同时取得胜利的结论。俄国十月革命胜利后，列宁在领导俄国社会主义革命和建设的艰难的实践过程中，对经济文化比较落后国家如何建设和发展社会主义经济关系的探讨，为进一步拓展马克思主义经济学的研究主题奠定了基础。列宁认为，经济文化比较落后国家建设和发展社会主义经济关系，首先必须完成生产资料所有制的社会主义改造，把小农引向合作制，实现个体的、单独的小商品经济向公共的大经济的过渡，而新经济政策的理论与实践，正是解决经济文化比较落后

① 马克思，恩格斯. 马克思恩格斯文集：第3卷. 北京：人民出版社，2009：587.

国家社会主义发展道路、方式、步骤等一系列重大问题的具有创新性的经济模式。

如果说十月社会主义革命的胜利，开创了经济文化比较落后国家进行社会主义革命和建设的新时代，那么，20 世纪中期东欧和中国社会主义革命的胜利更是促进了经济文化比较落后国家去思考如何建设、巩固和发展社会主义的基本理论问题。东欧和中国社会主义革命的胜利意味着社会主义制度在经济文化比较落后的国家的建立，说明了资本主义与社会主义两种制度在一个星球上并存与对立的时代已经到来，世界上已经形成了资本主义与社会主义两大经济关系体系。社会主义制度在经济文化比较落后的国家的建立，提出了经济文化比较落后的国家如何建设和发展社会主义的问题。社会主义制度作为世界上最先进的、最美好的社会制度，却有着比较落后的物质技术基础，社会主义国家必须在经济文化相对落后的条件下与资本主义共处并竞争，必须在相对落后的物质技术基础上建设新社会，解决发达国家在资本主义制度下已经实现的经济现代化、社会化和商品化问题，必须在跨越了“资本主义制度的卡夫丁峡谷”之后，利用商品货币关系建设社会主义，利用资本主义的成就发展社会主义。这是在新的历史条件下马克思主义经济学面临的新课题。

尽管 20 世纪末，伴随着经济全球化的发展，苏联、东欧发生剧变，社会主义在一些国家遭受了严重的挫折，但是在占世界人口 1/4 的中国，社会主义的旗帜高高飘扬，中国人民“在中国共产党领导下，立足基本国情，以经济建设为中心，坚持四项基本原则，坚持改革开放，解放和发展社会生产力，建设社会主义市场经济、社会主义民主政治、社会主义先进文化、社会主义和谐社会、社会主义生态文明，促进人的全面发展，逐步实现全体人民共同富裕，建设富强民主文明和谐的社会主义现代化国家”[①]，走出了一条中国特色社会主义道路。因此，能否对经济文化比较落后国家如何建设社会主义这一时代课题做出科学的解答，事关中国特色社会主义建设的前途和世界社会主义未来发展的前景。马克思主义经济学的

① 中共中央文献研究室. 十八大以来重要文献选编（上）. 北京：中央文献出版社，2014：9-10.

研究主题由此又进一步拓展为资本主义经济关系与社会主义经济关系并存的研究，中国的一些马克思主义经济学家为这一主题的研究付出了巨大的努力，也取得了丰硕的研究成果。党的十一届三中全会以来，中国共产党把马克思主义经济学原理同改革开放新的实践结合起来，围绕这一主题不断丰富和发展马克思主义经济学，形成了当代中国马克思主义政治经济学的许多重要理论成果，如社会主义本质理论、社会主义初级阶段基本经济制度理论、“五大发展理念”理论、社会主义市场经济理论、我国经济发展进入新常态的理论等，开拓了马克思主义经济学的新境界①。

2. 马克思主义经济学体系结构的丰富

马克思在研究资本主义经济关系中对政治经济学体系结构做过设想。在《1844年经济学哲学手稿》中，就有马克思对政治经济学体系结构构建的最初设想：“打算用不同的、独立的小册子来相继批判法、道德、政治等等，最后再以一本专门的著作来说明整体的联系、各部分的关系，并对这一切材料的思辨加工进行批判。”② 从异化劳动范畴出发，从对异化劳动的分析中推导出私有财产范畴，再借助这两个范畴阐明政治经济学的一切范畴，建立政治经济学体系结构。在《1857—1858年经济学手稿》中，马克思把政治经济学原理部分的体系结构设计为“五篇结构计划”，即“(1) 一般的抽象的规定，因此它们或多或少属于一切社会形式……(2) 形成资产阶级社会内部结构并且成为基本阶级的依据的范畴。资本、雇佣劳动、土地所有制。它们的相互关系。城市和乡村。三大社会阶级。它们之间的交换。流通。信用事业（私人的）。(3) 资产阶级社会在国家形式上的概括。就它本身来考察。‘非生产’阶级。税。国债。公共信用。人口。殖民地。向国外移民。(4) 生产的国际关系。国际分工。国际交换。输出和输入。汇率。(5) 世界市场和危机”③。之后，在《〈政治经济学批判〉序言》中，

① 习近平主持中共中央政治局第二十八次集体学习并讲话. 中国之声：新闻和报纸摘要，2015-11-25.

② 马克思，恩格斯. 马克思恩格斯文集：第1卷. 北京：人民出版社，2009：111.

③ 马克思，恩格斯. 马克思恩格斯文集：第8卷. 北京：人民出版社，2009：32-33.

马克思公布了他的更为清晰的“六册计划”，即“考察资产阶级经济制度是按照以下的顺序：**资本、土地所有制、雇佣劳动；国家、对外贸易、世界市场**”①。从马克思构建政治经济学体系结构的思想发展来看，他打算对从社会经济活动的资源所有者角度来划分的三个主要经济关系，即资本家拥有资本、土地所有者拥有土地、雇佣劳动者拥有劳动力，分别做出详尽研究；在此基础上，针对当时资本主义经济发展的现实，进一步从政治经济学的视角来研究国家问题，即研究“资产阶级社会在国家形式上的概括”；然后，还要进一步研究国家的对外贸易，或者说国家对外的问题；最后再研究涵盖了各国经济关系的世界市场问题。马克思在他的有生之年只是完成了政治经济学的“基本原理”部分，即《资本论》的写作。马克思一直认为，这些属于“基本原理”的内容，是他整个著作最难论述的部分，也是他整个著作的“精髓”。只要这一部分论述清楚了，其余部分后人就可能较为容易地做进一步的论述了。

在马克思主义经济学体系结构方面，马克思仍然给我们留下了许多关于国际经济关系的重要论述。例如，国际分工。马克思认为，国际分工是世界上各个国家之间的劳动分工，它标志着一国的社会分工超出了国界。国际分工产生于资本主义生产方式确立时期，欧洲殖民者用暴力手段和超经济的强制手段，在殖民地开发矿山、建立种植园，为本国生产和提供不能生产的农作物原料，扩大本国工业品的生产和出口。欧洲殖民者国家凭借其机器工业生产的优势，对殖民地国家进行殖民掠夺，把它们的国民经济纳入自己的经济体系，这不仅打破了殖民地国家的自然经济，而且还使它们卷入了国际交换，从而形成了欧洲殖民者国家与殖民地国家之间的分工形式，即欧洲殖民者国家从事工业生产，殖民地国家成为它们的原料和粮食的供应地。这一国际分工带来了灾难性后果：“这种贸易在主要出口**原料**的国家里却加深了群众的贫困。不仅是政府为了发展铁路而举借的新债增加了压在群众身上的**赋税**，而且从一切土产能够变成世界性的黄金的时候起，许多**以前**因大量卖不出去而**很便宜的东西**，如水果、酒、鱼、野

① 马克思，恩格斯．马克思恩格斯文集：第2卷．北京：人民出版社，2009：588.

味等等，都变得**昂贵**起来，人民再也消费不起了；另一方面，**生产本身**……也都按其**对出口用途的大小**而有所变化，而它在过去主要是适应**当地的**消费的。……这一切变化对大地主、高利贷者、商人、铁路公司、银行家等等的确是非常有利的，但对真正的生产者来说却是非常悲惨的！”① 又如，世界市场。马克思认为，世界市场有狭义和广义之分。所谓狭义的世界市场，是指通过对外贸易和经济往来，世界各国之间建立起来的商品交换的场所和领域；所谓广义的世界市场，是指在国际经济关系基础上形成的各国资产阶级社会的总和，是世界规模的资本主义经济关系的整体或总体。马克思在构建经济学体系结构中，主要是在整体或总体意义上使用世界市场概念的，即更多使用的是广义的世界市场概念。马克思认为，世界市场的产生直接与资本的本性相联系，它是资本本身不断扩张的必然结果。资本追逐最大利润的本性，使它对剩余劳动具有贪得无厌的欲望和不可遏止的扩张冲动，从而使自身处于不断积累的运动之中。随着生产的日益扩大和资本在国内统治地位的稳固，它必然要走出国门，走向世界，去寻求更大的市场。“因此，资本一方面具有创造越来越多的剩余劳动的趋势，同样，它也具有创造越来越多的交换地点的补充趋势；在这里从**绝对**剩余价值或**绝对**剩余劳动的角度来看，这也就是造成越来越多的剩余劳动作为自身的补充；从本质上来说，就是推广以资本为基础的生产或与资本相适应的生产方式。创造**世界市场**的趋势已经直接包含在资本的概念本身中。”② 马克思的这些分析为后来人丰富政治经济学体系结构提供了重要的启示。

在资本主义的发展过程中，资本在国际范围的流动必然把剩余价值的生产过程扩展到世界各地，资本的国际化一旦由流通领域发展到生产领域，就产生生产的国际化。生产的国际化的不断发展必然是经济过程各个因素、各个环节的全面的国际化，直至各国经济活动的全面的国际化，资本主义生产及其经济关系也由此成为统一的、无所不包的世界生产体系和世界经济关系。到 20 世纪 60 年代，随着电子计算机的诞生，互联网的发

---

① 马克思，恩格斯．马克思恩格斯文集：第 10 卷．北京：人民出版社，2009：434-435.

② 马克思，恩格斯．马克思恩格斯文集：第 8 卷．北京：人民出版社，2009：88.

展，世界市场得到发展，资本在国际范围的流动日益频繁，世界体系格局的“中心”与“外围”对立愈益明朗，发展中国家的经济发展也日益被引向有利于发达国家发展的轨道，发展中国家的剩余价值大量被掳向发达国家，发展中国家的资本积累也日益呈现出外向性特点。产生于这一时期的依附理论，如德国经济学家安德列·冈德·弗兰克的“不发达的发展”①、巴西社会学家西奥东尼奥·多斯·桑托斯的“依附的结构”②、巴西社会学家费尔南多·恩里克·卡多佐的“结合的依附的发展”③、法籍希腊经济学家阿吉里·伊曼纽尔的“不平等交换”④ 等，以对生产的国际关系中国际分工、世界市场、国际生产价格等理论问题的深入研究，论证了剩余价值从发展中国家转移到发达资本主义国家的客观过程，揭示了发达资本主义国家与发展中国家之间的不平等经济关系，丰富和发展了马克思主义经济学中生产价格理论的应用范围及体系结构。

20 世纪 80 年代以后，世界资本主义经济趋于一体化发展，发展中国家的经济发展被纳入了世界资本主义体系，世界市场、对外贸易也被看成是世界资本主义体系整体发展的基本要素，世界资本主义的发展呈现出不均质、不平衡状态，美国新马克思主义者伊曼纽尔·沃勒斯坦以“世界体系”整体发展、变化的深刻研究⑤，进一步丰富了马克思主义经济学体系结构。特别是 20 世纪 90 年代以后随着真正意义上的经济全球化的到来，一些新马克思主义者如埃及经济学家萨米尔·阿明等研究的“全球化理论”⑥，是在新的历史条件下对马克思主义经济学体系结构的丰富和发展。

沃勒斯坦把世界体系分为“中心”“半外围”“外围”三个不同层次。

---

① 威尔伯．发达与不发达的政治经济学．北京：中国社会科学出版社，1984.

② SANTOS T D. The Structure of Dependence. American Economic Review，1970，60（2）：231-236.

③ CARDOSO F H. Industrialization. Dependency and Power in Latin America. Berkeley Journal of Sociology，1972：79-95.

④ 伊曼纽尔．不平等交换：对帝国主义贸易的研究．北京：中国对外经济贸易出版社，1988.

⑤ 沃勒斯坦．沃勒斯坦精粹．南京：南京大学出版社，2003.

⑥ 阿明．抵抗的全球化．北京：人民文学出版社，2009.

“中心”与“外围”存在着对抗性的矛盾，世界资本主义的发展就是中心国家通过不平等交换剥削和掠夺边缘国家的整个资本积累过程。半外围国家既对中心国家与边缘国家的对抗性矛盾起到“缓冲”作用，也对其经济联系和贸易往来起到平衡的“中介”作用。沃勒斯坦认识到，世界体系的未来必然是世界社会主义取代世界资本主义。世界社会主义体系的特征在于：以生产使用价值为基础，包含了社会生产的某种集体决策，即在世界层次上进行的“计划”。只有这种计划才能根除世界贸易中的不平等交换，实现为使用而进行的生产。当世界资本主义体系在地理范围上的扩张趋于极限，当资本主义危机反复出现，当社会主义国家越来越强大时，世界资本主义体系会由于无力与之抗衡而趋于崩溃。显然，沃勒斯坦关于生产关系、社会经济和政治结构的整体分析，以及对不平等交换机制和世界体系整体发展、变化的深刻研究，在马克思主义经济学体系结构的研究方面是一个新的突破。沃勒斯坦的“世界体系”论也对之后其他学者探索全球化理论起到了重要的促进作用。萨米尔·阿明关于全球化理论的研究具有典型意义。

阿明认为，全球化不是新事物，从资本主义产生的15世纪以来，全球化就一直在进行，只是到工业革命以后这一进程才大大加快。马克思在1848年的《共产党宣言》中指出，资本主义必然要向全球扩张，将摧毁一切民族国家的边界，把一切东西都变成商品，今天的全球化使这些都成为现实。当今的全球化是“资本主义世界体系”在全球的胜利，是一场由发达资本主义国家发动并主导的运动，它不可能使世界成为一个同质的体系，使全球成为一个大同的世界。它不仅引发了新的经济、政治和社会不平等，“足以引起不可避免的两极化”①，而且带来了资本主义经济管理的全球化空间与其政治和社会管理的民族空间的分裂。全球化的实质是不公平不公正的国际政治经济秩序与贫富两极分化，是西方文明（西方体制、西方观念等）的全球性扩张。因此，以全球化形式出现的世界体系并不是活力无限的。只要所谓的“无序”超出了该体系中统治阶级的控制范围，

① 阿明．世界一体化的挑战．北京：社会科学文献出版社，2003：67．

那么这一体系就会立即失去生机。阿明认为，将来的世界——譬如 2020 年——将会不同于今天，但情况不是变得更好，而是更糟①。当今的资本主义世界已经演变成为全球性垄断资本主义，全球化垄断资本主义的不可持续性主要体现在政治、社会和生态三个方面，而这种不可持续性决定了当代资本主义世界体系将会发生内爆，并最终导致其崩溃②。

从 20 世纪 60 年代的“依附”论到 80 年代的“世界体系”论，再到当今的“全球化理论”，对资本主义生产的国际关系的研究，对世界市场和危机的研究，都在一定层次、一定范围、一定程度上丰富了马克思主义经济学的体系结构，也为马克思主义经济学理论内容的研究提供了思想素材。

3. 马克思主义经济学理论内容的创新

经济全球化是生产、投资、金融、贸易和信息的全球化，是资源配置的全球化，但也是资本主义生产关系的全球化，反映了市场经济在世界范围内的发展所蕴含的国际生产关系的性质。经济全球化的迅猛发展，使得各个民族、各个国家以越来越大的规模、越来越快的速度、越来越低廉的成本跨越空间距离，在越来越多的地方从事生产，在“全球维度”上日益相互依赖，并且这种相互依赖的规模达到了最大化，从而整个世界变得越来越小。但同时，经济全球化在平等竞争的旗号下也掩盖着经济霸权主义的实质，在全球实施着资源的不平等分配，在全球扩展着资本主义的矛盾、弊端和局限，扩展着市场经济的矛盾、弊端和消极功能，造成了资本主义所固有的周期性波动和经济危机爆发的世界性；它推行着经济霸权主义、技术霸权主义和金融霸权主义，对发展中国家形成新的经济霸权的现实威胁，损害其国家主权和经济的正常发展，把一国资本主义发展中的两极分化扩展到全球范围。与市场化、信息化、网络化的发展相伴随，经济

① AMIN S. Beyond Liberal Globalization：A Better or Worse World?. Monthly Review，2006（12）.

② 资本主义世界体系的内爆——萨米尔·阿明谈当代全球化垄断资本主义的不可持续性. 红旗文稿，2013（11）.

全球化的不断深化，在成为马克思主义经济学的一些理论内容（劳动价值论、垄断资本主义发展阶段论、经济危机论、资本主义基本矛盾论、国际经济关系论等）发展和创新不可回避的重要课题的同时，也为马克思主义经济学理论内容的创新提供了肥沃的土壤。

（1）劳动价值论。劳动价值论是马克思主义经济学的基石。马克思以他所创立的劳动价值论为基础，系统地分析了资本主义生产过程及资本主义生产实质，深刻地揭示了资本主义产生、发展、灭亡的历史规律。劳动价值论所揭示的资本主义剥削的奥秘，使几代被压迫的无产阶级觉醒，他们将这一理论智慧组织起来，为自己的阶级利益与资产阶级展开了艰苦斗争。马克思劳动价值论作为全世界无产阶级进行阶级斗争和社会革命的思想武器的实践价值是为历史所证明的。历史发展到经济全球化的今天，每一个国家都卷入世界经济体系，社会主义与资本主义的关系在全球化条件下变得更加复杂，劳动价值论在当今现实中要发挥其强大生命力，就必须得到发展和创新。一是劳动价值论的分析范围要从制度分析扩展到体制分析，进一步认识到劳动价值论不仅是劳动者解放的经济宣言，也是对商品经济发展历史与现实矛盾的系统论证。商品、商品经济的存在则是劳动价值论赖以建立的现实前提，劳动价值论关于商品价值的学说正是对商品经济内在结构的解剖，是对市场经济运行规律的揭示。二是创造商品价值的劳动内涵要从直接作用于劳动对象的劳动扩展到在生产过程中的协同劳动和间接劳动上。这一扩展首先应该体现在同一生产过程中从事不同职能的协同劳动上，这里既包括工程师、经理人员的劳动，也包括监督生产过程的人员的劳动，他们是“总体工人”的组成部分，商品价值的创造是由他们的劳动共同完成的。同时还必须体现在生产过程之外的服务于生产过程的劳动上，这就是指“较间接地作用于劳动对象”的劳动，关键在于，劳动间接到什么程度、什么范围，才和时代发展的要求、生产力发展的总体水平相联系。三是考察商品的范围要从有形商品扩展到无形商品上。现代社会以物质产品的生产为基础，精神产品的生产日益得到发展，高科技的发展为满足人们对精神产品的大量需求而主要用在精神产品的创造上。精神产品作为复杂劳动的产物，存在“有形”和“无形”的形式区分。考察劳动创造价值的商品只停留在“有形商品”上已远远不够，必须把人们需求的精神产品中的“无形商品”也纳入考察的范围。

（2）垄断资本主义发展阶段论。资本主义作为人类社会发展历史进程中的一种社会经济制度，同样有其自身发展的历史阶段性。马克思主义经济学创立于自由竞争资本主义阶段，19 世纪 70 年代开始向垄断资本主义过渡，到 20 世纪初，这一过渡完成。列宁把他那个时代的垄断资本主义称作一般垄断资本主义即私人垄断资本主义，并以“帝国主义是资本主义发展的最高阶段”丰富和发展了马克思主义经济学的研究。20 世纪 50 年代以后，第三次科技革命的产生和深入发展使社会生产力得到迅猛发展，资本运动的逻辑推动了资本在世界范围内的极度扩张，信息技术和经济全球化日益发展，当代资本主义也由私人垄断资本主义发展到了国家垄断资本主义阶段，进而从 20 世纪 90 年代开始向国际垄断资本主义发展。对于在经济全球化条件下资本主义是处于国家垄断资本主义阶段还是处于国际垄断资本主义阶段的问题，国内外学术界存在不同的看法，这给马克思主义经济学创造了理论创新的契机。我们必须认识到，在经济全球化的发展进程中，国际垄断反映了资本在国际化运动中不断实现增值和扩张，而在国际垄断中，跨国公司发展迅速，其数量、规模、经济实力、科技开发能力都达到空前高度，成为其主要形式，成为当代国际经济活动的核心组织者；跨国公司的发展，不仅意味着它不断寻求在国内的垄断地位，而且还将经济权力超越国家疆界，扩展到对整个世界生产和市场进行控制，寻求在国际上的垄断地位，以获取巨额垄断利润；跨国公司的迅速发展也促进了对外直接投资的不断扩大，金融资本对资本主义世界的统治由于跨国公司的发展而得到加强，金融资本成为推动资本主义发展的动力。因此，我们可以通过世界资本主义经济无处不在，并对世界上任何国家、任何企业和整个世界经济产生巨大的冲击和影响的事实，来发展和创新马克思主义经济学理论。

（3）经济危机论。从 20 世纪 90 年代开始，随着经济全球化的推进，金融危机成为资本主义经济危机在当代的新表征。20 世纪 90 年代前爆发的经济危机，一般都最先爆发于实体经济领域，生产的相对过剩导致实体经济领域大量的生产能力闲置，工厂倒闭，然后，经济危机进一步蔓延到银行业等虚拟经济领域；不同于此前，金融危机——如1994年的墨西哥金融危机、1997年的亚洲金融危机、2001年的阿根廷债务危机，特别是2008年的国际金融危机等——都是首先爆发于虚拟经济领域，然后再波及实体经济领域，对实体经济产生影响，造成虚拟经济与实体经济的脱节。20世纪90年代前爆发的经济危机，其直接原因是生产能力的无限扩大与人民群众购买力相对缩小发生矛盾、企业内部生产的有组织性与整个社会生产的无政府状态发生矛盾；不同于此前，金融危机的爆发，与以虚拟资本为代表的信用制度和金融系统的超常混乱发展有直接关系，虚拟资本的自我膨胀运动，是金融危机形成的主要机制，虚拟资本的过度膨胀和信用链环的断裂，是金融危机爆发的直接原因。尽管金融危机爆发的直接原因与此前的经济危机有所不同，但其根本原因则是相同的，即资本主义基本矛盾运动的必然结果。不仅"资本的劫难源于日益提高的劳动的社会化，以及生产的社会化"①，而且更重要的是源于这种生产的社会化与生产资料资本主义私人占有之间存在不可调和的矛盾，即资本主义基本矛盾。如何在直接原因与根本原因之间架起逻辑沟通的桥梁，以及加深对经济危机实质与金融危机实质一致性的理解，无疑需要对马克思主义经济学中的经济危机理论做创新性研究。

（4）资本主义基本矛盾论。资本主义基本矛盾是马克思主义经济学分析资本主义生产关系、揭示人类社会发展规律的一个重要理论。随着经济全球化的发展，资本主义生产关系具有了全球性特征，不仅发达资本主义国家内部的生产关系日益社会化，而且也日益向全球拓展。发达资本主义国家打破民族国家疆界、在全球范围内进行了资本积累和剩余价值积累，实现了商品、服务、资本和技术等生产要素的流动和配置，形成了一个以大跨国公司为载体的全球性生产网络，跨国公司成为全球经济的真正主宰。社会化大生产的全球拓展必然会推动资本主义生产关系发生变化，导致一个完整的资本主义生产关系体系在全球范围内产生。因此，原本在一

---

① 蒂克廷．关于资本主义不稳定性和当前危机的马克思主义政治经济分析．马克思主义与现实，2009（3）．

国资本主义范围内发生作用的资本主义基本矛盾，在经济全球化的发展中有了新的表现形式，例如，跨国公司内部的高度组织性和计划性与整个世界市场无政府状态之间的矛盾、世界生产能力无限扩大趋势与世界范围有效需求不足之间的矛盾、国际垄断资本的金融投机和金融掠夺与世界性的经济危机的频繁爆发、世界人口绝对贫困化和南北矛盾的不断加深等等。在经济全球化的发展中，资本主义基本矛盾发挥着前所未有的作用，必然导致市场经济的矛盾、弊端和消极功能在全球扩展，导致资本动机和目的、一国资本主义经济政治发展不平衡、一国资本主义发展中的两极分化等在全球扩展，等等。资本主义基本矛盾在全球范围的运动所产生的矛盾形式及其后果，会加剧垄断资本的过剩和经济"泡沫化"趋势，从而增加发达国家乃至世界经济体系的金融风险，带来全球范围的需求不足、经济衰败、环境破坏和社会动荡。显然，在经济全球化视野下研究马克思主义经济学的发展，必须对资本主义基本矛盾问题进行理论上的创新。

（5）国际经济关系论。经济全球化反映的是国际经济关系领域的一场深刻变革，这一变革给当前国际经济关系带来全面深刻的影响：一方面，在促进国家间特别是大国间的协调与合作的同时，也加剧了国家间在贸易、投资和金融领域的经济矛盾；另一方面，在强化发达国家与发展中国家之间紧密的经济联系的同时，也使它们之间的矛盾和冲突日益突出。经济全球化反映的是以发达资本主义为主导、以实现全球少数人利益为目的的资本征服整个世界的过程，从而对一国的产业、贸易、金融、经济运行、调控经济能力等方面的安全带来威胁和侵害。因此，如何能够打破世界经济霸权，处理好跨国经济与民族国家并存这一矛盾，处理好经济运行的全球化与经济利益的民族性和差异性的关系，加强民族经济发展的安全问题，就成为马克思主义经济学在国际经济关系问题上必须要回答的问题。经济全球化虽然对各国拓展经济发展的空间、抓住经济发展的契机、增加经济发展的机遇有不可估量的进步意义和深远影响，但是，它加剧国际力量发展的不平衡，损害发展中国家主权和经济的正常发展，在全球实施资源的不平等分配，扩大世界范围的贫富差距，导致许多全球化问题如毒品泛滥、环境破坏、国际恐怖活动等出现。因此，如何克服经济全球化的弊端，处理好经济全球化的强势与全球经济调节的弱势并存这一矛盾，探求全球经济治理的新途径，需要马克思主义经济学在国际经济关系问题上做出创新性的解答。

四、唯物史观与剩余价值理论的结合

唯物史观是人类社会发展一般规律的科学，是马克思给予人类特别是无产阶级的伟大的认识工具。唯物史观的创立和运用，使剩余价值真正成为揭开资本主义生产奥秘、揭示资本主义生产方式产生、发展和灭亡规律的理论，同时通过剩余价值理论的创立和阐述使自身的科学性得到了充分的论证。唯物史观和剩余价值理论作为马克思一生中两大最重要的理论贡献，构成了马克思主义理论大厦的两块基石，正是在这两块基石之上，马克思彻底解决了空想社会主义无法解决的问题，形成了对社会主义的科学认识。唯物史观和剩余价值理论使社会主义由空想变成了科学。从这个意义上说，唯物史观与剩余价值理论的结合为我们理解马克思主义基本原理及其整体性提供了重要启示。

1.《资本论》创作过程体现唯物史观与经济范畴特性的辩证统一

唯物史观“这种历史观和唯心主义历史观不同，它不是在每个时代中寻找某种范畴，而是始终站在现实历史的基础上，不是从观念出发来解释实践，而是从物质实践出发来解释各种观念形态”①。“这种历史观就在于：从直接生活的物质生产出发阐述现实的生产过程，把同这种生产方式相联系的、它所产生的交往形式即各个不同阶段上的市民社会理解为整个历史的基础，从市民社会作为国家的活动描述市民社会，同时从市民社会出发阐明意识的所有各种不同的理论产物和形式，如宗教、哲学、道德等等，而且追溯它们产生的过程。”② 1846 年 5 月，马克思恩格斯完成了《德意志

①② 马克思，恩格斯. 马克思恩格斯文集：第 1 卷. 北京：人民出版社，2009：544.

意识形态》的写作，在这部著作中，他们通过对费尔巴哈的全面批判和清算，系统地阐述了历史唯物主义的基本原理，提出并论证了社会存在决定社会意识的原理，指出了生产方式在人们的整个社会生活中的决定作用，对唯物史观作了初步概括。《德意志意识形态》中关于唯物史观的论点，使马克思在《资本论》的创作中关于剩余价值理论的研究有了新的视野，从而唯物史观成为他深入研究剩余价值理论的基础。

在1847年上半年马克思写成的《哲学的贫困》和1847年12月完成的《雇佣劳动与资本》，以及1848年8月马克思和恩格斯共同完成的《共产党宣言》中，唯物史观得到了充分的阐述和发挥。这些成果被看成是马克思为《资本论》创作所做的研究准备，同样也是研究《资本论》和现代其他社会主义者的著作的入门。在这一过程中，唯物史观与剩余价值理论的结合主要表现在唯物史观与经济范畴特性的辩证统一上，对经济范畴客观性、历史性的认识是马克思确立剩余价值理论的重要前提。而运用唯物史观对经济范畴的性质，从而对劳动价值学说做出正确的、科学的认识则主要体现在《哲学的贫困》中。

在马克思主义发展史上，《哲学的贫困》是反映唯物史观与政治经济学最初结合的一部重要著作。马克思主义政治经济学中“有决定意义的论点”，在这里“第一次作了科学的、虽然只是论战性的概述”①。蒲鲁东的《贫困的哲学》坚持唯心史观，力图通过给经济学提供一种哲学理论的框架，建构一种新的“社会科学”。从黑格尔的思辨唯心主义出发，蒲鲁东把黑格尔的唯心主义历史观应用于经济学理论体系的建构，从而把经济划分为分工、机器、竞争、垄断、国家或税收、贸易平衡、信贷、私有、共产主义、人口10个时期，认为现实的经济关系不过是经济范畴的体现。他对这些经济范畴作了唯心主义的庸俗解释，把任何一个经济范畴的应用都划分为“好的方面”和“坏的方面”，认为“好的”和“坏的”两个方面加在一起就构成经济范畴固有的矛盾，这两个方面是对立的，在矛盾中斗争，而矛盾的解决或扬弃就在于保存“好的方面”，消除“坏的方面”，不

① 马克思，恩格斯. 马克思恩格斯文集：第2卷. 北京：人民出版社，2009：593.

断的斗争会催生出新的经济范畴。这些经济范畴的不断产生和累积就产生了政治经济学理论体系。蒲鲁东认为，经济学家的任务就是保留经济范畴的“好的方面”，消灭“坏的方面”。正是按照这个思路，蒲鲁东制造了自己的政治经济学理论体系。这种对黑格尔哲学的浅薄理解，注定了蒲鲁东的政治经济学理论体系只能是经济范畴在他头脑中的主观排列。

在《哲学的贫困》中，马克思批驳了蒲鲁东对黑格尔哲学的庸俗理解，做了两个方面的研究工作：一方面，运用历史唯物主义观点研究了经济范畴，阐明了经济范畴的客观性、历史性。马克思在批判蒲鲁东认为经济范畴是历来存在的观察的基础上指出，蒲鲁东企图辩证地说明经济范畴的体系，但他没有把经济范畴看作历史的、与物质生产的一定发展阶段相适应的生产关系的理论表现，因而也就唯心主义地认为“现实关系只是一些原理和范畴的化身”，“这些原理和范畴过去曾睡在‘无人身的人类理性’的怀抱里”①，并且把实在的关系当作抽象的体现。马克思进一步批判了蒲鲁东认识经济范畴的唯心主义方法，强调指出，“经济范畴只不过是生产的社会关系的理论表现，即其抽象”②，经济范畴只有从经济关系本身的运动中通过深入的研究才能得出。经济关系是第一位的，经济范畴是第二位的，随着生产力、经济关系的发展、变化，人们的思想、范畴也会发展、变化。因此，经济范畴“同它们所表现的关系一样，不是永恒的。它们是**历史的、暂时的产物**”③。马克思对经济范畴的唯物史观的考察成为他构筑研究政治经济学方法的重要基础。另一方面运用历史唯物主义观点强调了矛盾斗争的实质，阐明了经济范畴之间的内在联系和矛盾。马克思在批判蒲鲁东形而上学臆造经济范畴体系的基础上，指出每一个社会中的生产关系都形成一个统一的整体，“两个相互矛盾方面的共存、斗争以及融合成一个新范畴，就是辩证运动”④。马克思的这个认识，第一次科学地指明了对立统一规律是辩证法的实质和核心。针对蒲鲁东无视经济范畴之间内在联系、通过纯粹思维活动臆造经济范畴顺序的做法，马克思明确指

---

①② 马克思，恩格斯. 马克思恩格斯文集：第1卷. 北京：人民出版社，2009：602.

③ 同①603.

④ 同①605.

出，社会生产方式是一个总体，在这个总体中每一种关系都只是其他经济关系的整个索链中的一个环节，它们非常紧密地联系在一起；对经济范畴的理解，对经济范畴顺序的安排，不能脱离生产关系整体的内部联系。马克思由此提出了研究政治经济学的一个重要的方法论原则，即必须从生产关系的整体上研究生产关系，必须从生产关系整体的内部联系上研究经济范畴。

马克思关于经济范畴客观性、历史性的解释，关于经济范畴矛盾的对立统一的解释，为科学地创立政治经济学理论体系、确立剩余价值理论奠定了重要基础，也为我们正确理解马克思主义理论的整体性奠定了重要基础。

2.《资本论》内容叙述体现唯物史观与资本主义经济矛盾运动的逻辑关联

19 世纪 60 年代是马克思经济思想的形成时期。从 1863 年 8 月开始，马克思开始以《资本论》为标题进行写作，在写作过程中形成了《资本论》四卷结构。《1863—1865 年经济学手稿》是马克思完成的关于《资本论》理论部分三卷的直接草稿。这一手稿是继《1857—1858 年经济学手稿》《1861—1863 年经济学手稿》之后，马克思关于资本问题研究的又一部手稿。《1863—1865 年经济学手稿》完成以后，马克思接受了恩格斯的建议，决定分卷出版《资本论》。1867 年 9 月 14 日在德国汉堡正式出版了《资本论》第一卷。马克思逝世后，恩格斯担负起《资本论》后两卷的编辑出版任务。《资本论》第二卷、第三卷分别于 1885 年和 1894 年出版。《资本论》是马克思一生最伟大的主要理论著作，是唯物史观与剩余价值理论结合的典范。

唯物史观的创立，使唯物辩证法和唯物辩证法的具体化成为《资本论》研究和写作的根本方法和主要方法。马克思之所以会采用唯物辩证法来研究资本主义生产关系，就是因为《资本论》所要揭示的是经济现象的内在本质和内在联系，把资本主义生产关系作为一个客观的社会经济运动过程，在这个社会经济运动过程中把握所要研究的东西，去分析各种经济矛盾。唯物辩证法就是从客观的社会经济现象和社会经济过程出发，研究一种关系所包含的两个相互关联的方面，也就是矛盾的方面。马克思唯物辩证法的精髓就在于："辩证法在对现存事物的肯定的理解中同时包含对现存事物的否定的理解，即对现存事物的必然灭亡的理解；辩证法对每一种既成的形式都是从不断的运动中，因而也是从它的暂时性方面去理解；辩证法不崇拜任何东西，按其本质来说，它是批判的和革命的。"① 运用唯物辩证法探索资本主义生产方式运动规律可以看到，资本主义社会的发展同样是一个辩证的运动过程，在对资本主义社会肯定的理解中，也同时包含着对它否定的理解。资本主义社会的内在矛盾导致周期性经济危机的爆发，导致资本主义必然走向灭亡。

在《资本论》中，马克思运用唯物辩证法分析经济问题，主要表现在分析经济范畴的矛盾的二重性及其矛盾运动上。当然，我们说，在价值实体、价值创造、价值增值、资本积累、资本循环、资本周转、剩余价值规律、利润率下降规律等一系列具体的理论问题上，都体现了唯物史观与剩余价值理论结合的整体阐述。我们这里主要从宏观角度进行论述。《资本论》的逻辑起点是商品，这是资本主义社会最简单、最基本、最普遍、最平凡的东西。马克思在对这个简单、基本、普遍、平凡的东西的研究和叙述中，揭示出资本主义社会的一切矛盾：第一，马克思揭示了商品的内在矛盾运动。在分析使用价值与价值的矛盾中，马克思认为，使用价值和价值是任何一种商品都必不可少的两个因素，商品是这两个因素的统一体，但是，二者又存在矛盾，因为商品生产者生产使用价值的目的是获取价值，他只有在把使用价值让渡给消费者以后，才能获取价值。紧接着，马克思分析了决定商品二因素的劳动二重性，即具体劳动与抽象劳动的矛盾。马克思认为，具体劳动和抽象劳动是同一劳动过程的两个不同的方面，它们之间具有对立统一性，但是，在商品交换中，具体劳动存在不同形式，无法进行量的比较，因此，还必须将具体劳动还原为抽象劳动。然后，马克思又分析了物的人格化和人格的物化之间的矛盾。物的人格化是

---

① 马克思，恩格斯. 马克思恩格斯文集：第5卷. 北京：人民出版社，2009：22.

指商品交换中物与物的关系体现了商品生产者之间的关系，人格的物化是指商品生产者之间的关系表现为物与物的关系。这一矛盾的产生说明了生产关系披上了商品这种物的外衣，商品生产者丧失了对他们自己的社会关系的支配权，产品支配着商品生产者，人的关系变成了物的关系，由于这种幻觉类似于宗教迷信，所以，马克思称之为商品拜物教。之后，马克思分析了所有这些矛盾产生的根源，即私人劳动与社会劳动之间的矛盾。在私有制条件下，生产商品的劳动总是表现为私人劳动，但社会分工又使这种私人劳动成为社会总劳动的一部分。私人劳动与社会劳动的矛盾要化解，就必须要通过交换。这样一来，在以私有制为基础的简单商品经济条件下，商品生产者之间的社会关系就表现为物与物之间的关系了。

第二，马克思以对商品内在矛盾运动的分析为基础，分析了商品的外在矛盾运动。显然，商品的外在矛盾运动是由商品的使用价值与价值的矛盾派生的。在价值形式的发展过程中，由于商品交换的存在，商品的使用价值和价值的矛盾外在化为相对价值形式与等价形式的矛盾，二者相互依存、相互排斥，同一种商品不能既处于相对价值形式又处于等价形式上。处于相对价值形式上的商品，其价值只能通过另一种商品相对地表现出来；处于等价形式上的商品，是价值的表现材料。随着商品生产和商品交换的发展，当一种商品固定地成为一般等价物时，相对价值形式与等价形式的矛盾也就发展成为商品与货币的矛盾，整个商品世界分成了对立的两极：一极是商品，一极是货币，所有商品的内在矛盾也就表现为商品与货币的外部对立。货币产生后，货币在交换中必然发挥作用。当货币执行流通手段职能时，就会出现买与卖两种不同的行为，从而会出现买而不卖、卖而不买的行为，造成买与卖的脱节，产生买与卖的矛盾。由于买和卖这两种不同行为的产生，那么，就会有买者和卖者两种不同的当事人，他们之间也会存在矛盾，即买者和卖者的矛盾。

第三，在对简单商品经济条件下商品的内在矛盾和外在矛盾的运动过程进行分析的基础上，马克思进而分析了资本主义生产关系。在分析资本主义生产关系的过程中，分析资本的矛盾运动是开端，而资本的矛盾运动主要体现在货币转化为资本的运动和资本转化为剩余价值的运动上。马克思把商品二因素理论运用于对资本主义经济中劳动力商品的分析之中，说明了劳动力作为商品，和其他商品一样具有价值和使用价值两个因素，只不过劳动力的价值是由生产和再生产劳动力所需要的社会必要劳动时间决定的，从而是由“维持劳动力占有者所必要的生活资料的价值”决定的，而劳动力的使用价值所具有的特殊性则在于，它不仅能够创造价值，而且能够创造比劳动力商品价值更大的价值。劳动力的使用所创造的价值和劳动力商品的价值是两个不等的量，它们之间的差额就是被资本家无偿占有的剩余价值。马克思在这一矛盾运动的分析中揭示了剩余价值的来源。

第四，马克思进一步分析了资本主义生产过程的矛盾运动。马克思把劳动二重性理论运用于对资本主义生产过程的分析，说明了资本主义生产过程的实质是劳动过程与价值增值过程的统一。资本主义生产过程作为劳动过程，工人的具体劳动转移生产资料的价值；资本主义生产过程作为价值增值过程，工人的抽象劳动一方面创造劳动力自身的价值，另一方面为资本家创造了剩余价值。马克思把劳动二重性理论运用于对资本的划分，说明了资本可以区分为不变资本和可变资本。马克思对资本不同部分在价值增值过程中的不同作用的分析，进一步揭示了剩余价值的真正来源，从而为考察资本对雇佣劳动的剥削程度提供了科学依据。马克思深入考察了绝对剩余价值生产和相对剩余价值生产的统一。以简单协作、工场手工业和机器大工业这一历史发展为主线，马克思考察了绝对剩余价值生产向相对剩余价值生产转化的历史过程。与此相适应，劳动对资本的隶属关系也由形式上的隶属转向实际上的隶属。劳动对资本的实际隶属标志着资本主义经济关系已进入它的成熟阶段。马克思的这一分析已经预示着资本主义生产方式最终崩溃的内在必然性。

第五，马克思分析了资本主义基本矛盾及其展开形式的矛盾运动。资本主义基本矛盾即生产社会化与生产资料资本主义私人占有之间的矛盾。马克思指出，资本积累提高了生产水平，使资本主义生产实现了社会化；生产资料日益集中，生产规模扩大；劳动社会化，每件产品都成为许多人共同劳动的结果；生产过程社会化，社会分工越来越细，各项生产活动联系紧密；市场规模日益扩大，国际市场形成，各资本主义国家的生产成为世界性的生产。生产的社会化要求生产资料由社会占有，并由社会对生产实行统一的计划管理，对产品在全社会范围内根据劳动者的利益进行分配。但建立在生产资料私有制基础上的资本主义社会，随着资本积累不可遏止的发展，私有制不断扩大，资本日益集中在少数大资本家手中。在资本主义社会，资本主义基本矛盾通过各种不同的形式得到展开。例如，“工人人口本身在生产出资本积累的同时，也以日益扩大的规模生产出使他们自身成为相对过剩人口的手段”①，资本财富积累和工人贫困积累之间存在对立运动；又如，在社会生产的两大部类之间或部类内部，存在生产与需求之间的矛盾，这说明资本主义生产有其特有的运行机制，这种机制的存在和运行会自行排除它本身造成的发展的障碍，把生产推向前进；再如，在资本主义生产方式中，当生产价格形成以后，利润的真正性质和起源就完全被掩盖起来，价值决定的基础也被掩盖起来，因而产生了利润率的下降与利润量的上升的对立运动；等等。结果，当资本主义经济运动中生产社会化与生产资料资本主义私人占有之间的矛盾尖锐到同它们的资本主义外壳不相容的地步时，“这个外壳就要炸毁了。资本主义私有制的丧钟就要响了。剥夺者就要被剥夺了”②。

马克思通过对资本主义社会多种经济矛盾交织运动的分析，既展现了资本主义社会的现实状况，又揭示了资本主义生产方式运动的历史趋势，给我们呈现出一幅《资本论》的图景。《资本论》以唯物史观与资本主义经济矛盾运动的逻辑关联所展现的资本主义经济矛盾的运动，为我们理解马克思主义理论整体性提供了重要基础。

3.《资本论》体系建构体现唯物史观与经济范畴辩证转化的整体关照

《资本论》的研究目的就是揭示资本主义生产方式的运动规律，即研究资本主义生产关系的发生、发展和衰落。为了达到这一目的，必须要研究“形成资产阶级社会内部结构并且成为基本阶级的依据的范畴”③，必须

---

① 马克思，恩格斯. 马克思恩格斯文集：第5卷. 北京：人民出版社，2009：727-728.

② 同①874.

③ 马克思，恩格斯. 马克思恩格斯全集：第46卷上. 北京：人民出版社，1979：46.

要研究资本主义生产关系及其运动规律本身，以及结合与这一生产关系相联系的生产力、上层建筑进行研究。在《资本论》第1卷德文第1版序言中，马克思明确提出："我要在本书研究的，是资本主义生产方式以及和它相适应的生产关系和交换关系。"① 这里所说的"生产方式"，实际上就是指劳动者与生产资料的结合方式和方法。由于在不同的社会形态下，劳动者与生产资料的结合方式和方法具有特殊性，社会结构就必然被区分为各个不同的经济时期。《资本论》是以劳动者和它的生产资料相分离为既定出发点来研究二者在资本家手中怎样结合和在什么条件下结合的问题的。劳动者和生产资料以雇佣劳动者和资本形式相结合的特殊的生产方式，构成了资本主义经济关系的本质。《资本论》所研究的正是资本主义经济特有的雇佣劳动和资本结合的特殊生产方式，以及与这一方式相适应的生产关系和交换关系。资本主义生产关系和交换关系反映的是，资本主义直接生产过程和交换过程中资本主义雇佣劳动和资本的特殊结合的性质。因此，《资本论》的研究对象实质上就是资本主义经济关系，也就是反映资本主义经济全过程的生产关系。因此，为了阐明这一研究对象，马克思在《资本论》理论体系的建构过程中，采用了抽象上升到具体的方法。

抽象上升到具体是唯物辩证法在《资本论》理论体系建构中的具体运用，体现的是经济范畴辩证转化关系。具体地说，在构建《资本论》理论体系过程中，抽象是起点，是最简单的经济范畴，具体则是结果，是在简单的经济范畴转化过程中展开的复杂的经济范畴，"是许多规定的综合，因而是多样性的统一"②；抽象和具体之间的关系反映的是生产关系方面的各个经济范畴之间的关系，是经济范畴的简单规定性和复杂规定性之间的关系；抽象上升到具体则是由简单的经济范畴上升到复杂的经济范畴的逻辑发展过程，"只是思维用来掌握具体、把它当做一个精神上的具体再现出来的方式"③。建构《资本论》理论体系，就是从最简单的经济范畴开始，逐步上升到比较复杂的经济范畴，最后到最复杂的经济范畴。

从《资本论》三卷的理论体系来看，在《资本论》第1卷中，马克思

---

① 马克思，恩格斯. 马克思恩格斯文集：第5卷. 北京：人民出版社，2009：8.

②③ 马克思，恩格斯. 马克思恩格斯文集：第8卷. 北京：人民出版社，2009：25.

运用抽象上升到具体的方法建构理论体系所反映出来的经济范畴的辩证转化表现为：商品转化为货币，货币转化为资本，资本转化为剩余价值；在《资本论》第2卷中，马克思运用抽象上升到具体的方法建构理论体系所反映出来的经济范畴的辩证转化表现为：单个资本循环转化为单个资本周转，单个资本转化为社会资本；在《资本论》第3卷中，马克思运用抽象上升到具体的方法建构理论体系所反映出来的经济范畴的辩证转化表现为：不变资本与可变资本之和转化为成本价格，剩余价值转化为利润，利润转化为平均利润，商品的价值转化为生产价格。生产价格形成以后，剩余价值在整个资本家阶级和土地所有者阶级之间分割，也就产生了企业主收入、商业利润、银行利息、地租等。

《资本论》三卷关于经济范畴的辩证转化关系，从起点范畴商品到终点范畴地租的发展序列过程，揭示了资本对雇佣劳动的整体剥削关系，说明了推翻资本主义制度不是单个资本家企业和某些工人的事情，而是整个工人阶级反抗整个资产阶级的任务。从理论的逻辑关系上看，《资本论》三卷关于经济范畴的辩证转化关系，从起点范畴商品到终点范畴地租的发展序列过程，也反映了唯物史观与经济范畴辩证转化的整体关照。

我们再进一步来看看《资本论》三卷的逻辑关系。《资本论》第1卷对资本的生产过程的分析，撇开了资本主义经济现实中的许多具体因素如供求因素等，使整个分析处于抽象状态；《资本论》第2卷对资本的流通过程的分析，开始走进资本主义的经济现实，因而分析中加进了产业资本的流通因素；《资本论》第3卷对资本主义生产的总过程的分析，是在第2卷加进的产业资本的流通因素的基础上，又加进了许多更加具体的规定，如生产价格、股份公司、股票、银行及银行利息等，从而使整个分析更加接近于资本主义的经济现实。由此可见，《资本论》三卷的逻辑关系依然是通过运用抽象上升到具体的方法建构起来的，也是对经济范畴辩证转化关系的一种基本反映。

无论是通过分析资本主义社会多种经济矛盾交织运动来反映《资本论》的理论内容，还是通过分析经济范畴的辩证转化关系来反映《资本论》的理论建构，实际上都充分说明了马克思在《资本论》中成功地运用了唯物辩证法，体现了唯物史观的科学性，从而揭示了资本主义经济现象和经济过程的本质及规律，创立了剩余价值理论。正因为马克思运用唯物辩证法成功地分析了资本主义社会经济形态，取得了《资本论》这一具有永久生命力的传世之作，正因为马克思运用唯物辩证法所做的理论分析，为分析和研究社会经济现象提供了指导性原则，它可以从矛盾的关系、范畴展示社会的本质、结构和种种表现，列宁对此做出了高度评价，认为："运用唯物主义辩证法从根本上来修改整个政治经济学，把唯物主义辩证法运用于历史、自然科学、哲学以及工人阶级的政治和策略——这就是马克思和恩格斯最为关注的事情，这就是他们作出最重要、最新的贡献的领域，这就是他们在革命思想史上迈出的天才的一步。"① 在唯物史观与剩余价值理论的关系上，不仅唯物史观是马克思创立剩余价值理论的基础，而且剩余价值理论的诞生还证明了唯物史观的科学性，正如列宁所说："自从《资本论》问世以来，唯物主义历史观已经不是假设，而是科学地证明了的原理。"② 从《资本论》关于唯物辩证法的运用上，我们还可以深刻地理解到毛泽东所说的"政治经济学与唯物史观难得分家"的深刻含义。"政治经济学与唯物史观难得分家"，恰好从唯物史观与剩余价值理论结合的角度说明了马克思主义基本原理的整体性。

① 列宁．列宁专题文集·论马克思主义．北京：人民出版社，2009：75.

② 列宁．列宁专题文集·论辩证唯物主义和历史唯物主义．北京：人民出版社，2009：163.

第二章　中国特色社会主义理论与实践

新中国成立以后，中国共产党人就开始了中国特色社会主义理论和实践的探索。中国特色社会主义的发展历程、中国特色社会主义理论体系、中国特色社会主义制度以及中国特色社会主义的实践等，是思想政治理论课教学的重要内容，从而也构成了我们在理论研究方面不可或缺的重要方面。

一、马克思主义与中国特色社会主义理论体系

中国特色社会主义理论体系，是包括邓小平理论、“三个代表”重要思想、科学发展观等重大战略思想，以及习近平治国理政新理念新思想新战略在内的科学理论体系。这个理论体系，坚持和发展了马克思列宁主义、毛泽东思想，凝结了几代中国共产党人带领人民不懈探索实践的智慧和心血，是马克思主义中国化的最新成果，是党最可宝贵的政治和精神财富，是全国各族人民团结奋斗的共同思想基础。中国特色社会主义理论既坚持了马克思主义基本原理，又具有鲜明的中国特色，并以其实践特色、民族特色、时代特色形成了一个科学完整的理论体系。在当代中国，坚持

中国特色社会主义理论体系，就是坚持马克思主义。

1. 中国特色社会主义理论体系坚持马克思主义的实践性

马克思主义是以实践为基础产生并发展起来的科学。马克思主义的产生、马克思主义的每一次重大发展，绝非“先哲”的主观臆想，而是和一定的社会实践、一定时代的社会实践要求相联系的。马克思主义不是书斋中的学问，而是源于实践、归于实践、用于指导实践的理论。由马克思主义基本原理构成的严谨的马克思主义理论体系虽然具有典型性和普遍性，但是，对马克思主义基本原理的长期坚持和实践运用，则是在与具体的历史条件、具体的国情和具体的实践相结合的情况下发挥作用的。马克思主义所具有的生机勃勃的活力正是通过它的实践性体现出来的。实践性是马克思主义的本质特征，一切从实际出发、实事求是是马克思主义的精髓和活的灵魂。马克思主义发展史上在坚持和发展马克思主义方面存在的教条主义、经验主义和形而上学的态度与理论和实际结合的实事求是、与时俱进的态度之间的交锋、斗争，充分证明了只有实践才是马克思主义发展的科学基础。

中国特色社会主义理论体系坚持用科学态度对待马克思主义，自始至终贯穿了马克思主义产生和发展的实践基础，具有鲜明的实践特色。首先，中国特色社会主义理论体系坚持实事求是、解放思想的思想路线和与时俱进的思想方法。改革开放以来，在中国特色社会主义理论体系的形成中，从邓小平理论到“三个代表”重要思想，再到科学发展观等重大战略思想，以及习近平治国理政新理念新思想新战略，不断突破对马克思主义的教条式理解，坚持马克思主义基本原理与中国社会主义建设实践的结合，根据新的实践不断发展和完善毛泽东在新民主主义革命时期确立的实事求是的思想路线，创造性地提出了一系列新思想、新观点、新论断，丰富和发展了马克思主义。

实事求是，就是一切从客观实际出发，理论联系实际。在马克思主义中国化的历史进程中，毛泽东率先确立了中国共产党的实事求是的思想路线，实现了马克思主义与中国具体实际结合的第一次历史性飞跃，领导中国人民取得了革命的胜利，开创了中国特色社会主义的探索之路。邓小平明确地将“实事求是”概括为“毛泽东思想的基本点”① “马克思主义的精髓”②。邓小平在改革开放的新的历史时期，以巨大的政治勇气和理论勇气发展了毛泽东确立的这一党的思想路线，坚决反对从本本出发、思想僵化，他强调：“一个党，一个国家，一个民族，如果一切从本本出发，思想僵化，迷信盛行，那它就不能前进，它的生机就停止了，就要亡党亡国。”③ 只有解放思想，坚持实事求是，中国特色社会主义建设才能顺利进行，社会主义事业才有希望。从党的十三届三中全会到党的十六大，江泽民高举邓小平理论的伟大旗帜，坚持党的思想路线，在强调“解放思想、实事求是，是马克思主义活的灵魂，是我们认识新事物、适应新形势、完成新任务的根本思想武器”的同时，认为“解放思想、实事求是”是中国特色社会主义取得伟大成就的根本原因，是中国共产党永葆先进性、创造性的决定性因素，所以，“如果没有全党坚持解放思想、实事求是，就不可能有改革开放和现代化建设的一系列新政策，也就不可能有今天这样党和国家事业发展的大好局面”④。江泽民还强调了解放思想与实事求是的统一性，认为不解放思想，就不可能真正做到实事求是，而离开实事求是，也不可能真正解放思想。解放思想，就是要把我们的思想从那些不合时宜的观念、做法和体制的束缚中解放出来，从对马克思主义的错误的和教条的理解中解放出来，从主观主义和形而上学的桎梏中解放出来。要实现马克思主义理论创新，就要不断地解放思想、实事求是、与时俱进。在党的十七大报告中，胡锦涛则进一步明确强调了解放思想、实事求是、与时俱进对开辟中国特色社会主义道路和形成中国特色社会主义理论体系的重要意义。在党的十八届三中全会谈到全面深化改革问题时，习近平总书记也一再强调要坚持解放思想、实事求是、与时俱进、求真务实，一切从实际出发。

改革开放以来，我们党在理论上的每一个重大突破，在实践上的每一

---

① 邓小平. 邓小平文选：第 2 卷. 北京：人民出版社，1994：126.

② 邓小平. 邓小平文选：第 3 卷. 北京：人民出版社，1993：382.

③ 同①143.

④ 江泽民. 江泽民文选：第 3 卷. 北京：人民出版社，2006：130.

次重大推进，无不体现出对党的思想路线和思想方法的坚持。正是因为能够解放思想、实事求是、与时俱进，中国特色社会主义理论体系才能在继承前人的同时又突破陈规，不断地解决新课题，实现新突破，开拓新境界。把握了解放思想、实事求是的思想路线和与时俱进的思想方法，也就把握了中国特色社会主义理论体系形成和发展的科学基础，把握了中国特色社会主义理论体系具有创造性和生命力的奥秘。

中国特色社会主义理论体系坚持以我国改革开放和社会主义现代化建设的实际问题、以我们正在做的事情为中心，具有强烈的问题意识。中国特色社会主义理论体系的形成经历了中国改革开放40年的发展过程。党的十一届三中全会以后，以邓小平为主要代表的中国共产党人，开辟了社会主义事业发展的新时期，在包含着一系列具有开创性思想的邓小平理论中，首要的基本问题就是在深刻总结历史经验的基础上，紧紧抓住了“什么是社会主义、怎样建设社会主义”的问题，揭示了社会主义的本质，对社会主义发展道路、发展阶段、根本任务、发展动力、外部条件、政治保证、战略步骤、领导力量、依靠力量等多方面做出了系统阐述，对中国特色社会主义理论体系的形成做出了创造性的独特贡献，奠定了中国特色社会主义发展的理论基石。党的十三届四中全会以后，以江泽民为主要代表的中国共产党人，在建设中国特色社会主义的伟大实践中，面向新世纪，着眼当代世界新变化和当代中国新发展，在邓小平理论基础上，在进一步回答“什么是社会主义、怎样建设社会主义”的问题中，紧紧围绕“建设一个什么样的党、怎样建设党”的根本问题进行了深入的理论和实践思考，创立了“三个代表”重要思想。“三个代表”重要思想把始终代表中国先进生产力的发展要求、始终代表中国先进文化的前进方向、始终代表中国最广大人民的根本利益作为加强党的建设和发展中国特色社会主义的根本出发点，拓宽了中国特色社会主义理论的视野，引领中国人民开创了中国特色社会主义事业的新局面。党的十六大以后，以胡锦涛为总书记的党中央，立足于国内外形势的发展变化，立足于中华民族的振兴和发展，面对前所未有的机遇和挑战，抓住重要战略机遇期，从我国经济社会发展的阶段性特征出发，在邓小平理论和“三个代表”重要思想基础上，紧紧围绕“我们需要什么样的发展、怎样发展”这一根本问题，提出了科学发展观等重大战略思想，科学揭示了中国特色社会主义发展规律，深化了对中国特色社会主义发展道路的认识。党的十八大以来，以习近平同志为核心的党中央，高举中国特色社会主义伟大旗帜，以对党、对人民、对民族高度负责的精神，总揽全局、运筹帷幄，励精图治、奋发有为，汇聚起实现中华民族伟大复兴的强大力量，带领全党全军全国各族人民完善和发展中国特色社会主义制度，形成了一系列治国理政的新理念新思想新战略，丰富和发展了中国特色社会主义理论体系。

中国特色社会主义理论体系以实际问题为中心，自觉运用与发展马克思主义，注重回答实际提出的重大问题，形成新的结论，解决新的问题，推动中国特色社会主义事业的发展，这就是坚持马克思主义实践性的关键之所在。中国特色社会主义理论体系正是中国改革开放和社会主义现代化建设伟大实践的结晶，其实践性贯穿于中国特色社会主义理论体系形成和发展的全过程。牢牢把握实践性，是深刻理解马克思主义与中国特色社会主义理论体系关系的根本。

2. 中国特色社会主义理论体系坚持马克思主义的民族性

马克思主义是人类文明发展的结晶。它在批判地继承德国古典哲学、英国古典经济学、法国空想社会主义的基础上，研究了整个人类社会发展史，揭示了人类社会发展的一般规律。它博大精深，是人类知识的科学概括，不仅把握了历史发展的文明成果，而且也运用和发展了这些文明成果。马克思主义是“放之四海而皆准”的世界观和方法论，马克思主义对世界历史发展规律和趋势的科学把握，具有普遍指导意义。马克思主义理论“必须结合具体情况并根据现存条件加以阐明和发挥”①，才能发挥其强大的指导作用。“把真理比做**燧石**，——它受到的敲打越厉害，发射出的光辉就越灿烂。”② 一个民族的无产阶级及其政党，要想成功地实践马克思主义理论，也就一定要把这一理论和本国的实际相结合，用新的实践、新

① 马克思，恩格斯. 马克思恩格斯全集：第27卷. 北京：人民出版社，1972：433.

② 马克思，恩格斯. 马克思恩格斯全集：第1卷. 北京：人民出版社，1956：69.

的内容、新的语言来丰富和发展马克思主义。在俄国，列宁曾经把马克思主义普遍原理与俄国实际结合起来，创立了列宁主义，把马克思主义发展到一个新阶段。在中国，以毛泽东为代表的中国共产党人把马克思主义与中国具体实际相结合，形成了马克思主义在中国的第一次历史性飞跃。世界上的其他国家和地区，许多共产党人也在根据本国国情、按照自己的方式不断运用、发展马克思主义。这就是马克思主义创造性和生命力在民族性上的根本体现。

马克思主义历来也强调民族性对一个国家和民族发展的重要性。马克思曾经指出："人们不能自由选择**自己的生产力**"①，人们也绝不能自由选择社会形式。"历史不外是各个世代的依次交替。每一代都利用以前各代遗留下来的材料、资金和生产力。"② 每一个国家和民族的发展都是在继承前人的基础上逐步进化的，企图超越当时的物质和社会条件是不可能的。因此，"在分析任何一个社会问题时，马克思主义理论的绝对要求，就是要把问题提到**一定的**历史范围之内；此外，如果谈到某一国家（例如，谈到这个国家的民族纲领），那就要估计到在同一历史时代这个国家不同于其他各国的具体特点"③。"离开中国特点来谈马克思主义，只是抽象的空洞的马克思主义。因此，使马克思主义在中国具体化，使之在其每一表现中带着必须有的中国的特性，即是说，按照中国的特点去应用它，成为全党亟待了解并亟须解决的问题。"④ 由此可见，马克思主义的民族性，一方面表现为必须了解本国的独特国情，研究本国社会的实际矛盾，提出本国式的解决方案；另一方面表现为必须改变自己的理论形态，使之民族化，如毛泽东所说，"代之以新鲜活泼的、为中国老百姓所喜闻乐见的中国作风和中国气派"⑤。

中国特色社会主义理论体系是具有鲜明中国特色的社会主义理论，既源于马克思主义理论本质的内在要求，又深深扎根于中国国情和社会主义

① 马克思，恩格斯．马克思恩格斯文集：第10卷．北京：人民出版社，2009：43.

② 马克思，恩格斯．马克思恩格斯文集：第1卷．北京：人民出版社，2009：540.

③ 列宁．列宁选集：第2卷．北京：人民出版社，1995：375.

④⑤ 毛泽东．毛泽东选集：第2卷．北京：人民出版社，1991：534.

现代化建设实践的客观需要之中。它坚持马克思主义的民族性，集中表现在充分考虑现实国情需要与本土的特殊性，体现中国气派、中国风格和中国特色，使马克思主义在中国的土壤上生根发芽、开花结果。中国特色社会主义理论体系，是在继承我们党以往思想理论成果和实践成果的基础上形成和发展起来的。改革开放以来，中国共产党的几代领导集体继承了毛泽东关于“马克思主义中国化”的理论与实践，把马克思主义与我国社会主义发展不同历史时期的具体实际结合起来，不断地把马克思主义推进到新的发展阶段，实现了马克思主义在中国的第二次历史性飞跃。包括了邓小平理论、“三个代表”重要思想、科学发展观等重大战略思想，以及习近平治国理政的新理念新思想新战略在内的中国特色社会主义理论体系，正是把马克思主义与中国现实国情需要、本土的特殊性相结合，体现马克思主义中国气派、中国风格和中国特色的光辉成果。中国特色社会主义理论体系对中国社会主义经济建设、政治建设、文化建设、社会建设、党的建设、国防和军队建设等一系列问题的研究，表明中国共产党对共产党执政规律、社会主义建设规律、人类社会发展规律的认识达到了新的理论高度，对马克思主义理论的发展做出了重大贡献。

中国特色社会主义理论体系坚持马克思主义的民族性，绝不是要死守马克思主义的具体结论或离开马克思主义的理论。在死守马克思主义具体结论、离开本国国情和本土特殊性的基础上产生的理论形态，或在离开马克思主义理论、强调本国的国情和本土的特殊性的基础上产生的理论形态，都不是马克思主义的，也不是本国的。中国特色社会主义理论体系既是马克思主义的又是中国的，既体现了马克思列宁主义的基本原理，又包含了中华民族的优秀思想和中国共产党人的实践经验。更准确地说，中国特色社会主义理论体系是创造性的马克思主义，它与马克思列宁主义一脉相承，但又是用新的理论和观点丰富和发展了马克思列宁主义。之所以能够如此，就是因为中国特色社会主义理论体系很好地处理了马克思主义与中国国情和本土特殊性的关系，既坚持了马克思主义基本原理，又说出了老祖宗没有说过的新话，就它的基本原理而言是马克思主义的，就它的实践经验和文化传统而言又是中国的，是中国社会主义建设和改革经验的结晶，是中华民族优秀思想和文化的结晶。离开了马克思主义基本原理，它就不是马克思主义；离开了中国社会主义建设和改革的经验，离开了中国文化的优秀传统，它就不是中国的。民族性贯穿于中国特色社会主义理论体系始终，牢牢把握民族性，是深刻理解马克思主义与中国特色社会主义理论体系关系的基础。

中国特色社会主义理论体系坚持马克思主义的民族性，绝不是要排斥国际经验，置身于世界发展进步潮流之外，而是要在把中国的发展与实现社会主义现代化和实现中华民族伟大复兴紧密联系在一起的基础上，把中国的发展进步与世界的发展变化紧密联系在一起。中国特色社会主义理论体系形成和发展的这些年，恰好是整个世界发生大变动大调整的时期，和平与发展成为时代主题。西方资本主义世界出现了种种新的变化，世界社会主义运动遭遇了严重的挫折，经济全球化和世界多极化趋势日益明显加速发展，特别是新科技革命及其产生的重大科技发现发明的广泛应用，推动世界范围内生产力、生产方式、生活方式和经济社会发生了前所未有的深刻变化，也引起了全球经济格局、利益格局和政治格局发生了前所未有的重大变化。面对如此深刻、如此巨大的变化，中国特色社会主义理论体系对社会发展、人的发展、科学发展、政治文明、和平发展等问题的研究，充分体现了中国共产党坚持以宽广的眼界观察世界、以时代发展的要求审视自己、以战略的思维谋划全局，密切关注世界文明的发展趋势，重视从世界与中国的双重维度去观察、思考和解决问题，善于吸收不同文明中科学、进步的合理成分。

我们甚至可以认为，从某种意义上来说，中国特色社会主义理论体系形成的某些经验同样具有普遍性、国际性。“凡是民族作为民族所做的事情，都是他们为人类社会而做的事情，他们的全部价值仅仅在于：每个民族都为其他民族完成了人类从中经历了自己发展的一个主要的使命（主要的方面）。因此，在英国的工业，法国的政治和德国的哲学制定出来之后，它们就是为全世界制定的了。”① 当然，我们“可以对世界上的社会主义事

① 马克思，恩格斯．马克思恩格斯全集：第42卷．北京：人民出版社，1979：257.

业和不发达国家的发展提供某些经验”①，但绝不是把它搬给别国，更不是把它强加于人。中国特色社会主义理论体系是中华民族的伟大创造，是中国发展和中华民族复兴的强大动力，同时也必将对世界社会主义的发展和人类的进步做出巨大贡献。

3. 中国特色社会主义理论体系坚持马克思主义的开放性

马克思主义理论是科学的。这是因为这一理论决不封闭自己、凝固自己，而是在发展中不断完善，在开放中不断前进。列宁曾深刻地指出：“哲学史和社会科学史都十分清楚地表明：马克思主义同‘宗派主义’毫无相似之处，它绝不是离开世界文明发展大道而产生的一种故步自封、僵化不变的学说。”② 马克思主义的全部精神，它的整个体系要求人们对每一个原理都要历史地、同其他原理联系起来，同具体的历史经验联系起来加以考察。毛泽东在《实践论》中也强调：“客观现实世界的变化运动永远没有完结，人们在实践中对于真理的认识也就永远没有完结。马克思列宁主义并没有结束真理，而是在实践中不断地开辟认识真理的道路。”③ 马克思主义之所以能够在实践中开辟认识真理的道路，就在于它始终保持一种开放的思维方式。它不仅是在批判地吸收人类优秀成果的基础上发展起来的，而且它也是在始终跟踪研究现实的发展变化、密切关注现代科学技术发展和自然科学领域所取得的每一个突破性成果的基础上发展起来的。中国特色社会主义理论体系坚持马克思主义的开放性，就成为这样一种同具体的历史经验相联系、同时代要求和实践规律相符合，反映现代社会发展的文明成果的、不断发展前进的开放的科学理论体系。

中国特色社会主义理论体系是同马克思列宁主义、毛泽东思想既一脉相承又与时俱进的科学理论体系，它在坚持马克思主义基本原理的基础上，对建设和发展中国特色社会主义的过程做了研究和阐明。它把马克思主义关于未来社会问题的探讨与社会主义发展的现实及中国特色社会主义

---

① 邓小平．邓小平文选：第3卷．北京：人民出版社，1993：135.
② 列宁．列宁选集：第2卷．北京：人民出版社，1995：309.
③ 毛泽东．毛泽东选集：第1卷．北京：人民出版社，1991：296.

发展的具体实际结合起来，形成了社会主义本质的思想；它把马克思主义关于社会发展阶段的理论与社会主义发展的现实，特别是中国特色社会主义发展的具体过程结合起来，形成了社会主义初级阶段的思想；它把马克思主义关于改革问题的探讨与社会主义发展的现实及中国社会主义发展的具体实际结合起来，形成了社会主义改革开放的思想；它把马克思主义关于市场、市场机制问题的探讨与社会主义发展的现实及中国特色社会主义发展的具体实际结合起来，形成了社会主义市场经济的思想；它把马克思主义关于未来社会所有制问题的探讨与社会主义发展的现实及中国特色社会主义发展的具体实际结合起来，形成了社会主义基本经济制度的思想；它把马克思主义关于发展问题的探讨与社会主义发展的现实及中国特色社会主义发展的具体实际结合起来，形成了社会主义"五大发展"的思想；它把马克思主义关于社会建设问题的探讨与社会主义发展的现实及中国特色社会主义发展的具体实际结合起来，形成了社会主义和谐社会的思想；它把马克思主义关于民主政治问题的探讨与社会主义发展的现实及中国特色社会主义发展的具体实际结合起来，形成了社会主义政治文明建设的思想；它把马克思主义意识形态建设理论与社会主义发展的现实及中国特色社会主义发展的具体实际结合起来，形成了社会主义精神文明建设的思想；它把马克思主义关于生态文明的理论与社会主义发展的现实，特别是中国特色社会主义发展的具体过程结合起来，形成了社会主义生态文明的思想；它把马克思主义的国家学说与社会主义发展的现实及中国特色社会主义发展的具体实际结合起来，形成了"一国两制"的科学构想；它把马克思主义国际战略思想与社会主义发展的现实及中国特色社会主义发展的具体实际结合起来，形成了社会主义和平发展的思想；它把马克思主义党的建设理论与社会主义发展的现实及中国特色社会主义发展的具体实际结合起来，形成了社会主义国家执政党建设的思想；等等。对中国特色社会主义理论体系的形成来说，毛泽东思想同马克思列宁主义一样都具有理论基础的地位和作用。以毛泽东为核心的第一代中央领导集体对我国社会主义建立之初的一系列新矛盾、新问题的探索，为中国特色社会主义理论体系的形成提供了宝贵的思想财富。因此，中国特色社会主义理论体系不是一个固定的体系，而是随着时代和实践的发展不断丰富与发展的开放的体系。中国特色社会主义理论体系的每一个阶段性成果都是对以往实践经验的总结，又会为新的实践开辟新的道路，从而将新的内容不断充实到中国特色社会主义理论体系中来。

开放性是马克思主义的重要特征，与时俱进是马克思主义的理论品质。与时俱进，贯穿于马克思主义发展的整个过程，是马克思主义具有创造性和生命力的理论品质。中国特色社会主义理论体系作为马克思主义中国化的最新理论成果，是一个开放的理论体系，也是一个需要与时俱进的科学体系。建设和发展中国特色社会主义，需要几代人、十几代人甚至几十代人坚持不懈地努力奋斗，因而对中国特色社会主义理论和实践的探索也就必然是一个长期的历史过程，中国特色社会主义理论体系也必然随着中国特色社会主义实践的不断推进和我们党对实践经验总结的逐渐深化而不断得到丰富和创造性的发展完善。中国特色社会主义理论体系坚持马克思主义的开放性，就是要坚持马克思主义与时俱进的科学态度，在正确认识和把握当今社会发展历史进程的基础上，在实现马克思主义基本原理同中国具体实际和时代特征相结合的过程中，解决时代课题，创新思想理论。牢牢把握开放性，是深刻理解马克思主义与中国特色社会主义理论体系关系的关键。

中国特色社会主义理论体系坚持马克思主义的开放性，要使自身保持蓬勃发展的生机，就必须面对现实、面向世界、面向未来，深入研究并正确回答改革发展中的重大现实问题，解决中国特色社会主义事业发展中的各种复杂问题，分析世界上其他社会主义国家兴衰成败的经验教训，坚持把理论学习和研究同推动社会重大现实问题的解决结合起来，同解决关系国计民生的现实矛盾结合起来。中国特色社会主义理论体系的发展，只有不断赋予当代中国马克思主义鲜明的实践特色、民族特色、时代特色，不断开辟马克思主义理论发展的新境界，才能使中国特色社会主义道路越走越宽广，使中国特色社会主义理论体系越来越深入人心。

二、中国特色社会主义道路、理论体系和制度的统一

中国特色社会主义的发展，关键在于始终坚持中国特色社会主义道路、中国特色社会主义理论体系和中国特色社会主义制度。党的十八大报告对统一于中国特色社会主义伟大实践的道路、理论体系、制度三者的关系做了深刻的阐述，明确指出，“中国特色社会主义道路，中国特色社会主义理论体系，中国特色社会主义制度，是党和人民九十多年奋斗、创造、积累的根本成就”①，在三者关系中，“中国特色社会主义道路是实现途径，中国特色社会主义理论体系是行动指南，中国特色社会主义制度是根本保障”②，并强调这是党领导人民在建设社会主义长期实践中形成的最鲜明特色。这一关于中国特色社会主义发展的全面而深刻的精辟概括，对全面建成小康社会具有重大的理论和实践意义。

1. 中国特色社会主义道路是实现途径

近几年来，中国特色社会主义道路作为一个理论概念，学术界赋予其多种内涵，有的学者将其理解为中国特色社会主义现代化建设道路，有的学者将其理解为建设有中国特色的社会主义道路，还有学者将其理解为党的十六大以来党探索的社会主义道路。党的十八大对这条道路的内涵做了明确的阐释：“中国特色社会主义道路，就是在中国共产党领导下，立足基本国情，以经济建设为中心，坚持四项基本原则，坚持改革开放，解放和发展社会生产力，建设社会主义市场经济、社会主义民主政治、社会主义先进文化、社会主义和谐社会、社会主义生态文明，促进人的全面发展，逐步实现全体人民共同富裕，建设富强民主文明和谐的社会主义现代化国家。”③ 这不仅提出了中国特色社会主义道路的本质要求，而且也揭示

① 中共中央文献研究室. 十八大以来重要文献选编（上）. 北京：中央文献出版社，2014：9.
② 同①10.
③ 同①9-10.

了中国特色社会主义道路价值目标。

中国特色社会主义道路的本质要求，一是立足基本国情。从中国的实际出发，是中国共产党领导的中国社会主义革命和建设不断取得胜利和成就的科学依据。早在新民主主义革命期间，毛泽东就曾指出："认清中国的国情，乃是认清一切革命问题的基本的根据。"① 多年来，我们党在每一次重大决策面前都充分强调全面、准确了解当前国情的重要性，并对国情做出了正确判断。党的十八大从中国仍处于社会主义初级阶段这个最大的实际出发，对过去五年的工作从正反两方面进行的总结，既看到我们所取得的新的重大成就，也清醒地认识到不足。中国特色社会主义道路正是在不断认清国情的过程中向前推进的。正确认识和把握基本国情，是走中国特色社会主义道路的首要问题。二是坚持党的基本路线。以"一个中心，两个基本点"为内容的党的基本路线，是党和国家的生命线，是推进中国特色社会主义道路的政治保证。以经济建设为中心是中国特色社会主义道路的物质基础，坚持四项基本原则是中国特色社会主义道路的政治基石，坚持改革开放是中国特色社会主义道路的活力源泉。党的基本路线为中国特色社会主义道路奠定了立国之本，确立了兴国之要，夯实了强国之基。邓小平所说的"基本路线要管一百年，动摇不得"②，其意义是非常深远的，为我们坚定不移地走中国特色社会主义道路指明了方向。

中国特色社会主义道路的价值目标表现在：一是促进人的全面发展。人的全面发展是社会主义的本质要求。马克思恩格斯曾经指出，在未来社会里，"每个人的自由发展是一切人的自由发展的条件"③。马克思还进一步强调，未来社会是"一个更高级的、以每一个个人的全面而自由的发展为基本原则的社会形式"④。人的全面而自由的发展是社会进步的重要尺度，是马克思主义者奋斗追求的最高目标。在当代中国社会，中国特色社

① 毛泽东. 毛泽东选集：第2卷. 北京：人民出版社，1991：633.

② 邓小平. 邓小平文选：第3卷. 北京：人民出版社，1993：370-371.

③ 马克思，恩格斯. 马克思恩格斯文集：第2卷. 北京：人民出版社，2009：53.

④ 马克思，恩格斯. 马克思恩格斯文集：第5卷. 北京：人民出版社，2009：683.

会主义道路就是促进人的全面发展的必由之路。二是逐步实现全体人民共同富裕。共同富裕是千百年来人类孜孜以求的理想目标。走共同富裕道路是中国共产党自成立以来就坚持的信念。坚定不移走共同富裕道路，是中国共产党人对中国人民的庄严承诺。“我们坚持走社会主义道路，根本目标是实现共同富裕。”① 中国特色社会主义道路就是创造人民美好生活的必由之路。三是建设富强民主文明和谐的社会主义现代化国家。到新中国成立100年时建成富强民主文明和谐的社会主义现代化国家，是中国共产党在科学和全面地认识现代化建设的客观规律而制定的奋斗目标，这一奋斗目标是要依靠坚持中国特色社会主义道路来实现的。中国特色社会主义道路就是实现社会主义现代化的必由之路。

中国特色社会主义道路的本质要求和价值目标，说明了它是促进人的全面发展，逐步实现全体人民共同富裕，建设富强民主文明和谐的社会主义现代化国家的实现途径。没有这条道路的开辟，不可能有人的解放和发展，也不可能有全体人民的美好生活，更不可能实现社会主义现代化。之所以如此，关键就在于中国特色社会主义道路是马克思主义与中国的社会主义建设实践相结合的产物。理论联系实际是马克思主义的一个基本原则。中国共产党深刻地把握了这一基本原则，把马克思主义的东方社会理论、社会主义初级阶段理论等与中国社会主义发展的具体实践结合起来，开辟了中国特色社会主义道路。中国特色社会主义道路既坚持了马克思主义科学社会主义的基本原理，也坚持了社会主义的正确前进方向，明确了“中国搞资本主义不行，必须搞社会主义”②。要坚持马克思主义，坚持走社会主义道路，成为中国共产党的核心理念。改革开放以来，我国社会经济发展取得的众多成就充分表明，中国特色社会主义道路坚持了社会主义和中国国情的紧密结合，不仅坚持了社会主义，而且发展了社会主义。之所以如此，关键还在于中国特色社会主义道路是成功的，它既坚持了中国共产党领导，坚持了社会主义基本制度，也牢牢地把握了现代化的发展方向，不断发展社会主义市场经济、民主政治、先进文化等；它既坚持了党

① 邓小平．邓小平文选：第3卷．北京：人民出版社，1993：155.

② 同①63.

的基本路线不动摇，着力解决社会主义社会的主要矛盾，也坚定不移地贯彻了以人为本的原则，促进经济建设、政治建设、文化建设、社会建设、生态文明建设，实现经济社会全面协调可持续发展。

中国特色社会主义道路也是形成和发展中国特色社会主义理论体系、坚持和完善中国特色社会主义制度的重要途径。中国特色社会主义道路是中国共产党领导人民长期探索、奋力开拓出来的。新中国成立之初，毛泽东领导中国人民取得的新民主主义革命胜利和社会主义制度的建立，以及对社会主义建设的初步实践，为中国特色社会主义道路的形成奠定了基础。在改革开放的历史进程中，以邓小平为代表的中国共产党人开辟了这条道路。在这一实践过程中，形成了中国特色社会主义理论体系的重要成果。理论体系的形成是和道路的开辟紧密联系在一起的：一方面，中国特色社会主义理论体系的形成离不开对中国特色社会主义道路的探索；另一方面，中国特色社会主义道路的探索又有助于中国特色社会主义理论体系的不断发展。中国特色社会主义道路在实践中的成功与失败、经验与教训，又会为中国特色社会主义理论体系的发展提供鲜活的思想材料。从这一意义上说，中国特色社会主义道路是形成和发展中国特色社会主义理论体系的途径。同样，社会主义制度的确立从根本上改变了中国的历史命运，使中国选择了中国特色社会主义道路；坚定不移地走我们自己选择的中国特色社会主义道路，实现中国发展的目标，又在不断地促进社会主义制度的完善。从这一意义上说，中国特色社会主义道路又是完善社会主义制度的途径。

2. 中国特色社会主义理论体系是行动指南

自 1987 年党的十三大明确提出“建设有中国特色的社会主义的理论”概念之后，党对中国特色社会主义的理论做过多次概括，对它的认识不断丰富和完善。到党的十七大，正式提出了“中国特色社会主义理论体系”概念，并对其内容做了概括。党的十八大又进一步对中国特色社会主义理论体系的内容做了全面的概括。“中国特色社会主义理论体系，就是包括邓小平理论、‘三个代表’重要思想、科学发展观在内的科学理论体系，是对马克思列宁主义、毛泽东思想的坚持和发展。”① 党的十八大以来，以习近平同志为核心的党中央又以治国理政新理念新思想新战略丰富和发展了中国特色社会主义理论体系。从概括“中国特色社会主义的理论”到形成“中国特色社会主义理论体系”的过程，实际上是中国共产党对什么是社会主义、怎样建设社会主义，建设什么样的党、怎样建设党，实现什么样的发展、怎样发展等基本问题认识的深化和提升，也是对共产党执政规律、社会主义建设规律、人类社会发展规律认识的深化和提升。

中国特色社会主义理论体系是一个既坚持马克思主义基本原理，又具有鲜明中国特色，并以实践特色、理论特色、民族特色、时代特色为特征而构成的科学完整的理论体系。中国特色社会主义理论体系的实践特色就在于，它坚持用科学态度对待马克思主义，不断突破对马克思主义的教条式理解，创造性地提出了一系列新思想、新观点、新论断；坚持以我国改革开放和社会主义现代化建设的实际问题、以我们正在做的事情为中心，具有强烈的问题意识。中国特色社会主义理论体系的理论特色就在于，它是改革开放历史新时期我们党推进马克思主义中国化所取得的理论创新成果，是我们党励精图治、开拓进取、探索真理、把握规律的结果，是沿着中国特色社会主义道路实现中华民族伟大复兴唯一正确的理论，是同马克思列宁主义、毛泽东思想既一脉相承又与时俱进的科学的理论体系。中国特色社会主义理论体系的民族特色就在于，它充分考虑现实国情需要与本土的特殊性，体现中国气派、中国风格和中国特色，使马克思主义在中国的土壤上生根发芽、开花结果；它绝不是死守马克思主义的具体结论或是离开马克思主义的理论，而是既坚持马克思主义基本原理，又说出了老祖宗没有说过的新话，包含着中华民族的优秀思想和中国共产党人的实践经验；它绝不是排斥国际经验，置身于世界发展之外，而是在实现中华民族伟大复兴中国梦的基础上，把中国的发展与世界的发展紧密联系在一起。中国特色社会主义理论体系的时代特色主要表现在，它坚持马克思主义“与时俱进”的科学态度，始终跟踪研究现实的发展变化，密切关注现代

① 中共中央文献研究室．十八大以来重要文献选编（上）．北京：中央文献出版社，2014：10.

科学技术发展和自然科学领域所取得的每一个突破性成果，在实现马克思主义基本原理同中国具体实践相结合的过程中，解决时代课题，创新思想理论。

中国特色社会主义理论体系的这四大特征充分表明，中国特色社会主义理论体系开创了马克思主义科学社会主义理论发展的新境界，是发展了的马克思主义。在当代中国，只有坚持中国特色社会主义理论体系，中国的发展才有希望，只有以中国特色社会主义理论体系为我们行动的指南，中国的发展才有未来。

中国特色社会主义理论体系是我们党开辟和坚持中国特色社会主义道路的行动指南。改革开放以来，在坚持走中国特色社会主义道路中，我们遇到了许多的困难和需要解决的问题，中国特色社会主义理论体系都做出了科学的解答。例如，在人们对社会主义产生困惑和疑问，迫切需要回答什么是社会主义、怎样建设社会主义的问题上，中国特色社会主义理论体系关于社会主义本质论、社会主义初级阶段论、社会主义改革开放论和社会主义市场经济论等重大理论，使人们在如何建设和发展社会主义的问题上有了明确的、系统的认识，为坚持中国特色社会主义道路奠定了理论基础。又如，在我们党所处的时代背景和社会环境发生了前所未有的变化，以及我们党所肩负的历史任务也发生了前所未有的变化情况下，建设什么样的党、怎样建设党，就作为中国特色社会主义道路中必须解决好的一个关键性问题提了出来，中国特色社会主义理论体系关于“三个代表”重要思想、执政党建设的思想等，不仅使人们增强了对中国共产党的信心，而且也使人们深刻认识到提高党的执政能力和执政水平对走中国特色社会主义道路的重要性。再如，随着时代的变化、社会的转型、体制转轨，我国社会出现了经济成分多样化、经济利益多样化、社会组织多样化、就业方式多样化的状况，与此同时也出现了经济结构不合理、分配关系尚未理顺、农民收入增长缓慢等问题。中国特色社会主义理论体系对“实现什么样的发展、怎样发展”的精辟阐释，成为我们坚持中国特色社会主义道路的重要思想保障。还如，在我国全面建成小康社会和全面深化改革的新的历史起点上，为了解决现实发展中存在的问题，中国特色社会主义理论体系以其对“道路自信、理论自信、制度自信”的全面系统的阐发，成为开拓中国特色社会主义事业广阔前景的重要思想动力。中国特色社会主义理论体系明确规定了中国特色社会主义道路的本质要求和价值目标，是我们走中国特色社会主义道路必须坚持的指导思想。

中国特色社会主义理论体系是我们进一步完善中国特色社会主义制度的行动指南。中国特色社会主义理论体系形成和发展的这些年，整个世界正处于大变动大调整之中，和平与发展成为时代主题。西方资本主义世界出现了种种新的变化，世界社会主义运动遭遇了严重的挫折，经济全球化和世界多极化趋势日益明显，特别是新科技革命及其产生的重大科技发现发明的广泛应用，推动世界范围内生产力、生产方式、生活方式发生了前所未有的深刻变化，也引起了全球经济格局、利益格局和政治格局的重大变化。面对这些变化，中国特色社会主义理论体系对社会发展、人的发展、科学发展、政治文明、和平发展等问题的研究，充分体现了中国共产党坚持以宽广的眼界观察世界、以时代发展的要求审视自身、以战略的思维谋划全局的勇气与担当，共产党人密切关注世界文明的发展趋势，重视从世界与中国的双重维度去观察、思考和解决问题，善于吸收不同文明中科学、进步的合理成分，善于摒弃社会主义制度中的不合理因素，不断巩固和完善社会主义制度。中国特色社会主义理论体系形成和发展的这些年，也正是我们形成关于怎样建设社会主义、怎样建设党、怎样发展的一系列制度的时期。以中国特色社会主义理论体系为指导，在怎样建设社会主义这一重大问题上，我们党突破了“只有资本主义才能搞市场经济、社会主义不能搞市场经济”的误区，认识到计划多一点还是市场多一点不是社会主义与资本主义的本质区别，社会主义也可以搞市场经济，从而形成了社会主义基本经济制度；在怎样建设党这一重大问题上，我们党始终把最广大人民的根本利益作为制度设计的出发点和落脚点，统筹兼顾不同民族、不同阶层、不同群体的利益，形成了社会主义基本政治制度；在怎样发展这一重大问题上，我们党坚定不移地贯彻以人为本的原则，强调科学发展，形成了与社会主义基本经济制度和政治制度相适应的一系列具体制度。在新的历史条件下，坚持和完善中国特色社会主义制度，必须始终坚持以中国特色社会主义理论体系为行动指南。

3. 中国特色社会主义制度是根本保障

马克思说："在生产、交换和消费发展的一定阶段上，就会有相应的社会制度形式、相应的家庭、等级或阶级组织。"① 制度是实践的产物，中国特色社会主义制度则是以中国特色社会主义实践为基础建立起来的。由于制度带有根本性、全局性、稳定性和长期性的特点，因而制度好坏关系着党和国家的前途命运。在我国长期的革命、建设和改革进程中，我们党坚持以马克思主义为指导，结合中国社会的实际和中国革命的实际，首先确立了社会主义制度。在这一基础之上，又结合中国社会主义建设和发展的实际，全面把握共产党执政规律、社会主义建设规律、人类社会发展规律，形成了具有强大生命力的中国特色社会主义制度。党的十八大对这个制度的内涵做了明确的阐释："中国特色社会主义制度，就是人民代表大会制度的根本政治制度，中国共产党领导的多党合作和政治协商制度、民族区域自治制度以及基层群众自治制度等基本政治制度，中国特色社会主义法律体系，公有制为主体、多种所有制经济共同发展的基本经济制度，以及建立在这些制度基础上的经济体制、政治体制、文化体制、社会体制等各项具体制度。"② 这不仅表明中国特色社会主义制度是一整套相互衔接、相互联系的制度体系，而且也说明了我们党在经济、政治、社会等各个领域已经形成了一整套规范的制度体系。

中国特色社会主义制度作为一整套的制度体系，是由根本层面的制度、基本层面的制度、具体层面的制度以及中国特色社会主义法律体系构成的。第一，在制度体系中，根本层面的制度是起决定性作用的制度，反映了制度体系的本质内容和根本特征，体现了制度体系的质的规定性。人民代表大会制度作为根本层面的制度，是国家政权的组织形式，是人民当家作主的国家性质的根本体现，它直接反映了社会制度的本质，决定着国

---

① 马克思，恩格斯．马克思恩格斯文集：第10卷．北京：人民出版社，2009：43.

② 中共中央文献研究室．十八大以来重要文献选编（上）．北京：中央文献出版社，2014：10.

家活动的基本原则和社会发展方向，是国家各项制度的根基和本源。第二，基本层面的制度，既是根本制度的体现和表达，也是制定各种具体制度的依据和出发点。在中国特色社会主义制度体系中，基本层面的制度主要包括基本政治制度和基本经济制度。就基本政治制度而言，中国共产党领导的多党合作和政治协商制度，是具有中国特色的政党制度，也是世界政党和政党制度史上的伟大创造；民族区域自治制度是符合中国国情和各民族共同利益的解决民族问题的正确选择，体现了我国坚持实行各民族平等、团结、合作和共同繁荣的原则；基层群众自治制度是扩大基层民主、发展中国特色社会主义民主政治的重要基础。就基本经济制度而言，公有制为主体、多种所有制经济共同发展的基本经济制度，是调动人民群众和社会各方面的积极性，增强经济发展活力的重要保证，也是使经济发展沿着社会主义方向前进的重要保证。第三，具体制度是由根本制度、基本制度派生的，受到根本制度、基本制度的制约和支配，同时也是根本制度、基本制度的表现形式，可以促进根本制度、基本制度的完善和发展。中国特色社会主义经济体制、政治体制、文化体制、社会体制等各项具体制度，是由根本制度、基本制度决定的，同时又是为根本制度、基本制度服务的。第四，中国特色社会主义法律体系是以法律形式确立的制度。它以宪法为统帅，以法律为主干，以行政法规、地方性法规为重要组成部分，保证了国家经济建设、政治建设、文化建设、社会建设以及生态文明建设等各个方面有法可依。中国特色社会主义制度的这四个方面构成了相互衔接、相互联系的有机整体。

坚持中国特色社会主义制度，是当代中国发展进步的根本保障，集中体现了中国特色社会主义的特点和优势。在现实中，不存在不以社会主义制度为载体的中国特色社会主义的理论体系和道路，也不存在脱离中国特色社会主义理论体系和道路的社会主义制度，中国特色社会主义必须是道路、理论体系、制度三者的统一。

中国特色社会主义制度是坚持中国特色社会主义道路的根本保障。历史事实证明，中国特色社会主义制度的形成，无疑是源于我们党带领全国各族人民坚持走中国特色社会主义道路的伟大实践的。但是，在推进中国特色社会主义道路中，中国特色社会主义制度对实现中国特色社会主义道路的本质要求和价值目标又起着根本的保障作用。例如，市场经济的运行所带来的自发性、盲目性，以及对个人利益的盲目追求，是靠社会主义制度来约束的。社会主义市场经济关于社会保障制度的初步形成和宏观调控体系的进一步完善，可以扼制市场经济的这些弊端。又如，个人收入分配中的不公平性、不合理性也是需要社会主义制度来调节的。按劳分配为主体、多种分配方式并存的分配制度的完善，在一定程度上可以加大收入分配调节力度，解决部分社会成员收入差距过大的问题，等等。因此，中国特色社会主义制度既可以保障人民群众基本的经济权益和生存条件，又能够促进人的潜能、创造力的发展，既有利于调动一切积极因素，为发展生产力、增强国家的综合国力服务，也有利于解放和发展社会生产力、推动经济社会全面发展；既有利于维护和促进社会公平正义、实现全体人民共同富裕，也有利于集中力量办大事、有效应对前进道路上的各种风险挑战，有利于维护民族团结、社会稳定、国家统一，为坚持中国特色社会主义道路提供保障。

中国特色社会主义制度是完善和发展中国特色社会主义理论体系的根本保障。我们都知道，制度是理论的规制表达，有什么样的理论就会有什么样制度。历史事实证明，中国特色社会主义制度的形成，是以我们党在改革开放的历史进程中形成的中国特色社会主义理论体系为指导的。但是，理论是需要随着实践的发展而不断发展的，中国特色社会主义制度对完善和发展中国特色社会主义理论体系又起着重要的推进和保障作用。也就是说，中国特色社会主义理论体系的完善和发展是要以中国特色社会主义制度为载体的，离开了这一载体，中国特色社会主义理论体系也就失去了它存在的意义，我们也就将一无所获。

实践发展永无止境，认识真理永无止境，理论创新永无止境。随着中国特色社会主义伟大实践的发展，中国特色社会主义道路将不断得到拓展，中国特色社会主义理论体系将不断得到丰富，中国特色社会主义制度将不断趋于完善，这三者是高度统一的。

三、中国特色社会主义的理论逻辑和历史逻辑

中国特色社会主义是中国共产党人立足于中国的基本国情，契合时代发展的潮流，把马克思主义基本原理与中国社会主义发展的伟大实践结合起来所做出的正确选择和伟大创造，既凝结着实现中华民族伟大复兴的最根本的梦想，也体现着人类对社会主义的美好憧憬和不懈探索。中国特色社会主义是马克思主义科学社会主义理论逻辑和中国社会发展历史逻辑的辩证统一。习近平同志关于中国特色社会主义的精辟概括，真真切切地高度概括了中国特色社会主义的实质。道路、理论体系、制度的内在统一，反映了中国特色社会主义理论逻辑的内在关系，马克思主义科学社会主义的贯彻和发展，反映了中国特色社会主义理论逻辑的发展创新，当代中国社会发展的实践，反映了中国特色社会主义的历史逻辑。由此可见，中国特色社会主义理论逻辑与历史逻辑的统一，蕴含着马克思主义科学社会主义的科学性和当代中国社会发展的实践性。

1. 中国特色社会主义理论逻辑的内在关系

所谓理论逻辑，反映的是事物的内在联系，不仅表现出相关事物之间的逻辑继承、逻辑脉络和逻辑发展，也表现出相关事物之间的复杂的逻辑关系。中国特色社会主义的理论逻辑就其内涵而言，表现为从横向角度探讨其构成的复杂的逻辑关系，即在中国特色社会主义发展的进程中实现道路、理论体系、制度的内在统一。

中国特色社会主义是由道路、理论体系、制度构成的。中国特色社会主义道路“是在中国共产党领导下，立足基本国情，以经济建设为中心，坚持四项基本原则，坚持改革开放，解放和发展社会生产力，建设社会主义市场经济、社会主义民主政治、社会主义先进文化、社会主义和谐社会、社会主义生态文明，促进人的全面发展，逐步实现全体人民共同富

裕，建设富强民主文明和谐的社会主义现代化国家”①。它体现了立足基本国情、坚持党的基本路线的本质要求，反映了促进人的全面发展、逐步实现全体人民共同富裕、建设富强民主文明和谐的社会主义现代化国家的价值目标。中国特色社会主义理论体系“是包括邓小平理论、‘三个代表’重要思想、科学发展观在内的科学理论体系，是对马克思列宁主义、毛泽东思想的坚持和发展”②，也包括了以习近平同志为核心的党中央关于“四个全面”战略布局、“五大发展”理念等一系列治国理政新理念新思想新战略。它既坚持了马克思主义科学社会主义，又具有鲜明的中国特色，并以其实践特色、理论特色、民族特色、时代特色开创了马克思主义科学社会主义发展的新境界，成为发展了的马克思主义。说明在当代中国，只有坚持中国特色社会主义理论体系，中国的发展才有希望，只有以中国特色社会主义理论体系为行动指南，中国的发展才有未来。中国特色社会主义制度“是人民代表大会制度的根本政治制度，中国共产党领导的多党合作和政治协商制度、民族区域自治制度以及基层群众自治制度等基本政治制度，中国特色社会主义法律体系，公有制为主体、多种所有制经济共同发展的基本经济制度，以及建立在这些制度基础上的经济体制、政治体制、文化体制、社会体制等各项具体制度”③。它标志着我们党在经济、政治、社会等各个领域已经形成了一整套规范的制度体系。坚持中国特色社会主义制度，是当代中国发展进步的根本保障，集中体现了中国特色社会主义的特点和优势。

中国特色社会主义的理论逻辑就在于：首先，从道路上来说，中国特色社会主义道路是形成和发展中国特色社会主义理论体系、坚持和完善中国特色社会主义制度的重要途径。中国特色社会主义道路在实践中的成功与失败、经验与教训，为中国特色社会主义理论体系的发展提供了鲜活的思想材料。

其次，从理论体系上来说，中国特色社会主义理论体系是我们党开辟

---

①　中共中央文献研究室．十八大以来重要文献选编（上）．北京：中央文献出版社，2014：9-10.

②③　同①10.

和坚持中国特色社会主义道路、进一步完善中国特色社会主义制度的行动指南。改革开放以来，在坚持走中国特色社会主义道路过程中，当人们对社会主义产生困惑和疑问、迫切需要回答什么是社会主义、怎样建设社会主义时，中国特色社会主义理论体系关于社会主义本质论、社会主义初级阶段论、社会主义改革开放论和社会主义市场经济论等重大理论做出了科学的回答。在我们党所处的时代背景和社会环境发生了前所未有的变化，以及我们党所肩负的历史任务发生了前所未有的变化的情况下，中国特色社会主义理论体系不仅使人们增强了对中国共产党执政的信心，而且也使人们深刻认识到走中国特色社会主义道路的重要性。

最后，从制度上来说，中国特色社会主义制度是坚持中国特色社会主义道路、完善和发展中国特色社会主义理论体系的根本保障。制度是理论的规制表达，有什么样的理论就会有什么样的制度。中国特色社会主义制度的形成，是以我们党在改革开放的历史进程中形成的中国特色社会主义理论体系为指导的。但是，理论是需要随着实践的发展而不断发展的，中国特色社会主义制度对完善和发展中国特色社会主义理论体系又起着重要的推进和保障作用。也就是说，中国特色社会主义理论体系的完善和发展是要以中国特色社会主义制度为载体的，离开了这一载体，中国特色社会主义理论体系也就失去了它存在的意义，我们也就将一无所获。

2. 中国特色社会主义理论逻辑的发展创新

中国特色社会主义的理论逻辑不仅表现在它自身内在的复杂的逻辑关系上，而且更重要的是，还表现在从纵向角度探讨其理论体系的逻辑继承、逻辑脉络和逻辑发展上，即表现在它与马克思主义科学社会主义的一脉相承、与时俱进上。中国特色社会主义道路、理论体系、制度及其内在统一，不仅符合马克思主义科学社会主义的基本原则，而且更重要的是，它以中国社会发展的实际为基础，贯穿并发展了马克思主义科学社会主义的科学内涵、精神实质和基本原则。

马克思主义的科学社会主义是由马克思恩格斯创立、由列宁创造性发展的学说。马克思恩格斯在自由竞争的资本主义时代以唯物史观和剩余价值理论为基础，实现了社会主义从空想到科学的发展，列宁在帝国主义与无产阶级革命时代，结合俄国的具体实际，实现了社会主义从理论到现实的飞跃。科学社会主义作为马克思主义理论的重要组成内容，不仅是揭示无产阶级解放运动的性质、条件和一般发展规律的科学，而且也是研究人类社会由低级社会形态发展到高级社会形态的一般规律的科学，是以无产阶级彻底解放和人类解放为己任的科学。由此可见，科学社会主义就是从理论上阐明资本主义基本矛盾、无产阶级的历史地位和历史使命、社会主义取代资本主义的历史必然性，以及为工人阶级指明彻底解放道路的科学。坚持马克思主义科学社会主义的关键，就在于坚持马克思主义的世界观、方法论，坚持无产阶级彻底解放和人类解放的基本价值取向，坚持运用马克思主义立场、观点、方法认识现实社会主义。马克思主义科学社会主义的科学内涵、精神实质和基本原则，从根本上保证了中国特色社会主义的科学性。

中国特色社会主义坚持和发展了马克思主义科学社会主义的科学内涵。马克思恩格斯在创立科学社会主义理论的过程中，对社会主义运动、理论和制度之间的相互关系做了深入的分析。在《1844 年经济学哲学手稿》中，由于马克思还深受费尔巴哈的人本主义、赫斯“真正的社会主义”以及空想社会主义者关于社会主义符合理性、人性思想的影响，他只是把社会主义（共产主义）看作某种哲学原则的实现，看作一种抽象的理性观念，认为社会主义（共产主义）之所以合理、之所以必然实现，是因为这种制度是符合人性的制度，是向人性的复归。“**共产主义**是对**私有财产**即**人的自我异化**的**积极的**扬弃，因而是通过人并且为了人而对**人的**本质的真正**占有**；因此，它是人向自身、也就是向**社会的**即合乎人性的人的复归，这种复归是完全的复归，是自觉实现并在以往发展的全部财富的范围内实现的复归。”① 在《德意志意识形态》中，随着新世界观的建立，马克思恩格斯不再沉迷于抽象的人和抽象的人性，而是认识到社会主义不仅仅是理想，它还具有现实的可行性，这就是现实的社会主义运动，所以，他们明确指出：“我们所称为共产主义的是那种消灭现存状况的**现实的**运动。”② 在

① 马克思，恩格斯. 马克思恩格斯文集：第 1 卷. 北京：人民出版社，2009：185.

② 同①539.

标志科学社会主义诞生的《共产党宣言》中，他们通过考察资本主义产生的历史运动和它的内在的基本矛盾，得出了“资产阶级的灭亡和无产阶级的胜利是同样不可避免的”[①] 结论。在《〈政治经济学批判〉序言》中，马克思以对唯物史观的经典阐述为基础，又进一步阐述了“两个决不会”的思想：“无论哪一个社会形态，在它所能容纳的全部生产力发挥出来以前，是决不会灭亡的；而新的更高的生产关系，在它的物质存在条件在旧社会的胎胞里成熟以前，是决不会出现的。”[②]《资本论》是马克思倾其一生心血和精力完成的最宏伟的巨著，他运用唯物史观的方法论，通过研究资本主义生产方式的内在矛盾，揭露了资本主义剥削的本质，论证了资产阶级和无产阶级之间的尖锐的对抗矛盾，说明了资本主义灭亡的必然性。“生产资料的集中和劳动的社会化，达到了同它们的资本主义外壳不能相容的地步。这个外壳就要炸毁了。资本主义私有制的丧钟就要响了。剥夺者就要被剥夺了。”[③] 1875 年，马克思在《哥达纲领批判》中创造性地提出了过渡时期和共产主义发展两个阶段的理论，并对第一阶段即社会主义的特征做了科学的表述。在《反杜林论》中，恩格斯则进一步明确地把科学社会主义称为“无产阶级运动的理论表现”[④]。可见，在马克思恩格斯那里，科学社会主义是植根于社会主义运动又指导社会主义运动的科学理论体系，它肩负着改变世界这一特殊的实践任务，马克思恩格斯始终将建立社会主义（共产主义）制度作为自己一生的理想，并以此指引着无产阶级为实现这一理想而不懈奋斗。科学社会主义所具有的运动、理论、制度的内涵及其相互关系，成为中国特色社会主义道路、理论体系、制度内在统一的科学根据。进一步来说，中国特色社会主义道路、理论体系、制度的内在统一，正是马克思恩格斯关于科学社会主义运动、理论、制度的内涵及其相互关系，结合中国社会主义发展实际而形成的理论成果。

中国特色社会主义坚持和发展了马克思主义科学社会主义的精神实

---

① 马克思，恩格斯．马克思恩格斯选集：第 1 卷．北京：人民出版社，1995：284.

② 马克思，恩格斯．马克思恩格斯选集：第 2 卷．北京：人民出版社，1995：33.

③ 马克思，恩格斯．马克思恩格斯文集：第 5 卷．北京：人民出版社，2009：874.

④ 马克思，恩格斯．马克思恩格斯文集：第 9 卷．北京：人民出版社，2009：300.

质。考察马克思恩格斯创立科学社会主义的历史进程，我们可以清晰地看到，没有唯物史观的创立和运用，就没有马克思恩格斯对社会主义（共产主义）的科学理解；没有把唯物辩证法运用于对资本主义生产方式的分析，确立起剩余价值理论，也不可能有科学社会主义的诞生。唯物史观和剩余价值理论作为科学社会主义的两块理论基石，它们使共产主义真正能够置于现实的基础之上。辩证唯物主义和历史唯物主义是马克思主义科学社会主义的最根本的世界观方法论。马克思主义关于物质与意识、思维与存在、辩证法与形而上学、对立统一规律、认识与实践、真理与价值、人的本质与人的价值、人的发展与社会进步等基本原理，是认识人类社会发展的工具，在这些认识基础上形成的生产力与生产关系的矛盾运动、经济基础和上层建筑的矛盾运动，构成了人类社会基本结构和社会形态的基本矛盾，成为推动人类社会发展的根本力量。如列宁所说："只有把社会关系归结于生产关系，把生产关系归结于生产力的水平，才能有可靠的根据把社会形态的发展看作自然历史过程。不言而喻，没有这种观点，也就不会有社会科学。"① 马克思主义科学社会主义就是运用辩证唯物主义和历史唯物主义的世界观方法论，对人类社会形态发展的现实做出的理论展开和实际运用，就是通过揭示人类社会发展的一般规律，鼓舞无产阶级斗志，引导无产阶级沿着社会发展的趋势去改造社会。马克思主义科学社会主义不仅在于解释世界，还在于改变世界。国际共产主义运动的历史，既证明了辩证唯物主义和历史唯物主义世界观方法论的科学性，也说明了无产阶级斗争的实践离开了辩证唯物主义和历史唯物主义世界观方法论的指导，必将产生失误，遭受挫折。中国特色社会主义道路、理论体系、制度三者的内在统一，是创造性地运用马克思主义辩证唯物主义和历史唯物主义的世界观方法论的最新成果。在中国社会主义建设过程中，如果没有始终对马克思主义的辩证唯物主义和历史唯物主义的世界观方法论的坚持和运用，没有以鲜明的时代精神和实践要求，分析并回答重大的现实问题，以及对事物发展客观规律的把握，就不可能有中国特色社会主义道路的开

① 列宁. 列宁选集：第1卷. 北京：人民出版社，1995：8-9.

辟、中国特色社会主义理论体系的形成、中国特色社会主义制度的确立，以及中国特色社会主义内涵的科学性。

中国特色社会主义坚持和发展了马克思主义科学社会主义的基本原则。马克思主义科学社会主义的基本原则体现在马克思恩格斯以批判旧世界为基础对未来社会的科学预测之中，他们在揭示人类社会发展的客观规律中对未来社会做了科学展望，其概括是粗线条的、原则性的，并且具有发展性。概括地说，首先，马克思恩格斯明确地将生产资料公有制看作理解未来社会以及这一社会改革和发展的基本原则，认为生产资料公有制是共产主义社会“第一阶段”（低级阶段）和“高级阶段”的共同基础。其次，社会主义生产资料公有制这一生产结构的性质，决定了与此相适应的分配关系是按劳分配。在按劳分配中，“个人的劳动不再经过迂回曲折的道路，而是直接作为总劳动的组成部分存在着”①，劳动时间就是实行按劳分配的直接尺度。但是，分配方式会随着社会机体和劳动者的历史发展过程而改变。再次，未来社会能够按照共同的合理的计划，自觉地调节和进行社会劳动。这一看法，后来被人们概括为“计划经济”。它不仅强调资本主义固有的由社会生产比例失调引起的经济危机只有在未来社会才可能消除，而且说明生产者将按照共同的合理的计划自觉地从事社会劳动，有计划地分配劳动时间是社会主义经济的“首要的经济规律”。复次，在人类社会发展的历史上，社会分工的形成导致了阶级、阶级对立的产生，阶级斗争成为推动人类社会进步的重要手段。但是，“代替那存在着阶级和阶级对立的资产阶级旧社会的，将是这样一个联合体，在那里，每个人的自由发展是一切人的自由发展的条件”②。无产阶级实现了自己的解放及真正的全面发展，也就杜绝了某个人依赖于别人而生存的现象，消灭了某个人雇用、剥削他人的状况，消灭了剥削者和被剥削者，从而意味着阶级、阶级差别的消灭，意味着全人类的真正解放。最后，在未来社会里，国家作为阶级压迫的暴力机关的性质和职能将转变为维护社会利益的简单的管理职能。“那时，国家政权对社会关系的干预在各个领域中将先后成为多

① 马克思，恩格斯．马克思恩格斯文集：第3卷．北京：人民出版社，2009：434.

② 马克思，恩格斯．马克思恩格斯文集：第2卷．北京：人民出版社，2009：53.

余的事情而自行停止下来。那时，对人的统治将由对物的管理和对生产过程的领导所代替。国家不是‘被废除’的，**它是自行消亡的。**”① 马克思主义科学社会主义的基本原则，是判断社会主义性质的根本标志。党的十一届三中全会以来，我们党在深刻总结世界社会主义兴衰成败的经验教训的基础上，在深入探索什么是社会主义、怎样建设社会主义的过程中，坚持并深化了马克思主义科学社会主义的基本原则，逐步形成了科学、完整的中国特色社会主义，即统一于中国特色社会主义伟大实践的道路、理论体系、制度。

总之，中国特色社会主义与马克思主义科学社会主义的一脉相承、与时俱进所表现的逻辑继承、逻辑脉络和逻辑发展，使中国特色社会主义真正是社会主义而不是其他什么主义。

3. 中国特色社会主义理论逻辑统一于历史逻辑

在理论逻辑和历史逻辑二者的关系中，理论逻辑蕴藏于历史逻辑之中，而历史逻辑则是理论逻辑的现实基础。因此，理论逻辑表现为对历史逻辑的理解，是用理论的逻辑关系来反映历史逻辑的，而历史逻辑则可以通过理论逻辑的方式再现出来。中国特色社会主义的理论逻辑正是建立在现实社会发展的基础之上、扎根在历史实践发展的土壤之中的，以世界社会主义 500 多年发展的历史实践为基础发展起来的当代中国社会发展的实践，就是中国特色社会主义的历史逻辑。

世界社会主义 500 多年发展的历史给当代中国社会的发展提供了弥足珍贵的实践经验。在世界社会主义发展的历史长河中，首先，社会主义经历了从空想到科学的发展，马克思恩格斯创立的科学社会主义理论并不是建立在社会主义已经实现的基础之上的，他们只是有一些原则性、抽象性的预想，而当社会主义实践产生以后，这些预想在与实践结合后才产生了真正符合社会主义发展状况的理论。中国特色社会主义就是这样的理论。因此，社会主义作为一种理论，表明在社会主义长期发展的过程中，理论

① 马克思，恩格斯．马克思恩格斯文集：第 3 卷．北京：人民出版社，2009：562.

的发展来自于实践的发展，当它得到升华以后，又会去指导实践，理论和实践的紧密结合，产生了社会主义道路和制度的伟大实践。其次，社会主义经历了从理论到实践的发展、从一国建立到多国建立的过程，这一过程就是社会主义制度的建立过程。苏东剧变使我们清楚地认识到，社会主义制度的特性就在于实行公有制、按劳分配，马克思主义是指导思想，没有这些，也就没有了社会主义制度。因此，社会主义作为一种制度，表明它不是观念的，而是现实的、实实在在的，是生动的、具体的。最后，社会主义运动经历了从一国到多国的发展，已有170年的历史。尽管20世纪末苏联解体，世界社会主义运动遭遇了空前严重的历史性挫折，但是，中国特色社会主义的发展却在世界上产生了重大影响。中国特色社会主义道路的开辟，就是建立在立足中国实际、不断总结世界社会主义运动经验教训的基础上的。因此，社会主义作为一种运动，表明它不是教条，而是改变事物现有状态的实际运动，脱离一定的历史、政治及文化背景来研究社会主义是毫无意义的。由此可见，中国特色社会主义是世界社会主义发展史上的一块伟大的里程碑，它为世界社会主义的发展闯出了一条前所未有的新路子。

当代中国社会发展的实践是中国特色社会主义理论逻辑形成的基础。马克思主义认为："一切划时代的体系的真正的内容都是由于产生这些体系的那个时期的需要而形成起来的。所有这些体系都是以本国过去的整个发展为基础的，是以阶级关系的历史形式及其政治的、道德的、哲学的以及其他的后果为基础的。"① 中国特色社会主义道路的开辟、中国特色社会主义理论体系的形成、中国特色社会主义制度的确立，是对中国多年发展的实践经验进行总结和概括形成的伟大成果。在中国革命取得胜利，进入社会主义建设阶段，并初步确立了社会主义制度之后，毛泽东就向全党提出了走中国自己的社会主义建设道路的问题，他明确指出，要"以苏为鉴，走自己的路"，要在建立社会主义制度的基础上，走出一条适合中国国情的现代化道路。毛泽东关于社会主义建设规律的探索，以及领导中国

① 马克思，恩格斯．马克思恩格斯全集：第3卷．北京：人民出版社，1960：544.

人民建设社会主义的艰辛探索，为寻求一条符合中国实际的社会主义建设道路所做的不懈努力，为后来中国特色社会主义道路的开辟、中国特色社会主义理论体系的形成、中国特色社会主义制度的确立奠定了重要的思想基础和实践基础。“中国特色社会主义”体现为一个发展的过程。首先，它是在改革开放这一伟大实践中不断深化、演进的过程，不仅体现了改革开放这一现实要求，而且反映了这一伟大实践所具有的开创性、丰富性、发展性的历史经验，体现了我党解放思想、实事求是、与时俱进、求真务实的精神品格。其次，它是一个包含着道路、理论体系、制度三者内在统一的过程，真正体现并发展了马克思主义科学社会主义的基本原则，说明了我们党始终站在时代和实践的前沿，在运用马克思主义立场、观点和方法分析新形势、把握新情况、解决新问题的过程中，产生、形成并发展了科学的理论。最后，它是我们党在坚持中发展、在发展中创新，与时俱进、开拓进取的过程。党的十一届三中全会以来，经过党的十二大、十三大、十四大的接力探索，中国特色社会主义历经了从提出“建设有中国特色的社会主义”的科学命题，到勾画中国特色社会主义的理论轮廓的过程，党的十五大之后，逐步形成的中国特色社会主义理论体系，科学地、系统地回答了中国社会主义建设的一系列重大的理论与实践问题。显然，中国特色社会主义理论体系是中国共产党在探索中国特色社会主义道路、确立中国特色社会主义制度的实践中逐步形成的，它体现了党的实践创新和理论创新的统一性，说明了当代中国改革开放和社会主义现代化建设的实践过程，就是探索和开辟中国特色社会主义道路的过程，就是形成和发展中国特色社会主义理论体系的过程，就是确立和完善中国特色社会主义制度的过程，坚持中国特色社会主义，就是真正坚持社会主义，就是真正坚持马克思主义。

中国特色社会主义理论逻辑统一于历史逻辑，充分反映了马克思主义基本原理与中国具体实际结合的历史意义。中国特色社会主义之所以能够成为当代中国发展进步的旗帜，关键就在于坚持把马克思主义基本原理与中国的具体实际相结合，走自己的道路。马克思主义基本原理与中国具体实际相结合是我们党的一贯优良传统和作风，也是中国革命、建设和改革的基本历史经验。在我国新民主主义革命、社会主义建设和改革开放的伟大历史进程中，我们党形成和发扬了马克思主义基本原理同中国具体实际结合的原则，总结并概括了长期探索所积累的历史经验，不断推进了马克思主义中国化。毛泽东作为新中国的主要缔造者，作为中国特色社会主义探索的先驱者，为中国特色社会主义的形成提供了重要的思想来源。早在中国革命中，他就指出，“我们的斗争需要马克思主义”，“马克思主义的‘本本’是要学习的，但是必须同我国的实际情况相结合”①。毛泽东进而提出了“将马克思列宁主义的理论和中国革命的实践相结合”② 的命题。在中国社会主义建设初期，毛泽东又提出了把马克思列宁主义的普遍真理同中国革命的具体实践相结合，探索在我们国家里建设社会主义的道路的思想。改革开放以来，在中国特色社会主义发展中，我们党始终依据毛泽东提出的原则，坚持把马克思主义基本原理与中国具体实际结合起来，在实践基础上推进理论创新。正是在长期的革命、建设和改革实践中，坚持马克思主义基本原理与中国具体实际的结合，才使我党实现了两次重大的历史性飞跃，形成了毛泽东思想和中国特色社会主义理论体系两大重要的理论成果。“马克思主义基本原理同中国具体实际相结合”的原则，既蕴含着运用马克思主义立场、观点、方法分析中国革命、建设和改革的实际问题，推进马克思主义中国化的意义，也蕴含着对中国革命、建设和改革的实践经验理论化、系统化，不断发展和创新马克思主义的意义。将马克思列宁主义普遍真理同中国具体实际相结合的原则，既是马克思主义具有生命力的关键所在，也是中国特色社会主义具有创新性的决定因素。由此可见，“把马克思主义的普遍真理同我国的具体实际结合起来，走自己的道路，建设有中国特色的社会主义，这就是我们总结长期历史经验得出的基本结论”③。中国特色社会主义道路的探索和开辟、中国特色社会主义理论体系的形成和发展、中国特色社会主义制度的确立和完善，正是始终坚持这一由长期历史经验得出的基本结论的必然结果。

---

① 毛泽东．毛泽东选集：第1卷．北京：人民出版社，1991：111.
② 毛泽东．毛泽东选集：第2卷．北京：人民出版社，1991：611.
③ 邓小平．邓小平文选：第3卷．北京：人民出版社，1993：3.

总之，当代中国社会发展的实践是中国特色社会主义的历史逻辑，中国特色社会主义理论逻辑统一于历史逻辑，使中国特色社会主义真正是符合中国国情的社会主义，真正代表着当代中国发展进步的根本方向。

四、中国特色社会主义的制度及制度自信

中国特色社会主义制度具有鲜明的特色，中国特色社会主义制度具有显著的效率，但中国特色社会主义制度还需要不断完善。习近平同志在十八届中央政治局第一次集体学习时的讲话中指出："中国特色社会主义制度是特色鲜明、富有效率的，但还不是尽善尽美、成熟定型的。中国特色社会主义事业不断发展，中国特色社会主义制度也需要不断完善。"① 这一关于中国特色社会主义制度的论断，在明确中国特色社会主义制度特色的鲜明性和效率的显著性的基础上，强调了中国特色社会主义制度的不断完善性，说明了中国特色社会主义制度的特色鲜明性、效率显著性和制度的完善性三者之间存在紧密关联。对中国特色社会主义制度的鲜明特色、显著效率以及完善意义的认识，是增强制度自信的重要前提。

1. 中国特色社会主义制度的鲜明特色

中国特色社会主义制度的鲜明特色主要表现在体系特色、属性特色和国情特色三个方面。所谓"体系特色"，即中国特色社会主义制度是一套系统完备、科学规范、运行有效的体系；所谓"属性特色"，即中国特色社会主义制度是社会主义制度而不是其他什么主义的制度；所谓"国情特色"，即反映的是时代要求、现实国情和民族特点。中国特色社会主义制度的鲜明特色体现了中国社会的发展和进步，反映了中国共产党和中国人民在中国特色社会主义发展中勇于探索、不断创新的精神，展现了中国特色社会主义的生机和活力。

---

① 中共中央文献研究室．十八大以来重要文献选编（上）．北京：中央文献出版社，2014：75.

中国特色社会主义制度具有明显的体系特色，亦即由根本层面的制度、基本层面的制度、具体层面的制度以及机制构成，是一个相互衔接、相互联系的有机整体。根本层面的制度起决定性作用，反映着制度体系的本质内容和根本特征，体现着制度体系的质的规定性。人民代表大会制度作为根本层面的制度，是国家政权的组织形式，是人民当家作主的国家性质的根本体现，直接反映了社会制度的本质，决定着国家活动的基本原则和社会发展方向，是国家各项制度的根基和本源。基本层面的制度，既是根本制度的体现和表达，也是制定各种具体制度的依据和出发点，包括了基本政治制度和基本经济制度。就基本政治制度而言，中国共产党领导的多党合作和政治协商制度，是具有中国特色的政党制度，也是世界政党和政党制度史上的伟大创造；民族区域自治制度是符合中国国情和各民族共同利益的解决民族问题的正确选择，体现了我国坚持实行各民族平等、团结、合作和共同繁荣的原则；基层群众自治制度是扩大基层民主、发展中国特色社会主义民主政治的重要基础。就基本经济制度而言，以公有制为主体、多种所有制经济共同发展的基本经济制度，是调动人民群众和社会各方面的积极性，增强经济发展活力的重要保证，也是使经济发展沿着社会主义方向前进的重要保证。具体制度是由根本制度、基本制度派生的，受到根本制度、基本制度的制约和支配，同时也是根本制度、基本制度的表现形式，能够促进根本制度、基本制度的完善和发展。中国特色社会主义经济体制、政治体制、文化体制、社会体制等各项具体制度，是由根本制度、基本制度决定的，同时又是为根本制度、基本制度服务的。中国特色社会主义法律体系是以法律形式确立的制度。它以宪法为统帅，以法律为主干，以行政法规、地方性法规为重要组成部分，保证了中国特色社会主义经济建设、政治建设、文化建设、社会建设以及生态文明建设“五位一体”总布局的发展。根本制度、基本制度、具体制度等多层次的制度体系，构成我们在新的历史条件下正确认识和理解中国特色社会主义制度之鲜明特色的重要基础。

我国的社会主义制度成长为中国特色社会主义制度体系，经历了60多年的发展历程，是中国共产党领导中国人民在深刻总结国内外经验教训、不断探索中国特色社会主义道路和中国特色社会主义理论体系的过程中，遵循社会发展规律、顺应时代进步要求形成的。在中国特色社会主义制度的发展中，必须遵循习近平总书记所指出的："我们要坚持以实践基础上的理论创新推动制度创新，坚持和完善现有制度，从实际出发，及时制定一些新的制度，构建系统完备、科学规范、运行有效的制度体系，使各方面制度更加成熟更加定型，为夺取中国特色社会主义新胜利提供更加有效的制度保障。"① 中国特色社会主义制度体系既反映了它所具有的属性特色，也体现了它所具有的国情特色。

制度体系的形成对实现中国特色社会主义道路的本质要求和价值目标起根本保障作用。比如，市场经济的运行所带来的自发性、盲目性，是靠社会主义制度体系来约束的。社会主义市场经济关于社会主义基本经济制度的确立、社会保障制度的初步形成和宏观调控体系的进一步完善，以及法律体系的健全，可以扼制市场经济的一系列弊端。又如，个人收入分配中的不公平性、不合理性也需要由社会主义制度体系调节。以按劳分配为主体、多种分配方式并存的分配制度的完善，以及社会保障制度的初步形成，在一定程度上可以加大收入分配调节力度，解决部分社会成员收入差距过分扩大的问题，等等。因此，中国特色社会主义制度体系既可以保障人民群众基本的经济权益和生存条件，又能促进人的潜能和创造力的发挥；既有利于调动一切积极因素，为发展生产力、增强国家的综合国力服务，又有利于解放和发展社会生产力、推动经济社会全面发展；既有利于维护和促进社会公平正义、实现全体人民共同富裕，又有利于集中力量办大事，有效应对前进道路上的各种风险挑战，有利于维护民族团结、社会稳定、国家统一，为推进中国特色社会主义实践提供坚实保障。

制度体系的形成为我们科学认识社会制度、基本制度、具体制度的关系奠定了基础。中国特色社会主义制度体系的形成既继承了马克思主义关于社会制度的思想，又结合了中国的基本国情，形成了自己的制度特色；

① 中共中央文献研究室．十八大以来重要文献选编（上）．北京：中央文献出版社，2014：76.

既摒弃了教条化，又立足了实际，创新了新思想。马克思主义认为，社会制度指的是一定社会协调社会关系和社会行为的规范体系，也是区分人类社会发展中不同社会形态的重要分水岭。从原始社会、奴隶社会、封建社会、资本主义社会，到社会主义和共产主义社会，是人类历史发展的社会形态。每一种社会形态，反映的社会制度都不同。但是，社会制度并不是悬在空中的，它是通过基本制度、具体制度来表现和实现的。西方制度经济学家如凡勃伦、诺斯等认为，制度是由于人的生物性而产生的社会习惯，“可分为正式制度与非正式制度：正式制度是指人们自觉发现并加以规范化和一系列带有强制性的规则。正式规则包括政治及司法规则、经济规则和合约。……非正式制度包括行为准则、伦理规范、风俗习惯和惯例等，它构成了一个社会文化遗产的一部分并具有强大的生命力。非正式制度是正式制度的延伸、阐释或修正，它是得到社会认可的行为规范和内心行为准则”①。他们所说的制度是具体制度，包括了规章制度，是人们在各个社会领域中的各种行为准则的总和，保证人们的行为有章可循、有规可守、有制可遵，从而使整个社会各个领域的运行都有条不紊。在中国特色社会主义制度体系中，这就表现为经济体制、政治体制、文化体制、社会体制及其运行机制。因此，在中国特色社会主义制度体系中，基本制度是同它的生产关系及其政治载体的性质、宗旨、奋斗目标密切相关的，而具体制度则在一定程度上表现为人类文明的共同成果。例如，人民代表大会制度作为根本政治制度，反映的是社会制度的根本，而民族区域自治制度、共产党领导的多党合作和政治协商制度则是基本政治制度，国家政府的组织结构和管理体制是具体政治制度。虽然都属于中国特色社会主义政治制度范畴，但它们在内容、地位、作用等方面存在很大不同。人民代表大会制度直接体现了我国人民民主专政的国家性质，是建立其他有关国家管理制度的根本，而民族区域自治制度、中国共产党领导的多党合作和政治协商制度，以及国家政府的组织结构和管理体制，虽然和人民代表大会制度不同，但它们却必须反映社会主义制度的性质和要求，民族区域自治

① 诺斯．制度、制度变迁与经济绩效．上海：上海三联书店，1994：64.

制度必须体现国务院的统一领导，中国共产党领导的多党合作和政治协商制度则必须体现中国共产党执政党的领导，国家政府的组织结构和管理体制更是如此。显然，中国特色社会主义制度体系的形成为我们增强制度自信提供了重要前提。

中国特色社会主义制度是中国自己的社会主义制度而不是其他什么国家的制度，它在坚持马克思主义科学社会主义制度原则的基础上反映了中国国情的特点和要求，是马克思主义科学社会主义制度原则与中国具体国情相结合的产物。制度的确立必须从自己的条件出发，“每个国家的基础不同，历史不同，所处的环境不同，左邻右舍不同，还有其他许多不同”，决定着“别人的经验可以参考，但是不能照搬”①。马克思主义科学社会主义制度原则与中国具体国情的结合，就是建立符合当代中国国情的社会主义制度。从我国的生产力发展现状出发，在正确分析我国社会主义所处的阶段、所取得的成就和所存在的问题中，中国特色社会主义制度逐步形成并得到发展。以中国的国情特点和要求为依据，中国特色社会主义制度不仅坚持以公有制为主体，而且还鼓励并引导非公有制的发展，把市场经济与社会主义结合起来，推进社会主义市场经济体制的发展；不仅坚持完全符合我国国情的独特而科学的人民代表大会制度，坚持人民的主体地位，坚持共产党的领导，而且实行中国共产党领导的多党合作与政治协商制度、民族区域自治制度等，体现人民民主是社会主义的生命；不仅坚持马克思主义的指导思想地位，以社会主义核心价值观引领社会思潮，而且强调马克思主义与中国国情相结合发展，强调创新中国化的马克思主义理论，强调中国优秀传统文化对社会主义核心价值观的滋养，以增强国家文化软实力，建设社会主义文化强国。在中国特色社会主义发展的过程中，马克思主义科学社会主义制度原则的中国化、时代化不断得到推进，这既符合人类制度文明的发展趋势，又适应了中国国情，使制度模式不断得到积极探索。

中国特色社会主义制度的体系特色、属性特色和国情特色，表明了它

① 邓小平．邓小平文选：第3卷．北京：人民出版社，1993：265.

是已被中国特色社会主义实践证明了的、符合中国国情和实际的科学的制度，体现了马克思主义科学社会主义制度原则与中国国情特点的统一，彰显了中国共产党人的制度自觉和制度自信。

2. 中国特色社会主义制度的显著效率

一个好的制度能够产生好的治理效果，中国特色社会主义制度的鲜明特色使制度的效率得到彰显，同时，效率的显著性也支撑起制度的鲜明特色。一般而言，制度的效率表现在两个层面：一是制度在多大程度上代表并反映了广大人民群众的利益，二是行为主体在多大程度上遵守了制度的规定，受到制度的约束。中国特色社会主义制度的效率同样也从这两个层面表现出来，它既能在最大程度上代表并反映最广大人民群众的利益，也能在最大程度上规定并约束行为主体。

从新中国发展的历史来看，确立社会主义基本制度是形成中国特色社会主义制度的前提和基础。新中国成立后，经过了国民经济的恢复时期和社会主义三大改造，确立了包括生产资料公有制、人民代表大会制度等社会主义基本制度。尽管当时在社会主义基本制度方面追求的是“一大二公三纯”，在一定程度上制定并实施了脱离生产力发展实际的方针和政策，使社会主义建设走了不少的弯路，但是，短期内独立完整的工业体系和国民经济体系的基本建立、社会主义现代化建设历史成就的取得、中国稳步地由农业国向工业国的转变，却无可辩驳地证明了社会主义基本制度具有“集中力量办大事办难事”的优势，具有维护民族团结、社会稳定、国家统一的优势。党的十一届三中全会以后，随着我们党对“什么是社会主义、怎样建设社会主义”的认识的加深，以坚持社会主义基本制度为基础，我国不断调整和完善社会主义生产关系以适应生产力的发展要求，逐步形成并发展了符合中国实际和代表中国人民愿望的中国特色社会主义制度。

在坚持、发展和完善中国特色社会主义制度的过程中，制度的优势不断得到彰显。第一，中国特色社会主义制度具有解放生产力和发展生产力的优势。“我们是社会主义国家，社会主义制度优越性的根本表现，就是能够允许社会生产力以旧社会所没有的速度迅速发展，使人民不断增长的物质文化生活需要能够逐步得到满足。”① 中国特色社会主义制度则彰显了这一优势。改革开放以来，“我国经济总量从世界第六位跃升到第二位，社会生产力、经济实力、科技实力迈上一个大台阶”②。坚持中国特色社会主义制度，使中国在短短四十年的时间里就取得了惊人的成就。第二，中国特色社会主义制度具有更好地满足广大人民群众日益增长的物质文化生活需要的优势。在改革开放的历史进程中，我们党着眼于实现人民共同富裕的奋斗目标，把社会主义制度的政治优势与市场经济体制结合起来，在人力、物力、财力方面形成巨大合力，实施并完成了国家重大经济、科技等建设项目；把社会主义制度的民主优势与党的领导、人民当家作主、依法治国结合起来，不断推进中国特色社会主义民主政治的制度化，为扩大人民有序政治参与、实现人民当家作主提供了制度保证；把社会主义制度的经济优势与发展为了人民、发展依靠人民、发展成果由人民共享结合起来，在加快经济发展方式转变中保障和改善民生，多谋民生之利、多解民生之忧，推进基本公共服务均等化，在学有所教、劳有所得、病有所医、老有所养、住有所居方面持续取得新进展，等等。我国的“人民生活水平、居民收入水平、社会保障水平迈上一个大台阶”③，靠的就是中国特色社会主义制度。第三，中国特色社会主义制度具有战胜困难、应对各种风险的优势。在全面建成小康社会，加快推进社会主义现代化，实现中华民族伟大复兴，坚定不移地走发展中国特色社会主义的道路上，我们遇到了不少的风险和挑战。如 2003 年的非典疫情、2008 年的汶川特大地震和国际金融危机等，同时也有许多的困难和问题，如发展的不平衡、不协调、不可持续，科技创新能力不足，城乡区域差距和居民收入分配差距过大，等等。现实中的风险和问题，既有可预见性也有不可预见性，既有来自内部的也有来自外部的。在应对来自不同领域、不同方面的各种风险、各种困难中，中国特色社会主义制度在组织、协调、指挥、执行等方面发挥了

① 邓小平．邓小平文选：第 2 卷．北京：人民出版社，1994：128．

②③ 中共中央文献研究室．十八大以来重要文献选编（上）．北京：中央文献出版社，2014：5．

极大优势，我国政府在动员社会各方力量、调集和配置各方资源方面显示出强大的组织能力，战胜了突如其来的非典疫情，抗击了汶川特大地震等严重自然灾害，完成了灾后恢复重建工作。中国特色社会主义制度战胜困难、应对各种风险的优势令世人赞叹。第四，中国特色社会主义制度具有团结人民、稳定社会的优势。人民代表大会制度和由中国共产党领导的多党合作和政治协商制度、民族区域自治制度以及基层群众自治制度构成的基本政治制度，尊重和保障了人民的民主权利；以公有制为主体、多种所有制经济共同发展的基本经济制度和以按劳分配为主体、多种分配方式并存的分配制度，尊重和保障了人民的经济利益。中国特色社会主义的各项制度，在培育文明风尚、弘扬中华文化、凝聚民心民智民力、促进社会秩序良性运行、保障政治环境和社会环境稳定等方面，都起到了重要的保障作用。

中国特色社会主义制度是最广大人民群众的制度，而其群众性也是这一制度最大的优势。中国特色社会主义制度优势的彰显，也从另一个层面反映了它的“硬约束”性质。只有坚持中国特色社会主义制度，才有可能实现人民群众利益的最大化，才有可能产出最高的效率；只有依靠中国特色社会主义制度，才有可能为当代中国的发展进步奠定根本的基础和开拓出现实的路径，才有可能最大限度地满足人民群众的需求，最终实现国家富强、民族振兴、人民幸福的“中国梦”。2013 年 6 月 18 日，习近平总书记在党的群众路线教育实践活动工作会议上明确指出：“制度一经形成，就要严格遵守，坚持制度面前人人平等、执行制度没有例外，坚决维护制度的严肃性和权威性，坚决纠正有令不行、有禁不止的各种行为，使制度真正成为党员、干部联系和服务群众的硬约束，使贯彻党的群众路线真正成为党员、干部的自觉行动。”① 这一讲话针对的是贯彻群众路线、密切联系群众的制度规定要求，但同样也对坚持中国特色社会主义制度提出了规定要求。改革开放以来，我们在中国特色社会主义道路上取得的成果，充分凸显了中国共产党领导的中国人民强大的制度执行力和凝聚力。正因为

---

① 中共中央文献研究室．十八大以来重要文献选编（上）．北京：中央文献出版社，2014：318-319.

中国特色社会主义制度兼顾了各阶层、各群体、各党派、各民族最广泛的利益，以及最广大人民群众的权利诉求，它才能够更好地集中人民意志，形成强大的吸引力、凝聚力。

3. 中国特色社会主义制度的完善意义

制度的确立并不等于制度的定型，中国特色社会主义制度的确立，已经有了明确的体系特色和显著的制度优势，但不等于它已经尽善尽美，它的完善和发展过程是长期的，制度建设任重道远。在中国特色社会主义实践中，中国共产党的几代领导人都把制度建设提到了既增强发展活力又保障建设的社会主义性质高度。党的十六大以后，国家领导人在对“什么是社会主义、怎样建设社会主义”问题的探讨中，不仅强调社会主义制度的改革和建设可以为促进经济社会发展增强活力，而且看到制度建设在保障各类建设的社会主义性质方面具有不可或缺的重要意义，因此，要想从根本上解决制约我国发展的矛盾和问题，坚持我国市场经济的社会主义发展方向，争取在一些关键领域和重要环节上取得突破性发展，制度建设是保障。

在我国的现实中存在着一些关于社会主义制度的错误认识，这是我们增强制度自信的障碍。因此，如何认识我国的社会主义制度，直接影响着增强对中国特色社会主义的制度自信。人民代表大会制度是我国的根本政治制度，是我国人民民主专政政权的组织形式。对于这一根本制度，有的人把它与西方的政治制度进行类比，认为它没有西方的多党竞选或者轮流执政好，也有人将其理解为专指人大及其常委会的制度。这两种看法都会削弱我们对这一根本政治制度的自信。

人民代表大会制度的根本原则和核心内容是一切权力属于人民。如《中华人民共和国宪法》（简称《宪法》）第二条所规定的，中华人民共和国的一切权力属于人民。人民行使国家权力的机关是全国人民代表大会和地方各级人民代表大会①。人民代表大会制度的根本组织原则和运作原则，

---

① 中华人民共和国宪法．北京：中国民主法制出版社，2008.

就是《宪法》第三条规定的民主集中制原则。人民代表大会制度的机制，主要表现为人大和人民的关系，即全国人民代表大会和地方各级人民代表大会都由民主选举产生，对人民负责，受人民监督；“一府两院”和人大的关系，即国家行政机关、审判机关、检察机关都由人民代表大会产生，对它负责，受它监督；中央国家机关和地方国家机关的关系，即中央和地方的国家机构职权的划分，遵循在中央的统一领导下，充分发挥地方的主动性、积极性的原则。同时还包括了各级人大依照法定程序集体行使职权的机制。人民代表大会制度具有最广泛的社会基础，最能充分反映各方面的意志和要求，也最适合我国13亿多人口、56个民族的国情。如果像西方国家那样搞多党竞选或者轮流执政，或者如果也只是把它的职能定位在人大及其常委会即其中一部分工作任务上，也就丢掉了人民代表大会制度的根本。

增强中国特色社会主义的制度自信，必须要认清我国人民代表大会制度与西方议会制度存在着本质区别，我国的人大代表与西方议员存在着本质区别，因此，绝不迷信、照抄照搬西方的政体模式。我们还必须要看到人民代表大会制度自建立以来，在理论和实践方面所取得的重要进展。在理论上，社会主义民主法制建设、社会主义政治文明建设等一系列重大问题不断完善，极大地推进了人民代表大会制度建设和人大工作的实践。在实践方面，选举制度特别是选举程序不断完善，组织职权和体系建设不断得到加强，各项工作纳入了法律化、制度化、程序化、规范化的轨道。我们要看到这一根本政治制度的优越性，要认识到没有这一根本政治制度，中国共产党是无法巩固其执政地位、实现其执政使命的，中国特色社会主义制度和各项事业也是无法得到发展的。

在社会主义基本经济制度上也存在着一些尖锐的看法。党的十五大以后，我国的经济发展明确确立了社会主义初级阶段的基本经济制度。这个制度的确立一方面体现了我国社会制度的社会主义性质，另一方面反映了经济改革的现实要求，即初级阶段社会主义的不成熟性必然要求在发展公有制经济的同时大力发展非公有制经济。因此，这一基本经济制度在我国社会主义初级阶段的确立是有其科学性和合理性的。但是由于受苏东剧变和西方政治思潮的影响，有的学者对社会主义制度的可行性产生了怀疑，有的学者把公有制与非公有制对立起来，有的学者则干脆强调抛弃公有制，认为实行公有制是一种传统观念。显然，前一种观点否定了社会主义基本经济制度，否定了社会主义作为一种制度存在的可能性和现实意义，后一种观点则是对社会主义基本经济制度不科学的认识，实际上也是在否定这一基本经济制度。这两种极端认识都会削弱我们对中国特色社会主义的制度自信。

首先，社会主义是人类社会历史发展中的一种社会制度，而这一社会制度在经济上必然要通过基本经济制度得到体现。正如马克思所说的那样，“在生产、交换和消费发展的一定阶段上，就会有相应的社会制度形式、相应的家庭、等级或阶级组织”①。否认社会主义的制度性，否认社会主义基本经济制度存在的必要性，必然会重蹈苏联的覆辙。苏联解体前的改革遵循的是戈尔巴乔夫的“人道的民主的社会主义”，而“人道的民主的社会主义”恰恰就是否定了社会主义的制度性。在我国的经济发展现实中，我们必须强调社会主义的制度性。没有社会主义制度性的要求和约束，就不可能有社会主义市场经济的健康发展，也不可能有小康社会的全面建成，更不可能实现建设富强民主文明和谐的社会主义现代化强国的奋斗目标。没有社会主义制度性的要求和约束，中国特色社会主义难以为继。

其次，坚持以公有制为主体，不能把公有制教条化，搞“纯而又纯”的公有制；大力发展非公有制经济，不能抛弃公有制，搞私有化。坚持以公有制为主体，如邓小平强调的，是我们必须坚持的社会主义的根本原则。在社会主义市场经济发展中，要充分发挥市场机制的作用，合理配置资源，使各市场主体之间能够取长补短、互相促进，就必须坚持公有制的主体地位，如果搞“纯而又纯”的公有制，就回到了改革开放前的公有制的老路上去了。坚持公有制的主体地位，一方面是适应我国生产力发展的要求，为生产力的发展开辟广阔的空间；另一方面是打下消灭剥削、消除两极分化、实现共同富裕的经济基础。“只要我国经济中公有制占主体地

① 马克思，恩格斯. 马克思恩格斯文集：第10卷. 北京：人民出版社，2009：43.

位，就可以避免两极分化。”① 离开了公有制为主体，实现共同富裕就是一句空话。非公有制经济的发展是建立在社会主义制度基础上的，是受公有制经济引导、制约的，它是在社会主义经济范围内发展的。搞私有化，是违背中国特色社会主义发展的内在要求的。在制度问题上，我们既不能走封闭僵化的老路，也不能走改旗易帜的邪路。

恩格斯指出：“所谓‘社会主义社会’不是一种一成不变的东西，而应当和任何其他社会制度一样，把它看成是经常变化和改革的社会。”② 世界上任何一种社会制度都是处在不断发展和完善之中的，中国特色社会主义制度如同其他社会制度一样，也需要不断发展和完善。我们不能因为中国特色社会主义制度在现实中存在不完善的地方，就认为它不可信。制度自信并不是以制度的完美无缺为基础的，制度不完善并不必然导致制度不自信。只有不断坚持和完善中国特色社会主义制度，才能增强我们的制度自信。坚持和完善中国特色社会主义制度是增强制度自信的动力。

在根本政治制度上，强化中国共产党的领导是完善制度的首要内容。没有中国共产党，就没有社会主义的新中国，没有中国共产党，就不可能全面建成小康社会，也就不可能有中国特色社会主义的发展。强化人民代表大会对行政、审判、检察机关的监督职能，是制度完善的重要基础。党的十八大报告明确提出：“要善于使党的主张通过法定程序成为国家意志，支持人大及其常委会充分发挥国家权力机关作用，依法行使立法、监督、决定、任免等职权，加强立法工作组织协调，加强对‘一府两院’的监督，加强对政府全口径预算决算的审查和监督。提高基层人大代表特别是一线工人、农民、知识分子代表比例，降低党政领导干部代表比例。在人大设立代表联络机构，完善代表联系群众制度。健全国家权力机关组织制度，优化常委会、专委会组成人员知识和年龄结构，提高专职委员比例，增强依法履职能力。”③ 这是坚持和完善人民代表大会制度的重要途径，它既具有理论的高度，又

---

① 邓小平. 邓小平文选：第3卷. 北京：人民出版社，1993：149.

② 马克思，恩格斯. 马克思恩格斯文集：第10卷. 北京：人民出版社，2009：588.

③ 中共中央文献研究室. 十八大以来重要文献选编（上）. 北京：中央文献出版社，2014：20.

具有实践的可操作性，从而也使我们对这一根本政治制度的自信倍增。

完善根本政治制度，最不能忽视的问题就是腐败问题。这是民意关注度最高的问题之一，也是人民群众最不满意的问题之一。近年来，预防和惩治腐败的制度建设工作有了很大进展，反腐败的力度也有了很大提升，但是，与人民群众的期望值还相差很远。如何从官员家庭财产公开制度建设、政府行政审批权改革、组织人事工作的干部任用制度建设，以及民众的监督机制健全等方面，进一步完善根本政治制度，从而增强人们对中国特色社会主义的制度自信，已是不可回避的重要问题。

完善中国特色社会主义基本经济制度，除了要正确理解公有制与非公有制之间的关系外，还必须解决现实中存在的、人民极为关注的一些问题。例如，民营经济发展的问题。民营经济具有私营性质，但它现已成为国民经济的重要支柱，在产值、税收、就业、慈善和社会稳定等各个方面都做出了重要贡献。然而，民营经济在实际发展中，依然存在诸如怎样形成完善的、制度化的执行环境，公有制经济如何引导民营经济的发展，使其沿着中国特色社会主义发展的轨道运行等问题。通过解决这些问题来完善中国特色社会主义基本经济制度、增强制度自信，是当前的急需。又如，贫富悬殊问题。根据世界银行的测算，我国的基尼系数目前已达到0.47，超过了国际警戒线，这种状况已持续了10多年的时间。这一问题现在已成为经过改革发展中出现的最大的社会问题。应当看到，在我国现阶段的基本国情之下，在生产力迅速发展的过程中，出现一定程度的贫富差距是不可避免的，也是合理的。但是，为什么会产生过大的贫富差距，尽管有人认为是父辈财力、垄断、户籍制度的影响，也有人认为是制度和政策、机制不健全的影响，但无论怎样，过大的贫富差距已经暴露出我国现行分配制度运行的不完善，如何完善现行的分配制度，使其适应生产力发展的要求，适应中国特色社会主义共同富裕目标实现的要求，则成了一个重要的理论课题。现在提出的“限高”即完善税制系统，包括提高个人所得税起征点，规范垄断收益分配等；“拔低”即提高保障水平和低收入者收入水平，以及低收入人群就业能力等；“扩中”即扩大中等收入者队伍等；“立法”即建立健全公共财政预算体系，建立收入的监测、预警体系等完善相关法律法规等办法，正是坚持和完善社会主义分配制度的有力措施，正是力图通过坚持和完善现行的分配制度来解决贫富悬殊的问题。

在我国现阶段，完善和发展中国特色社会主义制度必须推进国家治理体系和治理能力现代化。习近平指出："从形成更加成熟更加定型的制度看，我国社会主义实践的前半程已经走过了，前半程的主要历史任务是建立社会主义基本制度，并在这个基础上进行改革，现在已经有了很好的基础。后半程的主要历史任务是完善和发展中国特色社会主义制度，为党和国家事业发展、为人民幸福安康、为社会和谐稳定、为国家长治久安提供一整套更完备、更稳定、更管用的制度体系。这项工程极为宏大，零敲碎打调整不行，碎片化修补也不行，必须是全面的系统的改革和改进。"① 因此，党的十八届三中全会将全面深化改革的总目标，定位在"完善和发展中国特色社会主义制度，推进国家治理体系和治理能力现代化"上，并强调"到二〇二〇年，在重要领域和关键环节改革上取得决定性成果，完成本决定提出的改革任务，形成系统完备、科学规范、运行有效的制度体系，使各方面制度更加成熟更加定型"②。习近平强调："这次全会在邓小平同志战略思想的基础上，提出要推进国家治理体系和治理能力现代化。这是完善和发展中国特色社会主义制度的必然要求，是实现社会主义现代化的应有之义。"③ 党的十八届三中全会关于全面深化改革的十四个方面，即坚持和完善基本经济制度、加快完善现代市场体系、加快转变政府职能、深化财税体制改革、健全城乡发展一体化体制机制、构建开放型经济新体制、加强社会主义民主政治制度建设、推进法治中国建设、强化权力运行制约和监督体系、推进文化体制机制创新、推进社会事业改革创新、创新社会治理体制、加快生态文明制度建设、深化国防和军队改革，充分体现了制度建设的重要性，也反映了国家治理体系和治理能力的总体

① 严书翰．全面深化改革带给人民群众更多获得感——深入学习贯彻习近平同志关于全面深化改革的重要论述．人民日报，2017-09-28.

② 中共中央文献研究室．十八大以来重要文献选编（上）．北京：中央文献出版社，2014：512，514.

③ 同②547.

效果。

国家治理体系和治理能力现代化，从制度层面上看，包括了国家各种行政制度、决策制度、司法制度、预算制度、监督制度等领域的现代化，因而国家治理体系是在党的领导下管理国家的制度体系，是一整套紧密相连、相互协调的国家制度，而国家治理能力则是运用国家制度管理社会各方面事务的能力。因此，“国家治理体系和治理能力是一个国家制度和制度执行能力的集中体现”①，治理国家，制度起着根本性、全局性、长远性的作用。推进国家治理体系和治理能力现代化与加强制度建设、坚定制度自信是紧密联系的。要解决我国现实发展中存在的诸如制约科学发展的体制机制障碍、社会矛盾的增多、民生不完善等问题，要真正实现社会的和谐稳定，实现国家的长治久安，就必须加强中国特色社会主义制度建设。因此，习近平同志强调指出：“推进国家治理体系和治理能力现代化，就是要适应时代变化，既改革不适应实践发展要求的体制机制、法律法规，又不断构建新的体制机制、法律法规，使各方面制度更加科学、更加完善，实现党、国家、社会各项事务治理制度化、规范化、程序化。要更加注重治理能力建设，增强按制度办事、依法办事意识，善于运用制度和法律治理国家，把各方面制度优势转化为管理国家的效能，提高党科学执政、民主执政、依法执政水平。”② 要解决我国现阶段人们思想中存在的诸如道德失范、信仰迷失、宗旨意识淡薄等问题，要使我们的党员干部坚定理想信念不动摇，要使我们的人民真正信服中国共产党，就必须通过在国家治理方面的不断改革创新来坚定中国特色社会主义制度自信。因此，习近平同志强调指出：“我们讲要坚定道路自信、理论自信、制度自信，要有坚如磐石的精神和信仰力量，也要有支撑这种精神和信仰的强大物质力量。这就要靠通过不断改革创新，使中国特色社会主义在解放和发展社会生产力、解放和增强社会活力、促进人的全面发展上比资本主义制度更有效率，更能激发全体人民的积极性、主动性、创造性，更能为社会发展提

---

① 中共中央文献研究室．十八大以来重要文献选编（上）．北京：中央文献出版社，2014：547-548.

② 同①549.

供有利条件，更能在竞争中赢得比较优势，把中国特色社会主义制度的优越性充分体现出来。”①

在我国现阶段，完善和发展中国特色社会主义制度必须缩小贫富差距，促进社会公平正义。缩小贫富差距、促进社会公平正义是中国特色社会主义制度确立并实践的宗旨和目标，并且，在中国特色社会主义发展的实践中，体现公平正义要求的制度体系已经逐步形成。中国特色社会主义制度在保障人民的政治、经济、社会、文化等方面的权益方面，在处理好效率与公平、先富与共富的关系方面，在既克服平均主义弊端又遏制两极分化趋向方面，以及在平衡个人利益与集体利益、局部利益与整体利益、当前利益与长远利益等方面，都彰显了发展为了人民、发展成果由人民共享的价值取向。但是，综观我国的现实发展状况，我们看到，社会上还存在着大量有违公平正义的现象。特别是在我国经济社会发展水平和人民生活水平不断提高的过程中，在人民群众的公平意识、民主意识、权利意识不断增强的氛围下，社会不公的问题日益凸显。这就“要在全体人民共同奋斗、经济社会发展的基础上，加紧建设对保障社会公平正义具有重大作用的制度，逐步建立以权利公平、机会公平、规则公平为主要内容的社会的公平保障体系，努力营造公平的社会环境，保证人民平等参与、平等发展权利”②。

公平正义是中国特色社会主义的内在要求，也是中国特色社会主义制度的内在要求。社会的公平正义能否实现、在多大程度上得到实现，取决于多种因素，其中最主要的是经济社会发展水平因素。无论人们对公平正义有什么样的要求，从根本上来说，都是以最广大人民的根本利益为出发点，以社会发展水平、社会大局为视角来促进社会公平正义，都是必需的。完善中国特色社会主义制度，必须通过合理公正的制度安排来实现。我国现阶段的制度安排大多数是公正的，但也存在一些制度安排的非正义性，这既是由历史因素造成的，也由现行政策的失误造成，甚至还有人为

---

① 中共中央文献研究室．十八大以来重要文献选编（上）．北京：中央文献出版社，2014：550.

② 同①552.

因素的参与和影响。在这一问题上，习近平总书记明确指出："不论处在什么发展水平上，制度都是社会公平正义的重要保证。我们要通过创新制度安排，努力克服人为因素造成的有违公平正义的现象，保证人民平等参与、平等发展权利。要把促进社会公平正义、增进人民福祉作为一面镜子，审视我们各方面体制机制和政策规定，哪里有不符合促进社会公平正义的问题，哪里就需要改革；哪个领域哪个环节问题突出，哪个领域哪个环节就是改革的重点。对由于制度安排不健全造成的有违公平正义的问题要抓紧解决，使我们的制度安排更好体现社会主义公平正义原则，更加有利于实现好、维护好、发展好最广大人民根本利益。"① 合理的、公正的制度安排，可以进一步规范和引导全社会、全体人民认同并接受中国特色社会主义制度的价值，从而使得中国特色社会主义制度以自身的公正性、权威性保证制度正义的实现，体现制度完善的意义。

自信是共产党人的品格，但是，自信又必须建立在美好现实的基础之上，同时，自信也是一种勇往直前的追求。党的先进性和党的执政地位都不是一劳永逸、一成不变的，过去先进不等于现在先进，现在先进不等于永远先进。这就要求我们要以更大的政治勇气和智慧，勇于实践、勇于变革、勇于创新，不断坚持和完善中国特色社会主义制度。

① 中共中央文献研究室．十八大以来重要文献选编（上）．北京：中央文献出版社，2014：553-554.

第三章 中国马克思主义与当代的研究

当代中国马克思主义，也即中国特色社会主义理论，是马克思主义科学社会主义理论逻辑与当代中国社会发展的历史逻辑的辩证统一。当代中国马克思主义理论包括了社会主义本质理论、社会主义初级阶段理论、社会主义基本经济制度理论、社会主义分配理论、社会主义民主政治理论、社会主义市场经济理论等内容，而这些内容是我们思想政治理论课老师必须要研究并融入教学之中去的。

一、关于社会主义本质的理论探讨

在改革开放的伟大历史进程中，中国共产党人不断进行理论创新与实践创新，为形成中国化的马克思主义基本原理做出了卓越的贡献。社会主义本质的论断是邓小平在考察和总结世界社会主义运动和中国社会主义建设的正反两个方面的历史经验和教训的基础上，在继承和发展马克思恩格斯关于未来社会理论探讨的基础上，于 1992 年在南方讲话中提出来的。后来，中国共产党的几代领导集体根据新时期的实际情况，从“三个代表”重要思想、社会主义和谐社会、五大发展理念等方面对社会主义本质问题做了进一步的发展。

1. 中国共产党对社会主义本质认识的历程

中华人民共和国成立以来，中国共产党对社会主义本质的认识经历了一个长期的艰辛探索过程。从毛泽东对什么是社会主义、怎样建设社会主义的先行探索开始，到邓小平对社会主义本质的明确而完整的概括，再到江泽民、胡锦涛、习近平对社会主义本质的丰富和发展，在实践探索的基础上做出了理论上的创新，丰富和发展了马克思主义关于社会主义本质的基本原理，推进了马克思主义基本原理的中国化。

新中国成立后，毛泽东领导全党和全国各族人民，成功地走出了一条适合中国国情的社会主义道路，全面确立了社会主义制度，奠定了新中国一切进步和发展的基础。随后，在带领全国各族人民开始努力探寻适合中国国情的社会主义建设道路的艰难历程中，毛泽东对什么是社会主义、怎样建设社会主义的问题进行了探讨。

马克思恩格斯把未来社会分为共产主义第一阶段和共产主义高级阶段，而我国在经济文化比较落后的基础上建立起来的社会主义，无论哪一方面都比马克思恩格斯设想的未来社会低得多，毛泽东因而称之为“不发达的社会主义”，认为“社会主义这个阶段，又可能分为两个阶段，第一个阶段是不发达的社会主义，第二个阶段是比较发达的社会主义。后一阶段可能比前一阶段需要更长的时间。经过后一阶段，到了物质产品、精神财富都极为丰富和人们的共产主义觉悟极大提高的时候，就可以进入共产主义社会了”①。以马克思恩格斯关于未来社会基本特征的探讨为理论基础，以中国这样一个落后的社会主义国家的建设为实践基础，毛泽东对什么是社会主义、怎样建设社会主义的问题做了多方面的论述。

首先，毛泽东非常清晰地认识到发展生产力是社会主义的根本任务。在社会主义三大改造开始之时，毛泽东强调“社会主义革命的目的是为了解放生产力”，当社会主义三大改造完成之后，开始进入全面的社会主义

① 毛泽东．毛泽东文集：第8卷．北京：人民出版社，1999：116．

建设时期，毛泽东又及时地提出："我们的根本任务已经由解放生产力变为在新的生产关系下面保护和发展生产力。"① 在社会主义建设过程中，毛泽东针对工农业发展中的具体情况，明确指出要"提高劳动生产率"，要"对农业进行技术改造"，要"实现全盘机械化"等②，并且把发展生产力看作社会主义的基本特征之一，认为"社会主义和资本主义比较，有许多优越性，我们国家经济的发展，会比资本主义国家快得多"；"如果不在今后几十年内，争取彻底改变我国经济和技术远远落后于帝国主义国家的状态，挨打是不可避免的"；"我们应当以有可能挨打为出发点来部署我们的工作，力求在一个不太长久的时间内改变我国社会经济、技术方面的落后状态，否则我们就要犯错误"③。

其次，毛泽东认为公有制和按劳分配是社会主义的基本特征。社会主义三大改造完成以后，我国的生产资料所有权和经营权集中于中央政府，企业的厂长、经理由上级国家机关任命，各尽所能，按劳付酬成为社会主义的分配制度。这种高度集中的计划经济体制，规定了我国社会主义的本质要求。对于这一点，毛泽东虽然认识到"基本上照抄苏联的做法"，"总觉得不满意，心情不舒畅"，但却无可奈何，因为"我们对于社会主义时期的革命和建设，还有一个很大的盲目性，还有一个很大的未被认识的必然王国，我们还不深刻地认识它"④。在所有制变革的问题上，毛泽东非常强调它在一定时期内的相对稳定性；在实行按劳分配制度的问题上，毛泽东一再强调要反对平均主义和过分悬殊⑤。但是，党的八大以后，特别是"文化大革命"时期，由于党内"左"的思想占据统治地位，中央的政策在有关所有制和分配制度问题上脱离了我国生产力发展的实际情况，人为地拔高了生产关系，因此出现了追求"一大、二公、三纯"，平均主义"大锅饭"的局面。

再次，毛泽东强调社会主义有计划按比例地发展。他认为，综合平衡

---

① 毛泽东．毛泽东文集：第7卷．北京：人民出版社，1999：218.

② 毛泽东．毛泽东文集：第8卷．北京：人民出版社，1999：123，125.

③ 同②302，340，341.

④ 同②117，198.

⑤ 同②135，130.

是社会主义建设的一个很重要的问题，而社会主义的综合平衡则是通过计划来实现的。“社会主义国家的经济能够有计划按比例地发展，使不平衡得到调节，但是不平衡并不消失”，“因为消灭了私有制，可以有计划地组织经济，所以就有可能自觉地掌握和利用不平衡是绝对的、平衡是相对的这个客观规律，以造成许多相对的平衡”[①]。其实，在毛泽东看来，计划是调节平衡与不平衡的手段，“事物的发展总是不平衡的，因此有平衡的要求。平衡和不平衡的矛盾，在各方面、各部门、各个部门的各个环节都存在，不断地产生，不断地解决。有了头年的计划，又要有第二年的计划；有了年度的计划，又要有季度的计划；有了季度的计划，还要有月计划。一年十二个月，月月要解决平衡和不平衡的矛盾。计划常常要修改，就是因为新的不平衡的情况又出来了”[②]。毛泽东的这一论断无疑是正确的。

此外，毛泽东还认为人民当家作主是社会主义制度的本质特征。他认为，劳动者在社会主义社会中必须有参与管理的权利，劳动者管理国家、军队、各种企业和文化教育的权利是社会主义制度下劳动者最大的权利、最根本的权利。“没有这种权利，劳动者的工作权、休息权、受教育权等等权利，就没有保证。”[③] 可见，毛泽东虽然没有提出“人的发展”的命题，但已有了这一思想的内容。

在改革开放的历史进程中，邓小平进一步把对社会主义本质的认识提高到了新的科学水平，创造性地提出了社会主义本质的完整论断，从生产力和生产关系两个方面对社会主义本质做出了新的阐释。

邓小平对社会主义本质问题的探讨大体经历了三个阶段：第一阶段是从党的十一届三中全会召开前夕到 1980 年 4 月，即酝酿阶段。这一阶段，邓小平虽然没提出社会主义本质概念，但他在批判“穷社会主义”观点时，强调了社会主义制度的根本优越性，就是能够允许社会生产力以旧社会所没有的速度发展，使人民不断增长的物质文化生活需要能够逐步得到满足。他肯定了改革开放前 30 年社会主义发展的成就，一方面，他认为，

---

① 毛泽东．毛泽东文集：第 8 卷．北京：人民出版社，1999：119.

② 同①121.

③ 同①129.

“只有社会主义才能救中国，只有社会主义才能发展中国”①，“过去行之有效的东西，我们必须坚持，特别是根本制度，社会主义制度，社会主义公有制，那是不能动摇的”②。必须坚持社会主义道路，必须坚持无产阶级专政，必须坚持共产党的领导，必须坚持马克思列宁主义、毛泽东思想。另一方面，他特别强调，“社会主义要优于资本主义，它的生产发展速度应该高于资本主义”，“经济长期处于停滞状态总不能叫社会主义。人民生活长期停止在很低的水平总不能叫社会主义”③。由此可见，邓小平紧紧抓住了社会主义本质的核心内容，即发展社会生产力和提高人民的物质文化生活水平，以认识什么是社会主义、怎样建设社会主义这一问题。

从1980年5月到党的十三大是邓小平探讨社会主义本质问题的第二阶段，即形成阶段。这一阶段，邓小平两次使用了“社会主义本质”概念，一次是在1980年5月会见几内亚总统杜尔时提到的，这是他第一次使用“社会主义本质”的提法。他指出：“社会主义是一个很好的名词，但是如果搞不好，不能正确理解，不能采取正确的政策，那就体现不出社会主义的本质。”④ 另一次是在1985年8月会见坦桑尼亚总统尼雷尔时提到的，他说：“我们的经济改革，概括一点说，就是对内搞活，对外开放。……对内搞活经济，是活了社会主义，没有伤害社会主义的本质。”⑤ 也就是在这次与坦桑尼亚总统尼雷尔的谈话中，邓小平在反思我国社会主义发展的实践时一再强调：“在建立社会主义经济基础以后，多年来没有制定出为发展生产力创造良好条件的政策。社会生产力发展缓慢，人民的物质和文化生活条件得不到理想的改善，国家也无法摆脱贫穷落后的状态。这种情况，迫使我们在一九七八年十二月召开的党的十一届三中全会上决定进行改革。”⑥ 次年，在接受美国哥伦比亚广播公司新闻类节目《六十分钟》的记者迈克·华莱士的电视采访时，邓小平又一次强调：“社会主义时期的

① 邓小平．邓小平文选：第3卷．北京：人民出版社，1993：311.
② 邓小平．邓小平文选：第2卷．北京：人民出版社，1994：133.
③ 同②312.
④ 同②313.
⑤ 同①135.
⑥ 同①134.

主要任务是发展生产力，使社会物质财富不断增长，人民生活一天天好起来，为进入共产主义创造物质条件。不能有穷的共产主义，同样也不能有穷的社会主义。”“社会主义原则，第一是发展生产，第二是共同富裕。”①这时，邓小平虽然还未能从理论高度对社会主义本质的内涵做出科学概括，但他已明确有了“发展生产、共同富裕是社会主义的原则”的思想，为形成关于社会主义本质的理论奠定了基础。

从党的十三大到党的十四大，是邓小平对社会主义本质问题探讨的第三阶段，这一阶段标志着他对这一问题的探讨走向成熟。党的十三大以后，在中国特色社会主义建设过程中，邓小平进一步明确了如果要向小康迈进，“坚持社会主义的发展方向，就要肯定社会主义的根本任务是发展生产力，逐步摆脱贫穷，使国家富强起来，使人民生活得到改善。没有贫穷的社会主义。社会主义的特点不是穷，而是富，但这种富是人民共同富裕”②。1990 年底，他在同中央几位同志谈话时指出：“社会主义不是少数人富起来，大多数人穷，不是那个样子。社会主义最大的优越性就是共同富裕，这是体现社会主义本质的一个东西。”③ 因此，1992 年初，在视察南方的讲话中，在说明“革命是解放生产力，改革也是解放生产力”，“应该把解放生产力和发展生产力两个讲全了”之后，邓小平对社会主义本质做出了完整的表述和科学的概括，即“社会主义的本质，是解放生产力，发展生产力，消灭剥削，消除两极分化，最终达到共同富裕”④。邓小平把马克思恩格斯关于未来社会的科学探讨与中国特色社会主义发展的实际相结合所做的探讨，既继承了科学社会主义的基本原则，也是对马克思主义的重大发展，是探索中国特色社会主义的最重大的理论成果之一。

20 世纪与 21 世纪之交，是中国特色社会主义发展的重大转折时期。面对经济全球化、知识经济的新趋势、全面建设小康社会的艰巨任务，以及巩固执政党地位和加强党自身建设的重要任务，以江泽民为核心的党的

---

① 邓小平. 邓小平文选：第 3 卷. 北京：人民出版社，1993：171-172，172.

② 同①264-265.

③ 同①364.

④ 同①370，373.

第三代领导集体创造性地提出了“三个代表”重要思想的科学论断，并从“建设什么样的党、怎样建设党”的角度，进一步回答了“什么是社会主义、怎样建设社会主义”的问题，对社会主义本质问题做出了思考和探索。“三个代表”重要思想夯实了社会主义本质实现的基础，提出党要始终代表先进生产力的发展要求，发展是党执政兴国的第一要务。“我们必须把经济建设作为全党全国工作的中心，各项工作都要服从和服务于这个中心。只有牢牢抓住这个主要矛盾和工作中心，才能清醒地观察和把握社会矛盾的全局，有效地促进各种社会矛盾的解决。发展是硬道理，中国解决所有问题的关键在于依靠自己的发展。”① 只有始终坚持发展先进生产力，才能全面建设小康社会，才能实现我国社会主义现代化，才能使社会主义的中国屹立于世界民族之林。“三个代表”重要思想提升了社会主义本质实现的目标，提出党要始终代表先进文化的前进方向，代表最广大人民的根本利益，说明了我们党必须始终站在先进生产力和先进文化的前列，才能在经济和文化上满足人民群众的利益，消除两极分化，实现共同富裕，促进社会全面进步，不断提高人民生活水平，保证人民共享发展成果。“三个代表”重要思想反映了社会主义本质实现的价值诉求，提出了实现人的全面发展。社会主义只有以实现人的全面发展为价值目标，才能真正超越资本主义。

“三个代表”重要思想把中国共产党的建设和社会主义的建设统一起来，把保持党的先进性和发挥社会主义的优越性统一起来，既体现了党的性质和任务要求，又体现了社会主义本质及其实现的要求；既反映了党的发展方向，也拓展了社会主义本质的内涵，是对社会主义本质问题探讨的与时俱进的发展。

党的十六大以后，以胡锦涛为总书记的党中央把我们党对社会主义本质的认识又推进了一步，以科学发展与社会和谐的内在统一丰富了社会主义本质的理论内容。面对新的历史条件下有些人对我国社会主义初级阶段主要矛盾和党的工作中心的怀疑，我们党适时地提出了“发展是第一要

① 江泽民．江泽民文选：第2卷．北京：人民出版社，2006：15-16.

义”的理念；面对有些人虽意识到“贫穷不是社会主义”，但社会主义是否仅仅是为了消灭贫穷的困惑，我们党适时地提出了“以人为本”的理念；面对我国发展中出现的种种不平衡和不和谐问题，我们党适时地提出了“全面协调可持续”的发展要求；在解决中国特色社会主义发展中存在的多方面差距问题时，我们党又适时地提出了“统筹兼顾”的根本方法。党的十七大明确提出：社会和谐是中国特色社会主义的本质属性。科学发展观，第一要义是发展，核心是以人为本，基本要求是全面协调可持续，根本方法是统筹兼顾。科学发展与社会和谐内在统一于社会主义本质之中。科学发展强调“发展的要义”，说明了我国社会主义初级阶段的根本任务就是发展生产力，就是要以经济建设为中心，保持较快的经济增长速度，并实现速度、结构、质量和效益的统一，使国民经济又好又快地发展；科学发展强调“以人为本”，反映了发展的目的是为了促进人的全面发展，是满足人民群众日益增长的物质文化需要，是保障人民群众的经济、政治、文化权益，使发展的成果惠及全体人民；科学发展强调“全面协调可持续”，反映了发展既要不断增强社会主义和谐社会的物质基础，也要不断加强社会主义和谐社会建设的政治保障，既要不断巩固社会主义和谐社会的精神支撑，也要不断创造社会主义和谐社会建设的良好的社会条件；科学发展强调“统筹兼顾”，意味着必须统筹兼顾城乡发展、区域发展、经济社会发展、人与自然和谐发展、国内发展和对外开放；等等。科学发展与社会和谐是内在统一的，没有科学发展就没有社会和谐，没有社会和谐也难以实现科学发展。走科学发展道路，推进中国特色社会主义发展，必须构建社会主义和谐社会。构建社会主义和谐社会贯穿于中国特色社会主义发展的全过程。

在科学发展与社会和谐内在统一的基础上，我们党又提出了建设社会主义新农村、建设创新型国家、树立社会主义荣辱观、建设社会主义核心价值体系、推动和谐世界建设等重大战略思想，进一步用“实现什么样的发展、怎样发展”的新的思想观点回答了“什么是社会主义、怎样建设社会主义”这个基本问题，把对社会主义本质的认识推进到了一个新的高度。

党的十八大以来，以习近平同志为核心的党中央非常重视制度建设，把制度建设提到既增强发展活力又保障建设的社会主义性质的高度，不仅强调了社会主义制度的改革和建设可以为促进经济社会发展增强活力，没有制度建设就没有发展的好局面，同时也认识到了制度建设在保障各类建设方面不可或缺的重要意义——要从根本上解决制约我国发展的矛盾和问题，要坚持我国市场经济的社会主义发展方向，要争取在一些关键领域和重要环节上取得突破性发展，制度建设就是保障。在绘制全面深化改革的宏伟蓝图时，习近平同志明确地把“促进社会公平正义、增进人民福祉”作为改革的出发点和落脚点，把“完善和发展中国特色社会主义制度，推进国家治理体系和治理能力现代化”作为改革的总目标[①]。中央领导集体以“四个全面”战略布局、五大发展新理念、治国理政的系列思想观点，丰富和发展了社会主义本质理论。

2. 中国特色社会主义理论体系与社会主义本质问题

中国特色社会主义理论体系的提出是党的十七大的重大贡献之一。社会主义本质理论在中国特色社会主义理论体系中具有重要的地位和作用。

首先，中国特色社会主义理论体系的逻辑起点可以不是“范畴”，而是“问题”。明确中国特色社会主义理论体系的逻辑起点，和明确中国特色社会主义理论体系的研究对象、研究范围、构建方法有着密切的联系。我们都知道，马克思构建《资本论》的逻辑起点是商品，随着对商品分析的展开，转化为对货币的分析，再转化为对资本、剩余价值、资本循环、资本周转、个别资本、社会资本，一直到对利润、平均利润、生产价格等的分析，并在这种分析的基础上，构建起经济学的理论体系。马克思的这一分析，在构建理论体系上表现出一个突出的特点，这就是以经济范畴为构建理论体系的核心环节，理论体系就是在经济范畴的不断展开分析、不断发生辩证转化中构建起来的，而且对资本主义的制度分析贯穿于经济范畴的辩证转化中，也就是说，马克思以这种经济范畴的辩证转化逻辑关系

① 中共中央文献研究室．十八大以来重要文献选编（上）．北京：中央文献出版社，2014：512.

展现了商品的内在矛盾运动、商品的外在矛盾运动、资本的矛盾运动、资本主义生产过程的矛盾运动，乃至资本主义基本矛盾及其展开形式的矛盾运动，通过这种分析揭示了人类社会发展的客观规律。显然，马克思经济学理论体系的构建起点是“范畴”，这是服务于它的研究对象即资本主义生产关系的，也是和它要揭示资本主义剥削的奥秘相关的，因而构建理论体系就采取了从抽象上升到具体的方法。

中国特色社会主义理论体系构建的逻辑起点可以不是“范畴”，而是“问题”，这和中国特色社会主义理论的研究特征、研究范围、研究趋向有着密切的关系。中国特色社会主义理论的研究特征就是时代特色、民族特色、实践特色。时代特色，表明中国共产党人把时代要求摆在十分突出的位置，坚持解放思想、实事求是、与时俱进，强调要在正确认识和把握当今社会发展历史进程的基础上解决时代课题，创新思想理论。民族特色，表现为在坚持马克思主义基本原理同中国具体实际相结合的过程中，中国共产党人密切关注世界文明的发展趋势，重视从世界与中国的双重维度去观察、思考和解决问题，善于吸收不同文明中的科学、进步和合理的成分，从而呈现出中国气派、中国风格和中国特色。实践特色，就在于重视研究解决重大实践问题，善于对最鲜活的实践经验做出理论概括。显然，中国特色社会主义理论的时代特色、民族特色、实践特色，决定了中国特色社会主义理论的研究必须是对重大实践问题的研究。中国特色社会主义理论的研究范围主要是四大基本问题：什么是马克思主义，怎样对待马克思主义；什么是社会主义，怎样建设社会主义；建设什么样的党，怎样建设党；实现什么样的发展，怎样发展。毫无疑问，对这些重大基本问题的研究，构成了中国特色社会主义理论体系的主要内容。中国特色社会主义理论的研究趋向，表明这一理论体系是不断发展着的开放的理论体系。发展中国特色社会主义是一个长期的过程。随着中国特色社会主义实践的发展，理论也会相应地与时俱进，理论成果也就会越来越多。实践永无止境，理论创新也永无止境。中国特色社会主义理论体系必将不断得到丰富和创造性的发展。中国特色社会主义的研究特征、研究范围，都明确展现了中国特色社会主义发展的生长点所在。因此，中国特色社会主义理论体系的逻辑起点可以是“问题”，是中国特色社会主义发展中的重大理论和现实问题。

其次，中国特色社会主义理论体系的逻辑起点是“问题”，这个“问题”就是社会主义本质。正确地把握、回答和解决时代提出的重大问题，是构建中国特色社会主义理论体系的根本前提，也是中国特色社会主义理论不断创新和发展的根本前提。以社会主义本质作为中国特色社会主义理论体系的逻辑起点，有着科学的、合理的选择原则。马克思构建《资本论》的理论体系时，是沿着“商品”这个起点展开对资本主义生产关系的论述的，商品包含了所有其他反映资本主义生产关系的经济范畴的内在规定性。这也就是说，马克思所把握的原则就是范畴的辩证转化关系，即由简单的规定性转化为复杂的规定性，通过这一转化来展现资本主义生产关系的矛盾运动和资本主义经济的逻辑运动。按照这个思路，社会主义本质就是能够反映中国特色社会主义全部问题实质的“问题”。

中国特色社会主义的全部问题应该包括社会主义本质问题、社会主义初级阶段基本经济制度问题、社会主义分配问题、社会主义市场经济问题、社会主义发展问题、社会主义民主政治问题、执政党的建设问题、经济全球化与对外开放问题等。在这些问题中，处于核心地位的问题就是社会主义本质问题。因为社会主义本质是依据对“和平与发展”这一时代主题的科学判断，把马克思主义基本原理与中国具体实际相结合，在科学地回答“什么是社会主义、怎样建设社会主义”这个重大基本问题中形成的，是随着社会实践的变化，在科学回答“什么是马克思主义、怎样对待马克思主义”“建设什么样的党、怎样建设党”“实现什么样的发展、怎样发展”等重大基本问题中发展的。社会主义本质问题的提出，摆脱了长期以来拘泥于具体体制而忽略社会主义本质的错误倾向，开辟了中国特色社会主义的发展道路。解答社会主义本质的问题，是解答社会主义初级阶段基本经济制度问题、社会主义分配问题、社会主义市场经济问题、社会主义发展问题、经济全球化与对外开放问题的关键所在；对社会主义本质问题的解答，贯穿于对中国特色社会主义其他所有问题的解答之中，成为理解和解答这些问题的核心问题，它丰富和深化了对马克思主义科学社会主义基本理论的认识，为中国特色社会主义理论体系奠定了坚实的理论基础。

研究中国特色社会主义理论体系，必须要有问题意识。有问题意识才可以引发我们对更多问题的思考和研究，使我们深入地把握中国特色社会主义理论的时代特色、民族特色、实践特色，在理论创新中解放思想，真正去发展中国特色社会主义理论。研究中国特色社会主义理论体系，必须要以“社会主义本质”为逻辑起点。有这一逻辑起点，才可以引起我们对社会主义本质问题重要性、发展性的思考和研究，使我们准确把握中国特色社会主义理论体系的科学内涵、精神实质，认准中国特色社会主义的发展方向。

3. 当代中国马克思主义的社会主义本质论

当代中国马克思主义的社会主义本质论，从社会主义本质实现的基础、手段、过程、目标四个方面展开。当代中国马克思主义的社会主义本质论，凝结着几代中国共产党人的智慧，是中国共产党领导中国人民高举中国特色社会主义伟大旗帜，在开辟中国特色社会主义道路过程中形成的中国特色社会主义理论体系的最宝贵的成果之一。

第一，社会主义本质实现的基础。公有制、按劳分配是社会主义本质实现的基础和制度保证，也是社会主义本质存在的前提性规定。

其一，公有制、按劳分配是社会主义制度区别于资本主义制度的根本。一种社会制度之所以能够区别于另一种社会制度，是以生产力与生产关系的统一为基础对这一社会的生产关系的性质做出判断，而这一社会生产关系的性质是由占统治地位的生产资料所有制关系决定的，生产资料所有制的性质又决定其分配制度。社会主义实行公有制和按劳分配，因此，讲社会主义本质，讲的就是社会主义制度的本质，否定了公有制和按劳分配，也就从根本上背离了马克思主义，背离了科学社会主义的基本原则，最终必将葬送社会主义。

其二，社会主义本质的实现依赖于公有制、按劳分配原则的确立。社会主义之所以能解放生产力、发展生产力，是与坚持公有制和按劳分配分不开的，社会主义之所以能消灭剥削、消除两极分化，最终达到共同富裕，也是与坚持公有制和按劳分配分不开的。离开了公有制和按劳分配，就没有社会主义本质可言。在我国社会主义初级阶段，坚持以公有制为主体、多种所有制经济共同发展，坚持以按劳分配为主体、多种分配方式并存，是中国特色社会主义发展的根本依据，也是实现社会主义本质的根本保证。“只要我国经济中公有制占主体地位，就可以避免两极分化”①，只要我国经济中按劳分配占主体，就可以避免贫富差距过大的状况。

其三，坚持公有制和按劳分配，特别是在我国社会主义初级阶段，坚持以公有制为主体、多种所有制经济共同发展，坚持以按劳分配为主体、多种分配方式并存，是社会主义的本质要求。公有制和按劳分配作为社会主义的基本制度，既反映了社会主义本质的要求，也是实现社会主义本质的根本保证。只有准确而深入地把握社会主义本质，才能真正坚持社会主义基本制度。1979 年 3 月，邓小平在《坚持四项基本原则》中明确指出：“我们从实践上和理论上，都批判了‘四人帮’那种以极左面目出现的主张普遍贫穷的假社会主义。我们坚持了社会主义公有制和按劳分配的原则。”② 后来，他又在不同场合多次强调，公有制和按劳分配是经过实践检验证实为正确的社会主义基本原理，是“社会主义固有的特点”③，不能否定。从这个意义上我们甚至可以认为，公有制和按劳分配是社会主义最深刻的本质。

第二，社会主义本质实现的手段。解放生产力、发展生产力是社会主义本质实现的手段，也是我国社会主义初级阶段的根本任务。

其一，人类社会发展规律决定了解放和发展生产力始终贯穿于人类社会发展始终，贯穿于社会主义始终。社会主义取代资本主义，是生产力进一步发展的要求。社会主义制度的建立、巩固与发展，更是离不开生产力的发展。因为社会主义的生命力从根本上来说，就在于它能够创造出比资本主义更高、更发达的社会生产力，如果离开了生产力谈社会主义，就是空谈社会主义，社会主义也就失去了它产生和存在的基础。社会主义制度

---

①③ 邓小平. 邓小平文选：第 3 卷. 北京：人民出版社，1993：149.

② 邓小平. 邓小平文选：第 2 卷. 北京：人民出版社，1994：165.

在建立之初，之所以能够在资本主义敌对势力的封锁、颠覆中顽强地生存下来，就是因其具有能够迅速发展生产力的优越性；在经济文化比较落后的基础上建立起来的社会主义制度，要获得比资本主义更大的优越性，必须发展生产力。“讲社会主义，首先就要使生产力发展，这是主要的”[①]，“要坚持社会主义制度，最根本的是要发展社会生产力”，“社会主义优越性最终要体现在生产力能够更好地发展上”[②]。对于在经济文化落后的基础上建立起来的社会主义制度、在社会主义建设中曾经走过弯路的社会主义国家来说，不仅要发展生产力，更重要的是解放生产力。“过去，只讲在社会主义条件下发展生产力，没有讲还要通过改革解放生产力，不完全。应该把解放生产力和发展生产力两个讲全了。”[③] 生产力的高度发展是衡量社会主义性质的标准，违背了这一标准，社会主义本质的实现就是一句空话。

其二，解放生产力、发展生产力是由社会主义初级阶段的主要矛盾决定的。我国的社会主义制度是在经济文化比较落后的基础上建立起来的，底子薄、人口多、耕地少、生产力落后、商品经济不发达是我国的基本国情。这一基本国情决定了我国现阶段是社会主义初级阶段。人民日益增长的物质文化需要同落后的社会生产之间的矛盾是我国社会主义社会的主要矛盾，这一矛盾贯穿于社会主义初级阶段的整个过程和社会生活的各个方面，从而决定党和国家的工作中心是经济建设，社会主义的根本任务必须是发展生产力。“我们搞改革开放，把工作重心放在经济建设上，没有丢马克思，没有丢列宁，也没有丢毛泽东。老祖宗不能丢啊!”[④] 在社会主义初级阶段，我们只有牢牢抓住主要矛盾和根本任务，才能真正抓住社会主义初级阶段的最大实际，从而才能真正清醒地观察和把握社会矛盾的全局，有效地促进各种社会矛盾的解决，实现社会主义本质。

其三，“以经济建设为中心”作为社会主义初级阶段的中心任务，在

① 邓小平．邓小平文选：第2卷．北京：人民出版社，1994：314.

② 邓小平．邓小平文选：第3卷．北京：人民出版社，1993：149.

③ 同②370.

④ 同②369.

相当长的一段时间内都是也必须是重点。在整个社会主义初级阶段，物质财富的增长始终是发展生产力最核心、最基本的内容，没有物质财富的快速增长，其他各方面的协调发展是很难实现的。当前，强化“五大发展”新理念就是指在中国特色社会主义的发展中，必须坚持创新、协调、绿色、开放、共享的发展理念，就是在坚持“以经济建设为中心”的基础上，进行政治建设、文化建设、社会建设、生态文明建设，协调社会发展中各种利益关系、比例关系、社会关系，实现社会的全面进步和人的全面发展，保证社会的协调和稳定，促进人和自然的和谐发展；强化“五大发展”新理念就是要顺应经济发展新常态的内在要求，围绕“四个全面”战略布局，明确全面建成小康社会决胜阶段经济社会发展的目标要求，凝聚全国人民的力量，推动经济社会持续健康发展，实现我们党确定的第一个百年奋斗目标。党的基本路线一百年不动摇，“以经济建设为中心”也就必须一百年不动摇。正如邓小平所说：“要坚持党的十一届三中全会以来的路线、方针、政策，关键是坚持‘一个中心、两个基本点’。不坚持社会主义，不改革开放，不发展经济，不改善人民生活，只能是死路一条。基本路线要管一百年，动摇不得。”①

第三，社会主义本质实现的过程。消灭剥削、消除两极分化、科学发展是社会主义本质实现过程中的重要任务。

其一，消灭剥削、消除两极分化是社会主义与一切剥削制度的根本区别，是社会主义的本质要求。剥削制度和剥削阶级的存在与两极分化的产生具有必然的联系。在以生产资料私有制为基础的资本主义社会中，随着资本积累的增进，资本有机构成的提高，出现的结果必然是：“社会的财富即执行职能的资本越大，它的增长的规模和能力越大，从而无产阶级的绝对数量和他们的劳动生产力越大，产业后备军也就越大。可供支配的劳动力同资本的膨胀力一样，是由同一些原因发展起来的。因此，产业后备军的相对量和财富的力量一同增长。但是同现役劳动军相比，这种后备军越大，常备的过剩人口也就越多，他们的贫困同他们所受的劳动折磨成反

① 邓小平．邓小平文选：第3卷．北京：人民出版社，1993：370-371.

比。最后，工人阶级中贫苦阶层和产业后备军越大，官方认为需要救济的贫民也就越多。”① 财富积聚在少数人手中，贫困却在多数劳动群众中蔓延，这是资本主义社会最典型的特征。而消灭剥削、消除两极分化，只有社会主义才能做到。“社会主义与资本主义不同的特点就是共同富裕，不搞两极分化。创造的财富，第一归国家，第二归人民，不会产生新的资产阶级。”②

其二，全面协调可持续发展是推进中国特色社会主义发展的必然要求。全面协调可持续发展的高标准、高要求就是创新、协调、绿色、开放、共享的整体发展。创新是发展基点，具有引领经济发展的作用。创新发展不仅表现在理论创新、制度创新方面，还表现在科技创新、文化创新等方面；不仅表现在宏观层面，即摆在国家发展全局的核心位置、贯穿党和国家一切工作、在全社会蔚然成风，还表现在微观层面，即激发企业的创业活力，释放新需求、创造新供给、推动新发展；不仅表现在产业布局上，形成三大产业创新的战略布局，还表现在拓展、发展新空间，形成沿海、沿江、沿线经济带为主的纵向横向经济带，培育壮大若干重点经济区；不仅表现在制度建设上，形成有利于创新发展的市场环境、产权制度、投融资体制、分配制度、人才培养引进机制，还表现在社会运行上，即提高政府效能、激发市场活力和社会创造力等。协调发展强调着眼于中国特色社会主义事业总体布局，正确处理发展中的重大关系，重点促进城乡区域协调发展，促进经济社会协调发展，促进新型工业化、信息化、城镇化、农业现代化同步发展，在增强国家硬实力的同时注重提升国家软实力，不断增强发展整体性。协调发展，涵盖了区域协调发展、城乡协调发展、物质文明和精神文明协调发展、经济建设和国防建设融合发展、军民融合发展。绿色发展强调坚持节约资源和保护环境的基本国策，坚持可持续发展，坚定走生产发展、生活富裕、生态良好的文明发展道路，加快建设资源节约型、环境友好型社会，形成人与自然和谐发展的现代化建设新格局。开放发展强调顺应我国经济深度融入世界经济的趋势，奉行互利共

① 马克思，恩格斯. 马克思恩格斯文集：第 5 卷. 北京：人民出版社，2009：742.

② 邓小平. 邓小平文选：第 3 卷. 北京：人民出版社，1993：123.

赢的开放战略，坚持内外需协调、进出口平衡、引进来和走出去并重、引资和引技引智并举，发展更高层次的开放型经济，积极参与全球经济治理和公共产品供给，提高我国在全球经济治理中的话语权，构建广泛的利益共同体。共享发展强调发展为了人民、发展依靠人民、发展成果由人民共享，让全体人民在共建共享发展中有更多获得感，增强发展动力，增进人民团结，朝着共同富裕方向稳步前进。五大发展是一个整体，涵盖了经济发展、社会发展、政治发展、经济发展、文化发展、人与自然和谐相处等多个层面，体现的是人民的共同利益和整体利益。只有全面协调可持续发展，社会主义本质才能得到真正实现。

第四，社会主义本质实现的目标。人民的共同富裕、人的全面发展、社会和谐是社会主义本质实现的目标。

其一，走社会主义道路，就是要实现共同富裕。“社会主义最大的优越性就是共同富裕”①，共同富裕是社会主义社会的内在要求。在社会主义制度下，人民群众在政治上和经济上的平等关系，决定了他们在物质生活上必然要求实现共同富裕。共同富裕的实现是与生产力的发展、人民群众生活水平的提高紧密联系在一起的。要发挥社会主义制度的优越性，要真正实现共同富裕，就必须大力发展生产力，消灭贫穷，给人民群众更多的实惠。在我国这样一个经济文化相对落后的基础上实现共同富裕，必然有一个发展社会生产力的问题。“社会主义发展生产力，成果是属于人民的。就是说，在我们的发展过程中不会产生资产阶级，因为我们的分配原则是按劳分配。”② 但是，在这种按劳分配中，“还会有差别，但我们的目的是共同富裕”③。在共同富裕的目标下，实行允许和鼓励一部分人、一部分地区通过诚实劳动、合法经营先富起来的政策，实际上就是承认由于自然条件、人们体力和智力的差别而造成的收入差距的存在。收入有差距并不等于两极分化。收入差距的存在，是以一部分人、一部分地区通过诚实劳动、聪明才智、合法经营和生产要素的投入先富起来为前提的，是对具有不同劳动技能和贡献的人或地区的承认和报偿，是合理合法的。允许收入

① 邓小平．邓小平文选：第3卷．北京：人民出版社，1993：364．

②③ 同①255．

差距存在，目的在于使这些先富起来的人或地区，通过示范、传帮带、激励等一系列积极的效应，促使人们走共同富裕的道路。“这是加速发展、达到共同富裕的捷径。”① 因此，在实现共同富裕的过程中，既要建立健全各项法律、法规制度，保证合法收入，严厉打击和惩处各种违法经营以及以权谋私等攫取暴利的行为，也要建立健全个人收入分配的调节机制，通过税收调节的方式避免少数人因收入过高而导致两极分化，更要建立健全社会保障制度，通过对低收入者的补助和增加社会福利投资，保证社会成员的基本生存需要和应享有的福利。

其二，走社会主义道路，就是要实现人的全面发展。实现人的全面发展，是社会主义区别于其他社会形态的本质特征，是社会主义优越性的集中体现。在社会主义制度下，人民群众既是社会主义建设的实践主体和价值主体，也是社会主义建设成果的利益主体。发展归根结底是为了人的全面发展。人的全面发展强调的是人的多种价值需求如物质需求、精神需求、生态需求等的实现，人的潜质、潜能及自身价值的进一步拓展和显示，以及人的活动和关系的协调与优化。这是社会主义发展的根本目标和价值取向。我们建设中国特色社会主义事业，我们进行的一切工作，既要着眼于人民现实的物质文化生活需要，同时又要着眼于促进人民素质的提高，也就是要努力促进人的全面发展。这是马克思主义关于建设社会主义新社会的本质要求。我们要在发展社会主义社会物质文明和精神文明的基础上，不断推进人的全面发展。人的全面发展同推进经济、文化的发展和改善人民物质文化生活是互为前提和基础的。人越全面发展，社会的物质文化财富就会创造得越多，人民的生活就越能得到改善，而物质文化条件越充分，就越能推进人的全面发展，也反映了“两个历史过程”即“社会生产力和经济文化的发展水平逐步提高、永无止境的历史过程”与“人的全面发展程度逐步提高、永无止境的历史过程”相互结合、相互促进向前发展的趋势。因此，社会生产力与经济文化水平不断提高与促进人的全面发展程度不断提高，都是社会主义追求

① 邓小平．邓小平文选：第3卷．北京：人民出版社，1993：166．

的目标。

其三，走社会主义道路，就是要实现社会和谐。社会和谐是中国特色社会主义的本质属性，构建社会主义和谐社会既是中国特色社会主义发展的重要目标，也是中国特色社会主义发展的方略和机制。我们所要构建的社会主义和谐社会，是民主法治、公平正义、诚信友爱、充满活力、安定有序、人与自然和谐相处的社会。民主法治是构建和谐社会的理性基础，公平正义是构建和谐社会的坚实基石，诚信友爱是构建和谐社会的精神支柱，这三个方面的实现，可以使整个社会充满活力、安定有序，实现人与自然的和谐相处。构建社会主义和谐社会是在发展的基础上正确处理各种社会矛盾的历史过程和社会结果。只有按照民主法治、公平正义、诚信友爱、充满活力、安定有序、人与自然和谐相处的总要求，着力解决人民最关心、最直接、最现实的利益问题，努力形成全体人民各尽其能、各得其所、和谐相处的局面，为发展提供良好的社会环境，才能真正构建起社会主义和谐社会。在我国社会主义发展实践中，只有坚持解放生产力，发展生产力，消灭剥削，消除两极分化，实现五大发展，维护社会公正，保障社会稳定与团结，实现共同富裕，实现人的全面发展，才能构建社会主义和谐社会。构建社会主义和谐社会的关键，就在于充分发挥社会主义制度优越于资本主义制度的方方面面，充分展示反映社会主义本质要求的方方面面。

二、关于马克思主义所有制理论的创新

改革开放以来，中国共产党确立的社会主义基本经济制度，即“以公有制为主体、多种经济成分共同发展”的所有制结构，是在中国特色社会主义建设实践中形成和发展的当代中国马克思主义的所有制理论。

1. 对马克思关于所有权与占有相统一原理的发展

生产资料所有制最初是关于生产资料是归个人，还是归阶级、社会集

团所有的问题，亦即关于生产资料的归属问题。这就是我们通常所说的财产的法权关系。马克思指出，“**财产**最初无非意味着这样一种关系：人把他的生产的自然条件看作是属于他的、看作是自己的”①。生产资料的归属反映的是所有权问题。仅此并不能反映出所有制是一个国家社会制度的根本，是生产关系的基础的意义。当马克思进一步从财产的法权关系中抽象出生产关系的本质时，对生产资料所有制的理解，就有了人对生产条件的关系的认识角度。也就是说，生产资料所有制，是人在占有、使用和处理生产条件时所发生的排斥性的意志性支配，是人们把生产条件当作他的意志支配领域而发生的一系列关系行为。所以，马克思强调：所有制关系是“个人在劳动材料、劳动工具和劳动产品方面的相互关系”②。可见，对于所有制，马克思强调了生产资料“所有权”与“占有”的统一性。

“所有权”与“占有”是所有制的两个具有内在逻辑联系的构成要素。“所有权”强调的是使用价值的转让、价值的实现和权利的转化，“占有”强调的是人与自然的物质变换、价值的形成和增殖。显然，“所有权”的运动是在流通领域中进行的，而“占有”则是存在于生产过程的，对生产资料的“所有权”是对生产资料“占有”的前提，没有“所有权”也就无所谓“占有”了。因此，在任何有阶级的社会中，所有权都涉及个人、阶级、社会集团。

消灭私有制，建立生产资料公有制是马克思所有制理论中的一个根本思想。《共产党宣言》公开宣布，“共产党人可以把自己的理论概括为一句话：消灭私有制”，“把资本变为公共的、属于社会全体成员的财产”③。《资本论》明确指出：“从资本主义生产方式产生的资本主义占有方式，从而资本主义的私有制，是对个人的、以自己劳动为基础的私有制的第一个否定。但资本主义生产由于自然过程的必然性，造成了对自身的否定。这是否定的否定。这种否定不是重新建立私有制，而是在资本主义时代的成就的基础上，也就是说，在协作和对土地及靠劳动本身生产的生产资料的

① 马克思，恩格斯．马克思恩格斯全集：第46卷（上）．北京：人民出版社，1979：491.
② 马克思，恩格斯．马克思恩格斯文集：第1卷．北京：人民出版社，2009：521.
③ 马克思，恩格斯．马克思恩格斯文集：第2卷．北京：人民出版社，2009：45，46.

共同占有的基础上，重新建立个人所有制。”① 也就是说，“事实上已经以社会的生产经营为基础的资本主义所有制转化为社会所有制”②。在《哥达纲领批判》中，马克思把未来社会概括为“一个集体的、以生产资料公有为基础的社会”③。这就非常清楚地说明了未来社会的所有制是社会所有制。由此可见，马克思所认为的未来社会，其社会所有制中的所有权已没有了任何实际意义。马克思的所有制理论中并未涉及社会主义社会中的所有权分类问题。

现实的社会主义所有制并未按照马克思的预想发展。世界上诞生的社会主义国家无一例外地都是在经济文化比较落后的基础上建立的，都未能踏上实践马克思所设想的社会所有制之途。我国在经过了国民经济的恢复和改造、确立了社会主义经济制度之后，开始了社会主义经济建设。特别是在改革开放以后，我们在发展中国特色社会主义经济中，突破了单一的公有制观念，树立了“一主多元”的思想，确立了公有制为主体、多种所有制经济共同发展的基本经济制度，实行了社会主义市场经济体制。在社会主义经济发展中，我们不仅要毫不动摇地巩固和发展公有制经济，也要毫不动摇地鼓励、支持、引导非公有制经济发展，不仅要维护社会主义基本经济制度，也要维护社会主义市场经济秩序，不仅要明确财产的所有权，进行资产的保值增值，也要保护权利人的财产所有权。只有这样，才能推进社会主义市场经济的发展，从而真正发展中国特色社会主义。

我国现阶段社会主义基本经济制度的确立，坚持和发展了马克思关于所有权与占有相统一的原理。首先，所有制是社会主义基本经济制度的核心和基础，决定其性质。我国是社会主义国家，必须坚持公有制的主体地位。公有制经济是我国社会主义现代化建设的支柱和国家进行宏观调控的主要物质基础，是社会主义经济性质的根本体现。坚持公有制的主体地位，对于发挥社会主义制度的优越性具有关键作用。我国对所有制结构的改革，是以坚持公有制的主体地位为前提的，发展多种所有制经济也是以确保公有制的主体地位为条件的。毫不动摇地巩固和发展公有制经济，是

①② 马克思，恩格斯．马克思恩格斯文集：第5卷．北京：人民出版社，2009：874.

③ 马克思，恩格斯．马克思恩格斯文集：第3卷．北京：人民出版社，2009：433.

坚持和完善社会主义初级阶段基本经济制度必须遵循的一条基本原则。在所有制中，所有权是所有权人对自己的不动产或动产，依法享有占有、使用、收益和处分的权利，因而是基础性权利。这一基础性权利并非是一种单纯的、脱离社会经济制度的物权，它必然要反映一定社会的经济关系。因此，社会主义基本经济制度的确立，使我们在现实社会主义经济发展中理解所有制，既回避或神话了生产资料的归属，也回避或神话了财产的法权关系。因为“在每个历史时代中所有权是以各种不同的方式、在完全不同的社会关系下面发展起来的”①。任何所有权的存在都是要以一定历史条件下具体存在的生产方式，以一定历史条件下的生产关系、交换关系来加以说明的。

其次，所有权分为国家所有权、集体所有权和私人所有权。在我国的社会主义基本经济制度的公有制和非公有制经济中，必然存在这三种所有权。国家所有权是国家作为所有权人对法律规定属于国家所有的财产，依法享有占有、使用、收益和处分的权利。国家所有的财产包括专属财产（矿藏、水流、海域等）、法定财产和国家支配的财产。集体所有权是集体经济组织作为所有权人对法律规定属于集体所有的财产，依法享有占有、使用、收益和处分的权利。集体所有的财产包括城镇集体所有的财产和农民集体所有的财产（包括对土地、森林、荒地、滩涂等自然资源的法定财产）。私人所有权是自然人对其合法的财产享有占有、使用、收益和处分的权利。私人所有权的提出，意味着保护私人财产法律意识的强化，也意味着对自然人成为独立社会主体的维护。可以看到，所有权的分类在反映我国社会主义经济发展实际的基础上对马克思的所有制理论做出了新的发展。

2. 对马克思关于所有权与经营权相分离原理的发展

中国特色社会主义发展中“一主多元”的所有制结构的确定，是基于社会主义初级阶段的基本国情。从党的十三大对我国基本国情进行分析，

---

① 马克思，恩格斯．马克思恩格斯文集：第1卷．北京：人民出版社，2009：638.

提出社会主义初级阶段理论，到党的十五大明确概括了社会主义初级阶段的基本特征，提出党的基本纲领，把社会主义初级阶段的基本经济制度清晰地定位为以公有制为主体、多种所有制经济共同发展的所有制结构，基本说明了中国共产党是以社会主义初级阶段的基本国情为基调来论述所有制理论的。党的十七大又进一步强调认清社会主义初级阶段基本国情在新世纪新阶段所表现出来的阶段性特征，强调坚持和完善公有制为主体、多种所有制经济共同发展的基本经济制度，毫不动摇地巩固和发展公有制经济，毫不动摇地鼓励、支持、引导非公有制经济发展，形成各种所有制经济平等竞争、相互促进新格局。党的十八大则将这一经济制度纳入了中国特色社会主义制度的体系框架之中，突出了它在中国特色社会主义伟大实践中的重要作用。党的十八大特别强调，要在“两个毫不动摇”的基础上，“保证各种所有制经济依法平等使用生产要素、公平参与市场竞争、同等受到法律保护”①，这实际上对马克思所有制理论做出了创新性发展。

马克思认为，所有制是随着生产力的发展、生产力与生产关系的矛盾运动而不断发生变化的。“个人必须占有现有的生产力总和，这不仅是为了达到自主活动，而且一般说来是为了保证自己的生存。这种占有首先受到必须占有的对象所制约，受自己发展为一定总和并且只有在普遍交往的范围里才存在的生产力所制约。仅仅由于这一点，占有就必须带有适应生产力和交往的普遍性质。”② 随着生产力的发展，不仅“一切所有制关系都经历了经常的历史更替、经常的历史变更”③，而且在所有制的管理方式上，也会发生变更，出现了所有权与经营权相分离的现象。在股份公司内部，“实际执行职能的资本家转化为单纯的经理，别人的资本的管理人，而资本所有者则转化为单纯的所有者，单纯的货币资本家”④。“资本所有权这样一来现在就同现实再生产过程中的职能完全分离，正像这种职能在经理身上同资本所有权完全分离一样。”⑤ 改革开放以来，我国在公有制权

① 中共中央文献研究室．十八大以来重要文献选编（上）．北京：中央文献出版社，2014：16．

② 马克思，恩格斯．马克思恩格斯全集：第3卷．北京：人民出版社，1960：76．

③ 马克思，恩格斯．马克思恩格斯文集：第2卷．北京：人民出版社，2009：45．

④⑤ 马克思，恩格斯．马克思恩格斯文集：第7卷．北京：人民出版社，2009：495．

利的占有上，突破了越集中越好的观念，确立了所有权、经营权可以分离而且应当分离的思想。“两权分离”作为所有制管理方式的特点，在我国社会主义所有制的发展中得到了极大的显现。所有制的“两权分离”在一定程度上说明了不同经济主体的所有权与不同经济主体在国民经济发展中所起的地位和作用是两类问题。

在中国特色社会主义经济发展中，对不同经济主体所有权的“平等”“公平”“同等”的保护，是对公有制经济与非公有制经济在财产法律地位上的平等保护。在我国的以公有制为主体、多种所有制经济共同发展所有制结构基础上，对不同经济主体所有权的平等保护，是不能回避甚至脱离这一所有制结构中的主体与非主体关系的。公有制经济是主体，国有经济是主导力量，非公有制经济是社会主义市场经济的重要组成部分，强调了不同经济主体在国民经济发展中的不同地位和作用。而对不同经济主体在财产法律地位上的平等保护，并不是针对公有制经济与非公有制经济在国民经济领域中地位和作用而言的，并不是要说明在国民经济发展中公有制经济与非公有制经济具有同等的地位和作用。因此，在强调各种所有制经济依法平等使用生产要素、公平参与市场竞争、同等受到法律保护时，不是不讲公有制经济在国民经济发展中的主体地位和主导作用的，在关系国家安全和国民经济命脉的重要行业和关键领域，确保公有制经济的控制力是不能含糊的，更不能颠倒主体与非主体的位置，这是确保中国特色社会主义经济发展乃至中国特色社会主义总体布局发展的重要方面。

由于所有制是人们在生产中围绕生产资料而建立起来的经济关系，因而它在经济现实中所体现的关系，一是人与物的关系，二是人与人的关系。所有制反映人与物的关系，说明了“一切生产都是个人在一定社会形式中并借这种社会形式而进行的对自然的占有”，“在任何财产形式都不存在的地方，就谈不到任何生产，因此也就谈不到任何社会”①。马克思将之归结为“人对生产条件的关系”。所有制反映人与人的关系，重点说明的是任何生产都是在一定的社会形式中进行的，所有制构成整个社会生产关

① 马克思，恩格斯．马克思恩格斯文集：第8卷．北京：人民出版社，2009：11.

系和社会经济形态的基础。马克思将之归结为“社会生产中人与人的关系的总和”。人们只有在物质生产中，并以这种生产的社会形式为媒介，才能发生对生产条件的关系。所以，所有制对人与物关系的反映和对人与人关系的反映又是紧密联系在一起的。在社会生产关系和社会经济形态中，分析人与物的关系实质上是为了分析人与人的关系。在分析所有制中，经济关系与自然关系是不可偏废的。对各种所有制经济依法平等使用生产要素、公平参与市场竞争、同等受到法律保护，正是对人与物关系的反映并强化，说明了对现阶段公有制性质和内涵的理解，必须把经济关系与自然关系结合起来。

在中国特色社会主义经济发展现实中，公有制是不完全、不成熟的。因为从占有主体来说，我国现阶段公有制占有主体的劳动者，在劳动能力和劳动者的科技文化素质上存在极大的差别，达不到人的全面发展的要求，更达不到马克思所预想的未来社会的“人的全面而自由的发展”的要求。这实际上凸显了公有制的不成熟性。应当说，我国现阶段的公有制是建立在已经认识到人的全面发展的可能性和重要性的基础之上的，我国的公有制是要消灭对人的发展的限制和障碍的。公有制的实行必然成为实现人的全面和自由发展的一种手段。从占有对象方面来看，由于我国现阶段生产力发展水平比较低、发展不平衡，公有制占有对象的物质财富，还不可能极大涌流，精神财富即人的才能、人的创造力、人的消费力还不可能得到充分发挥。公有制还面临着通过把资本变为社会的和集体的财富来完善自身、达到最高形态的公有制的重要任务。对中国特色社会主义经济发展现实中公有制不完全、不成熟的理解，深刻说明了两个问题：一是正确理解我国现阶段公有制的内涵，要求我们在认识到了公有制的占有主体的同时还必须充分认识到公有制的占有对象，在认识到了人的发展是公有制的重要内容的同时还必须认识到物质财富和精神财富的发展也是公有制的重要内容；当然，反之相同。二是正确认识我国现阶段公有制中存在的问题，要求我们在充分肯定了私人所有权的同时不能忘记国家所有权和集体所有权，在强化了私有财产保护意识的同时不能抛弃国有财产和集体财产的保护意识；当然，反之相同。

3. 对马克思关于所有制两种不同形态原理的发展

马克思在《1844年经济学哲学手稿》《德意志意识形态》等著作中，对所有制的两种不同形态做了论述，提出了所有制的经济形态和所有制的法律形态问题。这对我们理解在社会主义基本经济制度“两个毫不动摇”的基础上，“保证各种所有制经济依法平等使用生产要素、公平参与市场竞争、同等受到法律保护”具有重要意义，但同时，这种所有制经济的法律保护又进一步丰富和发展了马克思关于所有制两种不同形态的理论原理。

在研究政治经济学中，马克思认识到经济学的研究必须要从财产的法权关系中抽象出生产关系的本质，抽象出所有制一般的概念，所以，马克思认为，研究所有制必须研究它的经济形态。所有制的法律形态是财产的归属关系即我们通常所说的所有权，所有制的经济形态主要是财产归属关系背后的人与人之间的经济关系。经济形态是法律形态的基础和前提；所有制的法律形态是不能没有明确的经济界限和占有对象的，否则，无法给所有者带来经济利益，所有制的法律形态也就没有意义了，它就变成了一种法律幻想。可见，所有制的法律形态只有在有了明确的经济形态以后才有实际意义。法律形态是经济形态的必要保障；经济上的占有关系产生以后，必然会要求法律上的所有制与它相适应，只有制定了所有制的法律制度以后，才能保障财产占有、财产收益的合法性，才能明确财产占有的性质。在所有制的两种形态中，所有制的经济形态是政治经济学研究的范畴。基于这一点，马克思认为，政治经济学“对**财产关系**的总和，不是从它们的**法律**表现上即作为**意志关系**来把握，而是从它们的现实形态上即作为**生产关系**来把握”①。马克思对政治经济学研究对象内涵的阐述，实际上说明了所有制的经济形态是本质，所有制的法律形态是现象，说明了所有制在现象上就一定是法律关系，而在现实中就一定是占有形式。所有制是通过一定的意志关系和法律关系的形式来表现生产方式的实质的。这是因

① 马克思，恩格斯．马克思恩格斯文集：第3卷．北京：人民出版社，2009：18.

为，人类社会的发展还处在一定的、特殊的社会形态中，所有制是对社会生产关系的一种反映。而到了未来社会，生产关系变为全社会占有生产资料以后，所有制的法律形态也就失去了意义，这时的所有制剩下的就是人的全面而自由发展的内涵。但是，在我国社会主义初级阶段中，所有制的两种形态以其统一性存在于现实中。我们既不能抛开所有制的经济形态只看到所有制的法律形态，也不能抛开所有制的法律形态只看到所有制的经济形态。必须从两种形态的统一上来认识所有制。党的十八大报告提出的“各种所有制经济的法律保护”问题，实际上强调了在社会主义初级阶段、社会主义市场经济条件下必须从所有制两种形态的结合上来理解所有权保护、公有制内涵问题，我们不能只看归属，或是只看占有关系。

“各种所有制经济的法律保护”问题，是对不同经济主体的“所有权保护”的突出，说明了在讲法律保护时不能脱离社会主义市场经济发展的客观要求。因为公平竞争、平等保护、优胜劣汰是市场经济的基本内容，而这些内容又内含在“法律保护”之中，成为支撑现代市场体系的一条规则。必须保障所有市场主体的平等法律地位和发展权利，没有这条规则，社会主义市场经济很难得到发展，社会主义以公有制为主体、多种所有制经济共同发展的所有制结构很难得到完善。在我国社会主义建设之初，我们在强调国家利益、集体利益和私人利益根本一致时，过分甚至极端强调保护国家利益、集体利益而忽略轻视甚至否定保护私人利益；社会主义市场经济建立起来以后，我们在强调国家利益、集体利益和私人利益根本一致时，又不得不充分认可私人利益而舍弃了国家和集体的利益。无论是前一种情况还是后一种情况都给社会主义社会的发展带来了不良后果，不是侵犯了私人利益就是侵犯了国家和集体利益，不是造成了公民的不满就是造成了国家和集体财产的损失，从而都激化了社会矛盾，带来了国家利益、集体利益和私人利益的不协调状况。所以，各种所有制经济同等受到法律保护，实质上就是平等保护国家、集体和私人的物权，任何一个方面都不可偏废。国家利益、集体利益和私人利益的协调平衡是我国社会主义市场经济发展的要求，也是构建社会主义和谐社会的基本要素。这是对马克思所有制理论的一个重要的丰富和发展。

由于所有制的经济形态与所有制的法律形态是统一的，因而在“各种所有制经济的法律保护”中，保护的重点也是很明确的，它不单单是一个保护国家所有权、集体所有权和个人所有权的问题，还会涉及反映所有权的占有关系问题。因此，“各种所有制经济的法律保护”中的保护重点，必须要从所有制上去认识。我国以公有制为主体、多种所有制经济共同发展的所有制格局，决定了公有制是我国社会主义市场经济发展的制度基础，国有经济是国民经济中的主导力量，控制着国民经济的命脉，决定经济的社会主义性质和发展方向，同时也对非公有制经济起着引导、帮助和制约的重要作用。因此，在当前国有企业改革过程中出现国有资产大量流失的情况下，保护的重点应该是国家所有权，是国有资产，是国家的财产。只有这样，我们才能真正坚持和完善以公有制为主体、多种所有制经济共同发展的社会主义基本经济制度，才能真正毫不动摇地巩固和发展公有制经济，毫不动摇地鼓励、支持、引导非公有制经济发展，才能真正保证各种所有制经济依法平等使用生产要素、公平参与市场竞争、同等受到法律保护。

三、正确认识和处理政府与市场的关系

正确认识和处理政府与市场的关系，是社会主义市场经济发展中的一个极为重要的理论和实践问题。党的十八届三中全会明确提出，处理好政府和市场的关系是经济体制改革的核心问题，要使市场在资源配置中起决定性作用和更好发挥政府作用。中国共产党依据实践拓展和认识深化对政府和市场关系的这一新的科学定位，不仅进一步明确了深化经济体制改革的基本思路，而且也进一步提出了完善和推进社会主义市场经济发展的实践路径。正确认识和处理政府与市场的关系，实际上就是要正确认识和处理政府与市场在资源配置中的作用问题，遵循市场决定资源配置的一般规律发展社会主义市场经济。

1. 正确认识和处理政府与市场关系的重要性

在经济思想史和经济发展史中，正确认识和处理政府与市场的关系是

一个关乎经济能否迅速、持续发展的重要问题。正确认识和处理政府与市场关系的重要性，不仅从经济思想发展的历史长河中反映出来，而且也在西方现代市场经济和我国社会主义市场经济的发展中得到充分体现。

首先，在经济思想发展的历史长河中，从15世纪产生的重商主义开始至今，凸显了认识和处理政府与市场关系在经济发展中的重要性。这500多年经济思想发展的历程，在关于政府与市场关系问题的论战上，始终是围绕着市场自由和国家干预而展开的。

从15世纪到17世纪上半叶，在欧洲起源的重商主义，无论是早期的货币差额论还是晚期的贸易差额论，都认为政府应该控制国家经济，只有对进出口贸易做出限制，才能保证本国财富的积累，令国民走向富裕。虽然这种观点存在局限性，但是就当时的经济发展水平和状态而言，提出政府干预经济的观点绝对称得上是一个重要进步。继重商主义之后，18世纪下半叶形成的重农学派则主张自然经济秩序，反对政府在国际贸易领域的政策干预，首次提出了“自由放任”的概念。后来，以亚当·斯密为首的古典经济学，主张发挥“看不见的手”的作用，认为以市场配置资源，就一定能实现经济的繁荣。斯密的古典经济学虽然带来了19世纪英美的经济繁荣，但也造成了很多的社会问题。在经济停滞和失业率高涨的背景下，凯恩斯主义的诞生正式开启了国家干预主义的发展，政府必须以货币政策和财政政策这两只“看得见的手”调控国民经济和刺激有效需求，促使经济良性发展。“罗斯福新政”从实践上证明了凯恩斯主义关于国家干预政策的有效性，世界各国因此纷纷效仿，世界经济由此而进入了凯恩斯时代。可是，20世纪70年代的两次石油危机引起的全球范围的滞胀，则使凯恩斯主义陷入了困境。以哈耶克、弗里德曼和卢卡斯的理论思想为代表的新自由主义因而重新崛起。新自由主义倡导自由化、私有化和市场化，要求减少政府对劳动力市场、资本市场的干预，以刺激消费来促进经济增长。此后，以英美为首的西方国家纷纷摒弃了凯恩斯的经济政策，自由化思想弥漫整个世界经济。2008年国际金融危机爆发后，经济学界开始重新思考和处理市场自由和政府干预的关系。如何在加强政府监管的前提下坚持市场化，成为西方学者研究的新课题。

从经济思想演变的历史中，我们不难看到，正确认识和处理政府与市场的关系是一个世界性难题。在政府与市场之间，偏重任何一方，都可能造成经济失衡，整个社会经济难以得到发展。寻求政府和市场之间相协调的平衡点尤为重要。

其次，在西方现代市场经济发展中，自 20 世纪 80 年代开始，去监管化和自由化不断影响美国的经济发展，美国在经济自由主义之下实行了“小政府、大市场”的经济发展政策。较少的监管和政府干预、对存款利率管制的废除和利率市场化，使美国金融机构在激烈的市场竞争中快速成长，美国金融市场得到了蓬勃发展。同时，减少社会公共支出和减免税收的做法，刺激了美国经济的高速增长。

然而，2008 年国际金融危机使美国、欧洲乃至全世界的经济遭受了巨大打击。企业倒闭、失业率增加、金融市场混乱和主权债务危机等一系列的经济问题使西方国家笼罩在恐慌的气氛中。这不得不使人们对经济自由主义政策进行反思，抵御经济衰退的一揽子救助计划和更广泛、更严格的金融市场监管办法呼之欲出。《巴塞尔协议Ⅲ》提高了金融机构资本充足率的要求，加强了金融监管；美联储的量化宽松货币政策也使美国经济开始慢慢趋于复苏；等等。这些都说明了市场不是万能的，在市场无法解决的问题面前，政府必须站出来解决并促进经济发展。正如斯蒂格利茨所说：“现代资本主义历史上唯有大萧条之后的那段时间没有发生频繁的金融危机，这是因为大部分的国家采取了强有力的金融监管政策。”① 对于 2008 年国际金融危机爆发的原因，斯蒂格利茨认为，监管者对监管作用的质疑和对市场自我调节能力的过度坚信，导致了金融监管的失败和自由市场的失灵。危机之后，以美国为首的西方现代市场经济国家面临的问题，仍然是如何处理好政府干预与市场自由的关系问题。“占领华尔街”运动已经折射出市场过度自由化危害的不容忽视性。美国奥巴马政府停摆事件也说明了政府与市场关系处理的重要性。由此可见，在西方现代市场经济的发展过程中，无论是实行经济自由政策还是政府干预政策，都需要把处

① STIGLITZ J E. Rethinking Development Economics. The World Bank Research Observer, 2011, 26 (2): 230-236.

理好政府与市场的关系摆到重要位置。

最后，在我国社会主义市场经济发展中，正确认识和处理好政府与市场的关系是核心问题，也是经济体制改革的基本方向。我国的社会主义市场经济首先是市场经济，市场则应成为社会主义市场经济的一个重要组成内容，市场所具有的配置资源的有效性是不容忽视的。社会主义市场经济也是现代市场经济，现代市场经济则是在国家管理的框架下运行的市场经济，市场所固有的缺陷问题和失灵问题需要政府干预来矫正。随着现代市场经济的发展，政府的职能必然从“守夜人”转向管理者，如何处理好政府和市场的关系就是现代市场经济必须要解决的问题。过度的政府干预和过分的市场自由都会引发一系列社会经济问题。社会主义市场经济作为现代市场经济的一种类型，社会主义制度和市场经济体制的统一，必然要求把处理好政府与市场之间的关系作为核心问题。

在社会主义市场经济发展中，政府与市场是具有相互联系、相互作用的两个重要因素，也是促进市场经济发展的两个关键因素。只有充分协调这两个因素的关系，使市场能够发挥其配置资源的应有作用，使政府发挥其宏观调控和监管的积极作用，才能使我国经济体制改革向纵深发展，使社会主义市场经济得到持续而健康的发展。

政府和市场的关系问题，说到底就是政府和市场如何准确定位的问题。就市场而言，如何将它的职能定位在提高经济效率上，以价格决定机制、竞争机制等实现资源的有效配置，提高微观主体的积极性和经济效率；就政府而言，如何将它的职能定位在宏观经济引导上，从顶层设计把握市场经济的发展方向，从宏观调控角度引导市场经济良性发展等，既不缺位也不越位、错位。对政府与市场关系的正确认识和处理，成为我国社会主义市场经济必须解决的重大课题。

2. 对市场在资源配置中起决定性作用的科学定位

在我国经济体制改革全面深化发展中，党的十八届三中全会适时地推进了社会主义市场经济发展中关于“市场在资源配置起基础性作用”的认识和实践，提出了“使市场在资源配置中起决定性作用”的科学认识。这一关于市场作用的科学定位，既是实践发展的要求，也反映了我们党对市场规律的认识和驾驭能力不断提高，有利于在全党全社会树立关于政府和市场关系的正确观念，有利于转变经济发展方式，有利于转变政府职能，有利于抑制消极腐败现象。

党的十四大确立社会主义市场经济发展目标以来，我国社会主义市场经济的发展已有了20多年的历史。目前，社会主义市场经济体制已经初步建立，市场化程度不断提高。但是，在国民经济运行过程中，仍然存在不少的社会经济问题。例如，市场秩序不规范，以不正当手段谋取经济利益的现象广泛存在。市场经济运行中不仅市场经营主体混乱，除了有“假集体”“假国有”“四无企业”“无证经营”等现象外，一些党政机关和权力机构也成为非正规的经营主体；而且市场客体、市场行为也较为混乱，一些违禁商品和服务进入市场，对市场客体的正常进入秩序产生了极大影响，一些假冒伪劣产品的生产、销售，以及虚假广告的宣传和骗买骗卖行为的存在，对市场行为的规范产生了极大冲击。又如，生产要素市场发展滞后，要素闲置和大量有效需求得不到满足同时并存。我国的生产要素市场化进程远远落后于商品的市场化进程，发展相对缓慢，资本市场功能不完善，土地市场不规范，劳动力市场发育不健全。在生产要素市场中，对于资本和土地这类稀缺生产要素的配置，政府仍然是配置主体，从而不利于市场经济秩序的正常运行。生产要素市场发展的滞后对整个国民经济的发展产生严重的制约作用。再如，市场规则不统一，部门保护主义和地方保护主义大量存在。一些地方政府在利益的驱动下，以权力干预经济，对本地企业和外地企业实行差别对待，通过采用各种手段限制外地产品进入本地市场，部门保护和地方保护形式多样，从而阻碍了市场配置资源的有效性和公平性，损害了市场主体的利益和消费者的合法权益，阻碍了全国统一市场的形成，在一定程度上滋生了腐败。还如，市场竞争不充分，阻碍优胜劣汰和结构调整。在一些领域，由于没有引入充分竞争，导致垄断型市场的存在；由于一些市场主体的垄断地位，决定其不需要通过充分的市场竞争就能坐收渔利，从而阻碍了优胜劣汰的市场竞争机制作用的发挥，不利于经济结构的调整和优化。要解决我国社会主义市场经济运行中存在的这些问题，就必须要充分发挥市场在配置资源中的决定性作用。

市场在配置资源中起决定性作用是市场经济的一般规律，社会主义市场经济体制的健全和完善必须要遵循这条规律。市场在资源配置中起决定性作用，实际上讲的就是经济效率问题，是“推动资源配置依据市场规则、市场价格、市场竞争实现效益最大化和效率最优化”①。市场价格是市场配置资源的核心手段。在任何一个社会中，资源都是稀缺的，把稀缺的资源配置到社会生产最需要的领域，即配置到资源最短缺、却能带来最大社会产出的领域，使稀缺的资源得到最有效的利用，就是资源配置的目的。然而，资源的稀缺程度是靠资源的市场价格来衡量的，供大于求时市场价格下降，供不应求时市场价格则上升。反过来，市场价格上升会增加供给，引起需求者成本的上升，市场价格下降会减少供给，引起需求者成本的下降。供求关系变化的过程是市场价格发现的过程，也是资源配置的过程。在价格调整供求的过程中，资源被配置到有需求的领域最有效地促进生产，从而提高经济效率。市场竞争是市场配置资源的内在动力。处于市场竞争环境中的企业必然要运用先进的生产技术，以最少的资源投入换取最大限度的经济产出。在产品价格和原材料价格由市场决定的情况下，企业一般都是以提升技术水平、提高资源利用效率和增加投入产出比来获得最大利润的。由于市场竞争，利润低下的企业就会被淘汰出局。优胜劣汰的市场竞争不仅保证了资源的有效配置，避免了产能过剩的问题，同时还促进了科技创新和技术进步，保证了经济的长期增长。市场规则是市场配置资源的外在保证。在市场经济中，市场主体行为的自发性、盲目性需要通过市场规则来规范和约束，否则便会出现垄断和不良竞争，从而影响资源价格的形成，使市场配置资源的决定性作用失效。因此，社会主义市场经济作为现代市场经济，必须是建立在规则和法制基础上的市场经济。只有建立完善的市场规则才能使市场配置资源的决定性作用得以充分发挥。

我们应该看到，在社会主义市场经济运行中，市场配置资源的决定性

① 中共中央文献研究室．十八大以来重要文献选编（上）．北京：中央文献出版社，2014：513-514.

作用是在一定范围内有效的，“市场在资源配置中起决定性作用，并不是起全部作用”①。市场在配置资源过程中不是万能的，无论是在完全竞争条件下还是在不完全竞争条件下，都会存在市场缺陷或市场失灵。在完全竞争条件下，市场是没有外力干扰的自由市场，市场缺陷或市场失灵主要表现为公共物品供给不足、外部负效应增强、收入分配不均、区域经济不协调等问题。一般而言，公共物品的消费具有非竞争性和非排他性特征，如路灯、公园的健身设施、电视信号接收等都是公共产品，通常是无法有效地通过市场机制由企业和个人来提供的，因而它的生产与市场机制的作用是存在矛盾的。外部负效应如污水排放、环境污染等，是市场经济微观主体在进行生产和消费决策时，往往不考虑对人、社会和环境的影响为了减少企业的治理成本，加大社会的成本。外部负效应问题也是市场本身无法解决的。收入分配不均是由市场经济运行导致的。市场经济遵循的是资本和效率的原则，即资本总是从效率低的部门向效率高的部门转移，从而会产生“马太效应”，引起收入分配不均。区域经济不协调是市场在资源配置过程中不可避免的问题，也是市场自身难以调节和解决的问题，因为在市场经济运行中，优质资源会不断地从发展落后的区域转移到发展较快的区域，造成区域间资源分配的不协调，从而加大区域间经济发展的差距。在不完全竞争条件下，市场缺陷或市场失灵又会主要表现为垄断、不良竞争等。垄断是市场缺陷或市场失灵的最主要的表现形式之一。垄断行业通过自身的科技领先优势、规模经济效应和特许经营权，控制了市场上绝大多数的份额，因此能够通过制定垄断价格来获得超额垄断利润。由于缺乏竞争压力和发展压力，垄断行业往往又难以提供令人满意的产品和服务，并且缺乏改进自身和提高技术水平的积极性。特别是那些由行政垄断而产生的垄断行业，经常会违背市场规则，阻碍市场对资源的有效配置。垄断的存在必然会破坏企业之间的竞争关系，导致不良竞争。

显然，在市场失灵时，政府需要运用宏观调控和政府治理之手，弥补

① 中共中央文献研究室．十八大以来重要文献选编（上）．北京：中央文献出版社，2014：500．

市场缺陷，矫正市场失灵的内容。

3. 对政府在市场经济发展中起积极作用的科学认识

理论和实践都证明，市场配置资源是最有效率的形式，但是，市场配置资源的有效性是需要市场以外的力量来保证的。对市场在资源配置中的“决定性”作用的定位，绝不是对政府作用的弱化，相反则是要通过对政府作用范围、程度的正确界定更好地发挥政府的作用，既防止政府作用的越位、错位，也避免政府作用的缺位、不到位。在社会主义市场经济的发展中，市场的作用和政府的作用是不同的，它们有各自的活动范围和边界、职能和任务、优势和不足，我们既要发挥市场的作用，也要发挥政府的作用，正确处理好这两者之间的关系。

关于政府在市场经济发展中的作用，我们既要看到政府作用的不可或缺性，也要看到政府作用存在失灵的一面。一方面，针对市场经济运行过程中市场无法解决的问题，政府必须要发挥其公权力的优势和宏观引导的作用，引导市场朝着积极的方向发展。例如，我国面临的钢铁行业产能过剩问题，依靠市场已经难以在短期之内解决，就需要政府出面通过干预来解决。国务院出台《关于化解产能严重过剩矛盾的指导意见》后，国家发展和改革委员会、工业和信息化部牵头，多部委联合治理产能过剩问题，已经取得了良好的成效。另一方面，为了保障市场在配置资源过程中的决定性作用，政府也必须发挥服务和监管的作用。例如，简化公司注册程序和行政审批程序，将证券发行制度由“核准制”转变成“注册制”，这些简化审批程序的措施，有助于提高市场主体的参与积极性和市场运行的效率。同时，政府加大监管力度，对那些违反市场规则和破坏市场秩序的行为予以行政约束和法律惩罚，也有助于市场健康安全稳定地运行。当然，我们还应看到，政府的权力利益的追求是要受到制约和限制的，否则，就会产生政府失灵，这不仅不利于市场发挥决定性作用，而且还会产生极大的负面效应。政府失灵主要是由于政府受能力和意愿的影响而不能有效地发挥作用，它表现在多方面：一是由于决策目标的多元性、信息不确定性、权责不匹配和监管机构散乱等问题，政府的公共决策不合理，导致资源浪费；二是由于缺乏竞争压力、激励机制，监督信息不完备等，政府机构效率低下，在提供公众服务中追求自身利益最大化，导致公众利益受损；三是由于缺乏有效的政府权力制约手段，寻租和腐败行为泛滥，导致资源配置扭曲；四是由于官僚主义作风，政府机构膨胀，人员增加，导致资源浪费和对私人部门的挤出效应。总之，政府作用的越位、错位、缺位、不到位都是政府失灵的表现。

在社会主义市场经济运行中，政府和市场都不是完美无缺的，正确处理政府和市场的关系，不仅在于要发挥市场在资源配置中的决定性作用，而且还在于政府要明确自身的功能定位，既不干扰市场在资源配置中决定性作用的充分发挥，更重要的是要在尊重市场规律的基础上，为市场在资源配置中发挥决定性作用创造良好的外部环境，解决市场所无法解决的问题。在这方面，党的十八届三中全会对如何更好地发挥政府作用提出了明确要求，强调“必须积极稳妥从广度和深度上推进市场化改革，大幅度减少政府对资源的直接配置”，“政府的职责和作用主要是保持宏观经济稳定，加强和优化公共服务，保障公平竞争，加强市场监管，维护市场秩序，推动可持续发展，促进共同富裕，弥补市场失灵”①。显然，政府的职责和作用主要集中在科学的宏观调控和有效的政府治理方面，这是发挥社会主义市场经济体制优势的内在要求。

就科学的宏观调控而言，它可以弥补市场缺陷和市场失灵，保障我国经济快速稳定发展。也就是说，政府必须做好顶层设计，从宏观层面把握经济的发展方向，保持经济总量平衡，促进重大经济结构协调和生产力布局优化，减缓经济周期波动影响，防范区域性、系统性风险，稳定市场预期，实现经济持续健康发展；建立健全以国家发展战略和规划为导向、以财政政策和货币政策为主要手段的宏观调控体系，推进宏观调控目标制定和政策手段运用机制化，加强财政政策、货币政策与产业、价格等政策手段协调配合，增强宏观调控前瞻性、针对性、协同性；在确立企业投资主体地位方面，除关系国家安全和生态安全、涉及全国重大生产力布局、战

① 中共中央文献研究室. 十八大以来重要文献选编（上）. 北京：中央文献出版社，2014：513，514.

略性资源开发和重大公共利益等项目外，一律由企业依法依规自主决策，政府不再审批；保持经济发展、保护资源和保护生态环境的协调一致，把经济发展建立在生态可持续能力、社会公正和人民积极参与自身发展决策的基础上，积极推进社会主义市场经济的可持续发展；纠正单纯以经济增长速度评定政绩的偏向，加大资源环境、生态效益、产能、科技创新、安全生产、新增债务等指标的权重，更加重视劳动就业、居民收入、社会保障、人民健康状况。

就有效的政府治理而言，它可以有效地解决政府失灵问题。党的十八大报告指出："要按照建立中国特色社会主义行政体制目标，深入推进政企分开、政资分开、政事分开、政社分开，建设职能科学、结构优化、廉洁高效、人民满意的服务型政府。"① 政府必须简政放权，深化行政审批制度改革，最大限度地减少中央政府对微观事务的管理，市场机制能有效调节的经济活动，一律取消审批，规范管理保留的行政审批事项，提高行政效率；加强发展战略、规划、政策、标准等的制定和实施，加强市场活动监管，加强和优化公共服务，处理好中央政府和地方政府之间的关系；加强市场监管，保障公平竞争，维护市场秩序，对违反市场规则和破坏市场秩序的不法竞争者采取严厉的行政干预和法律处罚。政府治理的有效性，还表现在优化政府组织结构上。要优化政府机构设置、职能配置、工作流程，完善决策权、执行权、监督权既相互制约又相互协调的行政运行机制；要统筹党政群机构改革，理顺部门职责关系，积极稳妥地实施大部门制；要优化行政区划设置，严格控制机构编制，推进机构编制管理科学化、规范化、法制化。

市场在资源配置中起决定性作用、政府在市场经济发展中起积极作用，是社会主义市场经济运行中关于政府与市场的准确定位。为了使市场能够在资源配置中起决定性作用，政府就必须发挥好宏观调控和政府治理的作用。只有这样，市场经济才能健康运行和高效发展。

---

① 中共中央文献研究室．十八大以来重要文献选编（上）．北京：中央文献出版社，2014：22.

四、当代中国马克思主义经济学的研究

当代中国马克思主义经济学是立足我国国情和发展实践，揭示新特点新规律，提炼和总结中国经济发展实践规律性成果，并把实践经验上升为系统化的经济学说的一门科学，反映的是马克思主义经济学基本原理与中国具体实际相结合、不断创新马克思主义经济学的理论发展过程。当代中国马克思主义经济学的科学性和它的理论发展过程，决定其研究范式必然是：以人民为中心的研究立场、以唯物史观为核心的研究方法、以马克思经济思想为本源的研究思路、以经济发展实践为导向的研究取向。

1. 以人民为中心的研究立场

研究立场决定着研究的目的、方法和价值取向。在对马克思主义经济学的研究中，有人提出了研究“去政治化”问题，认为应该淡化用“主义”或理论学说来推动整体性制度变迁和世界性革命。这实际上是个研究立场问题，即研究到底是“为了谁”，在“替谁说话”，是“谁的代言人”。研究如果放弃了应有的目标和价值，只是追求一种学理上和逻辑上的满足，那么，这种研究就会远离真正的实际，就会失去其应有的意义和价值。我们也很清楚，任何社会的观念的上层建筑，都是一定的社会经济形态及由它所决定的政治制度的反映，“任何一个时代的统治思想始终都不过是统治阶级的思想”①。马克思主义经济学的研究是不可能“去政治化”的。当代中国马克思主义经济学作为马克思主义经济学的重要组成内容，它的研究不仅反映着社会统治阶级的利益，更重要的是反映着与统治阶级利益相一致的作为社会主体的广大人民群众的利益。因此，当代中国马克思主义经济学的研究必须坚持以人民为中心的研究立场。“坚持以人民为

① 马克思，恩格斯. 马克思恩格斯文集：第2卷. 北京：人民出版社，2009：51.

中心的发展思想……坚持把增进人民福祉、促进人的全面发展、朝着共同富裕方向稳步前进作为经济发展的出发点和落脚点，部署经济工作、制定经济政策、推动经济发展都要牢牢坚持这个根本立场。”① 那种排斥马克思主义经济学的政治意义，试图进行“纯学理”研究的做法，是有悖历史和现实的。

“以人民为中心”的研究立场反映了时代变化、社会变迁的要求。在不同历史时期，对“人民”的理解是不同的。在《关于正确处理人民内部矛盾的问题》中，毛泽东就曾指出：“人民这个概念在不同的国家和各个国家的不同的历史时期，有着不同的内容。拿我国的情况来说，在抗日战争时期，一切抗日的阶级、阶层和社会集团都属于人民的范围，日本帝国主义、汉奸、亲日派都是人民的敌人。在解放战争时期，美帝国主义和它的走狗——官僚资产阶级、地主阶级以及代表这些阶级的国民党反动派，都是人民的敌人；一切反对这些敌人的阶级、阶层和社会集团，都属于人民的范围。在现阶段，在建设社会主义的时期，一切赞成、拥护和参加社会主义建设事业的阶级、阶层和社会集团，都属于人民的范围。”② 今天，在中国特色社会主义的发展中，人民是以劳动群众为主体的社会基本成员的政治代名词，包含了一切赞成、拥护和参加社会主义建设的广大劳动群众。由此可见，“人民”具有两层含义：首先，它是一个政治概念，代表的是一种政治价值取向；其次，它并不特指社会某一阶层或某一人群，而是指以是否赞成、拥护和参加社会主义建设为准则的最广泛意义上的劳动群众。“以人民为中心”，就是以一切赞成、拥护和参加社会主义建设的广大劳动群众为中心，就是以这些赞成、拥护和参加社会主义建设的广大劳动群众的根本利益为中心。

“以人民为中心”的研究立场反映了当代中国马克思主义经济学研究的方向和重点。当代中国马克思主义经济学“以人民为中心”的根本立场，体现在基本理论、结构体系、现实问题等方面的研究中，呈现在人们

① 习近平主持中共中央政治局第二十八次集体学习并讲话. 中国之声：新闻和报纸摘要，2015-11-25.

② 毛泽东. 毛泽东文集：第7卷. 北京：人民出版社，1999：205.

面前的并不是抽象的理论规定的结果，而是来自中国特色社会主义经济发展的伟大实践，通过它把解决人民群众切身利益问题放在首位的作用，以及它接受广大人民群众的经济实践活动的检验而得到人们的认同。当代中国马克思主义经济学“以人民为中心”的研究立场，强调的正是中国共产党要实现好、维护好、发展好最广大人民根本利益，坚持发展为了人民、发展依靠人民、发展成果由人民共享，使全体人民在共建共享发展中有更多获得感的根本宗旨和要求。“以人民为中心”研究当代中国马克思主义经济学，既是一个把马克思主义经济学原理与当代中国的具体实践结合起来，通过认识经济运动过程、把握社会经济发展规律，科学地解答我国经济发展中的重大理论和实践问题的过程，也是一个立足于我国国情和发展实践，把人民群众的实践经验上升为系统化的经济学说，揭示出中国经济发展的新特点新规律，提炼和总结出中国经济发展实践的规律性成果的过程。由此可见，“以人民为中心”研究当代中国马克思主义经济学，其科学性就在于它把当代中国马克思主义经济学的政治性具体化为实现好、维护好、发展好最广大人民根本利益的理论和实践。

我们还应该看到，“以人民为中心”的研究立场是当代中国马克思主义经济学的本质规定。当代中国马克思主义经济学如果离开人民，就失去了它的意义和价值。习近平同志在谈到社会主义文艺的“人民性”时指出：“人民是文艺创作的源头活水，一旦离开人民，文艺就会变成无根的浮萍、无病的呻吟、无魂的躯壳。”① 这一关于社会主义文艺本质规定的论述同样也适用于当代中国马克思主义经济学的研究。当代中国马克思主义经济学从本质上来说，就是中国人民的经济学。首先是因为，在中国特色社会主义经济发展中，人民始终至上。考察中国共产党的历史，在中共七大的闭幕式上，毛泽东提醒全党：“党的路线，这就是放手发动群众，壮大人民力量”②。他还特别强调：“全中国的人民大众”是“上帝”③。只有依靠人民，才能完成新民主主义革命、社会主义革命和建设的伟大历史任

① 习近平．在文艺工作座谈会上的讲话．新华网，2014-10-15.

② 毛泽东．毛泽东选集：第3卷．北京：人民出版社，1991：1101.

③ 同②1102.

务。人民是历史的创造者，人民也是社会主义经济实践的主体，当代中国马克思主义经济学的研究实际上就是要反映以人民为主体的实践经验，并将其上升为系统化的经济学说。其次是因为，中国特色社会主义经济发展要为民谋利。当代中国马克思主义经济学的研究体现人民性，就是基于人民，为了人民，向着人民，对人民负责，让人民获益。一方面，要以最广大人民群众的立场和态度，关注人民的呼声、人民的需求、人民的期待，研究涉及改革发展的重大理论和实践问题，将人民的思想感情和世界观、人民的精神渗透在研究之中；另一方面，要以实现最大多数人的利益为目标，坚持发展成果由人民共享的发展理念，切实保障人民群众的利益。最后是因为，中国特色社会主义经济发展要以人民满意为唯一标准。人民是社会主义经济建设的主体力量，同样也是社会主义经济建设为之谋利益的主要对象，因此，把人民作为中国特色社会主义经济发展成效的最终评判者是必然的。在社会主义市场经济发展的历史进程中，必须把“人民拥护不拥护”“人民赞成不赞成”“人民高兴不高兴”“人民答应不答应”作为制定各项方针政策的出发点和归宿，把人民满意与否作为衡量发展成效的根本尺度。人民至上、为民谋利、人民衡量标准，是当代中国马克思主义经济学“以人民为中心”研究立场的具体表现。

2. 以唯物史观为核心的研究方法

有什么样的研究立场，就有什么样的研究方法。当代中国马克思主义经济学“以人民为中心”的研究立场，决定了它必须具有以唯物史观为核心的研究方法。

在对马克思主义的理论研究中，有人提出了研究“去唯物史观”的问题，认为可以离开唯物史观来研究马克思主义。如果说提出者不是不懂马克思主义，那么，毫无疑问的就是他曲解了马克思主义。马克思主义创始人在创立马克思主义经济学的过程中确立了唯物史观，并将其运用于对资本主义生产关系的分析之中，从而使经济学的研究更加准确，同时也使唯物史观本身的科学性得到了充分证明。马克思一生的最宏伟巨著《资本论》，就是运用唯物史观研究资本主义生产关系的光辉典范。没有以唯物史观为核心的研究方法，马克思就无法真正超越资产阶级古典哲学的视野，就无法真正进入无产阶级政治经济学的理论语境，从而也就不可能创立起马克思主义经济学。正是在这个意义上，我们说，没有唯物史观，就没有马克思主义经济学，没有以唯物史观为核心的研究方法，也就不可能有马克思主义经济学对社会经济运动过程的分析，更不可能对人类社会发展客观规律的揭示。当代中国马克思主义经济学是马克思主义经济学的重要组成内容，只有遵循唯物史观及其研究方法，才能科学地认识经济学的真谛，从而面对来自各方的误解和挑战也才能真正贯彻“以人民为中心”的研究立场。

马克思经过十几年的研究，概括了指导自己研究工作的“总的结果”，这就是唯物史观。他指出：“物质生活的生产方式制约着整个社会生活、政治生活和精神生活的过程。不是人们的意识决定人们的存在，相反，是人们的社会存在决定人们的意识。”① 社会存在决定社会意识，同时也是生产力决定生产关系、经济基础决定上层建筑，这是唯物史观的根本观点。从这个根本观点出发，“社会的物质生产力发展到一定阶段，便同它们一直在其中运动的现存生产关系或财产关系（这只是生产关系的法律用语）发生矛盾。于是这些关系便由生产力的发展形式变成生产力的桎梏。那时社会革命的时代就到来了。随着经济基础的变更，全部庞大的上层建筑也或慢或快地发生变革”②。生产力和生产关系的矛盾运动是一切历史冲突和一切斗争的根源，是历史前进、社会发展的动力。从这个根本观点出发，人类社会是一个由低级阶段向高级阶段发展的自然历史过程，“无论哪一个社会形态，在它所能容纳的全部生产力发挥出来以前，是决不会灭亡的；而新的更高的生产关系，在它的物质存在条件在旧社会的胎胞里成熟以前，是决不会出现的”③。唯物史观揭示了历史发展的客观规律性，为马克思主义政治经济学在研究对象、方法、结构的确定，以及理论体系的建立和具体问题的分析等方面开辟了道路。

---

① 马克思，恩格斯．马克思恩格斯文集：第2卷．北京：人民出版社，2009：591.

② 同①591-592.

③ 同①592.

唯物史观运用于理论问题的研究，可以具体化为多种方法。第一，矛盾分析法，即从客观的社会经济现象和社会经济过程出发，研究一种关系所包含的两个相互关联的方面，也就是矛盾的方面，揭示社会经济运动过程中经济现象的内在本质和内在联系。第二，系统分析法，即把要研究的对象放在它所属的整体中，说明整体离不开部分，整体是以部分为基础的，但整体大于部分，是部分的集合，从而反映政治经济学理论体系整体内部各部分、各要素的内在关联及运动变化。第三，抽象分析法，即运用人的抽象思维能力，从大量的社会现象中，抽去外部的、偶然的、非本质的联系，找出内部的、必要的、本质的联系。第四，抽象上升到具体的方法，即在理论的逻辑结构中再现现实的经济运动。也就是说，在运用这一方法建立理论体系的过程中，在简单的经济范畴转化过程中展开复杂的经济范畴，反映简单的经济范畴上升到复杂的经济范畴的逻辑发展过程。第五，逻辑与历史相统一的分析法，即逻辑的方法与历史的方法的统一。运用逻辑与历史相统一的分析法研究社会结构，就是对这个社会结构过去、现在、未来的整体研究。总之，以唯物史观为核心的研究方法在马克思主义经济学中的运用，既反对片面的经济决定论，也反对各种因素并行决定论，它强调从复杂的社会经济现象中揭示生产方式的决定作用，阐明各种因素之间的交互作用。

以唯物史观为核心的研究方法在当代中国马克思主义经济学研究中的具体化，主要表现在四个方面：一是求真务实的分析思维。“求真”，就是依据解放思想、实事求是、与时俱进的思想路线，不断认识事物的本质，把握事物的规律。“务实”，就是在这种规律性认识的指导下进行实践。求真与务实的统一，就是强调空谈误国、实干兴邦。这是当代中国马克思主义经济学发展的重要原则。在我国社会主义经济建设中，中国共产党始终坚持求真务实的分析思维，在做出把党和国家工作中心转移到经济建设上来的决策基础上，深刻地分析了社会主义社会的基本矛盾，揭示了社会主义的本质，确立了社会主义初级阶段基本路线和实现共同富裕的社会主义基本目标和根本价值取向，科学回答了我国社会主义建设中经济发展的一系列基本问题。二是矛盾分析思维。在我国社会主义经济发展历程中，存在许多错综复杂的矛盾，特别是随着经济全球化的深入发展，社会经济成分、组织形式、利益分配和就业方式等日益呈现出多样化、多元化的趋势，社会生活各个领域的新问题、新矛盾层出不穷，改革也逐渐步入了深水区和攻坚区。面对不断出现的新情况、新问题、新矛盾，中国共产党始终勇于直面问题、全面分析问题、正面解决问题，始终是以更广的视角、更大的力度和更高的目标，在历史与现实、国内与国外的结合中，运用矛盾分析思维来解决我国发展所面临的突出矛盾和尖锐问题，形成了一系列独创性的观点，如社会主义初级阶段的所有制结构和分配格局、经济发展方式转变的基本思路等，创造性地发展了马克思主义经济学。三是整体分析思维。社会主义经济的发展是人类社会发展复杂系统的一个重要内容，对社会主义经济的认识必然需要有整体的高度和系统的角度。整体分析思维实际包含着“整体推进”和“多方协调”两个层面的内容。人类社会既然是一个有机整体，社会主义的经济发展就不可能是“单打独斗”，就必须是在社会的各个领域、各个方面的“整体统一”中发展。中国共产党关于“整体推进”、顶层设计和多个方面协同发展、统筹兼顾的思想，深化了马克思主义经济学的发展。四是理论逻辑与历史逻辑辩证统一的分析思维。中国共产党关于社会主义经济问题的研究，从理论逻辑的内涵来看，既包括了从横向角度探讨其构成的复杂的逻辑关系，即在中国特色社会主义发展进程中经济发展道路、经济理论观点、基本经济制度的内在统一，也包括了从纵向角度探讨其理论体系的逻辑继承、逻辑脉络和逻辑发展，即它与马克思主义经济学的一脉相承、与时俱进。总之，当代中国马克思主义经济学的分析思维，是对马克思主义以唯物史观为核心的研究方法的创造性运用。

3. 以马克思经济思想为本源的研究思路

当代中国马克思主义经济学与马克思主义经济学一脉相承、与时俱进，其本源是马克思的经济思想。马克思是马克思主义经济学的创始人，马克思经济思想是马克思主义经济学的理论渊源和核心内容。在马克思主义经济学的创立中，马克思在批判资本主义制度的基础上，提出了劳动创造价值的思想，剖析了资本与雇佣劳动的关系，在对人类发展的历史趋向做出总体概括中，科学地揭示了社会经济活动的本质和规律，精辟地阐明了资本主义经济关系向未来社会经济关系过渡的历史必然性。当代中国马克思主义经济学的发展和创新，只有遵循马克思经济思想的研究思路，才能真正把握以人民为中心的研究立场，真正运用以唯物史观为核心的研究方法。

当代中国马克思主义经济学的研究主题，是在经济全球化日益发展、苏东剧变、社会主义遭受严重挫折的复杂环境下，探索中国这样的经济文化比较落后国家如何发展社会主义经济，走出一条中国特色的社会主义经济发展道路，并构建起中国“系统化的经济学说”的问题。这一研究主题是对马克思经济思想研究主题的开拓性发展。

当代中国马克思主义经济学的研究主题，首先表现为对中国这样的经济文化比较落后国家如何发展经济的研究，这是对以马克思经济思想研究主题为本源的拓展。我们都很清楚，马克思主义经济学创立时期，马克思经济思想的研究主题被明确为发达资本主义经济关系。但是，到19世纪70年代中期以后，当整个资本主义世界发生了资本主义经济关系加速向西欧以外的落后国家伸展、无产阶级革命的重心开始移向经济文化比较落后国家的变化之时，马克思经济思想的研究主题则由最初的发达资本主义经济关系，拓展为发达资本主义经济关系与经济文化比较落后国家经济关系并存的研究。当代中国马克思主义经济学关于中国这样的经济文化落后国家如何发展经济的研究，无疑是对马克思在他那个时代关于经济学研究主题拓展的一种具体的研究实践。

当代中国马克思主义经济学的研究主题，其次表现为对中国这样的经济文化比较落后国家如何发展社会主义经济的研究，这同样也是对以马克思经济思想研究主题为本源的一种拓展。因为19世纪末20世纪初，俄国十月革命的胜利使经济文化比较落后的国家直接过渡到社会主义成为现实，开创了经济文化比较落后的国家进行社会主义革命和建设的新时代；20世纪中期东欧和中国社会主义革命的胜利促进了经济文化比较落后国家去思考如何建设、巩固和发展社会主义的基本理论问题。社会主义制度作为世界上最先进的、最美好的社会制度，却有着比较落后的物质技术基础，社会主义国家必须在经济文化比较落后的条件下与资本主义共处并竞争，必须在相对落后的物质技术基础上建设新社会，解决发达国家在资本主义制度下已经实现的经济现代化、社会化和商品化问题，必须在跨越了“资本主义制度的卡夫丁峡谷”之后，利用商品货币关系建设社会主义，利用资本主义的成就发展社会主义。尽管20世纪末，苏东剧变使社会主义在一些国家遭受了严重的挫折，但是，中国特色社会主义却得到了发展。能否发展好社会主义经济，事关中国特色社会主义建设的前途和世界社会主义未来发展的前景。马克思经济思想的研究主题由此又进一步拓展为资本主义经济关系与社会主义经济关系并存的研究。当代中国马克思主义经济学围绕这一主题形成了许多重要理论成果，开拓了马克思经济思想研究的新境界。

当代中国马克思主义经济学的研究内容，是马克思主义政治经济学原理与我国经济建设和发展实践相结合的理论结晶，是为我国改革开放的经济实践所证实的发展了的理论。它包括了社会主义本质理论，社会主义初级阶段基本经济制度理论，树立和落实创新、协调、绿色、开放、共享的发展理念的理论，发展社会主义市场经济、使市场在资源配置中起决定性作用和更好发挥政府作用的理论，我国经济发展进入新常态的理论，推动新型工业化、信息化、城镇化、农业现代化相互协调的理论，用好国际国内两个市场、两种资源的理论，促进社会公平正义、逐步实现全体人民共同富裕的理论，等等。这些理论成果构成了“系统化的经济学说”，是对马克思经济思想研究内容的拓展。

当代中国马克思主义的“系统化的经济学说”发展了马克思关于未来社会的理论观点。马克思在批判资本主义私有制的基础上，通过唯物史观和剩余价值理论的创立，揭示了人类社会发展的客观规律，科学展望了未来社会的发展，并粗线条、原则性地对未来社会做了描述。他关于未来社会的基本特征可以概括为：（1）高度发展的生产力是社会主义的物质前提；（2）消灭了生产资料私有制，全部生产资料归社会直接占有；（3）消除了生产的无政府状态，生产按预定计划有组织地进行；（4）消灭了商品货币关系，采取从社会储存中直接供应的方法实行消费品的供应；（5）消灭了阶级和阶级差别；国家将自行消亡；(6) 人将获得自由而全面的发展。在经济文化比较落后的基础上建立起来的社会主义既有着马克思关于未来社会描述的一般特点，又有着一些特殊性，当代中国马克思主义经济学的社会主义本质理论，强调公有制、按劳分配是社会主义本质存在的前提性规定，解放生产力、发展生产力是社会主义本质实现的手段，消灭剥削、消除两极分化、坚持新的发展理念是社会主义本质的核心内容，人民的共同富裕、人的全面发展、社会和谐是社会主义本质实现的目标等。所有这些，对马克思关于未来社会的描述做出了既符合社会主义本质属性又符合中国实际发展的重要创新。

当代中国马克思主义的系统化的经济学说发展了马克思关于所有制问题的研究。马克思强调：所有制关系是“个人在劳动材料、劳动工具和劳动产品方面的相互关系”①。生产资料“所有权”与“占有”具有统一性。随着生产力的发展、生产力与生产关系的矛盾运动，所有制会不断发生变化。不仅“一切所有制关系都经历了经常的历史更替、经常的历史变更”②，而且在所有制的管理方式上，也会发生变更，出现了所有权与经营权的分离。在对政治经济学研究对象的分析中，马克思也明确地指出：政治经济学“对**财产关系**的总和，不是从它们的**法律**表现上即作为**意志关系**来把握，而是从它们的现实形态上即作为**生产关系**来把握”③。所有制的经济形态是本质，所有制的法律形态是现象，所有制是通过一定的意志关系和法律关系的形式来表现生产方式的实质的。当代中国马克思主义经济学在中国特色社会主义经济发展实践中确立的社会主义基本经济制度，即以公有制为主体、多种所有制经济共同发展的基本经济制度，以及在“两个毫不动摇”的基础上，“保护各种所有制经济产权和合法利益，保证各种所有制经济依法平等使用生产要素、公开公平公正参与市场竞争、同等受到法律保护，依法监管各种所有制经济”④，丰富和发展了马克思关于所有

① 马克思，恩格斯．马克思恩格斯文集：第1卷．北京：人民出版社，2009：521.

② 马克思，恩格斯．马克思恩格斯文集：第2卷．北京：人民出版社，2009：45.

③ 马克思，恩格斯．马克思恩格斯文集：第3卷．北京：人民出版社，2009：18.

④ 中共中央文献研究室．十八大以来重要文献选编（上）．北京：中央文献出版社，2014：515.

权与占有相统一、所有权与经营权相分离的理论原理，是在中国特色社会主义经济实践中形成和发展起来的所有制理论。

当代中国马克思主义的“系统化的经济学说”发展了马克思关于市场经济的理论。马克思在经济学理论的研究中主要从四个层面对市场经济理论做了探索。第一，市场既是一个同商品、货币、价值、价格等一样的简单的经济范畴，也是一个和商品价值相关、涉及供求关系、价格、竞争等关系的较为复杂的经济范畴，它与历史的发展过程相一致。第二，市场机制是由供求机制、价格机制、竞争机制构成的，它们在商品经济运行中的内在联系和相互作用，实际上是价值规律的外在作用形式。在商品经济中，价值规律“作为起调节作用的自然规律强制地为自己开辟道路，就像房屋倒在人的头上时重力定律强制地为自己开辟道路一样”①。第三，市场是一个有系统或有体系的结构，“市场整个来说分为本国市场和外国市场”②。以市场上的交易对象为划分标准，市场可以划分为商品市场、货币市场、劳动市场，以商品交易的范围为划分标准，市场又可以划分为地方市场、民族市场、国内市场、国外市场、多国市场和世界市场。第四，市场关系在国际分工、国际交换中的经济过程及其内在规定性，表现为“生产以及它的每一个要素都表现为总体，但是同时一切矛盾都展开了。于是，世界市场又构成总体的前提和承担者。于是，危机就是普遍表示超越这个前提，并迫使采取新的历史形式”③。一国内部的市场关系必然会扩展到世界市场关系。当代中国马克思主义经济学关于发展社会主义市场经济、使市场在资源配置中起决定性作用的理论，以及关于用好国际国内两个市场、两种资源的理论，都是对马克思市场经济理论的创造性发展。

4. 以经济发展实践为导向的研究取向

实践是认识的基础，是理论的来源。当代中国马克思主义经济学研究范式的形成，当代中国马克思主义“系统化的经济学说”的构建，是以中

① 马克思，恩格斯. 马克思恩格斯文集：第5卷. 北京：人民出版社，2009：92.
② 马克思，恩格斯. 马克思恩格斯全集：第46卷（上）. 北京：人民出版社，1976：238.
③ 同②178.

国的基本国情和改革开放以来经济发展的实践为基础的。实践是马克思主义区别于其他任何一种学说的最显著的特点，离开了实践，当代中国马克思主义经济学就无从提炼和总结出规律性成果，也无从上升为“系统化的经济学说”，马克思主义经济学的理论创新也就失去了先导。只有不断地以发展变化着的实践为导向，才能在当代中国马克思主义经济学的研究中，真正坚持以人民为中心的研究立场，贯彻运用以唯物史观为核心的研究方法，也才能真正地坚持和发展马克思主义经济学。

当代中国马克思主义“系统化的经济学说”，是基于对中国的基本国情及当前现实状况的正确判断而形成和发展起来的。在每一次重大经济理论形成的紧要关头，中国基本国情和当前现实都成为当代中国马克思主义经济学研究的重要依据。在改革开放的历史进程中，邓小平在为人们正确认识社会主义奠定基础时，就非常重视对中国国情的研究，强调要以中国国情和当前现实作为依据来解决中国社会主义经济建设存在的问题，并一再告诫大家，一切要从社会主义初级阶段的实际出发，根据这个实际制定政策和规划。党的十八大以来，当代中国马克思主义经济学研究中所形成的“五大发展”理念的理论、经济发展新常态理论、“四化”相互协调理论等，都是基于对基本国情的清醒认识和对我国当前基本事实的概括总结出来，从而明确了在全面建成小康社会、实现中华民族伟大复兴的过程中，扎扎实实地推进中国特色社会主义经济实践的重要意义。“变与不变”是正确分析国情和现实的辩证方法。一方面，高度清醒地看到不变的一面，即我国仍处于并将长期处于社会主义初级阶段的基本国情没有变，人民日益增长的物质文化需要同落后的社会生产之间的矛盾这一社会主要矛盾没有变，我国处于重要战略机遇期没有变，经济建设的中心地位没有变；另一方面，能够敏锐地捕捉到变的一面，即在社会主义初级阶段把握经济社会发展呈现出的鲜明的阶段性特征，在不同时期有不同的特征，存在不同的问题；在“社会主要矛盾是什么”不变中把握矛盾双方随着历史条件的变化而变化的事实；在“发展的重要战略机遇期不变”中把握它的内涵和条件的变化；在“以经济建设为中心”不变中把握发展格局和发展要求的变化。当代中国马克思主义经济学正是通过“变与不变”辩证方法的把握和运用，在正确判断中国的基本国情及当前现实状况的基础上，形成经济发展理论，推动经济发展实践。

当代中国马克思主义“系统化的经济学说”，是基于中国改革开放的历史实践发展起来的。改革开放40年的变革，推动我国实现了工作中心从“以阶级斗争为纲”向以经济建设为中心的转换、从高度集中的计划经济体制向充满活力的社会主义市场经济体制的转型、从封闭半封闭的经济发展状态向全方位开放新格局的转折、从社会主义建设事业布局的“两位一体”向“五位一体”的拓展，等等。从经济发展的实践中提炼和总结规律性的成果，从人民群众的经济实践创造中提升和概括系统性的理论，就成为当代中国马克思主义经济学的重要任务。毋庸置疑，改革开放的历史实践和深刻变革是科学的、具有鲜明中国特色的“系统化的经济学说”产生、形成和发展的动力和源泉。在这一伟大的历史实践和深刻变革过程中，当代中国马克思主义经济学是立足发展的实践，运用马克思主义经济学基本原理对新事物、新成就和新经验进行深刻总结、科学概括的理论成果，是揭示中国特色社会主义经济建设新特点、新规律，不断推进马克思主义经济学中国化的理论成果。马克思恩格斯指出：“共产党人的理论原理，决不是以这个或那个世界改革家所发明或发现的思想、原则为根据的。”“这些原理不过是现存的阶级斗争、我们眼前的历史运动的真实关系的一般表述。”① 我们看到，在这一伟大的历史实践和深刻变革过程中，先后形成的具有中国特色的社会主义政治经济学的一系列重要理论观点，如社会主义本质、“五大发展”、政府和市场的关系、经济发展进入新常态、逐步实现全体人民共同富裕等，正是对改革开放和社会主义经济发展实践及其经验进行科学总结而形成的理论成果。内容丰富、学说精深的当代中国马克思主义经济学，清晰而又深刻地印证了改革开放历史实践和经济发展深刻变革所具有的开创性、丰富性、承前启后、继往开来的实践特点。理论的源泉在于实践，实践也只有通过理论的指导才能得到深化。在改革开放历史进程中形成并发展起来的当代中国马克思主义经济学，经受着实

① 马克思，恩格斯．马克思恩格斯文集：第2卷．北京：人民出版社，2009：44，45.

践的反复检验而使自己日臻完善，有力地指导着我国经济发展的实践，推动着社会主义现代化建设和中国特色社会主义的发展。可见，只有在实践基础上不断推进理论创新，才能及时提供科学的理论指导和实践的指南。

当代中国马克思主义“系统化的经济学说”，是基于对国际国内社会主义建设成败的历史经验进行总结而形成和发展起来的。在世界社会主义500年的历史长河中，社会主义在理论和实践方面既取得了历史性伟大成就，也产生过严重挫折。20世纪80年代末90年代初，苏东剧变使世界社会主义运动陷入低潮，经济文化落后国家如何发展社会主义经济的重大问题日益突出、引人深思。在我国社会主义经济建设进程中，中国共产党基于国际范围内社会主义成败的教训，不断总结中国社会主义经济发展实践的经验和失误、挫折，在探索社会主义初级阶段基本经济制度、社会主义经济制度和市场经济体制结合的基础上，确立起社会主义市场经济体制的改革目标，提出要使市场在国家宏观调控下对资源配置起基础性作用，从而开创了一条具有中国特色的社会主义经济发展道路，丰富了当代中国马克思主义经济学的内容。社会主义市场经济体制多年的发展实践，推动当代中国马克思主义经济学在政府和市场的关系上寻找新的科学定位。在社会主义市场经济的深入发展中，我国在社会生产力有了巨大发展的同时，也面临着许多新的情况、新的问题。我国社会主义市场经济运行过程中存在不少新的问题，如市场秩序不规范，以不正当手段谋取经济利益的现象广泛存在；生产要素市场发展滞后，要素闲置和大量有效需求得不到满足同时并存；市场规则不统一，部门保护主义和地方保护主义大量存在；市场竞争不充分，阻碍优胜劣汰和结构调整；等等。要解决社会主义市场经济运行中存在的这些问题，就必须要充分发挥市场在资源配置中的决定性作用。这一关于政府和市场关系的科学定位，为当代中国马克思主义经济学的发展增添了新的内容。可见，对世界社会主义国家的兴衰成败进行正确分析，对我国社会主义建设的经验教训进行科学总结，以经济建设中的重大问题为先导，抓住关键问题进一步研究思考得出规律性的认识并上升为理论，正是当代中国马克思主义经济学的研究取向。

总之，基于对国情和当前现实的准确把握，基于中国改革开放历史实践经验的总结，基于对国际国内社会主义建设成败的历史经验进行总结，正是如此，当代中国马克思主义经济学才会有理论上的重大贡献和实践上的重大创新。清醒而自觉地依据经济发展实践研究当代中国马克思主义经济学，对于坚持中国特色社会主义经济发展道路、发展中国特色社会主义经济理论、完善中国特色社会主义经济制度，无疑具有重大而深远的意义。

中篇　教学的体悟境界

对教学本身的研究是提高教学实效不可或缺的步骤。关于教学本身的研究涉及教学对象、教学规律、教学方法、教学环节、教师素质等多个层面。在思想政治理论课程建设中，对教学本身进行研究，是使教学散发出“魅力”的关键，是使教师能够真正理解和把握教学精神所在的根本。无疑，对教学的研究更是一种境界，抑或说，教学的体悟境界。

第四章　思想政治理论课教学理念的内化与外化

教学理念是教师对教学活动内在规律认识的集中体现，也是教师从事教学活动的基本信念，它融入了教师对教学行为的一定的价值倾向和价值选择，是确定教学目的、教学内容、教学方法和教学手段的基本指导思想。在当今全球化、市场化、信息化、网络化时代，思想政治理论课教学的实效除需要教师具备深厚的理论功底和深邃的学术底蕴外，必须将教学理念内化于心，外化于行。

一、教学理念与思想政治理论课教学的实效

教学实效的提高是思想政治理论课教学改革的核心问题。如果说提高思想政治理论课教学实效涉及教学内容、教学方式方法、教学环节的改革，涉及青年教师的培养和教学队伍的建设等，那么，教学理念的变革则更为重要。教学理念怎样，直接影响着教学内容、方法和环节的改进，影响着教师素质的提高。

1. 教学理念在教学实践中的贯彻

在思想政治理论课教学的不断变革中，形成了多种教学理念，如研究

性教学理念、学科性教学理念、开放式教学理念、现代化教学理念、团队合作教学理念、“尊重的教育”教学理念等。这些教学理念都是人们在一定的教学理论认识基础上形成的关于理想教学的观念，它们都是时代的产物。如果对这些教学理念进行分类，那么，我们会看到，有的教学理念在教育教学历史上早已形成而随着时间的推移更凸显其价值，如研究性教学理念，就是教育教学历史上早已形成而随着时间的推移更凸显其价值的一种教学理念，是为思想政治理论课教学改革所借用的一种教学理念；有的教学理念可能是对当下教学实践做出提升的一种理论概括，如学科性教学理念就是思想政治理论课在发展演化过程中形成的一种特有的教学理念；有的教学理念则是随着时代和实践的发展而形成的一种教学理念，如现代化教学理念；有的教学理念可能是教师在通过接受外在的教学理念和自身的教学实践形成的自己特有的教学理念，如团队合作教学理念，以及研究上深入浅出、教学上浅入深出的教学理念等。无论哪一种类型的教学理念，在当今新的社会历史条件下，都是在思想政治理论课教学实践中对传统教学观念的突破，蕴含着时代精神和新的内容，它的内化和外化为实现教学内容和方法的变革与创新带来了生机。

教学理念在思想政治理论课教学实践中的贯彻，需要经历两个阶段。一是教师对教学理念的理解和接受，也即内化于心的过程。这个过程很重要，但是，在这个过程中，理解教学理念只是一个通过外在的东西去把握内在的东西、通过可感知的外部表现去把握不可感知的内在精神的过程。理解了不一定就是接受了，更不一定就是愿意或者能够用于教学实践了。仅仅处于理解状态还不是“内化”，从“理解”到“内化”，必须经过“接受”，以至被“同化”的过程。也就是说，教师在教学实践中，对他所理解的教学理念只有在认同以后才会被用于教学实践，而这个过程就是一个内化的过程。二是教师将认同的教学理念付诸教学实践并根据教学理念的要求不断进行改进，也即外化于行的过程。这个过程同样很重要，它需要教师在实施教学实践活动之前，根据教学理念的要求对教学活动进行分析、比较、筛选和设计，生成教学行为，并通过教学行为与教学理念的差距查找，探索改进教学行为的方案。显然，教学理念的外化，意味着教学理念的践行。教学理念内化于心和外化于行不是两个可以截然分开的过程，教师对教学理念的认同和内化不可能是在“头脑”中形成的，教学实践活动会加强认同和内化。只不过，“外化于行”较之于“内化于心”，是体现在教学实践中的。只有经过教学实践活动，教学理念才能向教学实践转化。

2. 团队合作教学的理念

思想政治理论课是具有政治思想性、理论精用性、内容综合性、现实针对性、形式多样性、明显实践性等特点的课程。当前的四门必修课程的教学①，要求教师在吃准、吃透教材的基础上，把教学的基本内容和脉络与国内外形势的变化和发展紧密结合起来，关注社会热点和难点问题，了解大学生现实思想中的迷茫和疑惑，不断提高教学内容的针对性和教学的效果。因此，该课程教学的实效性追求的是突破单一的既定知识的传授，坚持以“问题”为中心，以培养大学生“问题意识”为根本，使每个大学生能够从整体上把握马克思主义立场观点方法，树立起坚定的中国特色社会主义的理想信念。提高思想政治理论课教学实效的这一前提，意味着教学模式必须具有开放性，意味着思想政治理论课教学的实践不可能完全是个人化的，它需要有教师之间、师生之间的对话、沟通和合作，需要教师之间共同分享经验，师生之间通过互动彼此支持。团队合作教学的理念成为提高思想政治理论课教学实效的首要方面。

在思想政治理论课教学中，团队合作教学的理念不仅是把思想政治理论课教师组成团队，共同合作完成具体的教学及教学科研任务，使思想政治理论课教学成为教师团队共同创造、合作建构的过程，而且还在于使思想政治理论课教师在一个团队中，加强对教学内容和方法的共同探讨与研究，加强对学科中普遍存在的问题的共同探讨与研究，从而充分发挥团队的功能，实现教学资源的优化与共享。有团队合作教学的理念才会有团队合作教学的行动。因此，在这个意义上，又可以认为教学理念既是一种信

① 在2005年开始实施的“05方案”中，四门必修课程是马克思主义基本原理概论、毛泽东思想和中国特色社会主义理论体系概论、中国近现代史纲要、思想道德修养与法律基础。

念，又是一种行动。团队合作教学的理念付诸教学实践，主要体现在以下三个方面：

第一，可以提高教师的理论教学能力，增强团队的凝聚力，提升教育教学的质量。当前，思想政治理论课建设中提倡教学团队建设，其实就是对团队合作教学理念的一种非常好的、切合实际的实践形式。所谓“教学团队建设”，是以课程体系、教学内容、教材建设、教学资源库建设、实习基地建设、精品课程建设以及加强青年教师培养为重点，全面提升团队成员的教学和科研能力。教学团队建设的目的，就在于进一步发挥学术带头人与骨干教师的传、帮、带作用，加强青年教师的培养，以教师队伍的团队合力与整体优势，来推动教学内容、教学方法和人才培养模式的改革，推进教学改革经验的交流共享，为提高人才培养质量、提升思想政治理论课教学质量内涵奠定基础。

第二，教师之间的集体协作精神是在当今时代条件下必须弘扬的内容。团队合作教学的理念要求教师们以课程组为学习与交流的平台，在一起讨论课程的内容、课程教学的方式方法，甚至可以是在某门课程教学上进行分工合作，实现优势互补。例如，“马克思主义基本原理概论”课程是原先几门课程的整合，目前在教学中出现的就是哲学专业背景的教师几乎就讲马克思主义哲学原理，而政治经济学专业背景的教师又无法完成或者可以说是无法出色地完成马克思主义基本原理全部内容的讲解，科学社会主义专业背景的教师更是如此。因此，这门课程在今天，如果以教师彼此独立、“单兵作战”的工作方式进行教学是很难高质量完成教学任务的，它也会导致教育资源的浪费和流失，这就需要团队合作教学。当然，“马克思主义基本原理概论”课程教学的团队合作并非是哲学、政治经济学、科学社会主义专业背景的教师之间的简单的、拼凑型的合作，而是应根据教学内容进行分工协作，使教学内容的完成更为明晰化、精确化，从而达到提高教学质量、完成教学目标的目的。团队合作教学的实践在一定程度上弥补了教师群体的资源差异，实现了优势互补，既促进了老教师教学水平的提高，又促进了新教师在教学道路上的成长。

第三，可以通过多种教学方法的采用提升大学生的思想理论水平和实践能力。对思想政治理论课教师来说，当前面临的一个重要任务就是把教材体系转化为教学体系，进而把教学体系转化为大学生的认知体系和信仰体系。这两个转化的关键就在于提高大学生的思想理论水平和实践能力。而提高大学生的思想理论水平和实践能力，正是团队合作教学理念的目标追求。在团队中，教师之间在备课、上课、讨论和教学评价等方面的交流，在课堂辩论、课堂讨论、课后自学、课外调查、课外阅读、社会实践等的方面的探讨，在精心设计教学预案、形成教学问题研究成果、制定课程计划和制作课件、沟通交流教学理念等教学研究资源方面的共享，都有利于把教学体系转化为大学生的认知体系和信仰体系，提高大学生的思想理论水平和实践能力。团队合作教学的实践，能在发挥教师个人优势的基础上实现教师在知识、经验上的碰撞和融合，能为教学工作注入极大的能量，从而提高课堂教学和课外教育的水平，提升大学生的思想理论水平和实践能力。

毋庸置疑，团队合作精神付诸教学实践，会推动形成一支有合作理念、平等意识、奉献精神、自觉发展和较强凝聚力的思想政治理论课教师队伍，一支青出于蓝而胜于蓝的思想政治理论课教师队伍。在提高思想政治理论课教学实效性中，关键在于一定要把团队合作教学的理念落实到教学团队建设和课程组建设之中。

3. 研究上深入浅出、教学上浅入深出的理念

研究上深入浅出、教学上浅入深出的理念是思想政治理论课教师在提高教学实效中必须具备的理念。教学中要想浅入深出，研究中则必须深入浅出。教学是以理论研究为基础的，思想政治理论课教学不仅要有理论的逻辑性、严密性和层次性，而且这些理论要能为大学生所接受，能启发他们深刻的感悟能力和对理论的认同，在教学中又必须有生动性、通俗性。思想政治理论课教学说到底就是要达到逻辑性与通俗性的有机统一。在本科教学中，我们通常都是通过以小见大、浅入深出、由浅入深的方式来说明一个深刻的道理，但是，这个过程的实现显然是以理论研究中的深入浅出为基础的。我们只有把一个深刻的道理研究清楚了，想清楚了，才有可

能把这个问题给大学生讲清楚，让大学生听明白。

研究上深入浅出、教学上浅入深出的理念给思想政治理论课教师提出了很高的要求，要求教师必须将教学与科研结合起来，以研促教，处理好科研与教学的关系。长期以来，在高校思想政治理论课教师中，存在一种认识上的误区，即认为思想政治理论课不需要像专业课那样有艰深的理论，教师只具备一般的理论水平就可以胜任这一工作。由于存在这种认识上的误区，有的教师重教学、轻科研，认为思想政治理论课教师的任务就是教书，搞科研是额外负担，从而埋头于超负荷的教学工作；有的教师把科研简单化、片面化，认为搞科研就是写文章、发表文章，忽视了科研的真正含义和目的。在现今社会结构、生活环境、活动空间发生深刻而急剧变化的情况下，要使大学生真正接受马克思主义理论，用马克思主义的立场观点方法去思考和分析现实问题，思想政治理论课教师就必须始终将自己看作科研的主体力量，有意识地培养自己的研究习惯，学会在研究状态下进行教学，去探究教学的方法。因此，研究上深入浅出、教学上浅入深出的理念，要求思想政治理论课教师实现由教学型向教学科研型或科研教学型的转变，以教学上的浅入深出带动科研上的深入浅出，以科研上的深入浅出促进教学上的浅入深出，做到教学科研相互促进、共同提高。

研究上深入浅出、教学上浅入深出的理念付诸实践，表现为思想政治理论课教师在教学中必须加强自身的科研能力。思想政治理论课的科研有教育科研和理论科研。所谓“教育科研”，就是以教育现象和教育问题为对象，运用科研的原则和方法，探寻教育规律及有效教育的途径，并把教学的内容、观念、模式、手段理论化的一种活动。教师所具备的教育科研能力主要是：不仅能传授马克思主义理论，而且能研究出发展和创新马克思主义理论的成果；不仅善于在教学中发现问题，而且善于在理论研究中解决问题。因此，对思想政治理论课教师来说，教育科研主要表现为：第一，以课程教育教学的内容为研究对象，对课程教学中的重点、难点、热点、疑点进行研究。第二，以课程教育教学的方法为研究对象，对课程教学方法的一般规定性和特殊规定性进行研究。第三，以大学生群体之外的其他群体为研究对象，研究思想理论教育的内容与方式。与教育科研相比较，理论科研在内涵和外延上则宽泛得多，它所研究的成果可以是教学的需要，也可以是教学需要之外的、服务于社会的、提供给国家政府部门做决策参考的成果。思想政治理论课教师的未来发展、思想政治理论课程发展的后劲，都是和理论科研紧密联系在一起的。教师在教学中科研能力的增强，可以提高教师的教学能力，使教师不仅具有驾驭课堂教学的能力，而且具有在课堂之外引导学生理解并探索问题的能力，不仅具有课堂语言的表达能力，而且具有在信息时代掌握现代化教学手段的能力，不仅具有激发学生创造性的能力，而且具有促进学生心理素质不断提高的能力。

研究上深入浅出、教学上浅入深出的理念付诸实践，还表现为教师必须具有强烈的创新意识和科学的创新精神。思想政治理论课教师不仅要用世界的眼光、现实的眼光在理论内容上进行术语的创新，使马克思主义理论真正融入今天的世界，易于走进青年学生的视野，而且要不断关注马克思主义理论在实际中的运用和发展，从对实践的探索中提升理论，丰富教学的内容；不仅要针对学生的思想实际，以自己对教学内容的独特理解进行教学，研究新教法，使教学走入深层次，而且要在课堂上注重激发大学生的创造性思维，培养大学生的创新能力。思想政治理论课教师把这种强烈的创新意识和科学的时代精神、创新精神带入科研之中，带进课堂教学，必将会对大学生产生深刻的影响。

研究上深入浅出、教学上浅入深出的理念付诸实践，倡导的就是创新式的教育教学。创新式教育教学的关键，在于“教”必须“授人以渔”而不是“授人以鱼”。“教”仅限于课堂讲授是不够的，尤其是在思想政治理论课的教学内容日益丰富和学生的知识面日益拓宽的情况下，更是不能止步于理论知识的传授。“教”，应该从单一的课堂教学转向复合式教学，即充分利用广播、电视、录像、多媒体等现代化教学手段配合课堂教学；从“满堂灌”教学转向双向交流的启发式教学，即紧密结合改革开放中的一些重大问题和大学生思想认识上的热点、难点、疑点问题，组织讨论，在讨论中启发大学生的思维。“教”的目的在于培养大学生的创新性思维。能引起大学生思考的是思想政治理论课教师选择教学方法的准则。如苏格拉底的问答式、孔子所用的举一反三式、毛泽东在革命时期训练干部时采取的讨论式等，在今天也都是能够启发学生进行创新性思维的最有效的方法。中国特色社会主义的发展所需要的人才，不仅是能“适应”科学技术发展要求的人才，而且是能不断“进取”“开拓”的人才；不仅是能够对知识进行“应用”的人才，而且是能有所“创新”的人才。一旦我们把思想政治理论课教学放到“科学创造的教育”层次上，课程就有希望，我们的大学生也才能成为全面发展的人。

4. “以人为本”“尊重的教育”的理念

“以人为本”是中国共产党人坚持全心全意为人民服务根本宗旨的体现，也是提高思想政治理论课教学实效的前提和基础。“以人为本”，意味着在思想政治理论课教学中要把增进中国特色社会主义的社会利益和大学生对课程的满意度作为评价和衡量课程实效的标准。“以人为本”就是要尊重教师、尊重大学生。“尊重的教育”虽然是西方主流的教育思想，但是，它强调要尊重两大规律，一是尊重教育规律，二是尊重人才成长规律。尊重这两大规律，实际上就是尊重大学生的人格人性、培养大学生以积极的心态对待已知和未知、尊重教育者的劳动成果。所以，“尊重的教育”讲到底也就是“以人为本”。因此，“以人为本”“尊重的教育”是提高思想政治理论课教学实效不可或缺的重要理念。

所谓“教学”，是教师的“教”和学生的“学”的结合；所谓“教学过程”，是教育者和受教育者“双主体”建立的过程。在思想政治理论课教学中，“以人为本”“尊重的教育”就是以大学生和教师为本。从课程设置到教材体系、教学体系，再到教学的各个环节都应以大学生和教师为本，进行人性化的设计和管理。

“以人为本”“尊重的教育”的理念首先从受教育者的角度，要求教师对大学生学习马克思主义理论的状态进行关注，要从大学生的“学”出发去思考备课、设计教学，要着眼于发挥大学生学习的潜能，激发大学生学习的兴趣，促使大学生去追求真理、探寻真理，把马克思主义立场观点方法运用到对实践问题的分析中。

尊重大学生，发挥大学生“学”的主体作用，一是在教材的编写上和教学的实践中要考虑学生的特点。新一代大学生具有强烈的爱国热情和求知欲望，他们开拓意识强、思维活跃敏感，但理论思维能力较弱，特别是在复杂的国内外环境之中，各种社会现象使他们的思想受到侵袭和干扰，加之社会存在的复杂性也使他们在现实面前对马克思主义理论产生模糊的认识和困惑的心理。这就要求思想政治理论课教师能够了解大学生的思想实际，知道他们关注的热点、焦点，发现他们的模糊认识和思想困惑之所在及其产生的原因，从他们的思想实际出发，有的放矢地编写教材和组织教学。用历史的、现实的事例论理，以加强马克思主义理论自身的时代感和说服力；以历史的、现实的事例，使大学生从历史的、现实的事例中领略马克思主义理论的真谛，从而解决思想认识问题。

二是在教学实践中师生平等相待。思想政治理论课教学不仅是以理服人，更是要以情动人。以情动人，就是调动师生之间真实的情感，使大学生的思维与思想政治理论课教学的内容产生共鸣，并能够接受其内容。“以人为本”“尊重的教育”就是要使大学生对教师产生一种亲近感，有了这种亲近感，就有了吸引力和影响力。师生平等相待主要表现在两个方面：其一，在教学过程中，教师以循循善诱、启发式的教学方式向大学生讲授思想政治理论课的内容，激发大学生独立思考和创新的意识，以平等的态度与大学生共同探讨理论的热点、难点问题。其二，在教学过程之外，教师以深厚的情感热爱大学生、关心大学生、理解大学生、尊重大学生，建立良好的师生感情。平等相待的师生感情是使思想政治理论课教学取得实效的基础。大学生一旦理解了这种感情，必然会“亲其师”而“信其道”。

当然，尊重大学生、发挥大学生“学”的主体作用，必须以尊重教师、发挥教师“教”的主体作用为前提。在思想政治理论课教学中，教师作为“教”的主体，仅限于课堂讲授是不够的，尤其是在马克思主义理论需要不断丰富和大学生的知识面、信息来源日益拓宽的情况下，更是不能满足大学生对理论知识的渴求。因此，发挥教师“教”的主体作用就在于使单一的课堂教学转向复合式教学，即充分利用广播、电视、录像、多媒体等现代化教学手段配合课堂教学，使“满堂灌”教学转向双向交流的启发式教学。

尊重教师、发挥教师“教”的主体作用，要时时处处考虑教师个人的发展，提高教师的素质，使教师能够在今天这样的环境下，坚定不移地站在思想政治理论课教学的岗位上，兢兢业业地工作。因此，一方面，要把提高思想政治理论课教师的科研能力作为衡量21世纪思想政治理论课教师水平的重要指标，要使教师充分认识到提高思想政治理论课实效的手段除了讲课艺术外，也和课程内容是否具有科学性、学术性有关。这就是说，思想政治理论课的教学内容必须要按照学科发展的要求和内在的逻辑联系来展开，以展现学科知识的系统性和科学性。以学科为背景所进行的思想政治理论课教学，是以知识为依托的一种引导，在一定意义上体现了课程的学术性与意识形态性的统一。另一方面，也要提高教师的待遇。思想政治理论课教师的职业是非常清贫的，上课的任务重且收入低，要使他们在个人生活有压力和工作有困难的情况下，把“教书育人”视为天职，始终不渝、尽职尽责地以饱满的精力、丰富的马克思主义理论知识投入教学，做好塑造大学生灵魂的工作，就必须给予一定的政策支持，提高他们的生活待遇和工作待遇，使他们无后顾之忧地投入教学工作；同时也要通过多种渠道对思想政治理论课教师进行培训，并且使各种类型的培训规范化、制度化。以教师为本，发挥教师“教”的主体作用，最终要在教师的理论素质有所提高的基础上，使每个思想政治理论课教师都能感受到思想政治理论课教师地位的崇高、思想政治理论课教学事业的美好。

5. “终身学习”“终生备课”的理念

思想政治理论课教学与任何一种教学一样，都要面对时代的发展变化、面对教育技术的变革、面对现实向理论发出的挑战。当今世界，教学已是一个从观念、思想、内容到方法、行为都不同于以往的全新的教学。因此，面对今天世界的巨大变革，思想政治理论课教师必须要有“终身学习”“终生备课”的理念。如果说“终身学习”的过程是一个为教学储备能量的过程，那么“终生备课”的过程就是一个为教学释放能量的过程。如果说上好每一节课是一个“厚积薄发”的过程，那么“终身学习、终生备课”的过程就是一个厚积的过程，没有厚积，就不可能有受到大学生欢迎、使大学生终身受益的每一节好课的精华性“薄发”。“终身学习”与

“终生备课”有着紧密的内在逻辑关系。

思想政治理论课教师要提高教学实效，必须要终身学习。“终身学习”不只是对我们提出了学习时间的要求，而且更为重要的是提出了学习内容的要求。思想政治理论课教师要多读书、读好书、善读书，必须刻苦钻研马克思主义经典著作，深刻理解马克思主义的精神实质和思想精髓；必须读马克思主义学者和资产阶级学者的著作，在比较和辨析中加深对马克思主义理论的理解，真正掌握马克思主义理论的真理性和科学性；必须读人文社会科学方面的著作，掌握多方面的理论与实际的知识，如与马克思主义基本理论相关的各种背景材料、前沿学科知识和交叉学科知识等，不断调整和完善自己的知识结构。只有多读书、读好书、善读书，在思想政治理论课教学上才会有真知灼见，才会有进行马克思主义理论发展创新的深厚基础，才能是真正创新而不是标新立异，才会有清晰而准确、生动而形象的教学语言，才能真正将马克思主义理论渗透到大学生的世界观、人生观、价值观的形成、巩固和完善中去。

中国共产党90多年的历史已经证明，要正确解决我国革命、建设和改革的具体问题，就必须向马克思主义请教，必须重视学习马克思主义经典著作。毛泽东为我们学习马克思主义经典著作做出了典范，他一直大力倡导并推动全党学习马克思主义经典著作。在改革开放的新时期，邓小平明确指出：“我们现在要建设有中国特色的社会主义，时代和任务不同了，要学习的新知识确实很多，这就更要求我们努力针对新的实际，掌握马克思主义基本理论。因为只有这样，才能提高我们运用它的基本原则基本方法，来积极探索解决新的政治经济社会文化基本问题的本领，既把我们的事业和马克思主义理论本身推向前进，也防止一些同志，特别是一些新上来的中青年同志在日益复杂的斗争中迷失方向。因此，我希望党中央能作出切实可行的决定，使全党的各级干部，首先是领导干部，在繁忙的工作中，仍然有一定的时间学习，熟悉马克思主义的基本理论，从而加强我们工作中的原则性、系统性、预见性和创造性。”① 在党的历史上，党中央经

① 邓小平．邓小平文选：第3卷．北京：人民出版社，1993：146-147.

常不断地提出领导干部要重视学习马克思主义经典著作的问题。这些虽然都是针对党的领导干部来说的，但是，对从事高校思想政治理论课教育教学事业的教师来说更是必要。思想政治理论课教师肩负着培养社会主义事业建设者和接班人的重任，为了完成这一重任，必须要多读书、读好书、善读书。

多读书、读好书、善读书，为我们备好、上好每一节课奠定了基础。苏联教育家苏霍姆林斯基曾经在《给教师的建议》一书中讲了一个例子，即一位有多年教龄的历史课教师上了一节引人入胜、备受好评的公开课，当别人问他花了多少时间来备课时，他的回答是："对这节课，我准备了一辈子。而且，总的来说，对每一节课，我都是用终生的时间来备课的。"显然，"终生备课"的前提就是"终身学习"，没有"终身学习"的积累，是不可能有引人入胜、备受好评的教学效果的。当然，我们也很清楚，"终身读书"绝不简单是为了"终生备课"，但是，"终生备课"则需要"终身读书"。面对时代的变化和社会的变迁，我们只有把钻研教科书的"一滴水"置于"多读书、读好书、善读书"的"大海"之中，不断为这"一滴水"注入新的成分，并结合实际和教学体验形成自己的认识与思考，最后将其运用和转化到教学实践中，我们的思想政治理论课教学才能勃发生机。

二、研究性教学理念与思想政治理论课教学要求

研究性教学是我国教育学领域自 20 世纪 90 年代以来首先在中学教育中兴起，然后逐步在大学本科教育中推广开来的一个教学理念。这一教学理念是在长期的教学实践中所形成的对教学的理性认识，同时又对教学活动具有重要的制约作用，影响着教学实践的变化。在思想政治理论课教学实践中，研究性教学理念对思想政治理论课教学的改革起着重要的主导作用，主要表现在它对思想政治理论课具有研究的整体性、教学的研究性、教师的研究型三个方面的要求。

1. 思想政治理论课研究的整体性

研究性教学理念是相对于传授性教学理念而言的。它不同于传授性教学理念，传授性教学理念所关注的教学过程就是一种训练过程，给学生的只是结论、答案，不考虑学生想什么、要什么。传授性教学按学科知识的逻辑系统循序渐进的教学，无疑可以使学生掌握系统的科学知识和技能，能在单位时间内培养更多的学生以提高教学的功效，可以使学生简捷有效地掌握知识。但是，它不注意调动学生学习的主动性和积极性，而仅以学习书本知识为主，容易脱离生活实际，使学生感到学习的抽象、枯燥，导致的结果就是“教师讲得多而学生动得少”、学生“死记硬背”“注入式教学”。

研究性教学理念强调的是以“研究性”为主要特征的教学，它是和人的发展紧密联系在一起的。它对人的发展的关注主要表现在四个方面：一是关注人的本位，即把重视人、理解人、尊重人、爱护人、提升和发展人的精神贯注于教育教学的全过程、全方位。在关注人的本位方面，着重关注的是人的现实需要和未来发展，注重开发和挖掘的是人自身的禀赋和潜能，重视的是人自身的价值及其实现，并致力于培养人的自尊、自信、自爱、自立、自强意识，不断提升人的生活质量和精神文化品位，不断提高人的生存和发展能力，促进人自身的发展与完善。

二是关注人的全面发展，即关注人的发展的完整性、全面性。表现在宏观上，关注人的全面发展就是把大力提高和发展全民族的思想道德素质和科学文化素质，提高民族的知识创新和技术创新能力，增强包括民族凝聚力在内的综合国力作为根本目标；表现在微观上，关注人的全面发展就是把促进每一个人的全面发展、造就全面发展的人才作为重要任务。由此我们看到，研究性教学理念实际上是要求教育观念实现由精英教育向大众教育、由人的单一发展向全面发展的转变，教育方法要采取多元的、整体育人的教育方略。

三是关注人的创造性发展，即把教育教学过程看成是一个高度创造性的过程，在这个过程中，点拨、启发、引导、开发和训练学生的创造力是基本目标。在关注人的创造性发展方面，强调的是营造培养人的创造性、培养创造性人才的教育教学环境，目的在于提高人的创造性素质。

四是关注人的主体性，即在教育教学过程中，“教”和“学”都是主体，要尊重他们的主体价值，要调动和发挥他们作为主体的能动性。关注人的主体性体现在，“教”始终围绕“学”来开展，以最大限度地开启“学”的内在潜力和动力，使“学”由被动的接受性客体变成积极的、主动的主体和中心，使教育过程真正成为“学”的自主自觉的活动和自我建构过程。

总体而言，研究性教学把人的发展看作一个解放人的精神生命的过程，把知识的创新看作教学过程的本质，在教学中注重的是把“答案”变成“问题”，进而在对“问题”的追问中建构教学的方法。因此，研究性教学既把教学内容看作研究对象，也把教学本身看成是研究过程。研究性教学能激起学生的求知欲、调动学生的学习主动性，进行独立研究需要学生自己去计划和探索，有助于提高他们独立思考、分析问题与解决问题的能力，通过研究获得的知识，理解得更深，记得更牢。这样，研究性教学理念的主导对教师的教学水平要求是相当高的。

教育学关于研究性教学理念给了我们一个深刻的启示，即教学必须基于丰富的教学经验、先进的教学手段，以及多样化的教学方法，但又不能一味地依赖于这些经验、手段和方法，它要求教师能够有目的、有计划、有系统地通过科学的态度和方法提升自己的能力系统。这对提高思想政治理论课教学实效有重要的借鉴意义。把研究性教学引入思想政治理论课教学中，根据思想政治理论课的性质、特点及加强意识形态的要求，一方面，可以对研究性教学理念的内涵做进一步的认识提升；另一方面，可以使我们对思想政治理论课教学的变革有一个新的认识。

在思想政治理论课教学的改革中，研究性教学理念启示我们要充分认识到思想政治理论课教学研究的整体性。所谓思想政治理论课教学研究的整体性，主要是指在教学研究中，既要研究教学过程，包括教学方式方法、课程设计、教学环节、教学管理等，也要研究教学内容。从当下的形势来看，更重要的是要研究内容。这一方面是因为整个世界发生了巨大变化，世界社会主义发展发生了巨大变化，我国社会主义发展中产生了许多问题，从而对思想政治理论课的教学产生了巨大的挑战；另一方面，是因为在当前思想政治理论课教学的改革中，存在某种偏向，即注重对教学过程的改革而淡化对教学内容的改革。然而，如果不在教学内容上下功夫，只做教学过程、教学方法的改革，课程的实效只能是暂时的、一时的，不可能是长久的、深入人心的。教学手段、教学方法、教学环节的研究在思想政治理论课教学中无疑都是很重要的。要把抽象寓于生动之中，把枯燥寓于鲜活之中，把枯燥抽象的理论变成鲜活形象和喜闻乐见的知识，便于大学生接受，就必须要研究教学手段、教学方法、教学环节。但是，千万不能忽视教学内容的研究，因为趣味必须是要和理论、知识结合起来的，思想政治理论课要散发出“魅力”，仅靠教学手段和方法是不够的，要让大学生能够“回味无穷”，就必须要研究教学内容。

总之，思想政治理论课教学实效的提高，必须解决好“教学内容”（教什么）和“教学方法”（怎么教）及其相互关系问题。从当前思想政治理论课教学的实际状况来看，我们不仅要解决“教学内容庞杂和重复”“教学方法跟不上时代发展要求”的问题，而且还必须要走出深陷教学内容与教学方法偏废的困境，处理好教学内容和教学方法在思想政治理论课改革中的关系。

2. 思想政治理论课教学的研究性

在教学内容和过程的改革中，问题导向是进行研究性教学的极为重要的方面。研究始于问题，问题推动研究、引导研究。当代科学哲学家波普尔曾经强调指出：“科学和知识的增长永远始于问题，终于问题——愈来愈深化的问题，愈来愈能启发新问题的问题。”① 问题导向的过程主要有“三步”，即问题意识、问题选择、问题求解。

第一步：问题意识。这是研究性教学的根本。有了问题意识，紧抓重点难点问题并解决问题，是研究性教学的核心思想。思想政治理论课教学

① 波普尔．猜想与反驳．上海：上海译文出版社，1986：318．

中的问题意识就是寻求、探索现象背后的本质、问题背后的答案，通过这种寻求和探索来实现理论创新和教学创新。如何理解问题意识？有专家专门以一例说明。在第一次世界大战期间的一次战役中，有一个德国军官拿着望远镜瞭望敌方阵地，无意间看到了一只波斯猫在晒太阳。有人说这不过是一只野猫，但是，这位军官却通过连续几天的观察，发现这只猫的出入很有规律，基本上是每天早九点出来晒太阳，下午四点就不见了。这位军官做了分析后认为，这不是一只野猫，而是一只有人养的猫；这不是一般人能拥有的猫，而是有身份的人拥有的猫；这不是老百姓养的猫，老百姓早就逃走了，只有高级军官才敢把猫带到战场上。所以，他由此判断，这附近必定有一个敌军的指挥部。结果，德军就瞄准波斯猫晒太阳的地方进行轰炸，轰炸结束后，在清理战场时发现，波斯猫晒太阳的地方正是敌军指挥部。德军取得了这次战役的胜利。这个例子实际上说明了现象背后潜藏着本质，问题背后潜藏着答案，关键在于人们要能够通过洞悉、思考，抓住事物的根本。

以“问题意识”为出发点开展研究性教学的意义主要有两个方面：第一，要在问题的引领下追问问题、探究问题，形成解决问题的基本的教学研究路径。比如，在“在马克思主义基本原理概论”课程中，在进行价值创造和价值分配问题的教学上，我们不只是要讲清楚这两个概念的区别，更重要的是要说明区分二者是一个多世纪以来关于劳动价值论争论的实质所在，把这个问题讲清楚了，基本上也就解决了生产要素价值论、效用价值论正确与否的问题，它是正确理解马克思主义劳动价值论的关键。第二，要在问题的确立中跳出教材体系的架构，以更加具体的“问题意识”来统领课程的教学研究。例如，在课程每一章的教学中，可以将教材中“章”的内容归结为“问题”展开教学。

研究性教学中的问题意识，对思想政治理论课的任何一门课程都起着促进教材体系转化为教学体系的作用。从教材体系转化为教学体系，是根据教材体系的要求构建教学体系的过程。这个转化的实质就是要求教师要充分发挥主动性，要客观地把握好教材，吃透教材，灵活运用教材。而这一转化过程也是根据学生的特点、要求来进行的。

第二步：问题选择。问题选择合适与否是研究性教学中的关键。我们都知道，问题有“有意义的问题”和“没有意义的问题”，或者说有“真问题”和“伪问题”之分，问题的真假意义决定了问题教学的意义所在。如果问题没有意义，或者是个伪问题，必然会给问题教学带来麻烦。也就是说，当问题没有意义时，就没有教学的必要，如果教给学生了，就必然会使学生对这一问题的教学本身又产生疑惑，结果就会带来理论上的更多、更大的困惑甚至混乱。因此，问题选择是否合适、问题本身是否有意义对研究性教学太重要了。只有抓住了“有意义的问题”，抓住了“真问题”，才能真正反映出问题导向。一般来说，“有意义的问题”就是能够面对现实、解决现实的问题，如意识形态安全、社会稳定等，还有能够进一步深化学术研究、教学研究的问题、对学术界某个方面的研究有所推动的问题也是“有意义的问题”。同样，在教学中，只有教材中的核心问题和老师和学生们最关注的、最迫切需要解决的问题，才能真正能推动这门课程的建设，才是“有意义的问题”，才是“真问题”。

第三步：问题求解，也就是问题逻辑的展开。这是研究性教学中的重点。问题逻辑的展开要把握两个特点：一是注重内容和形式的统一，既从内容上解析问题，也要运用一定的形式来辅助问题的解析。所谓“一定的形式”，既说明了形式是不确定的，不存在机械的、固定的、普遍有效的形式，形式是为内容服务的，也说明了形式是对问题进行解析的一种逻辑工具。在教学中，问题逻辑的展开，一方面表现为对问题进行理论分析上的推导，另一方面则是要通过“一定的形式”来深化对问题的认识，不断探寻新的问题。比如社会必要劳动时间两种含义的内在一致性问题，在内容上的理论分析推导，就是要说明对这个问题理解的关键在于：两种含义是什么，出自哪里，而这两种含义为什么是内在一致的，割裂开来理解会产生什么样的后果等，这就要求老师在课堂上运用语言对课程内容做出讲解，同时在形式上，也要求老师采取多种方式来辅助课堂的讲解，完成问题逻辑的展开，深化对问题的认识，因此，可以采取“案例分析”的方式，也可以通过课件将“经典论述阅读”展现出来，将理论界关于这一问题的探讨展现出来，将西方学者关于这一问题的争论及其实质展现出来，还可以给学生提供可阅读的参考资料，通过多种形式帮助对问题进行理论推导的理解，扩展对问题认识的视野。二是注重问题求解的科学性。也就是说，问题求解的目的就是遵循客观规律、客观事实、客观价值，要实事求是、有理有据，是澄清问题、明确思路，而不是进行纯粹的政治辩护，更不是强词夺理。问题求解要在怎么增强理论的解释力、说服力上下功夫，要在怎么引导问题的思考、引导问题的深入理解上下功夫。

在研究型教学中，有无问题意识、问题选择合适与否、问题逻辑如何展开这三个问题的关联性，是教学研究的主要思路。在教学研究过程中，问题意识的确立是教材体系向教学体系转化的起点，问题选择合适与否是教材体系向教学体系转化的关键，而问题逻辑的展开则是强化教学内容、强化教学形式的过程，它是实现教材体系向教学体系转化的关节点，只有把教学内容与教学形式很好地结合起来，只有在教学的阐释力上下功夫，学生才有对问题探究的欲望，教学才能走向成功。

思想政治理论课教学作为对大学生进行思想政治教育的主渠道、主阵地，是要帮助和引导大学生树立正确的“三观”，这本身体现的是社会主义大学的本质，反映的是社会主义意识形态的性质。思想政治理论课教学的内容，是马克思主义基本原理及其在当代中国发展的最新成果，是党领导人民建设中国特色社会主义的生动实践和基本经验，是哲学社会科学研究的最新进展。思想政治理论课具有浓厚的政治色彩和意识形态性质。但是，思想政治理论课的教学并非完全是一个意识形态教育过程。它同样包含着对知识、智慧的追求，对真理的探索。因为它要教育大学生去探寻世界的本质，去探寻人自身的发展，去探寻人与世界的关系；它要教育大学生具备理论思维能力，具备对实践问题和社会矛盾的批判。再说，马克思主义理论作为一种意识形态，是和它所具有的科学性、学术性紧密联系在一起的。马克思主义以其在实践中不断创新发展的严密的理论体系、严谨的理论观点和方法，以及人类社会发展不可逾越的知识成果和思想精华，成为社会主义国家的指导思想。因此，思想政治理论课教学必然是意识形态教育与学术的科学教育的统一。只有把意识形态教育统一于学术的科学教育，才有可能使大学生通过思想政治理论课的学习，自觉地树立起正确的世界观、人生观和价值观。在思想政治理论课教学中，也只有把政治性、意识形态性与学术性统一起来，用学术性来带动意识形态功能的体现，才能提高课程的实效性。

3. 思想政治理论课教师的研究性

研究型教学的内涵对思想政治理论课教学提出了很高的要求，也对思想政治理论课教师提出了角色转变的要求。对于思想政治理论课教师，在有些人的思想意识中一直存在一个误区，即认为思想政治理论课是公共课，不像专业课那样需要艰深的理论，作为一个教师只要具备一般的理论水平就完全可以胜任这一工作。这种认识上的误区，导致一些教师不重视研究理论问题、不重视研究课程的教学内容，现在虽然有些教师在尽力改变这种状况，但是在教学的过程中更多的还只是重视研究教学的方式、教学的手段、教学的方法。一些高校在安排思想政治理论课教师岗位时、在给思想政治理论课教师评职称时，又是以降低科研含量为标准的，这更是影响着思想政治理论课教师理论水平的提升。

研究性教学理念的形成以及在思想政治理论课教学中的运用，要求教师必须“一身二任”，即既是“教书匠”也是“研究者”。英国课程学家斯腾豪斯在20世纪70年代就提出了“教师成为研究者”的理念，认为“没有教师的发展就没有课程的发展”。在他看来，教育科学的理想是，每一个课堂都是实验室，每一名教师都是科学研究的成员①。美国著名心理学家斯腾伯格提出了确定研究型教师的两个基本方面：一是不仅要具备所教课程的知识和教课方式，还必须具备相关领域的知识及运用方式；二是必须要有洞察力，能够找到新颖的和适当的解决问题的方法。显然，一个教师如果不研究问题、不研究教学，是很难驾驭课堂、启人心智的。

研究型思想政治理论课教师首先要有马克思主义理论修养，这就要求教师要多读马克思主义经典作家的书，多读马克思主义学者和资产阶级学者的书。在读书中，通过对马克思主义学者和资产阶级学者学术观点的分

① STENHOUSE L. An Introduction to Curriculum Research and Development. London: Heinemann Edu-cational Books Ltd, 1984.

析和评价，来提高自身的马克思主义理论素养，加深对马克思主义理论的理解，真正掌握马克思主义理论的真理性和科学性；同时也可以通过对马克思主义理论与资产阶级理论的比较和鉴别，吸收其中有利于丰富和发展马克思主义理论的合理成分。不仅要学习马克思主义的理论，而且要学习马克思主义的方法。在这一学习中，通过理解马克思主义理论的真理所在，掌握马克思主义理论的逻辑力量。思考是学习和研究的工具，也是创新的根本保证。研究型思想政治理论课教师要站在时代发展的高度，直面社会的现实，在理论联系实际上做出思考，在锤炼思想上狠下功夫。只有在掌握马克思主义理论的基础上对国内外前沿理论进行深入掌握和认识，变成自己的研究成果，并把它充实到教学中去，才能使教学内容更丰富、更新颖，更富有现实感，使马克思主义理论紧密联系实际，使大学生通过教学内容既理解了基本理论又掌握了理论应用的方法，真正能够把马克思主义理论当作行动指南。

研究型思想政治理论课教师除了具有理论修养外，还必须要注重教学语言和方法的改革与创新。马克思主义理论在知识占有的广度和深度上都有着较高的要求，对它的理解和掌握需要具备一定的抽象思维能力。为了在大学生面前展示马克思主义理论的博大精深之美，使他们真正信仰这个理论，把抽象寓于具体、晦涩寓于生动、概念寓于形象、理性寓于情感的教学语言之美就显得尤为重要。毛泽东说："如果一篇文章，一个演说，颠来倒去，总是那几个名词，一套'学生腔'，没有一点生动活泼的语言，这岂不是语言无味，面目可憎，像个瘪三吗?"① 但是，语言的艺术性是为教学内容服务的，不是为艺术而艺术，生动形象的教学语言是为马克思主义理论"入脑""入心"服务的，它必须以准确严谨为前提，以理论的科学性和逻辑性为基础。这就要求马克思主义理论课教师首先弄懂自己没有弄懂或没有完全弄懂的理论问题，然后再思考清楚，把教学内容条理化，在此基础上，用清晰简练、通俗形象、生动优美的语言向大学生表达清楚，使大学生们通过教师清晰的思路、环环相扣的论述、潺潺流水般的语

① 毛泽东．毛泽东选集：第3卷．北京：人民出版社，1991：837.

言，获取茅塞顿开、大彻大悟的感受，汲取马克思主义理论知识的逻辑力量。

思想政治理论课的教学过程是塑造大学生灵魂的过程。只有马克思主义才能给大学生以科学的世界观、人生观和价值观，只有马克思主义理论才能启迪大学生的心扉，使他们坚定社会主义的信念，树立共产主义的远大理想。因此，对思想政治理论课教师来说，要做到“研究型”，还必须做到以下三个方面：

第一，要有坚定的马克思主义信仰，树立一个好教师的形象。要使大学生信仰马克思主义，教师自己首先必须有坚定的马克思主义信仰，用马克思主义律己。然而有一部分人，嘴上讲马克思主义，行动上违背马克思主义，既有损于马克思主义的形象，也有损于教师的形象。思想政治理论课教师要树立好形象，无论是在课堂上还是在行动上，既要讲马克思主义，又要做马克思主义，在提高马克思主义的理论素养的同时，必须用马克思主义律己做人，身教印证言教，身教胜于言教。形象的力量是巨大的，教师以好的形象争得大学生的信任、崇敬和亲近，在大学生中产生较高的威望，必然会提高思想政治理论课教学的效果。

第二，要把教师工作作为一项事业，要有责任感、事业心。思想政治理论课教师在运用马克思主义理论启迪大学生的心扉，坚定他们的社会主义信念，树立科学的正确的世界观、人生观和价值观方面，扮演着非常重要的角色，担负着光荣的任务。特别是在社会发展存在较多问题的情况下，在个人的生活和工作存在诸多困难和压力之时，思想政治理论课教师不能因此而失去教师的责任感和事业心，应该把“教书育人”视为一项事业去做，能够以积极的态度、饱满的精力、丰富的理论知识，在教学中做好塑造大学生灵魂的工作，无愧于“人类灵魂工程师”的称号。

第三，要有老老实实、踏踏实实、执着追求，从事马克思主义理论研究与教学的态度。在科学的理论上来不得半点虚伪和骄傲，只有脚踏实地做学问的人，才能攀登科学理论的高峰。从事马克思主义理论的研究和教学，必须要有这种一步一个脚印的态度。在教学中，既不能故弄玄虚，搞模糊教学，也不能信口开河，哗众取宠，必须以与社会实际紧密联系的准确的马克思主义理论，引导大学生真正理解马克思主义理论的精神实质，真正掌握马克思主义的立场、观点和方法，真正信仰马克思主义。

总之，研究型思想政治理论课教师，在提高教学水平和教学效果中，必须树立起超前意识、创新意识和精品意识。所谓“超前意识”，就是立足现实、面向未来、拓宽视野，把握学术前沿、学术动态；所谓“创新意识”，就是对教学中遇到的关于内容和方法上的新问题，要站在新的高度，以新的方式进行研究，在教学内容上能够有新的见解，在教学形式上能够有新的风格；所谓“精品意识”，就是在研究中拿出自己的优秀的作品和成果。

三、学科性教学理念与思想政治理论课教学话语

在思想政治理论课教学中，必须要解决好教学如何体现学科知识、内涵和要求的问题，解决好学科与教学之间关系的问题，等等。显然，解决好这些问题的关键在于思想政治理论课教学的改革，而树立学科性教学理念更是关键中的关键。学科性教学理念作为思想政治理论课教学中特有的教学理念，则对思想政治理论课教学话语的变革及教学实效的提高，起着至关重要的作用。

1. 学科性教学理念的形成过程

对思想政治理论课教学而言，学科性教学理念的形成经历了一个长期发展的过程，它与思想政治理论课课程的演化、马克思主义理论学科的增设和发展有着密切的关系。新中国成立以后，高校马克思主义政治理论课程和思想政治教育课程在不断沿革和完善中逐步形成了课程体系。新中国成立初期，高校开设了“社会发展史”“新民主主义论”“政治经济学”等课程。1952 年，“社会发展史”改为“辩证唯物论与历史唯物论”。1953 年，“新民主主义论”改为“中国革命史”，增加了“马克思列宁主义基础”。1954 年，在专修科学校中改“马克思列宁主义基础”为“社会主义

经济建设”。直到1957年，社会主义教育运动兴起，政治理论课程为社会主义教育课程所取代。从1961年开始，形成了哲学、中共党史、马克思列宁主义基本理论、形势与任务的课程。1963年8月，教育部发出通知，规定培养研究生的高等院校试行在研究生中开设政治理论课，包括“马克思列宁主义理论”课和“思想政治教育报告”课。“马克思列宁主义”课主要是选读马克思主义经典作家和毛泽东的著作，选读部分国际共产主义运动中的重要文件；“思想政治教育报告”课主要是向研究生做国内外形势、党的方针政策和共产主义道德品质的报告。在“文化大革命”时期，政治理论课被“革命大批判”所代替。改革开放以后，政治理论课得以恢复。1982年党的十二大之后提出了加强共产主义教育问题，教育部决定在高校开设“共产主义思想品德”课。这样，在高校中，对大学生进行马克思主义理论和思想品德的教育由此而得到展开。由此可见，正式提出在高校中开设思想品德课程，并将它作为一门必修课纳入教学计划是在1982年10月党的十二大之后。1984年9月，国家制定《关于高等学校开设共产主义思想品德课的若干规定》，从而使这一课程在高校的开设进一步制度化、规范化。直至1988年5月，随着高校中“马克思主义原理”“中国社会主义建设”“世界政治经济与国际关系”“法律基础”“形势与政策”“大学生思想修养”“人生哲理”等课程的逐步开设，高校的思想政治理论教育基本上形成了马克思主义理论课和思想品德课的“两课”格局。这一时期，思想政治理论课的演化是和马克思主义理论的发展、党的思想理论建设的需要、我国社会主义现代化建设的实际紧密联系在一起的。但是，这一演化过程也反映了学科型教学理念的缺失。

1998年6月，中共中央印发了《关于普通高等学校“两课”课程设置的规定及其实施工作的意见》的通知。自此，高校的思想政治理论课课程设置发生了重大变化：马克思主义理论课包括了“马克思主义哲学原理”“马克思主义政治经济学原理”“毛泽东思想概论”“邓小平理论概论”“当代世界经济与政治”；思想品德课包括了“思想道德修养”“法律基础”。在这些课程中，“邓小平理论概论”课程从2003年开始改为“邓小平理论与‘三个代表’重要思想概论”课程。2002年，教育部委托48所高校开展思想政治理论课教学实效性的调研，调研分别在华东、华北、西南的高校大范围展开，几经讨论，最后以 2005 年 3 月中宣部、教育部印发的《〈关于进一步加强和改进高等学校思想政治理论课的意见〉实施方案》的通知为标志，形成了“05 方案”，开设“马克思主义基本原理”“毛泽东思想、邓小平理论和‘三个代表’重要思想概论”（后改为“毛泽东思想和中国特色社会主义理论体系概论”）、“中国近现代史纲要”“思想道德修养与法律基础”。这一时期，思想政治理论课的演化除了和马克思主义理论的发展、党的思想理论建设的需要、我国社会主义现代化建设的实际相伴随外，还与学科的演化有关。

1997 年设立的马克思主义理论与思想政治教育学科，是政治学一级学科之下的一个二级学科。在 1997 年以前，1984 年就设立“思想政治教育”本科专业，招收双学位学士，1988 年开始招收硕士研究生，促进了思想政治教育学科的设立。“马克思主义理论教育”于 1990 年开始，按“马克思主义原理”“中国社会主义建设”和中国革命史三个方向招收研究生，但并没有形成独立的学科。一直到 1997 年，经过国务院学位办多次向学者征求意见，“马克思主义理论教育”和“思想政治教育”被整合为“马克思主义理论与思想政治教育”一个二级学科。这个二级学科的诞生，显然和思想政治理论课课程体系的调整、教学的改革直接相关，在一定程度上促进了思想政治理论课教学实效的提升。但是，马克思主义理论与思想政治教育学科作为政治学一级学科所属的一个二级学科，在教学成果来源、学科制度规范等方面，对思想政治理论课教学的支撑作用是极其薄弱的。因此，长期以来，思想政治理论课课程体系的调整和教学的改革，是依托于哲学、经济学、科学社会主义等学科的，没有一个与之相适应的、相对独立的专门的学科作为支撑。这对思想政治理论课教师而言，是一个专业归属问题，而对思想政治理论课教学而言，则是一个教学质量问题。

课程设置的科学性、稳定性和课程内容符合学科的内在规定，是提高思想政治理论课教学实效的基础。思想政治理论课的演化、“05 方案”的实施，催生了马克思主义理论学科的增设，同时，也为形成思想政治理论课的学科性教学理念奠定了基础。可以认为，思想政治理论课的学科性教学理念的形成，与思想政治理论课课程体系的演化、“05 方案”的落实过程，以及马克思主义理论的发展、党的思想理论建设是紧密联系的。

2005 年底，马克思主义理论一级学科增设。一段时间内，马克思主义理论学科与思想政治理论课之间的关系成为理论界关注和探讨的重要问题。在讨论中，学术界存在“互动论”“重合论”“渗透论”“服务论”等几种不同的看法。2008 年 7 月 8 日，中宣部和教育部召开了加强和改进高校思想政治理论课工作会议，时任中共中央政治局委员、国务委员刘延东在会上明确提道，马克思主义理论学科建设的加强可以为加强和改进高校思想政治理论课打好基础。这一政策主张在 2008 年 9 月 25 日中宣部、教育部颁布的《关于进一步加强高等学校思想政治理论课教师队伍建设的意见》中得到体现。该文件强调：“根据马克思主义理论学科的性质、特点和要求，进一步凝练学科方向，把为思想政治理论课教学服务作为学科建设的重要任务，做好硕士生、博士生和专业学位研究生的培养及教师培训工作，为马克思主义理论研究和思想政治理论课教育教学培养高水平的人才。完善二级学科体系，为思想政治理论课提供对应支撑。”① 2012 年 6 月 6 日，国务院学位委员会颁布的《关于进一步加强高校马克思主义理论学科建设的意见》，则更为明确地阐述了这个观点：“以思想理论建设和思想政治理论课教育教学需求促进学科建设，以学科建设的成果服务思想理论建设和支撑思想政治理论课教育教学，使二者相互促进、共同提高。”② 我认为，这一过程实际上反映了思想政治理论课学科型教学理念的形成过程。

2. 学科性教学理念的内在要求

思想政治理论课教学需要在学科中展开，离开了学科，就不可能有人才培养，也不可能有科学研究，更不可能有社会服务。学科性教学理念对

---

① 中共中央宣传部，教育部. 关于进一步加强高等学校思想政治理论课教师队伍建设的意见. 2008-09-25.

② 国务院学位委员会. 关于进一步加强高校马克思主义理论学科建设的意见. 2012-06-06.

思想政治理论课教学提出了具体的内在要求。主要有以下几个方面:

第一，整体性教学。马克思主义理论学科研究中的整体性如何体现并反映在思想政治理论课教学中，这是一个具有前沿性的重要问题，是学科性教学理念落实在思想政治理论课教学中的一个必须解决的关键问题。它不仅事关马克思主义理论学科的立足之地、生存之本，而且反映了思想政治理论课教学的特点。

马克思主义理论学科是一门从整体上研究马克思主义的理论体系，并把马克思主义理论的研究成果运用于马克思主义理论教育、思想政治教育和思想政治工作的学科。整体性是马克思主义理论学科生存和发展的基础。在马克思主义理论学科建设中强化整体性的研究，一是要注重马克思主义理论整体性研究；二是要加强马克思主义各主要组成部分内在关系的研究和把握；三是要加强对马克思列宁主义、毛泽东思想和中国特色社会主义理论体系内在关系的研究和把握；四是要以思想理论建设和思想政治理论课教育教学需求促进学科建设，以学科建设的成果服务思想理论建设，支撑思想政治理论课教育教学；五是要研究马克思主义理论体系、教材体系、教学体系及其相互联系①。这五个方面的研究构成了整体性研究的基本内容。而在对这五个方面的研究中，还必须以马克思主义唯物辩证法及其运用为视角，在横向层面对各个方面的内在关系进行有逻辑关联的研究，在纵向层面对马克思主义发展的历程进行一脉相承、与时俱进的研究。马克思主义理论学科的整体性研究与思想政治理论课的整体性教学是相互贯通的。

思想政治理论课的整体性教学体现在各门课程教学和课程体系上。就思想政治理论课的四门课程教学而言，每一门课程自身都有着整体性，整体性教学的特点尤为明显。比如，“马克思主义基本原理概论”课程的教学，对自然、社会和思维认识各方面客观规律的阐明，对人类社会由低级向高级发展客观规律的阐明，不是马克思主义哲学，或政治经济学等某个单一的方面可以独立完成的，它需要通过对马克思主义基本原理的整体阐释来

① 国务院学位委员会. 关于进一步加强高校马克思主义理论学科建设的意见. 2012-06-06.

完成。“毛泽东思想和中国特色社会主义理论体系概论”课程的教学，对中国特色社会主义发展进程中重大理论成果的阐明，对这些重大理论成果与马克思列宁主义、毛泽东思想一脉相承、与时俱进的阐释，显然都只有进行整体性教学才能做到。“中国近现代史纲要”课程和“思想道德修养和法律基础”课程对大学生的历史和思想教育过程，就是对马克思主义理论的运用过程，不仅要反映马克思主义理论在中国近现代史中的传播和发展，马克思主义理论在中国革命中的指导地位和作用，而且还要运用马克思主义理论来解决中国的实际问题，解决大学生在成长成才过程中遇到的思想问题等，整体性教学是必然的。

就课程体系而言，思想政治理论课四门课程虽然相对独立，但却是一个有机统一的整体。它是通过“三个统一”，即理论原理、理论发展和理论运用的统一，理论、历史与现实的统一，科学知识与科学精神的统一表现出来的。“马克思主义基本原理概论”课程为后三门课程提供了科学原理和方法，而后三门课程又为“马克思主义基本原理概论”课程的教学提供联系实际的素材。在后三门课程中，“毛泽东思想和中国特色社会主义理论体系概论”课程为后两门课程的教学明确了马克思主义理论的指导地位和作用，而后两门课程又为“毛泽东思想和中国特色社会主义理论体系概论”课程的教学提供了揭示马克思主义中国化历史规律的材料和怎么去认识社会主义的实际材料。“中国近现代史纲要”课程和“思想道德修养和法律基础”课程的教学则是把马克思主义理论运用于历史教育和思想教育之中。在思想政治理论课的四门课程体系中，马克思主义基本原理和马克思主义基本原理在当代中国的运用，以及马克思主义基本原理在对当代大学生进行历史和思想教育中的运用，既反映科学知识，又体现了科学精神，是科学知识与科学精神的统一。

如何整体地考虑教材内容的构成和体系的构建，以及教学进度的安排，是整体性教学的重要内容。例如，关于《马克思主义基本原理概论》教材在基本原理的构成和科学体系的构建上的重要性，《毛泽东思想和中国特色社会主义理论体系概论》教材内容与《马克思主义基本原理概论》教材的基本原理及其科学体系的一脉相承、与时俱进和对马克思主义基本原理及其科学体系的具体运用。“马克思主义基本原理概论”课程的讲授，为了达到树立科学的世界观和方法论、从整体上把握马克思主义、正确认识人类社会发展基本规律的教学目的，必然要提出马克思主义基本原理究竟由哪些内容构成、怎么构建马克思主义基本原理科学体系等问题。解决这些问题，对提高大学生的马克思主义理论和思想政治教育实效有着重要的意义。“毛泽东思想和中国特色社会主义理论体系概论”课程的讲授，为了达到把握马克思主义基本原理在当代中国的实际运用、把握马克思主义中国化的理论成果、坚定走中国特色社会主义道路的理想信念等教学目的，必然要解决马克思主义中国化基本原理的构成内容以及科学体系的构建问题，解决毛泽东思想和中国特色社会主义理论体系与马克思主义基本原理的继承与发展的关系问题。显然，在这两门课程的教学中，《马克思主义基本原理概论》教材的编写和课程的教学奠定了《毛泽东思想和中国特色社会主义理论体系概论》教材编写和课程教学的理论基础，不首先解决《马克思主义基本原理概论》的构成和科学体系的构建，很难构建起“毛泽东思想和中国特色社会主义理论体系概论”课程的合理的教学内容和体系，很难准确地构成马克思主义中国化的基本原理和构建马克思主义中国化的科学体系。因此，在思想政治理论课的整体性教学中，必须要统筹思考《马克思主义基本原理概论》和《毛泽东思想和中国特色社会主义理论体系概论》两种教材内容的构成和体系的构建，以及这两门课程教学进度的安排。

第二，学术性与意识形态性相统一的教学。学科性教学理念强调了如何科学地对待马克思主义，如何完整地理解马克思主义理论，如何从学术性与意识形态性统一的角度进行思想政治理论课教学的问题。我认为，思想政治理论课教学要体现学科性教学理念，就势必要在把握马克思主义理论的学术含量中来把握它的意识形态功能。

在思想政治理论课教学中，如何把知识的学术性与党和国家的意识形态性统一起来，形成提高思想政治理论课实效的长效机制，是学科性教学理念的重要内涵之一。思想政治理论课教学的内容，是马克思主义基本原理及其在当代中国发展的最新成果，是党领导人民建设中国特色社会主义的生动实践和基本经验，是哲学社会科学研究的最新进展，这些内容本身也正是马克思主义理论的教育、理想信念的教育、社会主义的政治教育。

习近平同志在2013年全国宣传思想工作会议上的讲话，是体现学术性与意识形态性相统一的典范。在讲话中，习近平同志强调了意识形态工作的极端重要性和宣传思想工作对于“两个巩固”即巩固马克思主义在意识形态领域的指导地位、巩固全党全国人民团结奋斗的共同思想基础的重要性，但是，他对其重要性的阐述并不是口号式的话语，也不是直白式的大话，他也以马克思主义理论的学术地位，要求大家“把系统掌握马克思主义基本理论作为看家本领，老老实实、原原本本学习马克思列宁主义、毛泽东思想特别是邓小平理论、‘三个代表’重要思想、科学发展观”，同时强调了系统掌握马克思主义基本理论的重要性，强调了全党要把马克思主义作为必修课，要加强理论学习，要注重理论的宣传阐释。这个讲话关于“中国特色”的阐释，更是反映了意识形态性与学术性的统一。习近平同志认为，宣传阐释中国特色，要讲清楚每个国家和民族的历史传统、文化积淀。基本国情不同，其发展道路必然有着自己的特色；讲清楚中华文化积淀着中华民族最深沉的精神追求，是中华民族生生不息、发展壮大的丰厚滋养；讲清楚中华优秀传统文化是中华民族的突出优势，是我们最深厚的文化软实力；讲清楚中国特色社会主义植根于中华文化沃土、反映中国人民意愿、适应中国和时代发展进步要求，有着深厚的历史渊源和广泛现实基础。也就是说，我们既要立足自身，在讲清楚中国的基本国情、历史传统、文化积淀、发展道路中阐释中国特色，又要在讲清楚世界其他各国各民族的基本国情、历史传统、文化积淀、发展道路中通过比较来阐释中国特色。这个过程没有学术性，是讲不清楚的，不研究问题，是讲不清楚的。因此，这“四个讲清楚”的内容正是对学术性与意识形态性统一的把握。

在思想政治理论课教学中，我们必须清楚地认识到，如果把课程的意识形态性标签化、教条化和干瘪化，甚至是“去学术化”，那么，必然会妨碍我们对世界的理性认识、对问题的客观探讨、对真理的科学探求，势必会适得其反，造成意识形态功能的弱化。

第三，运用学科研究成果的教学。学科科研成果，是提高思想政治理论课教学实效的重要基础。学科性教学理念对思想政治理论课教学提出了如何凝合学科科研成果、为提高思想政治理论课教学实效服务的问题。

思想政治理论课教学要用马克思主义基本原理、马克思主义中国化的理论成果教育大学生，增强他们对中国特色社会主义的理论认同、政治认同、情感认同，要把社会主义核心价值观融入国民教育全过程，帮助大学生在科学理论指导下形成共同的理想信念、强大的精神力量和基本的道德规范。不仅如此，思想政治理论课教学还要帮助大学生正确认识国情，了解中国的历史，了解改革开放40年波澜壮阔的伟大历程；帮助大学生正确认识改革开放中出现的新情况、新问题，引导他们进一步认清自己的历史责任；帮助大学生提高政治鉴别力和增强政治敏锐性，充分认识中国特色社会主义制度的科学性、合理性和必然性；帮助大学生提高思想政治素质，培养他们的坚定信仰、坚强意志、诚实品德和良好修养。显然，要进行这样的教学，要提高教学的实效，就必须以马克思主义理论学科的科研成果作为支撑。马克思主义理论学科所属的六个二级学科，基本上都是围绕思想政治理论课教学所需要的理论课题有自己特定的研究领域。“马克思主义基本原理”学科侧重于对基本原理的研究，“马克思主义发展史”学科侧重于对历史发展的研究，“马克思主义中国化研究”学科侧重于对当代中国马克思主义理论成果的研究，“国外马克思主义研究”学科侧重于对理论流派和思潮的研究，“中国近现代史基本问题研究”学科侧重于对历史进程和主要经验的研究，“思想政治教育”学科侧重于对大学生的思想实际研究。研究是广泛的、全面的，而为思想政治理论课教学所提供的科研成果也是广泛的，这就需要我们在教学中能够对学科科研成果进行凝合，集中地、有针对性地为思想政治理论课教学提供丰富的思想材料和有力的论据，使思想政治理论课教学具有强有力的说服力、感染力。与此同时，还必须结合学科对思想政治理论课四门课程教学中疑难问题的解析、对教法问题的研究。

在这个问题上，我们的眼界还应再开阔一些，要把能够为思想政治理论课教学提供科研成果的学科，进一步拓展到与马克思主义理论学科相关的学科上，如将马克思主义哲学、政治经济学、科学社会主义与国际共产主义运动、中共党史等学科，拓展到可以为思想政治理论课教学方式方法提供借鉴和启示的学科上，如教育学、心理学、新闻传播学等学科。任何一门思想政治理论课教学所需要的理论和思想材料，仅靠一个学科来提供是不可能有好效果的，它需要多学科的研究成果支撑。可以认为，整个马克思主义学科体系中的任何一个学科，甚至马克思主义学科体系之外的学科都会为丰富和充实思想政治理论课教学内容、教学过程提供理论的、思想的以及方式方法的材料，也会为思想政治理论课教学实效的提高打下研究性基础。

3. 思想政治理论课教学话语的变革

思想政治理论课的课程建设在很大程度上是要依赖于学科建设的。学科的发展为思想政治理论课课程建设提供了理论上的依托和支撑。在思想政治理论课教学实践中，必须树立学科性教学理念。

学科性教学理念在教学中的实践，必须实现思想政治理论课教学话语的变革。在理论界，有的学者把教学话语与独特的语言艺术、独特的语言表现形式如唱歌、朗诵等等同起来，认为闻其声、听其音，才能悟其道，从教学的语言形式上提出话语转换问题；也有学者认为，思想政治理论课话语要在“失趣”处反思，应该把大众文化的“乐趣”引入课程话语中来，引导大学生用全新的视角创造大众文化“乐趣”；等等。这是两种比较有代表性的看法。究竟如何认识思想政治理论课教学的话语及其转换呢?

从第一种观点来看，要提出的问题是：思想政治理论课教学的话语是单纯的语言表达方式吗？当然，我们知道，话语首先是作为语言学范畴的概念提出来的，它首先表现为教学的语言形式，这是毋庸置疑的。但是，如果仅仅将话语归结为教学的语言形式，显然没有触及问题的实质。在思想政治理论课教学中，教学的语言感化魅力是非常重要的，也是我们的教学不可忽视的方面。独特的语言艺术是真实的教学情感的表现，它反映了老师对课堂驾驭的一种能力，在很大程度上决定着学生的学习效率，它像磁石一般能够把学生吸引到自己的身边，独特的语言艺术被学生认同，被学生接受，就能够激起学生强烈的学习兴趣，在心理上，也就会由认同模仿到主动内化，自觉地接受教学的内容。当我们从思想层面来认识话语时，在话语的“语言形式”背后，必然会存在一种支配语言表达、语言艺术的力量，这就是思想观念、价值取向和行为准则等，从而话语也就表现为思想控制的语义。思想政治理论课教学的目的恰恰就在于，通过语言表达、语言艺术、语言魅力来达到思想引导、政治认同、使命担当。因此，对于话语，我认为，应该从教学的语言形式与思想控制的语义相统一上来把握。只有这样去理解话语，思想政治理论课教学的话语变革和创新才会有正确的方向。

从第二种观点来看，要提出的问题是：在思想政治理论课教学的话语转换中，话语是否又是一种单纯地对“乐趣”的追求呢？如果我们将话语做个简单的分类，那么，可能会有学术话语、政治话语、生活话语、网络话语等。所谓“话语转换”，显然是指由一种话语转向另一种话语。当然，思想政治理论课教学的话语肯定应该是多样、生动、形象的，是能够为大学生所理解和乐于接受的话语。但是，由于思想政治理论课是巩固马克思主义在高校意识形态领域的指导地位，坚持社会主义办学方向的重要阵地，是全面贯彻落实党的教育方针，培养中国特色社会主义事业合格建设者和可靠接班人，落实立德树人根本任务的主干渠道，是进行社会主义核心价值观教育、帮助大学生树立正确世界观、人生观、价值观的核心课程，因而仅仅以“失趣”“乐趣”来定位、评判思想政治理论课教学话语的要求，显然是有失偏颇的。再说，对当前思想政治理论课教学话语做出“失趣”的判断是不准确的，对思想政治理论课教学话语要由“失趣”转向“乐趣”的提法更是需要商榷的。

现在在校的大学生基本上是“90后”的孩子，受整个社会大环境的影响，他们有很强的自主独立意识，对某种价值观念不会盲目认同，不认可纯粹的灌输，不愿意接受被别人强加的观点和想法，而是喜欢通过自我展示、自由争论来形成自己的独立判断和理解；他们对新事物具有极强的接受能力和利用能力，他们通过电子高科技接受海量信息，凡是讲究实用、追求实惠。因此，对于思想政治理论课的讲授，他们希望理论能够联系实际，尤其是能够联系和他们切身利益相关的实际。面向这样一个群体，思想政治理论课的教学一方面要坚定意识形态话语的主体地位，另一方面要打破“话语霸权”，也就成为怎么让大学生接受、认同教学内容的一个重要方面。

在现实中，思想政治理论课教学的话语一般会表现出两种意境：一是融意识形态性与学术性为一体，学术话语是载体，意识形态性是渗透于学术话语之中的，大学生正是在学习和研究马克思主义理论、进行学术研讨中，接受思想引导，达到政治认同，以成为中国特色社会主义事业合格建设者和可靠接班人的；二是思想政治理论课教学内容理论深邃、道理深刻，大学生也正是在理论联系实际、寓抽象于生动、寓枯燥于鲜活的过程，接受并信仰马克思主义，认同中国特色社会主义。思想政治理论课教学话语的转换，不可能一蹴而就，应该有一个过程。也就是说，作为思想政治理论课教师，在马克思主义理论内化于心的过程中，先是有一个将学术话语与政治话语相统一的问题，即对马克思主义理论的研究既不能纯学理化也不能纯政治化，这样，在外化于行的过程中，就能够将已经统一起来的话语和大学生的思想实际、社会经济发展的实际等结合起来，实现与生活话语、网络话语的再统一。因此，思想政治理论课教学话语的“两次转换”，提出了需要解决的三个主要问题：

一是要关心、尊重大学生，教学话语要联系他们的生活实际、思想实际。也就是说，要尊重和理解大学生的情感和需求，及时关注和了解大学生的所思所想、喜怒哀乐和兴趣爱好，准确把握大学生的思想脉搏，化解大学生在现实生活世界遇到的困惑和困难，让他们充分体验到教师的温情与关爱，营造温馨舒适的话语氛围，从而使大学生真正认同教师的教育理念，进而内化于心，形成独立的道德人格。这个话语能够给予大学生以真正的思想指导和具体的生活指导，教师在了解大学生的生活需求和对生活的不同期望的基础上，进一步引导他们坚定自己的理想信念，鼓励他们创造美好的未来。

二是在教学中注重解决青年学生在现实生活中遇到的各种复杂问题和

思想中的种种疑虑困惑。特别是在课堂上不回避改革开放以来我国经济社会发展所面临的财富分配、就业、社会保障等方面的问题，敢于通过马克思主义理论去分析和判断这些问题，增强思想政治理论课教学话语接受的有效性。这是话语变革中最重要的方面。

三是清除教师的话语霸权现象。要消解教师的话语权威，就要加强师生之间的话语沟通。教师不能以势压人，而要真正做到以理服人、以文化人。

在思想政治理论课教学话语问题上，应该注意两方面的问题：一方面，贴近青年学生实际的话语，并不是大白话，也不是家长里短。它应该建立在一种理性话语的基础上，注重理论联系实际的问题分析和解答。其间，甚至可以适当运用一些大学生校园生活中的新话语来表达，也可以适当运用一些网络上的好的话语来表达。校园话语、网络话语在现实课堂教学中的运用，可以增强教学话语与现实生活的关联性、还可以体现课堂内容的鲜活性和应对社会现象的真实性，以及教学话语与大学生话语特点的对接与吻合，使思想政治理论课课堂教学具有生动性、活泼性。但是，我不认为思想政治理论课教学可以通篇采用网络语言，这不仅不能使思想政治理论课生活化、现实化，相反则是对思想政治理论课的庸俗化、平庸化。另一方面，贴近青年学生实际的话语，也并不是迎合学生的话语，并不是学生喜欢听什么就讲什么，投其所好。教学话语要在考虑大学生的心理特点和实际需要的同时，深入浅出地讲解马克思主义理论，既要弘扬主旋律，也要引导大学生正确看待社会负面现象，培育他们的信息甄别力和价值判断力。

四、现代化教学理念与思想政治理论课教学方式方法

在今天这个时代，现代化教学理念对思想政治理论课教学的影响是巨大的，这是谁都不能不承认的。现代化教学理念在思想政治理论课教学实践中产生的重大影响，就是教学方式方法的变革。

1. 现代化教学理念对思想政治理论课教学的影响

现代化教学理念具有广义和狭义之分。从广义上看，现代化教学理念指的不仅是对教育教学硬件包括教学平台、教学管理、教学方式方法等现代化的认识，而且还是对教育教学软件包括从应试教育到素质教育、学校教育到终身教育等现代化的认识。从狭义上看，现代化教学理念指的就是对教学方式手段、教学方法现代化的认识。

现代教育信息技术使教学从传统媒体走向现代媒体，由粉笔、黑板走向信息集成控制性的，集讲授、图片、视频等为一体的多媒体技术的采用。这是21世纪以来，教学手段和方式最为明显的变化。从思想政治理论课教学采用现代化教学手段的情况来看，2000年，多媒体技术在教学中的运用只是体现在课件上，课件在课堂教学中的应用，大大提升了教学效果。老师利用它讲课，可以充分地表达教学的意图，学生也可以通过课件对教学内容产生一定的兴趣。到2003年前后，由于网络技术在教学中的运用，课件开始网络化，出现了思想政治理论课网络多媒体课件。在“05方案”的实施过程中，为了进一步提高实施成效，在全国范围内开始建立教学资料数据库，实现资源共享。随后，有的地方和高校又出现了网络平台课程，现在又形成了一些思想政治理论课教学的微课、慕课形式。现代化教学理念在思想政治理论课教学中的实践，大大改变了教学的面貌，使思想政治理论课教学的效果有了明显的提高。

现代教育信息技术在思想政治理论课教学中的运用，有两个突出的特点：一是在课堂教学中，改变了以语言传递为主的课堂讲授，形成了集讲授、图片、视频等于一体的多维立体课堂教学模式，后来又逐步拓展到课堂教学之外，以慕课等教学形式补充课堂教学。二是教学媒体作为思想政治理论课教学的信息源、影响源，成为教学内容的载体，教学表达的工具、手段。教学媒体不仅决定着教学内容的清晰度和结构方式，也直接影响着教学的效果。总体上看，在思想政治理论课教学手段的运用上，网络和多媒体教学在高校及各课程中的覆盖面是相当大的。

现代教育信息技术的运用对思想政治理论课教学产生的深刻影响主要

有以下三个方面：

第一，以人为本，实现由单向教学向师生互动的转变。以人为本，不仅以教师为本，也以大学生做人成才为本，思想政治理论课教学以培养大学生身心和谐、健康成长、全面发展为立足点，在教学中使学生变被动为主动，培育学生的主体性，增强学生的主体意识，让学生在主动参与教学的过程中实现自我教育和自我提升，使学生真正成为自主自觉的学习主体。网络和多媒体教学的目的就在于，使学生成为学习的主体。

第二，开拓创新，实现由教学的单一形式向教学的多元形式的转变。思想政治理论课教学不再是仅仅局限于单一的课堂教学，由于它还肩负着对学生理想、信念、心理、情感、思想进行启迪和诱导，对学生的行为进行导向和规范的重任，因而还必须开拓创新，拓展教育空间和领域，发展多维立体化的教育教学，把课堂延伸到互联网上，利用社会调查、校园文化建设、微课、幕课等辅助思想政治理论课的教学。

第三，求真务实，实现由经验型教学向科学型教学的转变。历史上，思想政治理论教学往往摆脱不了直线思维和惯性思维的束缚，因此带有传统性、经验性的色彩，照本宣科、照文件说话。现代社会，世界经济一体化进程不断加快，社会复杂性也日趋增强，思想政治理论课教学适应外部环境的要求不断改进和创新，逐步走向了科学化。在对教学环境、教学对象、教学过程、教学手段、教学方法进行不断研究中，集思想性、知识性、科学性、艺术性、趣味性为一体，从而把握课程教学的科学性。

2. 思想政治理论课的教学方式

在互联网时代，大量的现代教学媒体应运而生。在我国高等教育中兴起了微课、慕课的教学方式。微课主要是在中小学教学中采用，一般是用5分钟的时间对一个知识点进行有针对性的讲解，使学生可利用碎片化的时间进行在线学习，快速掌握知识考点。慕课则是大中小学教学中都可采用的一种教学方式。慕课也是网络视频公开课，不过，它比一般的网络视频公开课规模要大，是大型的、在线的、开放的网络公开课。

慕课最初兴起于美国。2011年美国斯坦福大学两位教师率先推出一个在线免费课程平台。2012 年是“慕课元年”，对我国的高等教育产生了很大影响。目前，我国已经有数百所高校开发了近 300 门在线大学课程，建设了国家精品公开课，这些课程基本覆盖了文学艺术、经管法政、哲学历史、农林医药、工程技术等门类。慕课出现以后，受到了追捧，有很大的魅力，因为它在一定程度上实现了优质教育资源的普及化、民主化、平民化，也就是说，谁都可以来选课，受众广泛；选课人可以根据自己的兴趣、学习情况、自己的时间选择自己需要学习的课程；可以使世界上每一个学生都有机会选修最顶尖大学的精品课程。慕课由此成为高等教育国际化的一个重要方式。

慕课出现后，对思想政治理论课教学产生了很大的影响。2014 年 3 月 15 日，在我国出现了首个思想政治理论课慕课，上线开讲的课程是“思想道德修养与法律基础”，开讲的直播现场是复旦大学和北京大学两个地点，上海、北京、浙江、江西、湖北、山东等地 24 所高校的 5 000 多名选课学生同步收看了直播视频。选课的学生还通过上海课程共享中心的课程微信平台与主讲教师进行了提问互动。这个慕课由包括复旦大学、北京大学、中国人民大学、上海交通大学、华东师范大学在内的 10 所高校、23 名教师参与共建，是国内第一门混合式大规模开放式在线思想政治理论课。

对于慕课与思想政治理论课教学的关系，理论界有不同的看法：一是认为思想政治理论课教学改革可以顺势而为，主动参与慕课建设，推动思想政治理论课慕课化，并认为这是思想政治理论课教学改革的一个方向。二是认为可以以慕课为契机，利用慕课的平台积极探索新的教学模式。三是认为慕课不能够适应所有的课程教学，课程的教学效果在于教师的面授，也必须通过教师的面授来完成，思想政治理论课的教学更是如此。

对于慕课，必须做具体分析。

首先，为什么会兴起慕课？在理论界，有学者认为，慕课作为国际上开放教育资源运动的一种形式，实际上是西方发达国家利用具备众多世界顶尖高等学府这一优势，运用互联网教育技术手段向发展中国家进行文化和价值观渗透，在教育领域实行文化殖民扩张，因为在世界范围内，在资本追逐最大限度利润的情况下，是不可能有“免费的午餐”的。这种对慕课的分析是有一定道理的。慕课从方式上打破了地缘界限，打破了文化壁垒，可以为教育殖民输出清除障碍，使西方文化更快地在世界范围内传播。但是，教育的关键是为谁所用，用来干什么。社会主义国家的高等教育借鉴慕课作为教学的载体，只要是为社会主义教育教学服务，我们就没有理由去扼制它。

其次，必须要明确如何运用慕课的教育技术手段来为马克思主义意识形态服务，为中国特色社会主义教育教学服务，为实现思想政治理论课的教学目标和完成教学任务服务。因此，如果我们看到的是慕课这种教学手段、方式背后的东西，认识到慕课兴起背后的文化安全问题，认识到这种在线教育形式会裹挟着西方国家的政治意识形态、历史文化传统及国民教育立场，我们就不会简单地推动思想政治理论课教学的慕课化，也不会简单地去判断慕课就是思想政治理论课教学的改革方向，更不会以慕课这种教学方式来取代思想政治理论课的课堂教学。

最后，在慕课能否翻转思想政治理论课课堂的问题上，必须处理好慕课与现实课堂教学、校园教育的关系。其实道理很简单，思想政治理论课教学不是简单的职业技能的培训，它要做到“入耳、入脑、入心”，这个过程既是一个心对心的教育过程，也是一个全方位的合力教育过程。借鉴慕课平台及教学技术，对思想政治理论课教学中的某一问题进行有深度的思考和分析，对课堂教学改革中遇到的问题与困惑进行解读，对促进思想政治理论课教学无疑是有积极意义的。因此，慕课最多也只能是课堂教学和校园教育的补充形式，它绝对无法翻转思想政治理论课的课堂教学和校园教育。我们不能把慕课的意义无限拔高，把它看成是思想政治理论课教学改革的方向。当然，我们也应坚决反对那种认为思想政治理论课教学中完全不宜采用慕课教学的看法。思想政治理论课教学运用慕课方式，一定要分清主次，不能以它替代课堂教学。

无论怎样，基于多媒体教室的课件型的教学，应该是思想政治理论课教学的一种最基本的教学方式。这种教学方式是当前被教师普遍采用的一种教学方式，它完成的是课程的教学目标、教学内容、教学难点和重点、教学案例分析等，它可以配合板书、手势等进行讲解，完成师生的互动、讨论、情感交流，它有利于激发学生的参与意识和学习意识。但是，辅之以这种基本的教学方式的其他方式则可以是多种多样的。例如，基于网络交流工具的个别辅导，基于慕课方式的补充性讲解，课后的交流、讨论等。

3. 思想政治理论课教学方法的多样性

教学是一门艺术，采用什么样的教学方法教学和怎样灵活地采用教学方法教学，直接关系到教学效果的好坏。多年来，思想政治理论课教学改革中形成的方法多种多样，最关键的问题是如何灵活地运用思想政治理论课的教学方法。“教育有法，教无定法，贵在得法。”思想政治理论课教学的“贵在得法”，是使思想政治理论课教学产生真正实效的重要手段。在教学方法上，我们需要研究四个“怎样做到”：一是怎样做到依据学生的思想特点、心理特点，把合适的教学方法灵活地运用到教学中；二是怎样做到通过运用一定的教学方法充分发挥教与学的主体作用，达到教学的效果；三是怎样做到通过运用一定的教学方法达到传授马克思主义基本理论知识和进行思想政治教育的目的；四是怎样做到进一步优化教法、注重学法，使教法和学法得到缜密的整合；等等。

在思想政治理论课的教学中，多媒体课件的教学固然重要，有一些突出的优点，它能将抽象的理论以生动形象的形式展现给学生，既增强了教学的吸引力和感染力，又有利于教师突出教学重点，化解教学难点，便于学生理解和掌握，提高其学习效率，同时还能增大课堂信息量。在教学中配合多媒体课件的教学，还可以结合学生的实际，根据教学的内容来采用启发式、参与式、互动式、案例式等方法进行教学。而这些方法更是思想政治理论课教学中必须采用的方法。

第一，联系实际法。思想政治理论课教学中一定要做到理论联系实际，这个“实际”主要是三个方面：

一是联系教学对象实际，充分考虑教学对象的特点和需要。一般来说，高校教学对象的范围和层次有：文科专科生、本科生和研究生，理工医农科专科生、本科生和研究生。不同范围和层次的教学对象有不同的理论基础、思维水平和特点，理工医农科学生理论基础较为薄弱，在理论思维上不注重系统性、逻辑性，而文科学生特别是社会科学类学生理论基础较强，比较注重系统性、逻辑性的理论思维；专科生、本科生一般在19—22岁之间，正处于人生观、世界观的萌芽期和形成时期，而研究生一般在23岁以上，他们的人生观、世界观已初步形成，需要进一步得到巩固。因此，不同范围和层次的大学生对思想政治理论课的教学有不同的需求，这就要求教师能够针对教学对象实际组织教学。

二是联系教学对象的思想实际，充分考虑教学对象的思想特点和需要。当代大学生具有强烈的爱国热情和求知欲望，他们开拓意识强、思维活跃敏感，但理论思维能力较弱，特别是在复杂的国际国内环境之中，各种社会现象对他们有着深刻的影响，使他们的思想受到侵袭和干扰，加之社会存在的复杂性也使他们在现实面前对马克思主义理论产生模糊的认识和困惑的心理。例如，马克思主义理论究竟有没有时代性，有没有现实感？资本主义是否必然走向灭亡，社会主义是否必然取得胜利？马克思主义真的“过时”了吗？等等。这些问题对大学生有着相当大程度的困扰。这就要求教师能够了解大学生的思想实际，知道他们关注的热点、焦点，洞察他们的模糊认识和思想困惑之所在及其产生的原因，从他们的思想实际出发，有的放矢地组织教学，解决他们的思想认识问题。

三是联系社会经济发展的实际，充分考虑教学内容的时代性和鲜活性。既要把马克思主义理论与时代的变化联系起来，加强马克思主义理论的时代感、感召力，也要把马克思主义理论与正反两个方面的社会历史和现实的实际结合起来，增强大学生对党的现行的基本路线、方针、政策的理解和对中国特色社会主义理论体系的理解，更要把马克思主义理论与历史上、现实中的各种错误思想和思潮联系起来，增强大学生分清是非、识别正误的能力，并能自觉地抵制社会上泛化的错误思想。理论联系社会经济发展实际，不是日常生活琐事，而是当今世界发展中的重大问题，是关乎我国社会主义改革和现代化建设中的重大问题。

第二，专题教学法。专题教学法是指围绕教学重点问题，确定若干个专题而开展教学的方法。专题教学是由学术专题讲座演化而来的。20 世纪 60 年代以来，精简教学内容、减少教学课时量成为各国教学改革的一种潮流，于是，专题教学法应运而生。

在思想政治理论教学中采用专题教学法是十分必要的。一是对马克思主义庞大、丰富的理论要学得精，学得管用，就必须抓重点、把握精神实质，只有这样，才能解决学生的实际问题、提高教学的实效性。二是“05 方案”在课程设置和课程内容上的“精”和课时的“少”，使专题教学法成为讲好课的有效方法。三是围绕教学目的、抓住教材中的重点、热点、难点问题进行解疑释惑，专题教学法是一个比较好的方法。

采用专题教学法，有利于改变长期以来在思想政治理论课教学中形成的对应于教材章节顺序的授课模式，教师在对教材的基本知识、基本理论有所把握的基础上，重点选择几个专题，从纵向、横向，多角度、全方位地授课，在分析、讨论该专题的过程中丰富学生的知识，开阔学生的视野，解决学生的思想问题。这样，学生才会既获得理论内容又获得分析方法，同时提高他们分析问题和解决问题的能力。专题教学法的应用，可以激发学生的发散思维和聚合思维，为学生思考、探索、发现问题创造一种宽松的环境，为他们提供最大的研究空间。

显然，专题教学法在思想政治理论课教学中的运用，对教师提出了很高的要求。教师既要能吃透教材，从中提炼出专题，也要能够广泛地占有资料，对有关问题有深入研究，要根据学生的思想特点认真备课。

第三，互动教学法。互动教学法是指教师和学生在教学过程中发挥教学主体作用、提高教学效果的方法。教学的实践经验已经证明，它是被学生公认为课堂教学中的一种比较受欢迎的教学方法，由此也成为教学中的一个永恒方法。互动教学法具有双向主动特征，学生与教师共同处于一个教学过程中，并能主动参与教学，形成师生之间相互对话、相互讨论、相互观摩、相互交流和相互促进的教学状态。在这一过程中，教师处于“导演”地位，重在启发、引导，为学生留下足够的思考空间，培养学生善于提问、善于质疑的能力，引导学生敢于发表与众不同，甚至是与教师不同的见解，学生也有机会倾听他人的意见，发现他人的才华和能力。因此，互动教学的过程实际上是教师解疑释惑的过程，也是学生思索、实践和创新的过程。

在思想政治理论课教学中，采用互动教学法，可以充分调动学生内在的求知欲，挖掘学生自我能力展现的潜力，有利于激发学生学习的积极性，提高学生的动手和动脑能力，有利于使学生在充分表现自己才华的基础上达到对自我能力素质的再认识与再肯定，有利于增强学生的自信心。互动教学法的形式很多，主要有提问式、讨论式、座谈式、辩论式等类型。因此，它在教学中给教师提出了更高的要求，教师必须根据不同的教学内容、教学对象，有选择地采用不同的形式，既要对教学内容做好加工，也要优化教学组织环节，在课堂教学中根据实际情况不断调整教学法。为了使互动教学法的使用达到最大效果，教师还必须在不断学习本专业新知识的同时，最大限度地接触相关的人文社会科学和自然科学的知识，了解理论界的前沿动态，要有研究有分析形成自己独到的见解。互动教学法的最大长处就在于实现教学相长、师生共同提高。师生之间通过各自的积极思考，借助教学中平等交流的平台，达到理解与探索真理的目的。

第四，情感教学法。情感教学法在思想政治理论课教学中是任何方法都无法替代的。列宁曾经说过："没有'人的感情'，就从来没有也不可能有人对于真理的追求。"① 思想政治理论课课程内容的高度概括性和抽象性，对教师的教学所要求的情感素质是非常高的。教师所应具备的情感素质主要体现在情感的稳固性、情感的深度性和情感的纯洁性三个方面。

情感的稳固性是最基本的、首要的方面。情感越稳固，对学生"三观"的形成就越能产生积极的影响作用。这种情感的稳固性主要表现在具有坚定的理想信念和崇高的敬业精神两个方面。能够追求真理、拥护真理、宣传真理的老师对学生的影响是无可估量的，能够热爱自身职业、有教学的责任感和事业心的老师，能够不为功名利禄所动、不为商业化的规则所干扰，保持高度的自我约束能力，恪尽职守的老师，是值得学生信赖

① 列宁．列宁全集：第25卷．北京：人民出版社，1988：117．

的老师。

情感的深度性是教师的深邃的学术魅力和高尚的人格力量。在教学中能够把理论与实际联系起来，直面现实问题，分析和解答现实问题，能够不断加深自己对事物的认识程度，加强自身的理论修养，提高学术水平，这样的老师必然会使学生对他产生敬佩感和信赖感。深邃的学术魅力是与高尚的人格力量相统一的。中国有句古话：经师易求，人师难得。对思想政治理论课教师来说，做经师不易，做人师更难。高尚的人格必然产生积极的、健康的感召力、带动力和影响力。这种影响是巨大的，能够言行一致、教行一致的老师是受到学生尊重的。

情感的纯洁性是指良好的师德风范与坦诚的真挚情感。师德是教师的灵魂，是教师的形象，德高为师，身正为范。学生往往是通过师德风范去体会马克思主义的思想品质，通过对教师的信赖程度去推测他所讲授的理论的可信度的。思想政治理论课教师在教学中坚持马克思主义理论的科学性，在行动上用马克思主义律己做人，身教重于言教，可以让学生在教师的一言一行中感受马克思主义理论的真谛，信服马克思主义。师德风范对学生产生的影响是无形的。而坦诚的真挚情感会使学生对教师产生一种亲近感，有了亲近感，就有了吸引力、影响力。

第五章　思想政治理论课教学的“体系转化”

思想政治理论课教学的“体系转化”问题，是近些年教学改革中的一个热点问题，也是一个重要的理论和实践问题。“体系转化”的实践过程是和思想政治理论课教学的定位、教学的目标以及教学的效果密切相关的，因而“体系转化”的完成，意味着教学目标的实现、教学任务的完成，讲到底，就是教学实效的提高。从这个意义上说，促进思想政治理论课的“体系转化”，是一个不断改革、深化和完善的过程，对“体系转化”的探讨也必然成为提高思想政治理论教学实效的一项长期任务。

一、“体系转化”的内涵及其相互关系

思想政治理论课教学的“体系转化”，主要是指由理论体系转化为教材体系，由教材体系转化为教学体系，由教学体系转化为大学生认知和信仰体系的“三个转化”。所谓“体系”，就是一组理论观点能够联合起来，形成一个类似于范式的东西。体系是学说的范式，体系是理论观点的逻辑集合。在思想政治理论课教学的改革与创新中，我们把“体系”细分为理论体系、教材体系、教学体系、认知和信仰体系等，也就形成了理论体系

转化为教材体系，由教材体系转化为教学体系，由教学体系转化为认知和信仰体系这“三个转化”。

1. 理论体系转化为教材体系

从理论的建构上来看马克思主义体系就是理论体系，它是围绕研究对象而形成的逻辑严密、结构合理的知识系统，它是由一系列相互关联的概念、命题经过严密论证和推理而构成的，反映的是理论观点的逻辑架构。也就是说，理论体系指的是理论观点的逻辑集合。通俗地说，就是框架结构、逻辑关系。但是，我们一旦从学科的建构、教材的框架、教学的循序推进上来认识马克思主义体系，就会形成马克思主义的学科体系、教材体系、教学体系，从思想政治理论课课程安排的角度来看体系，就会形成课程体系，等等。然而，无论哪一类体系，它们之间都存在着紧密联系，而在多种类型的体系中，理论体系是最根本的，它奠定了向学科体系、教材体系、教学体系、课程体系转化的基础。在这个意义上，思想政治理论课教师要搞清楚马克思主义的教材体系、教学体系、课程体系，要实现教材体系向教学体系、向认知和信仰体系的转化，不研究理论体系是不可能真正做到的。只有将理论体系研究透了，教材的改进才有希望，教材体系向教学体系、向认知和信仰体系的转化也才能真正完成。

对理论体系把握的程度决定了对教材体系构建的科学性、准确性、合理性。任何一门思想政治理论课课程教材，必须先把握理论体系的严谨性。例如，在“马克思主义基本原理概论”课程的教学中，首先呈现在我们面前的是绪论和七章的结构，以及各章之间的逻辑关联，这是对教材体系的把握。然而，至于为什么会形成绪论和七章的结构，各章之间为什么会有逻辑关联，这样编排教材体系的合理性、科学性何在，等等，就必须去研究其具体的理论体系。一旦我们进入理论体系层面，认识到理论体系的构建是运用一定的方法围绕研究对象、研究主题、研究范围、研究重点内容、研究目的逐层、逐级构建起来的，找到了它的内在的逻辑主线、逻辑“灵魂”、逻辑脉络、逻辑发展，在此基础上再去把握教材体系，不仅能够抓住教材体系的关键点，而且也会在理论体系和教材体系的比较研究中矫正教材体系的不足，提出完善教材体系的方案。

此外，还必须把握思想政治理论课“05方案”课程体系的严谨性。“05方案”四门课程之间有着严密的逻辑体系。“马克思主义基本原理概论”课程主要阐释的是两大类规律，即阐明对自然、社会和思维认识各方面的客观规律，阐明对人类社会由低级向高级发展的客观规律。“毛泽东思想和中国特色社会主义理论体系概论”课程则是把马克思主义基本原理与中国的具体实际结合起来，阐明毛泽东思想和中国特色社会主义理论体系的重大理论成果。“中国近现代史纲要”课程强调的是马克思主义理论在中国历史发展中的传播，马克思主义理论在中国革命胜利中的指导地位和作用。“思想道德修养和法律基础”课程是运用马克思主义理论来解决大学生在成长成才过程中遇到的实际问题。可见，“马克思主义基本原理概论”课程的教学讲的是马克思主义的世界观和方法论，在对大学生进行教育的过程中，为其他三门课程教学提供了科学原理和科学方法，反过来，其他三门课程也为“马克思主义基本原理概论”课程的教学提供了联系实际的素材。在后三门课程中，“毛泽东思想和中国特色社会主义理论体系概论”课程的教学讲授的是马克思主义中国化的历史进程，在对大学生进行教育的过程中，也会使后两门课程的教学明确了马克思主义理论的指导地位和作用，反过来，后两门课程又为“毛泽东思想和中国特色社会主义理论体系概论”课程的教学提供了揭示马克思主义中国化历史规律的材料和怎么去认识社会主义的实际材料。后两门课程的教学都是对马克思主义理论的运用，“中国近现代史纲要”课程对大学生进行的是历史的教育，而“思想道德修养和法律基础”课程对大学生进行的是道德的、法制的教育。思想政治理论课四门课程的体系，从理论原理、理论发展和理论运用的统一上，从理论、历史与现实的统一上构成了一个严密的逻辑整体。

也必须看到，教材体系与理论体系在本质上是具有一致性的。教材体系的构建必须以理论体系为基础，反映理论体系的内容，但在用于教学实践时，教材体系与理论体系又确确实实是两个不同层面的东西。在体系转化过程中，教材体系是介于理论研究与理论叙述之间的重要环节。如果说理论体系是理论研究成果的逻辑叙述，教学体系是理论研究成果的具象叙述，那么，从理论研究成果的逻辑叙述到理论研究成果的具象叙述，必须要经过教材体系的构建。教材体系的构建，既要考虑理论研究成果逻辑叙述的进程，也要考虑理论研究成果具象叙述的进程。这就要求教材体系在构建中，首先必须遵循理论体系的要求，在概念、命题、理论内容和整体性要求上都必须与理论体系保持高度的一致性，要有理论的全面性、严谨性。但是，教材体系又无法像理论体系那样在构建中不考虑其他因素，它不仅要坚持理论体系的科学性、严谨性，而且还必须要“精”和“管用”，必须具有简明性、实用性、针对性的特点，这就要考虑教学的要求，根据教学的要求构建体系。教材体系在内容上可以有删节、有补充、有侧重，结构也可以有所调整，教学中，为增强大学生对教材内容的理解，可以对教材内容讲授的先后顺序进行调整。因此，我们说，要研究教材体系，就必须要研究理论体系，此外，还必须研究教学的要求；要研究教材体系向教学体系的转化和教学体系向大学生认知和信仰体系的转化，就必须要研究理论体系向教材体系的转化。

2. 教材体系转化为教学体系

教材体系转化为教学体系处于理论体系转化为教材体系、教学体系转化为大学生认知和信仰体系的中间环节，是“三个转化”的关键步骤，也是近些年思想政治理论课教师在研究中最为关注的“一个转化”。

在教材体系向教学体系转化的过程中，首先必须研究教材体系，这是完成教材体系向教学体系转化和教学体系向学生认知体系、信仰体系转化的前提和基础。以“马克思主义基本原理概论”课程为例，《马克思主义基本原理概论》教材体系无疑是对马克思主义基本原理理论体系在内容上做出取舍后的一个重新编排。关键问题是：内容取舍的标准是什么？教材的体系结构是什么？如何体现整体性？解决问题的基本原则主要有三个方面：

其一，思想路线与逻辑主线的统一。在马克思创立马克思主义的过程中，实现无产阶级解放并最终解放全人类是马克思研究的思想路线，揭示人类社会发展的客观规律是马克思进行理论研究的逻辑主线。思想路线与逻辑主线是高度统一的，逻辑主线的形成是以思想路线为基础的，而思想路线又是为逻辑主线的形成服务的。没有思想路线，就形成不了逻辑主线，没有马克思毕生要实现无产阶级解放并最终解放全人类的思想宗旨，就不可能有他毕生对资本主义生产方式运动规律探索的追求，也就不可能有对人类社会发展规律的揭示。正因为马克思主义是思想路线与逻辑主线的高度统一，马克思主义才具有阶级性与科学性的高度统一、学术性与意识形态性高度统一的重要特征。而阶级性与科学性的高度统一、学术性与意识形态性的高度统一，正是对马克思主义理论特征的反映，也决定了马克思主义基本原理在教材体系形成中做内容取舍的一个标准，体现马克思主义基本原理整体性的基点。

其二，学术性与意识形态性的统一。自马克思主义诞生之日起，它就充分展现出意识形态性与学术性的统一。也就是说，马克思主义始终是以其在时代和实践变化中不断发展创新的严密的理论体系、严谨的理论观点和方法，以其在人类思想史上不可逾越的知识成果和思想精华的地位，成为意识形态的。学术性与意识形态性是紧密联系在一起的，是相互渗透、无法分割的，它好比“一枚硬币的正反两面”。理论界有学者把马克思主义区分为“学术研究的马克思主义”和“意识形态的马克思主义”，这种区分在一定程度上把当今中国对马克思主义理论的研究和宣传割裂开来了，似乎学者可以专门从学术上去研究马克思主义，而宣传者则可以专门去讲意识形态的马克思主义。这是对马克思主义的割裂，不仅肢解了马克思主义，而且也有碍于推进马克思主义大众化。推进马克思主义大众化，是要贴近人们的思想实际、贴近人民关心的问题、贴近大众的生活，把理论成果转化为人民大众喜闻乐见的生动形式，从大众生活的角度来阐释马克思主义理论的深刻内涵，用大众熟悉的语言来回答人民关心的实际问题，这个过程并不是没有学术含量和学术品位的。学术研究是宣传教育的前提，宣传教育是学术研究通俗化的载体。加强宣传教育不等于削弱学术研究，相反，宣传教育中遇到的诸多需要解决的问题会推动学术研究的广泛性和深入性。加强宣传教育也不等于以削弱学术研究为代价，相反，宣传教育是学术研究的必然延伸和展开。理论只有走向人民大众，才会有影响力；理论只有深入人心，才会有价值和力量。推进马克思主义大众化，必须把握宣传教育与学术研究的统一，割裂马克思主义理论，推崇“学术研究的马克思主义”与“意识形态的马克思主义”的区分是不合适的。这也是马克思主义基本原理在教材体系形成中内容取舍的一个标准，以及体现马克思主义基本原理整体性的基点。

其三，理论与实践的统一。马克思主义不是远离社会生活和脱离社会实践的书斋理论，而是深深地植根于实践，并随着实践的发展而不断发展。它作为广大人民群众伟大实践的理论结晶，又作为无产阶级革命的理论武器而存在。一个马克思主义者如果不懂得从改造世界中去认识世界，又从认识世界中去改造世界，就不是一个好的马克思主义者。理论与实践相统一，实际上就是理论联系实际。在这个问题上是存在多种需要克服的情况的。一是轻描淡写地在理论之外捎带讲解点实际，不触及问题的根本，把理论和实际变成“两块皮”。二是干脆抛开理论，不着边际，和理论不相干地漫谈实际，也不触及问题的根本，同样是把理论和实际变成“两块皮”。三是把理论单纯地变成证明现实、依附政治和揭示政策的工具，把理论与实际对号入座，机械地套用到实际中去，这是对理论联系实际的误解。四是认为理论一定要解释现实，如果解释不了现实，理论就是错误的，就是没用的，这同样也是对理论联系实际的误解。理论与实践的统一，说明理论是从实践中形成的，先进的科学的理论对当下的实践来说是超前的，如果落后于实践就是过时的，先进的科学的理论是指导实践的，而不是用来解释当下的实践的。所谓指导实践，也就是说，要把先进的科学的理论中的一般的、原则的、抽象的理论与实践结合起来，这个结合不是一个简单的用理论去解释现实的问题，而是包含着理论在实践中升华、产生活力的问题。这同样也是马克思主义基本原理在教材体系形成中内容取舍的一个标准，以及体现马克思主义基本原理整体性的基点。

此外，还必须整合教材内容，这是完成教材体系向教学体系转化的必经步骤。整合教材内容是精心设计教案的过程。正确处理教材与教案之间的关系是实现这一转化的重要问题。一是在坚持教材体系、教材思路、教材内容的基础上，重新梳理、整合教学内容。可以打破教材的章节结构进行教案的构思，从抽象的概念、理论中确定出具体问题，例如，《马克思主义基本原理概论》教材中的第六章，在转化为教学体系的过程中，可以打破教材结构，确定为“马克思主义科学社会主义基本原则与经济文化落后国家的具体实际辩证统一”的问题，并围绕这一问题重新整合教材中该章的内容，进行教案的构思。二是在整合教材内容的过程中，一方面要对教材内容进行合理的取舍，抓住教材内容的重点；另一方面必须融入大量的实际材料，以图表、数据、案例等说明问题。例如，在对“马克思主义科学社会主义基本原则与经济文化相对落后国家具体实际辩证统一”问题的教案编写中，要以苏东剧变的历史事实、中国特色社会主义发展的巨大成就及存在的问题，说明马克思主义科学社会主义基本原则与经济文化比较落后国家具体实际辩证统一，体现在理论、道路、制度的统一上，反映在社会主义的成功与失败、经验与教训之中，同时也进一步说明马克思主义科学社会主义基本原则与经济文化相对落后国家的具体实际相统一的过程是艰巨的、复杂的、曲折的过程，社会主义是在这种艰巨、复杂、曲折的过程中向前推进的。三是在教案编写中，还必须准确把握教材的重点、难点、热点问题，以重点、难点、热点问题来突出教材的内容。例如，《马克思主义基本原理概论》教材中的第六章，要突出对马克思主义科学社会主义基本原则这个重点难点的认识和把握，只有准确把握了这一问题，才有可能讲清楚社会主义的发展及其规律性的东西。四是充分认识大学生获取信息的渠道多、创新意识强的特点，把理论和现实结合起来，不仅是和社会经济发展的现实结合起来，直面现实问题，加强理论的科学性、严肃性和权威性，而且还必须与理论界的相关最新研究成果结合起来，扩大理论的信息量，反映理论研究的前沿性、发展性，同时又注意理论阐述的通俗性、生动性。

教材章节的学时安排也是教材体系转为教学体系的一个内容。“05方案”每门课程在课时上的共同特点就是时数少、内容多，合理设计和安排章节学时就显得尤为重要。以教材为依据，根据教学内容的整体安排，把握教材各章节在整个教学体系中的位置，围绕教学目标抓住教材内容的重点，解决内容多而时数少的问题。在此基础上，按照教学计划分配教学时数，确定每个教学时数内所要完成的教学任务。

教材体系转化为教学体系的过程，是根据教材体系的要求构建教学体系的过程。这就是说，这一转化既不能抛弃教材，也不能照搬教材，教案的编写既要遵循教材，又不同于教材。其实，在教学实践中，我们常常不是照搬教材体系来安排讲课的体系，就是远离教材体系来讲课。尽管近年来，许多高校在探索思想政治理论课教学的新方法、新途径等方面进行了改革的实践，但对教材体系如何转化为教学体系还是缺少比较系统和科学的研究，从我们看到的一些“精品课”全程教学示范片、教案和多媒体课件来说，基本上仍然是教材体系的直接翻版，并没有能够实现教材体系向教学体系的转化。在教学实践中，有的老师把教材体系向教学体系的转化看作教学方法的改革问题，看作课堂教学怎么生动化、通俗化的问题。但这是“转化”的一部分内容，不是全部。我们甚至可以认为，教学方法问题，课堂教学的生动化、通俗化问题，实际上是教学体系向大学生认知和信仰体系转化的内容。教学体系是教师根据具体的教学实际，遵循教材体系的要求而构建起的体系。它是教师有目的、有计划地讲清楚定向的教学内容、完成定量的教学任务的过程。教学体系在内容上必须与教材体系相一致，但在教学内容的安排上、在教学进度的安排上则可以对教材体系进行重新编排，可以根据学生的思维实际和接受实际、根据现实发展中最突出的重大问题选择教学内容，根据教学的环节、教学的方式方法安排教学进度，也可以将理论界关于问题研究的成果纳入教学过程。这就是说，教学体系的构建，虽然要体现理论的逻辑性，但更要体现接受理论的逻辑性，着重于怎么使学生能听懂、能接受，保证学生能够正确地理解马克思主义理论，运用所掌握的理论知识解决现实问题。因此，在教材体系转化为教学体系的过程中，教材体系是形成教学体系的基本依据，教师必须吃透教材，深刻理解教材的总体思路。这还不够，教师还必须根据学生的思维实际和接受实际，把现实发展中最突出的重大问题和理论界关于问题研究的成果，整合进教学内容中，而对教材内容的整合反映的则是教材内容向教案内容的转化。从这个意义上说，在教学中，教材体系只是起着教学辅助手段的作用，而教学体系则应该成为教学的重要载体。

3. 教学体系转化为认知和信仰体系

在“三个转化”中，根本的是前两个转化，因为前两个转化完成的情况，直接关系到第三个转化的效果。也就是说，第一个转化着重于理论研究，第二个转化着重于教学研究，第三个转化则是理论研究和教学研究结合在教学实践中产生的效果。按照这样的理解思路，任何一门思想政治理论课课程的教学效果如何，最终能不能在大学生那里真正转化为认知和信仰体系，不仅在于各门课程的教材编得怎样，而在于教师对教材把握得怎样，在于教师能否把教材体系转化为教学体系，构建一个既能反映教材体系又能符合学生思想特点的、能够内化为学生信仰的教学体系，还在于教师在教学实践过程中能否根据教学对象、教学目标、教学情境等具体情况贯彻教案内容。教学体系转化为大学生认知和信仰体系，是一个由多种相互关联的教学要素组成的系统工程，是一个由教学形式设计和教学组织实施组成的整体化运作过程。因此，思想政治理论课教学实效的提高是“三个转化”中缺少任何一个都难以实现的问题。

基于前两个转化，教学体系向大学生认知和信仰体系的转化，具体表现在以下方面：

第一，强化教学形式设计。教学形式设计包括课堂教学设计、课外教学设计、实践教学设计等多个层面，是教师为完成、优化教学目标，运用系统方法整体组合各教学因素和环节，为学生设计的教与学的操作计划方案。因此，教学形式设计首先是以学生为中心的教学设计，一切设计活动都以学生的学习为出发点，确定学生的需求和教学中需要解决的问题，并提出满足学生需求和解决问题的方法和步骤。这就要求教师要站在教书育人、培养高素质人才的高度，不断钻研探索，掌握更多的教学形式设计技术。其次是创设达到教学目标的情境和环境的教学设计，通过现代信息技术给学生理解和分析问题的一个学习情境，在思维方法上给学生提供学习的空间，引导学生进行创造性的思维实践活动。例如，有的高校在思想政治理论课教学中创设了“虚拟实践教学”，就是为了使学生顺利地掌握学习内容，尽快地达到学习目标。显然，这种教学设计是与学习内容相统一的、与学习过程相协调的，它的作用就在于推进学习的进程。

教学形式设计是教师有目的、有意识的一种活动，从教与学的角度进行“如何教”“如何学”的安排，有一定的技巧，因而是一门艺术，更是一种技能。教学形式设计一旦趋于完善，并形成一种较为稳定的教学活动结构框架和活动程序，就成为“教学模式”。如果把“三个转化”联系起来看，教学模式形成的前提是一定的教学理念和教学思想，教学模式的落实则是教学活动和教学实践，因此，教学模式是联系教学思想与教学实践的纽带和桥梁。教学模式的这一性质决定了思想政治理论课改革中教学模式构建的重要性。由于教学模式具有多样性、可操作性、开放性、稳定性、个性化等特征，使得思想政治理论课的教学模式多样化。如有的高校构建的是由课堂教学、网络教学、实践教学三个环节构成的“三位一体”教学模式，有的高校构建的是专题教授、经典研读、思想论坛、实践体验和综合考核五个环节组成的“五环一体”教学模式，有的高校则是以“理论教学”和“实践教学”两个环节为抓手，由“第一课堂”“第二课堂”“第三课堂”组成的“三课一体”教学模式。凡此种种，不一而足，说明了不同高校不同教师群体对教学理念有着不同的认知、理解及运用，从而也就相应地会形成不同的教学模式。但无论怎样，都表明了各自的教学模式有一定的适用范围与运作条件，有其自身的特色。

第二，强化教学语言的生动形象表达。教学语言是教学的第一要素，是教师在课堂教学中表达思想、交流感情、传递知识信息的重要工具。教师的语言能力怎样，直接影响着教学效果。如果教学语言生动感人，妙趣横生，能够集思想性、知识性、科学性于一体，学生听起来就会津津有味，如果教学没有良好的语言组织和语言表达，讲课生硬呆板，空洞说教，学生必然会感到枯燥乏味，气氛沉闷，昏昏欲睡，收效甚微。

教学语言在思想政治理论课教学中的运用具有如下特征：

一是鲜明的思想性。首先，思想政治理论课的特殊性决定其教学语言必须遵循科学严谨的原则。坚持正确的导向，对问题的阐述和解释必须做到科学精确，对党的路线、方针和政策的宣传和解读必须做到完整准确，对经典著作的引证和分析，不能断章取义，不能让学生产生误解。其次，是必须要有准确性和逻辑性。对概念、定义、定理的描述要准确运用专业术语，不能有丝毫的含糊，不能有任何的随意性，不仅要正确无误，而且要严谨恰当。对每个理论问题的讲解，以及理论与理论之间关系的阐述，都要符合逻辑要求，符合由浅入深、由表及里、由具体到抽象、由特殊到一般的认识规律，要有发展的观点，避免绝对化和片面性。最后，必须要有高度的政治性和丰富的容量性。所谓“高度的政治性”，即教学语言必须有明确的社会政治方向，教师必须有强烈的社会责任感，充分发挥理想教育和思想引导的功能。所谓“丰富的容量性”，即教学语言必须围绕教学目的容纳海量的信息，使学生通过老师的教学有获得感，有充实感，从而引导学生积极思维，激发学生学习兴趣。

二是生动的形象性。思想政治理论课具有很强的思想性、政治性，如果在教学语言上一味地追求鲜明的思想性，则很难抓住学生的思维，调动学生学习的积极性，因此必须在生动的形象性上下功夫，使枯燥的理论内容生动化，抽象理论的教学形象化。例如，马克思的《资本论》，其语言的学术性和抽象性，给人们读懂它、理解它造成了一定的困难，而如果将《资本论》的理论内容和学术语言通过漫画或人物的对白等形式表现出来，效果就大不一样了。思想政治理论课的教学也是这样。如果在教学中通过生动的语言，运用一些事例、故事甚至是至理名言进行形象的描述，阐述深奥的理论，必然能够引起学生对教学内容的关注和兴趣，提高学生对教学信息的接受和反馈效率。教学语言的生动形象是思想政治理论课教学语言艺术的核心。只有运用轻松自然、活泼愉快的语言，把抽象的概念具体化，把深奥的道理形象化，把枯燥的知识趣味化，使学生在轻松的氛围中获得理论，才能达到教学的目的。

三是有效的激励性。学生总是很重视老师对所教内容的看法及对自己的评价。思想政治理论课教学中，老师如果对教学内容有很大的激情，对学生有很热情的期待，特别是能够通过丰富的情感语言来表达对自己职业的热爱，就能引起学生的关注和重视，使学生从认知走向信仰。

第三，强化教学方法、手段的创新。教学体系转化为认知和信仰体系，必须创新教学方法和手段。在思想政治理论课教学实践中，有的老师提出了“以多样化教学方法为中心，激活理论教学主场所”的问题，把多样化教学方法概括为分层式教学方法、项目式教学方法、“双师制”教学法。其中，分层式教学方法是指根据学生的现实水平和接受能力的差别进行分层教学，有针对性地、循序渐进地引导学生提升理论水平；项目式教学方法是指把教材内容和职业的实际需要与校企合作项目结合起来，引导学生将理论知识学习、实践能力培养和综合素质提高三者结合起来，促进学生知识的接受和内化；“双师制”教学法是指业内专家、企业技术能手、法院的法官、知名的劳模等与思想政治理论课教师同上讲台，以树典型的方式让学生接受思想政治教育①。

还有的老师提出了“精心组织教学、设计教学，最大化实现由知识体系向信仰体系的转化”的措施，具体为强化实践教学机制、发挥课内多种教学模式的相互作用、运用网络平台的优势。在强化实践教学机制方面，提出构建多层次、覆盖全校大学生的实践教学体系，引导、鼓励大学生将知识运用于实际，进行知识的再创造，并最终转化为能力、智慧和创新的精神与气质，在实践中培养大学生正确的世界观、人生观和价值观。在发挥课内多种教学模式的相互作用方面，强调通过学科备课组的团队优势“因材施教”，通过针对性教学、差异性教学、参与性教学和多样性教学等方式，强化大学生对知识的自我认知，并提升其能力空间和信仰塑造。在运用网络平台的优势方面，实现课上与课下的互补，打造师生互动新平台，丰富教学内容，弥补课时不足或教师资源、教室资源相对不足的问题②。

教学手段和方法的创新，是近些年来思想政治理论课改革卓有成效的方面，成果也相当丰厚。有一些老师结合课堂教学的实际，提出了可供借鉴的方法。例如，综合运用“事件教学法”、“衔接教学法”与“形象教学

---

① 于红．高职思想政治理论课教学体系向信仰体系转化略论．学校党建与思想教育，2012(3)．

② 刘建华，黄延敏．高校思想政治理论课由知识体系向信仰体系转化路径的思考．产业与科技论坛，2012(20)．

法”进行教学。所谓“事件教学法”，是指选取与课程知识相契合、有内在逻辑关联的事件和细节展开叙事与分析，引出问题，引发思考和互动，从而展开教学内容。所谓“衔接教学法”，是指以问题为核心、以问题的转换为逻辑线索揭示知识的内在逻辑和演化过程。所谓“形象教学法”，是指运用生动形象的语言、符号和图形，化抽象为形象，将思想政治理论转化为高度概括且高度形象的知识图景①。在课堂教学中，综合运用这些方法进行教学是教学体系转化为大学生的认知和信仰体系不可或缺的。

二、“体系转化”与教学理念的实践

在思想政治理论课教学中，“体系转化”与教学理念具有内在的联系。“体系转化”能否完成、完成的效果怎样，同教学理念内化与外化的程度直接相关。在“体系转化”三个方面的转化中，第一个转化着重于理论研究，第二个转化着重于教学研究，第三个转化则是理论研究和教学研究结合在教学实践中产生的效果。前两个转化完成的情况决定最后一个转化能否成功，而前两个转化能否完成与教师是否有科学的、合理的教学理念密切相关。教学理念的内化和外化，决定着第三个转化成功的效果。

1. 教学理念的形成和内化是完成“体系转化”的前提

由于教学理念是教师对教学和学习活动内在规律认识的集中体现，也是教师从事教学活动的基本信念，它融入了教师对教学行为的一定的价值倾向和价值选择，是确定教学目的、教学内容、教学方法和教学手段的基本指导思想，因而教学理念既是教师对教学和学习活动内在规律的一种认知，这种认知的多少、深浅，既取决于教师的能力和素质、层次和水平，也是教师对待教学活动的一种态度或信念，反映了教师从事教学活动的一种思想状态。

① 宋剑，邓坤金. “两个转换”是高校思想政治课教学的基本矛盾. 学理论，2009 (2).

由于思想政治理论课教学中的多种教学理念，如研究性教学理念、学科性教学理念、开放式教学理念、团队合作教学理念等，都是人们在一定的教学理论认识基础上形成的关于理想教学的观念，都是时代的产物，都是与教学思想传统和教学实践现实紧密联系的，因而既可以从教育教学的历史中找到这些教学理念的踪迹，也可以在当下的教学实践中发现其踪影，但这些教学理念又具有超前于教学实践的特点，引领着教学实践。

教学理念的认知性和超前性，以及教学理念与教学活动的紧密性，使它成为“体系转化”的重要前提。首先，教师必须研究教学理念。教学理念是教师对教学的一种认识，是进行教学的内在依据和基础。接受过教育教学专业培养的老师，在学习阶段都不同程度地学习和研究了教学理念，并且对我国教育历史中的教育学和教学论都有过研究，对历史上的苏霍姆林斯基的教学理念进行过认真的分析，对中国教育学发展中借鉴国外教学理念并形成多元化的新的教学理念有过探讨。但是，在思想政治理论课老师中除少部分来自师范院校，接受过这类的教育外，大部分老师是没有这方面经历的，这就需要教师在进入教学的整体过程之前，必须对教学理念做出研究：既要搞清楚国内外教育历史的发展中已有的教学理念，也要对当前教育现实中存在的教学理念做进一步的了解，把握教学理念的变革和根本性转变。在关注教育教学的文化传递功能的同时，更加关注教育教学的文化创新功能；在关注教育教学促进社会发展的工具理性的同时，更加关注教育教学促进人的全面发展的作用；在关注教育教学的统一性的同时，更加关注教育教学的多样性；在关注系统知识的传递和知识传授的同时，更加关注现代社会的知识形态、知识生成和知识传播的实践价值和创造意义；在关注学生学习过程的发现性、体验性、表现性的同时，更加关注学生学习的态度、情感和价值观。如爱因斯坦所说：“用专业知识教育人是不够的，通过专业教育他可以成为一种有用的机器，但不能成为一个和谐发展的人。要使学生对价值有所理解并产生热烈的感情，那是最基本的。”① 以此为基础，要进一步探讨教学与人的发展的内在关联、内在价值

① 爱因斯坦．爱因斯坦文集：第3卷．北京：商务印书馆，1979：310.

与内在意蕴，关注人的生命价值，关注人的终极发展，确立起“以人的发展为中心”的教学理念。

其次，教师必须形成教学理念。教学活动是由教师的“教”和学生的“学”共同组成的，教与学是不可分割、缺一不可的。“教”离不开“学”，“学”也离不开“教”，既不存在没有“学”的“教”，也不存在没有“教”的“学”。因此，教学是师生之间“教”与“学”整合的过程。那么，“教”与“学”如何整合才能达到最佳效果，对老师来说必须要形成科学的教学理念。基于建构主义的教学理念认为，知识是产生于人与环境的相互作用，是人对现实世界的理解和意义建构的结果，学生的学习是学生个体原有概念的改变、发展和重建的过程，是学生个体实现认知建构与社会建构的统一过程。教学的目标不是完成既有知识的传递，而是使学生具有以科学探究能力为核心的多方面的科学素养。在基于建构主义教学理念主导的教学模式中，学生是教学的主体，是知识的主动建构者和探索者，教师是学生学习环境的组织者、协调者，是学生学习的促进者。显然，这种相对于传统的教学理念的新的教学理念，是每个思想政治理论课教师首先必须要形成的教学理念。此外，根据思想政治理论课教学的特殊性，老师在形成教学理念时还必须贯彻思想政治理论课教学的有效性原则。例如，学术性与意识形态性相统一的原则、理论联系实际的原则、“体系转化”原则、启发性原则等。老师必须认识到形成教学理念对于转变教学行为、实施有效教学，进而提高教学实效具有决定性的意义。

最后，教师必须将教学理念内化于心。学习了、了解了教学理念并非就是认同了教学理念，从学习和了解到认同、接受并内化需要一个过程。在社会心理学或人格心理学中，内化是指个人认同社会的价值观或行为规范并将其作为自己心理素质的一部分的过程；在认知心理学领域，内化则是指对抽象概念、规则的习得过程。教学理念的内化是老师将已经学习到、了解到的教学理念转化为自己的思想，并将其作为教学行为价值判断的标准的过程。教学理念的内化不仅受外来的教学理念的影响，还会基于教学实践不断总结提升。只不过，前者的内化表现为对教学理念评价认同的内化，而后者的内化则表现为一种自觉的内化。思想政治理论课教师必须基于对教学理念的理解、认同而进一步深入内心，变成自身的素质，才能完成“体系转化”。因此，教学理念能否内化于心，成为“体系转化”能否完成的先导。一旦基于建构主义的教学理念、研究性教学理念、学科性教学理念等内化于心了，教师就会自觉地对教材内容有准确的、科学的把握，就有可能在研究教学对象思想特点、社会环境特点等的基础上，根据教学的目标要求等将理论体系转化为教材体系，将教材体系转化为教学体系；一旦这些教学理念和开放式教学理念、团队合作教学理念、“尊重的教育”教学理念等都内化于心了，教师也就有可能根据思想政治理论课的要求，把马克思主义理论与大学生的思想困惑、社会经济发展的实际结合起来进行教学，实现由教学体系向大学生认知和信仰体系的转化。

2. 教学理念向教学实践的转化是完成“体系转化”的关键

教学理念是观念层面的，而教学实践则是现实的。教学理念转化为教学实践，就意味着要由观念层面走向现实层面。教学理念与教学实践的对接，观念层面与现实层面的统一，是“体系转化”能否完成、完成的效果怎样的关键。

首先，教师必须研究教学理念如何转化为实践。思想政治理论课教学并非缺乏先进的教学理念，思想政治理论课教师也并非不能接受先进的教学理念，或难以形成先进的教学理念，问题在于先进的教学理念如何落实在教学实践中，也即如何架起沟通教学理念与教学实践的桥梁。唯有如此，才能完成“体系转化”。

思想政治理论课教学如同其他课程的教学一样，在现实中，存在着教学理念与教学实践相脱节的现象，教师对先进教学理念的实践途径把握不到位、选择不敏锐，从而很难通过先进教学理念的实施完成“体系转化”而达到课程教学的实效。

例如，学科性教学理念作为一种对思想政治理论课教学产生学理性支撑作用的新的教学理念，对教师如何通过“体系转化”搞好思想政治理论课教学具有极大的促进作用。然而，大多数思想政治理论课教师尽管对这一教学理念有所认识，并且也能认同并接受，但是在落实到思想政治理论课教学实践中时却茫然失措。这就需要教师深入研究这一教学理念如何实践的问题。教师要在了解和把握学科性教学理念的基础上，理解马克思主义理论学科与思想政治理论课教学之间的关系，特别是理解马克思主义理论学科能从哪些方面有助于完成思想政治理论课教学的“体系转化”并提高教学的实效，把这些理解和认识化为实际行动。任何一种教学理念都内含着一个完整的教学思维，一种教学理念落实于教学实践所需要的核心教学行为，是可以从蕴含其中的教学思维中演绎出来的，学科性教学理念也不例外。我们看一下中共中央宣传部、教育部印发的《普通高校思想政治理论课建设体系创新计划》（简称《计划》）就一目了然了。《计划》指出，要“把马克思主义理论学科建设成为哲学社会科学优势学科，构建以马克思主义理论学科为引领、相关学科为补充，有效支撑思想政治理论课建设的学科体系”。也就是说，要通过马克思主义理论学科的建设形成一批具有学科特色和广泛影响的理论创新成果，并把这些成果融入思想政治理论课教学之中；要通过马克思主义理论学科的建设培养一批马克思主义理论学科领军人才，使他们成为思想政治理论课教学的中坚力量；要通过马克思主义理论学科的建设搭建高端马克思主义理论教育和研究平台，为思想政治理论课教师提供交流机会；等等。通过这些方式，完成思想政治理论课教学的“体系转化”，提高思想政治理论课的教学效果。《计划》关于“努力建强马克思主义理论学科，形成以马克思主义理论学科为引领、相关学科为补充的思想政治理论课学科支撑体系”的说明，从培养教师、提升教师理论素养的角度说明了学科性教学理念与思想政治理论课教学实践的统一性，强调了教学理念向教学实践转化在“体系转化”中的关键作用，为我们理解教学理念如何与教学实践对接的问题提供了重要的路径。

由此可见，教学理念在教学实践中的落实，有赖于教师在认同并接受先进的教学理念的基础上，进一步去研究落实的路径和方法。只有明确了落实的路径和方法，先进的教学理念才能够通过教学行为体现出来。与此同时，教师的教学行为受其理念的影响，并且通过理念与行为的一致性来实现教学的效果。

其次，教师还必须善于从教学实践中探索教学理念的有效性。教学理念与教学实践之间是一种内在的、反思的、批判的关系，教学理念源于教学实践，是对教学实践经验的概括和总结，并上升为一种系统的观念，同时教学理念也会随着教学实践的发展而不断完善，这就要求教师在教学实践中运用教学理念、反思教学理念、实现教学理念对教学实践的超越。这个过程实际上是新的教学理念的生成过程。

教师在运用教学理念、反思教学理念、实现教学理念对教学实践超越的过程中，一是要具有探索、求异精神，能够将教学理念与自己的教学特点和教学对象的实际结合起来。因为教学理念的落实过程必须是一般性与特殊性结合的过程，这种结合越到位、越深入，教学理念向教学实践的转化就越贴切、越有实际意义。探寻一种能够彰显教师自身个性特点、适用于教学对象的教学模式和方法本身，也正是对所运用的教学理念的完善。二是要有从对问题的反思中完善教学理念的态度，强化问题意识、优化教学行为。教学经验证明，在教学过程中，越是能够正视、反思问题和弊端，从反思中明晰问题的症结及原因，从反思中生成解决问题的路径和方法的教师，越是能够对新的教学理念运用得得心应手，越是能够从教学实践中阐发新的教学理念。例如，针对课堂上教师滔滔不绝、学生昏昏欲睡的现象，将研究性教学理念运用于教学实践，强化学生学习的主体性，通过把学生自主学习和合作学习与老师的指导性学习结合起来，开展课程问题的启发式探讨，可以激发学生学习的兴趣和创造力，这既是教学理念对教学实践的指导和运用过程，也是通过教学模式和方法完善教学理念的过程。三是要从对教学理念本身优劣的探索中完善教学理念。一般而言，只有符合教育发展规律的教学理念才是对教学实践有指导意义的教学理念。但是，在教学的实践过程中，随着时代的发展和变化，随着教学对象的发展和变化，一种教学理念可能会过时，一种教学实践也有可能会产生消极作用，这就需要教师或是对原有的教学理念给予补充、批判或否定，或是构建新的教学理念。

最后，教学理念的落实和完善是完成“体系转化”的重要保证。例如，在教学体系转化为大学生认知体系和信仰体系的过程中，教师主导着教学的整个过程，其教学行为表现反映了教师的教学理念和教学能力。如果教师在落实研究性教学理念、“以人为本”“尊重的教育”的理念中，能够把教学的重心放在清晰地讲解知识要点上，放在引导和调动学生思维上，能够通过现代化的教学手段将自己的教学理念和教学能力展现出来，就能够实现教学体系向大学生认知体系和信仰体系的转化。如果教师较少关注学生的心理和思想特点，教学目标单一，教学方式呆板，忽视思维引导与兴趣激发，灌输多启发少，那么，不仅不能传达新的教学理念，更谈不上完善教学理念，“体系转化”也是一句空话。

3. 教学理念的外化是“体系转化”的载体

教学理念的外化，实际上就是教师支配和控制整个教学过程，主导并影响、支配学生的学习态度和行为，决定学生的学习方式、学习水平和学习状况的过程。因此，教学理念的外化简单地说就是教学实践的过程。在这个过程中，教学理念是统治和主宰教学运作的“看不见的手”，是教学实践中大量复杂现象的灵魂和核心。

然而，我们还应看到，教学理念的外化即通过教学行为包括教学设计、教学组织和教学操作等，考察教学理念的实施状态，考察教学行为是否发生了积极的变化，通过课堂教学包括教学内容、教学方式、教学方法等，考察学生对思想政治理论课教学内容的态度是否发生了积极的变化，从而考察“体系转化”是否得以完成。

教师对教学理念的反思、修正与升华体现了外化与内化的结合，体现了在外化中的进一步内化。教师对教学理念的实践运用，不可能是一帆风顺的，总会遇到这样或那样的问题和困惑。为了更好地促使教学理念向教学实践的转化，教师需要及时对自己的教学实践展开深入的批判和反思。反思的路径和方法概括地说，可以有以下几种：一是通过写心得、修改教案等方式进行自我反思。当一次课教学完成以后，对教学内容、教学方式、教学方法是否符合教学理念、是否有利于“体系转化”进行反诘自问：不符合的方面在哪里？原因在哪里？如何做出改进？这种经常性的对自身教学活动的系统反思，可以促进教学理念的有效外化。二是通过观摩优秀课堂的教学进行自我反思。每学期根据自己讲课中的弱项，如某方面教学内容的短板或者教学方法的欠缺，有针对性地听课，通过与自身课堂教学的对照发现自己的缺点和不足，取人之长补己之短。这种经常性的对自身教学活动的系统反思，可以在教材处理、内容讲解、课堂调控、教学方法以及教学风格等方面获得有益经验。三是通过集体备课、集体说课的方式进行自我反思。教研室全体教师在一起根据教学大纲的要求，在吃透教材内容的基础上，讨论课程讲解的内容、方式、方法，以及听取示范性的说课，这无疑是对教师自身的教学的一种帮助，因为它既是一个认真准备课程的过程，同时也是一个积极思考、反思自身教学的过程。通过教师之间关于课堂教学的讨论，借助他人的教学思路、教学视角来促进教学理念的有效外化。

教学理念的外化过程也是一个不断调整教学理念与教学实践的贴切度，是从教学目标、教学手段、教学效果三个方面来检验教学理念与教学实践二者能否有效对接的过程。首先，教师的教学理念必须契合教学目标，否则教学活动就会难以顺利进行。因此，教师的教学需要适时地调控二者的对接和融合，不仅使教学理念能够融入教学目标，而且还必须使教学目标能够反映教学理念。其次，为实现教学目标，必须采取一定的教学手段，以保证教学理念与教学实践的有效对接。恰当的教学手段的选择和运用过程就是教学理念的具体操作过程。教师只有从“是否适应教学环境”“是否满足学生需要”“是否得到切实应用”等方面，对教学理念的操作过程进行反思，才能卓有成效地对教学理念加以完善。最后，在教学理念支配下的教学实践，必然会产生教学活动的实际效果，教师可以依据教学效果回溯教学过程，检验和修正教学理念外化的实效性，从而实现教学理念与教学实践对接的有效性。

通过对教学理念的深入反思，教师如果发现教学理念与教学实践的对接具有有效性，教学理念就会得到巩固和升华，成为一种融入教师的思想情感和生命活力的教学信念。而教师一旦发现教学理念在外化过程中存在这样那样的问题或陷入外化的困境，教学理念就会被教学实践所修正，就会通过一些具体措施来加以完善。总之，教学理念的外化需要教师具有将教学理念内化于心、外化于行的自觉性，能够主动地将教学理念落实于教学；需要教师具有有效外化的能力，包括把握教学内容的能力即有较高的马克思主义理论素养、教学设计的能力、创新教学方法的能力、反思教学效果的能力；需要教师具有教学改革的创新精神，能够适应教育教学改革的潮流，敢于将能够体现时代精神和观念的教学主张贯彻于教学实践，体现在对教学理念的追求上。

思想政治理论课教学中的“体系转化”，无论是哪一个方面的“转化”，都离不开教学理念的外化。教学理念的外化是教学体系转化为大学生认知体系和信仰体系这一“转化”的载体，没有教学理念在教学实践中的落实，这一转化是不可能完成的。理论体系转化为教材体系、教材体系转化为教学体系的过程，必须以教学理念的外化为载体。马克思主义理论、党的创新理论，以及马克思主义理论的研究成果哪些应该写进教材、如何写进教材，要依据教学目标的需要，适应教学实践的特点；教材中的内容如何讲给大学生、怎样才能让大学生接受，也要依据教学对象的思想特点、适应教学实践的要求。因此，对思想政治理论课教师来说，要完成“体系转化”必须做到教学理念的有效外化，做到教学理念与教学实践的有效对接。

三、“体系转化”与加强课程建设

思想政治理论课是大学生的必修课，是帮助大学生树立正确的世界观、人生观、价值观的重要途径，体现了社会主义大学的本质要求。在“05方案”的实施过程中，课程建设成为思想政治理论课教学实效提高的重要任务。一个老师要教好任何一门思想政治理论课课程，要让大学生真正能从整体上理解和把握马克思主义理论和中国特色社会主义理论，这个老师就必须要把握好“体系转化”。

1.“体系转化”与精品课程建设

精品课程作为汇聚优质的教育教学资源的示范性课程，包括制定本课程建设目标、课程教学内容与体系的研究、课程实践环节与实验、实习基地建设、师资队伍建设、教学方法与手段现代化建设、网上资源的完善及上网计划等主要建设内容。为使学生享受到更好的教育，精品课程的建设是课程建设的目标。从思想政治理论课教学实效来说，精品课程是办好思想政治理论课的重要标志，任何一门思想政治理论课只要真正建成了精品课程，也就实现了“体系转化”，从这个意义上说，精品课程建设是实现“体系转化”的重要手段。

精品课程建设是提高思想政治理论课教学质量的核心，也是教学改革的重点和难点。无论是本科阶段的思想政治理论课课程，还是研究生阶段的思想政治理论课课程①，为了提高教学实效，使马克思主义理论和中国特色社会主义理论真正深入人心，必须走精品建设的路子。但是，在我国当前高校思想政治理论课建设中，精品课程建设还存在一些必须引起注意的问题。

第一，关于“精品”的理解不够到位，造成对精品课程持久优质性建设的忽视。“精品”是课程建设的标志和特色，在课程建设成果、课程教学改革、课程教学手段、课程教学方式、课程教学内容等方面，仅以“新”来替代“精品”的内涵，是不合适的，它造成了精品课程特色的模糊化。“精品”也是一种境界，是对课程实效精益求精的一种无止境的追求，高度重视精品课程建设项目的申请、评审及申报结果是无可厚非的，但是，不能出现精品课程“停滞化”状态，即在获取了精品课程的项目后，不再以人力、物力、财力的投入去建设优质课程，忽略建设过程。这必然会导致精品课程的示范效果无法得到有效发挥，精品课程建设的目标、价值无法得到实现，造成精品课程的“花架子”，建设后劲不足。

第二，精品课程资源共享性不强，造成课程资源的下载率、观看率低下，影响学生的学习兴趣。精品课程在网络平台上能够得到很好的展示，能够吸引更多的学生听课，这一方式是使资源共享得以实现的重要方式，但目前做得还很不够。一方面，精品课程资源形式单一，网上课程流于单

① 研究生阶段的思想政治理论课程，硕士研究生阶段主要是“中国特色社会主义理论与实践”，博士研究生阶段主要是“中国马克思主义与当代”。

纯的讲课实录，表现形式单调枯燥；另一方面，网络连接的不稳定、网站服务器出现错误、网络视频公开度小等，在很大程度上限制了精品课程资源的共享。此外，精品课程建设中的网络建设过于形式化，普遍存在网络建设的总体设计缺乏和规划不足等状况。

第三，精品课程建设的管理措施不到位，造成总体建设效果不明显。关于精品课程的后期跟踪检查、具体考核指标明显缺位，激励教师在精品课程建设中加强优质教学资源的推广、不断改进原有不合时宜的教学理念与教学手段、促进自身马克思主义理论素质的提升和人文社会科学知识的积累等的机制不够健全，从而造成精品课程建设中一门精品课程依赖单个教师完成的现象普遍存在，教学团队的作用与效果难以得到正常发挥。

高校在精品课程建设中存在的这些问题给思想政治理论课建设带来了难度。思想政治理论课精品课程建设只有走强化教学内容、教学方法、教学管理的精品意识的路子，走重视数字化、整体化、规范化的路子，才有希望。习近平总书记2014年10月在文艺工作座谈会上谈道："精品之所以'精'，就在于其思想精深、艺术精湛、制作精良。"这一关于"精品"的论断为我们进行思想政治理论课精品课程建设提供了明确的启示。中共中央宣传部、教育部印发的《普通高校思想政治理论课建设体系创新计划》，从教学内容、教学方法、教学管理三个方面对思想政治理论课精品课程建设提出了要求。《计划》指出："积极培育和推广优秀教学方法，建设理念科学、形式多样、管理有效的思想政治理论课课堂教学体系"，主要是三个方面：第一，培育推广优秀教学方法。选取若干所高校建立教学改革试验基地，统筹课堂教学、实践教学、网络教学建设，充分发挥课堂教学的主渠道作用和实践教学、网络教学的有效补充作用，积极开展高校思想政治理论课综合改革试点探索。依托教学指导委员会制定教学方法改革建议，鼓励创新教学模式。实施教学方法改革项目"择优推广计划"，五年内遴选和培育100项形式新颖、效果良好、受学生欢迎的优秀思想政治理论课教学方法改革项目，完善项目遴选、培育和推广机制。各地各高校要积极推进专题教学，凝练教学内容，强化问题意识，构建重点突出、贴近实际的教学体系。探索网络教学试点，开发思想政治理论课在线课程，组织大学生开展“同上一堂网络思政课”活动，建设一批名师名家网络示范课，推进优质网络教学资源建设。建立覆盖面广、代表性强的教学方法改革信息库，加强对教学方法改革的分析和研究，组织发布《高校思想政治理论课教学方法改革年度报告》。第二，不断深化教学研究与理论研究。实施教学攻关行动计划，统筹社会专家资源建立教学改革智库，开展教学重点问题研究，建立教学热点难点定期搜集解答制度，为深化教学改革、增强教学效果提供有力支撑。实施集体备课制度，深入开展多种形式的教学讨论和辩论，加强对各门课程教学设计的研究，加强对不同课程之间内容衔接的研究。加强对教案编写、课件制作、课堂教学组织的研究，努力形成一批精彩教案、精彩课件，打造一批精彩课堂。设立“高校马克思主义理论教学与研究文库”出版资助项目，推出优秀马克思主义理论学科和思想政治理论课教学学术专著。各地各高校要积极鼓励广大教师开展理论研究，推动马克思主义中国化理论创新，研究回答重大理论和现实问题。第三，切实加强教学管理。严格落实学分规定，不得以任何形式变相压减课时。合理设置教学规模，推行中班教学，班级规模原则上不超过100人。充分运用网络等现代技术手段，探索中班上课、小班研学讨论的教学模式，科学安排教学时间。实施教师听课互评互学制度，开展高校思想政治理论课教学观摩活动。坚持知行合一原则，创新考试考核办法，探索建立科学全面准确评价学生思想政治理论课学习效果的评价体系。各高校要健全学生评教制度，完善评教方式，合理运用评教结果。

《计划》强调，努力强化实践教学，建设与课堂教学相互促进的思想政治理论课第二课堂教学体系，并着力于以下三个方面的教学实践：第一，着力培育学生理论骨干和理论社团。实施卓越马克思主义理论人才培养计划，加强学生理论骨干培养工作。各地各高校要鼓励思想政治理论课名师担任青年马克思主义者培养工程培训专家。举办理论学习夏令营，开展“理论之星”评选活动，鼓励学生学习马克思主义经典著作。加强对学生理论社团的引导，每个理论社团配备一位思想政治理论课教师担任指导老师。开展“高校优秀学生理论社团评选活动”，引导和鼓励学生通过自我学习、自我教育的方式拓展课堂教学成果。第二，着力提高校园文化建设的理论品质。实施高校学生马克思主义自主学习行动计划，充分发挥学生理论学习的主体作用。结合思想政治理论课程学习，组织学生开展形式多样的文化艺术活动，举办马克思主义理论学习沙龙。围绕社会主义核心价值观进行课堂学习，开展高校学生多媒体创作展示活动。围绕思想政治理论课热点难点问题，组织开展全国高校学生系列主题理论学习讨论会，让学生对一些模糊认识在讨论中增进厘清和纠正，增强理论自信。第三，整合资源强化实践教学。制定印发《高校思想政治理论课实践教学大纲》，进一步规范实践教学。推动思想政治理论课实践教学与大学生社会实践活动有机结合，整合思想政治理论课教师和辅导员队伍，共同参与组织指导实践教学。各高校要健全组织管理方式，逐步形成学校思想政治理论课教学科研机构、宣传部、教务处、学工部、团委等部门协调配合的实践教学工作机制。积极争取社会各方面支持，整合实践教学资源，拓展实践教学形式，建设一批相对稳定的实践教学基地。注重总结实践教学成果，把优秀调研报告等作为课堂教学的补充材料。

《计划》对教学管理也提出了要求，即坚持管理与激励并重，建设导向明确、系统完善的思想政治理论课综合评价体系，认为必须做到：第一，规范思想政治理论课宏观管理。修订《高校思想政治理论课建设标准》，建立定期督查制度与跨省区市交叉检查制度，组织专家开展抽查，及时公示督查结果，完善督查结果反馈与整改约谈机制。健全马克思主义理论学科学位授权点建设评估制度，建立动态建设机制，达不到建设要求的限期整改或撤销学位授权点。构建思想政治理论课教学质量测评工作体系，建立若干个教学质量观测点，动态掌握思想政治理论课教学状况，完善教学质量测评机制。第二，健全教师考核评价制度。改革教学和科研评价方式，将课堂教学质量等作为重要评价标准，鼓励教师把主要精力放在研究教学内容、创新教学方法、提高教学实效上。要探索建立符合思想政治理论课教师职业特点的职务职称评聘标准，提高教学和教学研究占比，引导和鼓励思想政治理论课教师将更多时间和精力投入教学中。第三，完善先进典型宣传表彰机制。积极选树思想政治理论课教师、教学科研二级机构先进典型，推选年度影响力人物、教学名师、教学能手和优秀团队。

探索建立思想政治理论课荣誉教师制度，宣传长期从事思想政治理论课教学的一线优秀教师先进事迹。各地各高校要完善思想政治理论课建设激励办法，逐步形成国家、地方和高校三级激励机制。

尽管《计划》所提出的这些方面并不是直指精品课程建设，但是，上述关于教学内容、教学方法、教学管理等方面的要求，实际上恰恰是精品课程建设中必须要做到的方面，是直接与完成“体系转化”息息相关的方面。

2. “体系转化”与教材体系建设

教材是教学不可缺少的要素，教材体系是根据教学大纲的要求，通过理论内容和素材的融合构建的科学而合理的、能满足师生要求的逻辑体系，它由理论体系转化而来，教材体系建设既包括由理论体系转化而来的课程的教材体系构建，也包括围绕课程构建立体化教材体系。因此，“体系转化”中的理论体系转化为教材体系，和教材体系建设紧密相关。

课程的教材体系构建是“体系转化”中为达到教学目标的最重要的一个环节。能否构建一个全面、准确地反映课程内容的教材体系，成为思想政治理论课教学的一个重要任务。党中央高度重视思想政治理论课教材体系的构建，专家学者更是倾注了大量的心血。思想政治理论课各门课程的教材体系已经基本建立，教材建设取得了长足的发展。但是，教材的使用情况还是反映出了教材体系建设的一些问题。例如，教材体系所应包括的内容及内容编排的科学性、合理性还有待进一步深化。《马克思主义基本原理概论》教材注重马克思主义基本原理整体性的展现，但是，在所包括的内容及内容编排上，如何使马克思主义基本原理的三个部分有机贯通？如何在内容编排上破除三个板块的痕迹？究竟应围绕什么样的核心问题来选择和编排内容？通过什么样的方式来呈现理论与实践的结合便于学生理解和接受？如此等等，都是需要进一步研究的。又如，教材体系通过理论、方法、案例的结合，在引导大学生以接受理论为基础提高解决问题的能力方面，还有待进一步研究。思想政治理论课教材体系虽然具有不同于专业课程教材体系的特点，强调的是意识形态性与学术性的统一，但是，马克思主义理论在新的时代条件下依然有着鲜明的问题导向。问题是创新的起点，也是创新的动力源，马克思主义必须落到研究现实发展的重大理论和实践问题上来，落到提出解决问题的正确思路和有效办法上来。方法、案例与理论的结合在引导大学生以接受理论为基础提高解决问题的能力方面是非常重要的，这种教材体系的方式是很有意义的。它不仅是马克思主义本身的要求，也是使大学生对马克思主义真懂真信的重要内容。因此，是否可以借鉴专业课程教材体系建设的经验，在理论阐述的基础上融入方法和案例，以方法来应用理论、以案例来解释理论，是需要我们深入研究的。针对《马克思主义基本原理概论》教材内容繁杂、抽象，教材的表述方式却过度简化的问题，在教材体系上做理论、方法、案例结合，引导大学生以接受理论为基础提高解决问题的能力的改革，是一件非常有意义的事情。

在教材体系构建中，应该把握的原则是：第一，尊重本学科知识体系的科学性、系统性和完整性。在明确该课程的教学目标和教学任务的基础上，确定教材内容的主题框架。第二，反映本学科或领域的最新成果、最新动态。这十多年来，马克思主义理论学科发展迅速，马克思主义基础理论、马克思主义中国化的研究成果十分丰富，在新的历史时期，马克思主义的发展面临着新挑战、新机遇、新任务，中国特色社会主义理论的发展出现了许多新理念、新思想、新战略，所有这些都必须体现在教材中。第三，要有适应大学生特点的教材表述方式。马克思主义理论博大精深，内容广泛，涉及许多相关学科，一方面新知识、新成果猛增，另一方面教学时数则在缩减，教学中有限的课堂内容与不断膨胀的课程内容之间的矛盾日益突出，要改变“教师难教、学生难学”的状况，教材体系构建中好的、适应大学生特点的教材表述方式就显得极为重要。

围绕课程构建立体化教材体系是近些年来做得比较好的方面。中共中央宣传部、教育部印发的《普通高校思想政治理论课建设体系创新计划》对此提出了很高的要求，强调必须以统编教材为基础，建设思想性、科学性和可读性统一的思想政治理论课立体化教材体系。《计划》明确规定了三个方面：第一，大力推进统编教材编写使用。根据中央精神和教学实际需要，及时修订和使用好本专科四本教材和研究生五门课程教学大纲，组织制定《高校"形势与政策"课教育教学要点》。建立教材使用情况即时监测制度，跟踪分析师生对教材使用的意见和建议，把师生评价作为教材修订重要标准，吸收一线师生参与教材修订工作。建立高校思想政治理论课教材研究中心，加强对教材内容和表述方式的研究，加强对思想政治理论课学术话语体系的研究，推动提高思想政治理论课教材编写质量和水平。编写马克思主义理论学科本科生和研究生核心课程教材。各地各高校要确保思想政治理论课教学使用统编教材。第二，编写完善教学系列用书。组织编写与本专科思想政治理论课统编教材相配套的教师参考书、疑难问题解析、教学案例解析、学生辅学读本等教学用书，更好地促进统编教材的使用。制定专科两门必修课程教学建议。编写研究生五门课程教学讲义。组织编发高校思想政治理论课教学活页。把《习近平总书记系列重要讲话读本》《中国特色社会主义学习读本》《马克思主义哲学十讲》《世界社会主义五百年》等作为思想政治理论课教学重要参考书。开展对教材重点难点研究，完善教学系列用书编写体例，创新编写模式。加强编写队伍建设，形成老中青年相结合、学科背景相补充的梯队。各地各高校，特别是民族地区可以组织编写符合实际需要的思想政治理论课教学参考用书。第三，切实推进优质教学资源共享。加强高校思想政治理论课程网站建设，完善网站建设机制，优化栏目设置，使之成为全国思想政治理论课教师共建共享共管的平台。成立全国思想政治理论课网站信息共享联盟，整合各地各高校优质网络教学资源。推动思想政治理论教育网络期刊建设，探索建立思想政治理论教育类优秀网络文章在科研成果统计、职务评聘方面的激励机制。建立文献共享资源库。建设一批教学资源研究实验室，系统总结凝练优质教学资源。建立大学生思想政治理论课主题学习网站和微信公众号学习平台，使之成为宣传展示学生理论学习成果的阵地。各地各高校要积极参与相关网站建设，采取切实措施推动本地本校教学资源共建共享。

建设思想政治理论课的立体化教材体系，是充分利用现代教育技术来完善教材体系建设工作的一个新理念。对各种相互作用、相互联系的媒体和资源进行有机整合，形成立体化教材体系，形成纸质教材（主教材、教学参考书等）、电子和网络出版物（电子教案、CAI课件、试题库、电子书、资料库等）、学科网站相互配套的立体化教材体系，有利于提高大学生的自主学习、研究性学习的能力，解决大学生对马克思主义的真懂真信问题，切实树立起科学的世界观、人生观、价值观。

3. “体系转化”与人才体系建设

“体系转化”与“课程建设”最终是要依靠教师来完成的，在马克思主义理论教育和思想教育中，要解决大学生的真懂真信真用问题，首先必须要有能够坚持马克思主义、运用马克思主义立场观点方法分析和解决问题、自觉地把马克思主义理论最新成果贯穿研究和教学全过程的高层次的教学人才体系。这样的人才体系建设就是中共中央宣传部、教育部印发的《普通高校思想政治理论课建设体系创新计划》所规定的“切实提高专职教师整体素质，建设专兼结合、结构合理的思想政治理论课教学人才体系”。该计划在思想政治理论课教学及其“体系转化”中，把教学人才体系建设放到了突出的位置上，对全面提升教师的整体素质提出了重要目标和主要任务。

首先，建立思想政治理论课专职教师任职资格制度。该计划强调，一要制定思想政治理论课教师任职资格标准，把政治立场作为教师聘用的首要标准，严把教师聘用政治关。二要建立新进教师宣誓和专任教师定期网络注册制度。三要严格教师管理，在事关政治原则、政治立场和政治方向的问题上不能与党中央保持一致的，或理论素质、教学水平达不到相应课程要求的，不得继续担任思想政治理论课教师。四是在专职教师方面，本科和专科院校分别严格按照1：400～1：350和1：600～1：550的师生比配足配强。五是各高校要结合思想政治理论课教师岗位实际合理确定选聘条件，加强后备人才储备，充分保障思想政治理论课教学和科研用人需求。

其次，进一步完善思想政治理论课教师培养培训制度。该计划强调，要逐步健全完善国家示范培训、省级分批轮训、学校全员培训紧密衔接、相互补充的三级培训体系。统筹规划培训内容，系统设计培训形式，组织编写培训教材，凝练形成满足不同层面需要的菜单式培训方案。中宣部、教育部举办骨干教师、新进教师、新修订教材使用、社会实践研修等示范培训。强化教学科研骨干培养，推进择优资助及国内高级访学计划，每年培养 150 名左右骨干。在高校哲学社会科学教学科研骨干研修班中增加思想政治理论课教师培训名额。实施教学科研团队择优支持计划。加强教育部高校思想政治理论课教师社会实践研修基地建设。将思想政治理论课教学科研骨干培养与干部队伍建设结合起来，支持教学科研骨干、马克思主义学院负责人到相关部门挂职或实践锻炼。探索运用网络开展远程培训，运用微信公众号开展微培训，增强培训灵活性、时效性，扩大培训覆盖面。不仅如此，该计划还要求，各地各高校要认真贯彻落实《普通高等学校思想政治理论课教师队伍培养规划（2013—2017 年）》，研究制定具体实施计划。各高校每年对全体教师至少培训一次。

最后，建立高校思想政治理论课特聘教授制度。设立思想政治理论课兼职教师岗位，制定思想政治理论课特聘教授任职标准，聘请符合条件的专家学者、党政领导干部和先进人物等兼任思想政治理论课教师。教育部建立思想政治理论课特聘教授资源库，为各地各高校提供优质教师资源。规范思想政治理论课特聘教授管理，建立完善思想政治理论课特聘教授巡讲机制。各地各高校要根据实际制定相应政策，加大经费投入，实施好特聘教授制度。高校所有校领导要带头讲思想政治理论课。鼓励支持辅导员、班主任骨干兼任思想政治理论课教师，鼓励支持思想政治理论课教师从事辅导员、班主任工作，推动两支队伍的有机融合。鼓励支持哲学社会科学教师参与思想政治理论课教学。

《普通高校思想政治理论课建设体系创新计划》关于教学人才体系建设提出的这些目标、任务、举措，对于提升思想政治理论课教师素质、改善教学人才队伍结构、提高思想政治理论课教学质量和效果、加强教学队伍建设，具有深远的意义。

四、“体系转化”与大学生“三观”教育

“三观”教育问题既是思想政治教育问题，也是马克思主义理论教育

问题。“体系转化”是完成大学生“三观”教育的教学过程，而思想政治理论课教学则是主渠道。要通过“体系转化”畅通这一主渠道，就必须从完善思想政治理论课课程设置上体现“三观”教育的整体性，从加强思想政治理论课教学内容研究入手深化“三观”教育的内容，从改进思想政治理论课教学方法入手促进“三观”教育目的的实现。

1. “三观”教育与思想政治理论课课程设置

世界观、人生观、价值观是人们对世界、人生，以及人与人、人与社会、人与世界等各种关系的看法或评判。大学生接受“三观”教育的渠道是多方面的，有学校教育、社会教育、自我教育等，在学校教育中又有课堂教育、社团教育、社会实践教育等。在这众多形式的教育中，开展思想政治理论课教学是主渠道。其中，合理而科学的思想政治理论课课程设置，是引导和帮助大学生树立起正确的“三观”的基本前提。体现马克思主义与时俱进的理论品质，更好地适应时代发展的要求；突出重点，更好地吸收理论和实践发展的最新成果；用马克思主义理论武装大学生的头脑，是思想政治理论课课程设置的基本要求。

“05 方案”中，“马克思主义基本原理概论”“毛泽东思想和中国特色社会主义理论体系概论”课程着重帮助大学生树立起正确的世界观和方法论，“中国近现代史纲要”“思想道德修养与法律基础”课程则更为关注大学生的思想实际，通过对他们进行历史的、道德的、法制的教育，使他们树立起正确的人生观、价值观。“三观”是一个有机的整体，世界观具有决定性作用，有什么样的世界观就有什么样的人生观和价值观。当然，人生观和价值观也丰富着世界观。因此，“三观”本身体现的是人生观、价值观走向世界观的升华过程。“三观”教育也是一个有机的整体，马克思主义理论教育决定着历史教育、思想教育，历史教育、思想教育也丰富着马克思主义理论教育，并使其具体化、生动化。因此，“三观”教育体现的是历史教育和思想教育基础上的马克思主义理论教育。“中国近现代史纲要”“思想道德修养与法律基础”这两门课程，主要是为大学生树立正确的世界观打下历史的、思想的基础，它们从对国史国情的认识、对社会的认识，以及对自我的认识方面，为大学生接受马克思主义理论的教育提供一种历史的、思想的基础。如果没有这两门课的课程设置，对大学生进行马克思主义理论教育就会缺乏生动性。但是，对大学生进行“三观”教育，只是停留在历史的和思想的教育层次是不够的，必须要上升到理论层次，使大学生通过学习马克思主义基本原理及马克思主义基本原理在当代中国的运用和发展，才有可能把“政治教育”真正引向帮助大学生树立起科学的正确的世界观、人生观和价值观的轨道。由此可见，“三观”教育的过程，实际上就是一个由对人生观、价值观的教育走向对世界观的教育的升华过程。

思想政治理论课课程设置基本要求的实现，显然是要通过“体系转化”来完成的，否则，大学生的“三观”教育则是一句空话。

2. “三观”教育与思想政治理论课教学内容

当代大学生在成长过程中会遇到各种困难和矛盾，也会产生各种困惑和问题，这些问题从根本上来讲就是世界观、人生观、价值观的形成与确立问题。大学阶段是大学生树立正确的世界观、人生观、价值观的重要时期。在这一时期，深化“三观”教育，使大学生能够按照科学的正确的世界观、人生观、价值观进行理论的训练、思想的锤炼和人格的塑造，是把他们培养成“有理想、有道德、有文化、有纪律”的社会主义“四有”新人的重要基础。

当代大学生“三观”的形成与确立正处于我国各项改革深入推进、思想政治领域矛盾复杂的时期。改革开放的成就，使大学生能够认同党的路线方针政策、关心国家大事，有强烈的民族责任感，有宽阔的视野，有敏捷的思维，有理性的认识和思考问题的方法，但是，改革开放中存在的一些社会问题，也对大学生的思想观念、价值取向和行为方式产生了冲击和影响。深化“三观”教育，可以使大学生运用马克思主义理论观察和分析纷繁复杂的社会现象，提升思想道德约束感和现实责任感，强化为国家、为民族发展做贡献的远大目标和应有的社会责任。以思想政治理论课教学为主渠道深化“三观”教育，落实到思想政治理论课教学内容上，就是必须用马克思主义理论武装大学生的头脑。

在思想政治理论课教学内容研究上必须把科学性与意识形态性结合起来。思想政治理论课教学内容的研究，要紧紧抓住马克思主义基本原理及其在当代中国发展的最新成果、党领导人民建设中国特色社会主义的生动实践和基本经验、哲学社会科学研究的最新进展，并依据这些研究成果对大学生开展“三观”教育。“三观”教育是马克思主义理论的教育，是理想信念的教育，也是社会主义的政治教育。这一教育注重的是用马克思主义理论去武装大学生的头脑，是确立大学生远大的人生理想和坚定的社会主义信念，是培养大学生高度的政治责任感和强烈的使命感，因而这一教育体现了我国社会主义大学的本质，反映了我国社会主义发展的方向，具有浓厚的政治色彩和意识形态性质。但是，“三观”教育过程并非只是一个意识形态教育过程。在“三观”教育中，同样包含着对知识、智慧的追求和对真理的探索。因为它要教育大学生去探寻世界的本质，去探寻人自身的发展，去探寻人与世界的关系；它要教育大学生具备理论思维能力和科学的理论思维方式，具备对实践问题和社会矛盾的科学批判精神。“三观”教育的目的融入思想政治理论课教学内容的研究，必然是意识形态教育与学术的科学教育的统一。只有把意识形态教育统一于学术的科学教育，才有可能使大学生通过思想政治理论课的学习，自觉地树立起世界观、人生观和价值观。

理论联系实际是在思想政治理论课教学内容研究上对大学生进行“三观”教育的关键所在。大学生的世界观、人生观和价值观的形成和发展并非是一个简单的理论接受过程，大学生具有务实精神，他们关注现实，必然要求理论能够解决现实问题，理论教育能够联系实际展开。马克思曾经说过：“理论一经掌握群众，也会变成物质力量。理论只要说服人，就能掌握群众；而理论只要彻底，就能说服人。所谓彻底，就是抓住事物的根本。而人的根本就是人本身。”① 抽象的理论停留在思维层次上是没有任何意义的，理论只有走向现实、与现实结合，才具有强大的生命力；理论教

① 马克思，恩格斯．马克思恩格斯文集：第1卷．北京：人民出版社，2009：11.

育如果也只停留在概念到概念的推理上，停留在理论结论的陈述上，同样也是没有意义的，只有和实际联系起来的理论教育方式才是生动的、鲜活的。如果在利用主渠道中脱离实际、回避现实进行“教条式”的理论灌输，必然会使“三观”教育走向死胡同。

思想政治理论课教学中的理论联系实际，又是和“体系转化”相随相伴的。因为无论在哪一个“体系转化”之中，都必须是一个理论联系实际的过程，既要联系教学对象实际，充分考虑教学对象接受“三观”教育的特点，也要联系社会经济发展的实际，把马克思主义基本原理与时代变化的新特征结合起来，与一定社会的经济、政治、文化发展的实际结合起来，加强马克思主义理论的时代感、感召力，增强大学生对党的现行的基本路线、方针、政策的理解和对党的领导集体提出的一系列理论的理解。从这个意义上说，思想政治理论课教学内容的理论联系实际的要求，是需要“体系转化”来实现的。

3. “三观”教育与思想政治理论课教学方法

教学方法是对大学生进行“三观”教育的重要方式和手段。在加强思想政治理论课教学方法的改进中，必须树立起“教”与“学”并重的观念，积极调动“教”与“学”的积极性。“教”是对大学生进行“三观”教育的主要方式。教师作为“教”的主体，仅限于课堂讲授是不够的，尤其是在当今社会日益复杂、国际社会风云日益变幻、马克思主义理论内容日益丰富、大学生的知识面日益拓宽的情况下，仅限于课堂讲授已不能满足学生对理论知识的渴求。在调动教师“教”的积极性的同时，也必须调动学生“学”的积极性，使单一的课堂教学转向复合式教学，即充分利用广播、电视、录像、多媒体等现代化教学手段配合课堂教学，使“满堂灌”式的教学转向双向交流的启发式教学，在组织学生讨论中启发学生的思维。唯此不够，还必须把实践教学与社会调查、志愿服务、公益活动等结合起来，引导大学生走出校门，到基层去，到工农群众中去，使大学生通过形式多样的社会实践活动，提高思想政治素质，提高分析社会现象的能力，实现“三观”教育的目的。学生是“学”的主体，是接受教师

“教”的对象。只有教师“教”的积极性而没有学生“学”的积极性，“三观”教育是很难奏效的。

在以思想政治理论课教学为主渠道对大学生进行“三观”教育的过程中，在教学方法的改进上，应注重以下三个方面的“统一”：

第一，注重抽象的理论与形象的教学语言相统一。对大学生进行“三观”教育的主渠道即思想政治理论课，其教学内容在知识占有的广度和深度上有着较高的要求，对它的理解和掌握需要具备一定的抽象思维能力。为了在大学生面前展示马克思主义世界观、人生观、价值观的博大精深之美，使他们真正理解马克思主义理论，把抽象寓于具体、晦涩寓于生动、概念寓于形象、理性寓于情感的教学语言之美就显得尤为重要。但是，语言的艺术性是为教学内容服务的，生动形象的教学语言是为马克思主义理论“入脑”“入心”服务的，它必须以准确严谨为前提，以理论的科学性和逻辑性为基础。这就要求思想政治理论课教师注重抽象的理论与形象的教学语言相统一，首先要弄懂自己没有弄懂或没有完全弄懂的理论问题，然后再思考清楚，把教学内容条理化，在此基础上，用清晰简练、通俗形象、生动优美的语言向大学生表达清楚，使大学生通过教师清晰的思路、环环相扣的论述、简洁优美的语言，获取茅塞顿开、大彻大悟的感受，汲取马克思主义理论知识的逻辑力量。

“三观”教育具有思想性、政治性、意识形态性的特点，从而决定了思想政治理论课的教学方法也具有特殊性。毛泽东指出，“成为我们认识事物的基础的东西，则是必须注意它的特殊点”①。要搞好马克思主义理论课教学，就要抓住马克思主义理论课教学方法的特殊规定性，以此展开研究。“如果不研究矛盾的特殊性，就无从确定一事物不同于其他事物的特殊的本质。”② 思想政治理论课教师只有在从“注入式”教学走向“启发式”教学、从“多而杂”教学走向“少而精”教学的过程中，把艰深而抽象的理论用通俗而生动的语言表达出来，才能教出新水平，才能使大学生真正树立起科学的正确的世界观、人生观、价值观。

---

① 毛泽东．毛泽东选集：第1卷．北京：人民出版社，1991：308.

② 毛泽东．毛泽东选集：第1卷．北京：人民出版社，1991：309.

第二，注重思想政治理论课教师的言与行的统一。“三观”教育的目的在于使受教育者掌握马克思主义理论，树立起科学正确的世界观、人生观、价值观。因此，要求教育者必须注重言与行的统一。教育者首先自己必须有深厚的马克思主义理论功底，严于用马克思主义律己。如果只是嘴上讲马克思主义理论，行动上却违背马克思主义理论，那么，既会有损于马克思主义的形象，也会有损于思想政治理论课教师的形象。对思想政治理论课教师来说，要树立一个好的形象，无论是在课堂上还是在行动上，既要讲马克思主义理论，又要做马克思主义者，在提高马克思主义理论素养的同时，必须用马克思主义律己做人，身教印证言教，身教胜于言教。教师以好的形象赢得大学生的信任、崇敬和亲近，在大学生中产生较高的威望，才能提高思想政治理论课教学的效果，获得“三观”教育的成效。思想政治理论课教师要做到言与行的统一，就必须把思想政治理论课的教学工作作为一项事业，要有责任感、事业心，要意识到自己在用马克思主义理论去启迪大学生的心扉，坚定他们的社会主义信念，使他们能够树立科学正确的“三观”方面，扮演着非常重要的角色，担负着光荣的任务。思想政治理论课教师必须以身作则，率先示范，以高尚的人格魅力赢得学生的敬仰，以得体的言行举止成为学生的榜样，把真善美的种子不断播撒到学生心中。

第三，注重多媒体教学手段与情感教学手段相统一。目前，运用多媒体展开教学已成为以思想政治理论课教学为主渠道对大学生进行“三观”教育的重要手段。它可以更有效地扩展教学平台，传递教育信息，也可以充分显示师生之间、学生与计算机之间的交互性，丰富教学环节，同时有助于使教学载体多元化，采用教材、软件或电子教科书共同开展教学，从而提高教学效果，实现教学目的。因此，多媒体教学手段引入思想政治理论课教学，在一定程度上适应了当代大学生的特点。但是，从教学实践中我们也清楚地看到，多媒体教学手段的应用终究替代不了教学中的一些方法和手段，特别是替代不了应用情感教学手段所产生的效果。多媒体教学手段与情感教学手段应用的统一，是全面提升教学质量、达到“三观”教育效果的重要方面。

第六章　思想政治理论课教学的实践要求

思想政治理论课教学的特殊性，特别是它在学术上和意识形态方面，对教师提出了很高的要求。教师不仅要把思想政治理论课教学作为专业来建设，而且还必须把握政治方向，不能向学生传播各种违反宪法和法律的言论，同时不能把各种不良情绪传导给学生。

一、思想政治理论课教师的专业化建设

加强思想政治理论课教师的专业化建设，是搞好思想政治理论课教学的重要方面。加强思想政治理论课教师的专业化建设应当包括具备马克思主义理论素养、提高科研创新素养、增强科学人文素养等内容。

1. 专业化建设的根本

要实现思想政治理论课教学的目标，完成思想政治理论课的教学任务，就必须按照充分体现当代马克思主义最新成果的要求，联系改革开放和社会主义现代化建设的实际，联系大学生的思想实际，把传授知识与思

想教育结合起来，把系统教学与专题教育结合起来，把理论武装与实践育人结合起来，切实改革教学内容，改进教学方法，改善教学手段。思想政治理论课教师要做到这几个“结合”，根本在于必须具备马克思主义理论素养。

具备马克思主义理论素养，就是具备马克思列宁主义、毛泽东思想、中国特色社会主义理论的素养。一方面，毛泽东思想、中国特色社会主义理论体系是马克思主义中国化的重要理论成果，与马克思列宁主义既一脉相承又与时俱进。马克思列宁主义、毛泽东思想、中国特色社会主义理论体系是我们立党立国的根本指导思想，是全党全国人民团结奋斗的共同思想基础。另一方面，思想政治理论课课程设置要体现马克思主义与时俱进的理论品质，更好地适应时代发展的要求。思想政治理论课课程体系要以马克思主义中国化的理论成果毛泽东思想、中国特色社会主义理论体系为中心内容，要立足于对大学生进行系统的马克思列宁主义、毛泽东思想、中国特色社会主义理论体系的重要思想教育，帮助学生掌握中国特色社会主义理论的科学体系和基本观点，指导学生运用马克思主义世界观和方法论去认识和分析问题。因此，对思想政治理论课教师来说，不仅要掌握毛泽东思想、中国特色社会主义理论体系的精髓，而且要掌握马克思主义基本原理，更要掌握马克思主义基本原理与毛泽东思想、中国特色社会主义理论体系的一脉相承性和与时俱进性。

具备马克思主义理论素养，必须加强对马克思主义整体性的把握。马克思主义的整体性是指马克思主义“完备而严整”。马克思主义的整体性是建立在对它的各个组成部分即马克思主义哲学、马克思主义政治经济学、科学社会主义作为整体的部分研究之上的，也是建立在对它的各个原理如唯物辩证法、认识论、劳动价值论、剩余价值论等作为整体的方面研究之上的。思想政治理论课教师把自己的专业定位在以马克思主义三个组成部分的分门别类研究为基础的马克思主义整体性研究上。显然，这是提高思想政治理论课教学有效性的重要方面。

具备马克思主义理论素养，必须使马克思主义理论与具体实际相结合。理论联系实际是我们党的优良传统和作风，马克思主义理论与当代中国具体实际的结合，是高校对大学生进行思想理论教育的着力点。高校是繁荣发展哲学社会科学的研究和教学基地，是培养繁荣发展哲学社会科学人才的摇篮，是培养合格的社会主义建设者和接班人的重要阵地。坚持和巩固马克思主义在意识形态领域的指导地位，在思想政治理论课教学中充分体现马克思主义中国化的最新理论成果，发挥理论联系实际的优良学风，紧密围绕大学生普遍关心的重大问题，以及改革开放和现代化建设中的重大问题教育和引导大学生，用科学的理论武装大学生，用优秀的文化培育大学生，就成为思想政治理论课教师的重要工作。

思想政治理论课教师要能具备马克思主义理论素养，必须经历长期的学习和研究积累过程。在这一过程中，至少要做到以下三个方面：

第一，要研读马克思主义经典作家的著作。要使大学生真正信仰马克思主义，思想政治理论课教师自己首先必须有坚定的马克思主义信仰，而对马克思主义的坚定信仰则来自教师对马克思主义经典作家的著作的阅读，真正掌握马克思主义理论。因此，一方面，要完整地把握马克思主义理论体系，即把握马克思列宁主义、毛泽东思想、中国特色社会主义理论体系的一脉相承性和与时俱进性；另一方面，要全面系统地学习马克思主义基本原理。在科学的理论上来不得半点的虚伪和骄傲，只有脚踏实地的人，才能攀登科学理论的顶峰。从事马克思主义理论的研究和教学，必须要有这种脚踏实地、一步一个脚印的态度。

第二，要了解马克思主义发展史。马克思主义发展史为人类社会发展提供了用之不竭的精神财富。了解马克思主义发展史，就能了解到马克思主义与先前一切理论体系的根本区别，就能了解到马克思主义的根本特征，也能掌握马克思主义基本原理形成的历史条件，了解马克思在那个时代解决了什么问题、留下了什么需要后人解决的问题，以及后人是怎么去解决这些问题的，如何发展和创新了马克思主义基本原理。要了解马克思主义不是一个自我封闭的体系，而是在实践中不断创新和发展的思想体系。了解马克思主义发展史，不仅能提高思想政治理论课教师的马克思主义理论素养，而且能使大学生在思想政治理论课的学习中认识到马克思主义的真理所在。

第三，要了解主要学术流派。我们生活的世界是一个物华天宝、地灵人杰的世界，有着许多著名的思想家和广博的历史文化遗产。马克思主义理论正是在不断地汲取这些广博的历史文化遗产的营养的基础上发展起来的。我们通过对历史的和现代的马克思主义学者的优秀学术思想的学习，对他们的学术观点进行分析和评论，提高自身的马克思主义理论修养；通过对马克思主义理论与资产阶级理论的比较和鉴别，提高明辨是非、评判正误的能力，加深对马克思主义理论的理解，真正掌握马克思主义理论的真理性和科学性，加强马克思主义理论的坚定性，同时吸收其中有利于丰富和发展马克思主义理论的合理成分。

2. 专业化建设的关键

当今时代，创新已成为和人类社会的实践本质紧密相连、广泛存在于人的活动中的普遍行为。思想政治理论课教师承担着为社会主义国家的创新体系输送人才和直接提供科研成果的双重任务，从而决定了提高科研创新素养是其进行专业化建设的一个关键性内容。思想政治理论课教师的科研创新有着特定的含义，概括起来说主要是三个方面：第一，在坚持马克思主义基本理论的基础上，从发展变化的实际出发，对新问题、新情况进行分析和解答，补充、丰富和完善马克思主义理论；第二，运用马克思主义的立场、观点和方法，根据时代发展的要求、社会实践变化的要求，提出前所未有的新观点、新范畴、新见解，形成新的理论体系；第三，对所教学和研究的马克思主义理论进行方法上的创新，即运用新的方法研究现实问题，进行教学，既丰富和发展马克思主义理论的研究方法，又寻求能使马克思主义理论深入人心的方法。思想政治理论课教师要提高这样的科研创新素养是一件很不容易的事情。

思想政治理论课教师要有强烈的科研创新意识和崇高的科研创新精神。强烈的科研创新意识是在马克思主义理论教学和研究中能够发现问题、解决问题的前提，是对理论与实际结合进行思考的动力，是科研创新精神的基石，而崇高的科研创新精神则是启发创新者创新能力的重要保证。思想政治理论课教师有了强烈的科研创新意识和崇高的科研创新精神，就可以不断关注马克思主义理论在实际中的运用和发展，从对实践的探索中提升理论，丰富教学的内容；就可以针对大学生的思想实际，以自己对教学内容的独特理解进行教学，研究新教法，使教学走入深层次，而不是满足于对教材中现有知识的传授；就可以在课堂上注重激发大学生的创造性思维，培养大学生的创新能力，使其成为能够自觉、自由创造的人。思想政治理论课教师把这种强烈的科研创新意识和崇高的科研创新精神带入理论研究，带进课堂教学，必将对大学生产生不可低估的影响。

思想政治理论课教师的强烈的科研创新意识和崇高的科研创新精神应该从两个方面表现出来：一方面，是进行理论内容上的术语创新和研究方法创新。马克思主义理论与时俱进的品质，是通过其科学性与实践性相统一的特点反映出来的。正是这种科学性与实践性的统一，使马克思主义理论具有了根据现实发展的状况不断进行自我更新的要求，具有随着历史条件的变化不断进行理论创新的要求。我们看到，19 世纪中期产生的马克思主义理论不可能为马克思逝世后一个多世纪产生的问题提供现成的答案，这就需要思想政治理论课教师充分发扬时代精神和创造精神，用世界的眼光、现实的眼光进行术语的创新，使马克思主义理论真正融入今天的世界，使马克思主义理论走进大学生的视野。马克思主义理论与时俱进的品质也是通过其开放性的特点体现出来的。马克思主义在其发展的任何阶段都能不断地吸收同时代的社会科学和自然科学领域有价值的科学成果；马克思主义总是从发展着的世界中为人们认识世界、改造世界阐发新的理论，马克思主义永远关注和研究新时代提出的最迫切需要解决和回答的重大课题。马克思主义的开放性特点必然使其能够不断地博采众长、发展自身。今天，科技革命迅猛发展，社会历史条件发生了很大变化，研究社会经济问题的方法也必然要顺应时代变化的要求，因此，研究马克思主义理论和发展马克思主义理论本身，以及宣传马克思主义理论和思想政治理论课的教学都应进行方法论上的创新，使马克思主义理论面向新的时代、面对新的实际。

另一方面，要倡导创新式教育教学。在进行创新式教育教学中，思想政治理论课教师必须把思想政治理论课的教学内容和方式方法作为学问来研究，作为学科来建设。这样，创新式教育教学就成为思想政治理论课教师提高科研创新素养的不可或缺的方面。思想政治理论课创新式教育教学的深刻内涵是：

第一，把马克思主义理论生动化、通俗化。思想政治理论课教师进行创新式教育教学，必须要有广阔的视野。在当前经济全球化潮流日益发展、世界社会主义发展遭受严重挫折、我国社会经济发展出现了许多新现象的情况下，对大学生进行思想政治理论课教育教学，需要把艰深的理论生动化、通俗化、形象化。就此而言，思想政治理论课教师所担负的创新式教育教学的重任，不仅是一个研究思想政治理论课教学内容和教法的问题，而且还是一个能够写得出受到大学生喜爱阅读的思想政治理论课教材、教辅的问题。

第二，思想政治理论课的目的不是“授人以鱼”，而是“授人以渔”。“授人以鱼”是一种最普遍、最传统的教育教学方式，在新的历史时代，高校任何课程的教学如果只停留在知识的传授上，就会落后于时代发展的要求，不利于培养大学生的创造性思维能力。当今世界各国综合国力的竞争，突出表现在人才的竞争上，谁拥有具有创新精神和创新能力的人才优势，谁就拥有了竞争的主动权，就能立于不败之地。因此，顺应时代潮流的要求，培养具有创新精神和创新能力的人才是高校教师不可推卸的职责，也是高校思想政治理论课教师义不容辞的职责。培养大学生的创新精神和创新能力，必须采取“授人以渔”的教育方式。“授人以渔”始于问题意识，“疑是思之始、学之端”，问题意识作为思维的动力，是培养大学生创新精神的开端，它可以为大学生创造一个良好的个性发展的环境和气氛。“授人以鱼”让大学生受用一时，“授人以渔”则让大学生受益终身。

第三，以人为本，发挥大学生的主体作用。在思想政治理论课教学中，以人为本就是以教师和学生为本，从课程设置到教学体系，再到教材体系，最后到教学的各个环节，都应进行人性化的设计和管理。以学生为本，必须发挥大学生的主体作用，在教学实践中考虑大学生的特点，根据大学生所具有的强烈的爱国热情和求知欲望、较强的开拓意识、活跃敏感的思维、较弱的理论思维能力等特点进行教学；在教学实践中教师能与学生平等相待，理解、尊重学生，尊重大学生的人格、学习的权利，以此激发大学生学习马克思主义的自主性、创造性。

3. 专业化建设的拓展

现代社会，科学技术的发展对社会经济生活的影响越来越大。当代世界，高能物理、航空航天技术、高分子技术、基因工程、信息工程等突飞猛进，日新月异，极大地促进了经济的发展和社会的进步。学科既高度分化又深度融合，学科向整体化方向发展已成为当代科学技术发展的一个显著特点。原有的各学科之间的界限逐渐被打破，不仅在自然科学和人文社会科学领域出现了许多边缘和交叉学科，而且自然科学和人文社会科学之间的关系日益紧密，形成了相互促进的发展趋势。自然科学中诸如控制、反馈、信息、系统等概念，渗透到人文社会科学中，促进了人文社会科学的现代化；科学技术发展所带来的对诸如生态环境、人口、资源等社会问题的解决，也促使人文社会科学与自然科学通力合作、共同研究，形成了一系列的跨学科研究的新领域和新方法。高层次的自然科学人才应具有较高的人文、社会科学素养，而高层次的人文社会科学人才则应有较高的自然科学素养。这就给高校思想政治理论课教师这一塑造“人的灵魂”、培养高层次人才的“工程师”提出了必须增强自身科学人文素养的要求。因此，增强科学人文素养就成为思想政治理论课教师进行专业化建设的拓展性内容。

增强思想政治理论课教师的科学人文素养，并不是要求其一定要去掌握自然科学高深的现代科学技术的前沿知识，更不是鼓励其转行从事自然科学的学习和研究，而是要求其通过了解自然科学的基本知识、基本方法，以科学的、人文的精神促进社会科学的发展，促进对马克思主义理论的教学和研究。我们都知道，马克思主义作为一门具有强烈社会性质的科学，它在知识占有的广度和深度上有着较高的水平和较广的内容，与自然科学、人文科学是不可分离的。马克思主义的创立、马克思主义的发展都离不开自然科学和人文科学的发展，它不断地追踪自然科学和人文科学发展的踪迹，从中汲取新的营养来丰富和发展自身。假如思想政治理论课教师对当代自然科学和人文科学的内容知之甚少，是很难担当起对大学生进行思想政治教育的重任的。因此，拓展多学科、多方面的理论与实际的知识，将与马克思主义基本理论相关的各种背景材料、前沿学科知识和交叉学科知识与马克思主义理论融为一体，就显得格外重要。思想政治理论课教师要增强自身的科学人文素养，可以从以下三个方面着手：

第一，了解人文社会科学与自然科学的相辅相成和相互促进关系。人文社会科学与自然科学有着不同的思维方式和方法，有着不同的价值导向。人文社会科学关注人的精神世界，引导人们追求善和美，赋予人类的生产、生活及科学活动本身以重要意义和价值导向，增强人类改造世界的动力。自然科学则注重逻辑和理性，关注人的物质世界，增强人类改造世界的能力，在促进物质财富增加的同时，提高人类的生活质量，因而能解答或解决实际问题。

人文社会科学与自然科学的整合，即整体复合，你中有我，我中有你，水乳交融，形成一体。这种整合，把人类文化价值观念和伦理道德规范与科学知识和实际技能有机地结合起来，把社会发展需要与个人发展需要有机地结合起来，把提升人的精神生活与塑造健全的人格有机地结合起来，使教师在教育岗位上具有道德责任感、社会责任感。

第二，把握科学精神和人文精神。“求真”是科学的使命，因而科学精神的真谛就是“求真”。不欺人，不骗己，不蔽上，不蒙下，认认真真，老老实实，向他人负责。但是，“求真”这种科学精神解决不了人们的政治信念、伦理规范、终极关怀等问题，这就需要用人文精神来弥补。首先，“求真”精神也是人文的，科学的研究、科学成果的利用等都包含着“求真”的人文精神，即尊重人、理解人，创造宽松、和谐、民主的环境等。因此，科学精神也就是求真的人文精神。此外，人文精神也体现了“求善”精神，即它反映了世界对人的意义，它指导人们运用一定价值标准改造物质世界，使其沿着合人道、合理想的方向发展。“求真”与“求善”的结合，才能达到“求美”的境界。因此，科学精神与人文精神的统一，就是“求真”“求善”“求美”三者的统一。思想政治理论课教师把握科学精神和人文精神，就在于在思想政治理论课的教学和研究中，要有坚定的马克思主义信仰、共产主义的理想信念，不懈地探索真理、坚持真理、为真理而献身，要有老老实实的态度、踏踏实实的作风和高尚的人格魅力，要有勇于创新、超越现状的创造精神。教师自己做到了这些，就能通过对大学生的教育教学活动内化为他们的个性品格，成为他们今后的行为规范与价值取向。

第三，积极营造充满人文情怀的校园环境。校园文化具有重要的育人功能，要建设体现社会主义特点、时代特征和学校特色的校园文化，形成优良的校风、教风和学风。大力加强大学生文化素质教育，开展丰富多彩、积极向上的学术、科技、体育、艺术和娱乐活动，把德育与智育、体育、美育有机结合起来，寓教育于文化活动之中。重视校园人文环境和自然环境建设，完善校园文化活动设施，建设好大学生活动中心。加强校报、校刊、校内广播电视和学校出版社的建设，加强哲学社会科学研讨会、报告会、讲座的管理，绝不给错误观点和言论提供传播渠道。坚决抵制各种有害文化和腐朽生活方式对大学生的侵蚀和影响。禁止在学校传播宗教。校园环境的建设，需要师生的共同努力，更需要思想政治理论课教师的积极引导。思想政治理论课教师要做到这一点，不提高自身的科学人文素养恐怕是不行的。思想政治理论课教师只有增强了自身的科学人文素养，才有可能对大学生产生潜移默化的影响，从而使大学生通过自我管理、自我教育，达到自我发展，自觉地去营造浓厚的校园文化氛围，使学生能够从多方面去接受人文熏陶。

二、思想政治理论课教师的学术安全意识

思想政治理论课教师所承担任务的特殊性，决定其必须将对大学生进行的知识教育与思想教育结合起来、文化教育与政治教育结合起来、学术教育与意识形态教育结合起来。因此，学术安全意识是对思想政治理论课教师的政治考量。

1. “媒介帝国主义”理论

思想政治理论课教学是一个知识教育与信仰教育相统一、学术教育与意识形态教育相统一的过程，在这个过程中是不能不讲学术安全的，讲学术安全，就必须要分析“媒介帝国主义”问题。

“媒介帝国主义”是文化传播中的一种现象，而这种现象的实质在于意识形态渗透。发达国家通过媒介传播西方的价值观、生活方式，对发展中国家进行文化渗透，实现全球性的文化支配。这种渗透往往使人民大众在不经意之中、在毫无警觉之中就接受了西方的价值观、生活方式，接受了西方的文化。当前，在国际范围内，“媒介帝国主义”对发展中国家、社会主义国家进行文化侵蚀，因而也是西方意识形态控制的一种手段。在我国学术界，有的学者面对西方的文化殖民缺乏应有的文化警觉意识，反而认同并维护西方的学术话语、规则、观念、标准，对于马克思主义理论研究缺乏自觉的学术安全考量，没有意识到自身的学术行为正在使马克思主义的学术遭遇安全危机。这实际上是在给“媒介帝国主义”提供生存的土壤，使我国的主流意识形态的安全遭遇挑战、威胁和危害，也对思想政治理论课教学产生了很大的危害。

“媒介帝国主义”的研究序幕是由美国经济学家赫伯特·席勒于 1969 年出版的《大众传播与美帝国》揭开的，席勒也由此被人称为研究“媒介帝国主义”的先驱。在这本书中，他虽然没有明确提出“媒介帝国主义”的概念，但却提出与这一概念相关的思想，批判了西方的传播优势，认为美国的大众传播就是美帝国主义在全世界的延伸，是一个单向传播过程。“媒介帝国主义”这一概念，实际上是由美国学者奥利弗·博伊德-巴莱特提出来的，他认为，“媒介帝国主义”即指任何国家的媒介的所有权、结构、发行或传播内容，单独或总体地受制于他国，而未能有相当比例的影响力。20 世纪 70 年代中期，赫伯特·席勒提出了“文化帝国主义”的概念，把媒介与“文化帝国主义”紧密地联系起来。他认为，大众传媒是西方资本主义文化的表征，传播问题是研究资本主义制度的核心问题。至此，他的这一认识实际上把“媒介帝国主义”与“文化帝国主义”这两者的关系讲清楚了。后来，英国著名学者约翰·汤姆林森在《文化帝国主义》(1991) 中，通过对“文化帝国主义”四个层次的划分，进一步说明了其与“媒介帝国主义”之间的关系。这四个层次是：“媒介帝国主义”、民族国家的话语、批判全球资本主义的话语、对现代性的批判。其中，关于“媒介帝国主义”的分析，主要是从西方资本主义国家，尤其是美国的媒介工业霸权角度来分析“文化帝国主义”，认为人们与媒介的接触总是发生在特定的文化语境中并可能带有文化的后果。由此可见，“媒介帝国主义”不是孤立存在的，它与“文化帝国主义”具有内在勾连。

“媒介帝国主义”与“文化帝国主义”的关联给我们的启示是：

第一，“媒介帝国主义”虽不等同于“文化帝国主义”，但却与“文化帝国主义”不可分割。学术界对这二者的关联有不同的看法：有的学者强调，发达国家的文化入侵主要依赖于大众媒介来实现，“文化帝国主义”不仅包含了“媒介帝国主义”，更多地意指文化和意识形态上的帝国主义特征，而“媒介帝国主义”既是文化帝国主义的主要组成部分，同时是“文化帝国主义”霸权和支配所必须使用和依赖的工具。也有学者认为，“媒介帝国主义”不应与“文化帝国主义”混为一谈，因为它们之间因时因地因对象而有不同程度的关联，非一成不变。媒介固然是非常重要的文化范畴，但硬把媒介与教育制度、家庭等混淆在一起，有害无利，但是，无论从哪一个角度来说，“媒介帝国主义”与“文化帝国主义”的内在联系是客观存在的。

第二，“媒介帝国主义”是以媒介技术为载体，利用发达的信息技术扩散西方的价值观、生活方式、思维方式和消费产品等，是一种文化扩张的行为，是支配全球的意识形态，是资本主义制度的一个组成部分。

第三，“媒介帝国主义”具有文化霸权的性质，它是通过文化思想的渗透迫使发展中国家接受西方的价值观、生活方式、思维方式和消费产品等，控制发展中国家人民的灵魂，把这些国家变成发达国家的文化殖民地，因而带有文化殖民主义的性质。

从“媒介帝国主义”论产生和发展的过程来看，它与“文化帝国主义”的勾连，又反映在它与“依附”论的勾连之中。“媒介帝国主义”论经历了一个从兴盛到衰亡再到兴盛的发展过程，而这一发展过程的阶段性的基本特征都和“依附”论基本一致。“依附”论兴起于20世纪60年代中期。对于发展中国家来说，长期的帝国主义殖民统治，使得这些国家的经济在很大程度上依附于发达资本主义国家。第二次世界大战之后，发展中国家在取得政治独立寻求经济发展的过程中，虽然经济增长明显，但剩余价值向发达国家转移，资本积累表现为外向性积累，人民贫困，失业加重，两极分化现象突出。一些学者如德国经济学家安德列·冈德·弗兰克、巴西社会学家西奥东尼奥·多斯·桑托斯和费尔南多·恩里克·卡多佐、法籍希腊裔经济学家阿吉里·伊曼纽尔、埃及经济学家萨米尔·阿明等，针对发展中国家在发展中存在的依附于发达国家的状况提出了“不发达的发展”“依附的结构”“结合的依附的发展”“不平等交换”“不平等发展”等一系列理论，这一学派的理论被称为“依附”论。“依附”论的思想方法就是批判“西方中心主义”，“依附”论的实质就是反对发达国家的“经济帝国主义”，反对发达国家的经济霸权。发达国家经济支配的另一面就是文化支配，发展中国家经济依附的另一面就是文化依附。文化上，以美国为首的发达国家借助政治、经济的优势，在全球范围内倾销西方文化，导致发展中国家丧失了文化自主性，对西方文化产生了依赖，同时这也成为产生经济依附的重要因素。经济依附决定了文化依附，文化依附加剧经济依附。分析世界体系中的国与国之间的文化关系，探讨媒介在社会发展中的作用就显得尤为重要，“媒介帝国主义”论由此而生。“媒介帝国主义”论的一些代表人物，如赫伯特·席勒正是依据“依附”论的思想方法，在“依附”论的框架中于20世纪60年代末提出“媒介帝国主义”问题，批判了战后西方发达国家，特别是美国，以新的帝国主义形式，通过媒介手段进行文化扩张，推行西方民主制度与价值观，以称霸全球。

20世纪70年代末开始，“依附”论趋于衰亡。“依附”论产生时，其理论观点在西方学术界引起争议，褒贬不一，批评的声音盖过了赞同的声音，在20世纪70年代末特别是80年代以后世界经济一体化浪潮的冲击之下，“依附”论关于摆脱依附的路径研究受到各方的质疑，该理论逐渐趋于衰亡，“依附”论者也将批判西方中心主义的大旗交给了“世界体系”

论者，“世界体系”论兴起。当然也可以认为“依附”论开始换了一种方式即以“世界体系”论的方式生存。与此同时，“媒介帝国主义”论在20世纪80年代，也经历了一个短暂的沉寂。“媒介帝国主义”论的命运与“依附”论基本差不多。

一是“媒介帝国主义”论与“依附”论一样，关于它的讨论基本占据了70年代的讲坛，“媒介帝国主义”受到各方的批评和挑战。甚至“文化帝国主义”论的代表约翰·汤姆林森也对“媒介帝国主义”提出了反对意见，他认为，“媒介帝国主义”论者动辄大谈“媒介帝国主义”的文化后果，却很少能真正将“媒介帝国主义”的问题放到文化层面去研究，他们往往更多地周旋在政治、经济范畴从而与意识形态挂钩，与此同时又理所当然地将媒介支配混同于文化支配。也有学者如澳大利亚墨尔本大学文化学教授约翰·辛克莱尔等人提出质疑，认为到了20世纪80年代中期，世界电视体系的实际转变使这一理论在经验层面上越来越难以继续下去①。学者李金铨在《传播帝国主义》中提道，对“媒介帝国主义”的正面影响不能过于乐观，第三世界国家媒介文化业的发展，并不意味着依赖关系的改变。美国等的西方文化并不代表世界文化的“共同性”，不进行文化保护，即会损害原有的文化传统。但他也反对席勒等要改变传播失衡就要退出资本主义体系的主张，提出第三世界应制定自己的传播政策，利用传播科技并使它反映大众的利益和需要，争取文化自主权的独立，鼓励文化创新，减少对外依赖，不接受肆无忌惮的“新闻自由”，但要维护信息的合理畅通，反对极权专制对媒介的控制。

二是在世界经济一体化的浪潮中，建立国际经济新秩序及国际信息和传播新秩序的呼声日益高涨，发展中国家争取自身发展权、要求改善信息资源和传播途径的不平等状况的斗争也非常激烈。尽管如此，不结盟国家内部力量分化，既有民主社会主义国家、腐败的集权政府，也有大力拥护资本主义的国家，斗争的态势逐渐从对帝国主义的尖锐批判转向提出改革建议，再加上遭到西方的反对，“媒介帝国主义”、文化侵略等问题就被搁

① GIENOW-HECHT. Shame on US? Academics, Cultural Transfer, and the Cold War: A Critical Review. Diplomatic History, 2010, 24 (3): 465-494.

置了下来，从而理论研究也就逐渐被淡化。但是，它并没有完全消失，因为它所涉及的问题，如“全球传播秩序”“文化认同”“电视影响”等，已经成为当代无法回避的问题。

三是研究范式发生转化。20世纪80年代以后，传播学研究的范式开始向“文化多元主义”转变，尽管文化霸权依然存在，媒介和传播的不平等依然存在，但是，媒介和传播流的多向流动对“媒介帝国主义”关于媒介和信息流从发达国家向不发达国家的单向流动的认识进行了颠覆。媒体流动日益多向化，一些发展中国家如巴西、墨西哥、印度、中国和埃及等日益成为媒介产品的主要生产者和国际输出者，它们不仅改变着西方媒介内容的单向传播，同时也在一定程度上消解“媒介帝国主义”论所描述的“霸权”结构。

“依附”论与“媒介帝国主义”论的再度兴盛是20世纪90年代之后。不过这种兴盛不是“本体”的兴盛，而是附着于“他体”的兴盛。“依附”论附着于全球化理论，“媒介帝国主义”论附着于“文化帝国主义”论，也有学者把再度兴起的“媒介帝国主义”称为“后媒介帝国主义”。再度兴盛的原因主要是经济全球化的发展对世界经济、政治、文化产生了深刻影响。20世纪90年代以后，经济全球化迅速发展，一方面，在促进国家间特别是大国间的协调与合作的同时，也加剧了国家在贸易、投资和金融领域的经济矛盾；另一方面，在强化发达国家与发展中国家之间紧密的经济联系的同时，也使它们之间的矛盾和冲突日益突出。经济全球化虽然对各国拓展经济发展的空间、抓住经济发展的契机、增加经济发展的机遇有着不可估量的进步意义和深远影响，但是，它加剧了国际力量发展的不平衡，损害了发展中国家主权和经济的正常发展，在全球实施资源的不平等分配，扩大世界范围的贫富差距，导致如毒品泛滥、环境破坏、国际恐怖活动等全球化问题的出现。正因为如此，“依附”论对西方中心主义的批判思维依然有着巨大的效应，一些“依附”论者如巴西社会学家西奥东尼奥·多斯·桑托斯、埃及经济学家萨米尔·阿明等开始通过全球化理论，传承“依附”论的思想方法和实质，对经济全球化的实质和负面影响进行了批判。与此同时，随着经济全球化的发展和互联网等信息技术的崛起和发展，网络成为继报纸、广播、电视之外的“第四媒介”，媒介的作用在经济全球化中日益增大，“媒介帝国主义”也就有了新的时代特征和意义。特别是在经济全球化的发展进程中，发达国家充分利用自己的雄厚国力，控制着网络技术、生物技术和纳米技术等高科技，使发展中国家在信息网络技术和经济上处于不利地位，形成了网络技术和经济力量不均衡的势态，并利用这种势态，对发展中国家推行网络霸权和信息殖民主义。强势文化问题的凸显，将“媒介帝国主义”问题再次推向了研究的中心。

汤姆林森以文化话语分析“媒介帝国主义”，使“媒介帝国主义”研究的视野得到拓宽。他认为，当今世界已经发生了重大变化，我们正处于一个“崭新的时代”，其基本特征是“全球化”，而且还形成了一种全球化的“文化经验”①。但是，汤姆林森却主张用“文化的全球化”替代“文化帝国主义”，认为全球化的理论更适于描述当代世界的文化流动，其实质在于掩盖西方媒介的霸权地位所意味的文化支配，这显然是错误的。美国学者阿道夫·德里克说：“全球化话语的一个副产品就是文化的回归。”“对全球化的文化主义探讨不仅作为这一新形势的表达方式而出现，而且也作为使日常生活的混乱变得有序的努力。”② 可见，“媒介帝国主义”研究的再度兴起，基本上是按照文化的思路进行的。当然，关于“媒介帝国主义论”研究的争论仍然在所难免。奥利弗·博伊德-巴莱特认为，“媒介帝国主义”适用于一切存在媒介活动的不平等范围，任何媒体的不平等，无论是西方和非西方国家之间，还是某一特定地区的国家之间，都可以通过“文化帝国主义”这一视角进行检视③。奥利弗·博伊德-巴莱特还认为：“全球化与帝国主义紧密相关，通信媒体也与帝国主义紧密相关。”④ 屠苏认为，不要对非西方媒体的兴起和多元文化的崛起抱太高的期望，根据

① TOMLINSON J. Cultural Imperialism. Baltimore，MD：Johns Hopkins University Press，1991.

② 德里克. 全球性的形成与激进政见//王宁，薛晓源. 全球化与后殖民批评. 北京：中央编译出版社，1998.

③ BOYD-BARRETT. Media Imperialism Reformulated. In Thussu D K. Electronic Empires：Global Media and Local Resistance. Edward Amold，1998：57-176.

④ BOYD-BARRETT. Communications Media，Globalization and Empire. Eastleigh，UK：John Libbey，2006：1-14.

他的研究，从好莱坞工作室流向外围国家的文化贸易不平衡性仍然很大，区域市场内的影响还依然相对较小和非常有限①。显然，他们的研究直指汤姆林森的研究，与他的观点针锋相对。还有学者“放大”了“媒介帝国主义”的研究范围。例如，坦斯特尔认为，在媒介的多向流动中，在一个地区内会存在“啄食”顺序，也就是墨西哥成为拉美地区讲西班牙语国家中的主要文化贸易输出国，埃及也成为阿拉伯世界的主要文化产品输出国。他认为这种现象与经济分层依然紧密相关，新出现的文化输出国往往都具有较雄厚的经济实力，这些处在区域文化中心的国家仿效西方国家的策略，已经将“文化帝国主义”的逻辑加以内化并利用②。

“媒介帝国主义”论与“依附”论的内在关联给我们的启示是：第一，“媒介帝国主义”不仅与文化有着内在关联，究其实质，其与政治、经济的内在关联更应引起人们的关注。谈“媒介帝国主义”，必须要谈其背后的政治、经济的权力支配关系。也就是说，“媒介帝国主义”实质上是占据经济实力、信息科技和人才资源等优势的西方发达国家对发展中国家的文化殖民，这种文化殖民是由经济殖民决定的，经济不强大，文化必然受到控制。因此，在“媒介帝国主义”的背后，不仅是媒介的一元单向与多元多向的关系、文化殖民与反文化殖民的关系，而且是发达与不发达之间的支配与被支配关系、依附与反依附关系。

第二，“媒介帝国主义”论的演化，反映了世界政治经济文化格局的变化，也反映了世界范围内意识形态斗争的复杂性。初起，体现了第二次世界大战以后西方学者对于资本主义文化的反省和批判，揭示了人们对于冷战结束后资本主义发展特征的思考与认识。沉寂，说明了“媒介帝国主义”论有着局限性，它虽然具有文化批判精神，但这种批判很不彻底。它虽然是站在发展中国家文化的立场，始终把西方文化霸权以及发达与不发达文化交流中的不平等关系作为批判对象，但其理论本身却又包含着对文

① THUSSU D K. International Communication：Continuity and Change. London：Arnold，2000：1-32.

② TUNSTALL J. The Media Were American：US Mass Media in Decline. New York and Oxford：Oxford University Press，2008：167-182.

化的强与弱、先进与落后、中心与外围、主导与附属的划分以及对这种划分的默认。甚至在西方学者的学术争论中也反映了意识形态斗争的复杂性。再兴，说明全球化的迅速发展对国家主权的削弱，以及由此而来的媒介自身性质的多元化、媒介主导地位的上升。由于技术、财力和传播手段等方面的不平等，现存的全球传播体系虽然在形式上打破了传统地缘政治的界限，但从内容上看仍然存在全球传播霸权。因此，在全球化时代如何消除全球传播体系中的不平等，乃至消除全球经济体系中的不平等，仍是需要进一步去探讨的课题。

第三，面对全球化进程，不能忽视“媒介帝国主义”的存在，因为“媒介帝国主义”是扩张、垄断、控制、支配以及不平等的代名词，是殖民主义的代名词，它对不发达国家的政治、经济、文化的自主性发展，以及国家安全产生着威胁和影响。

2. “媒介帝国主义”与意识形态安全

“媒介帝国主义”的先驱者席勒，以美国为典型概括了“媒介帝国主义”的四个主要特征：一是“文化帝国主义”是世界性、多国性的独占性资本主义制度的一部分。美国独霸全球，决定传播的产品与内容，与文化输出有关的大众传媒大多受美国国防部和跨国公司控制。美国向发展中国家倾销电视节目，使一些国家的传统文化濒于灭亡。二是第二次世界大战以后，仰仗着在微电子技术和卫星技术领域中的领先地位，美国取代了英国在新闻通讯社和海底电缆的原有优势，在国际传播市场取得独尊的地位。同时，美国使出的手段之一便是提倡“信息自由主义”，联合国于1946年通过提案，使之成为一种支配全世界的意识形态。三是“文化帝国主义”迫使第三世界国家输入西方（美国）的科技文化，以至严重妨碍了国家的信息传播，并影响了其传播体系的独立建立和发展。四是传播科技并不是中立的，科技产品的引进和使用都含有政治和思想的毒素，科技本身便是资本主义意识形态的具体表现。

显然，“媒介帝国主义”问题，讲到底就是意识形态问题。对一个国家来说，媒介是这个国家用以维护意识形态、传递统治阶级意志的工具，甚至它本身就是意识形态。法国哲学家让·鲍德里亚认为，媒介形式不仅仅是内容的载体，更重要的是它直接影响着社会关系，因而“媒介形式本身就是意识形态”。媒介直接履行着意识形态的社会控制职能，维护国家统治的合法化媒介充当维持政治统治合法化的工具，其作用主要体现在促进和维护社会思想的同一性上。

将媒介冠以“帝国主义”，实际意味着扩张、垄断、支配控制以及不平等特征，带有浓厚的殖民主义色彩。“媒介帝国主义”反映的是以美国为首的发达国家在政治、经济、文化等方面已开始突破国家、地区、种族的界限，摧毁一切文化障碍，迅速席卷全球；反映的是以美国为首的发达国家掌控着文化输出霸权，将大量体现美国式的价值观念、生活方式、消费方式、思维方式以及商业文化等通过方便快捷的现代通信技术，强制性地灌输给发展中国家，使自身成为“文化帝国”，并借此攫取更大的经济利益，从而进一步巩固其地位。“媒介帝国主义”是发达资本主义国家透过媒介对第三世界的全面文化渗透、文化支配和意识形态潜移默化地施加影响。其实质是西方国家文化霸权主义的当代形态。

西方国家的文化侵袭和我国市场经济不完善出现的弊端裹挟在一起，营造出了一种虚假的“消费主义”生活方式。消费、消遣、娱乐成为人们的追求，崇洋媚外、享乐主义、拜金主义以及模仿和向往西方生活方式的现象滋生蔓延，在一定程度上影响着人们的价值取向、消费取向和审美取向，滋生了炫富攀比、见利忘义、盲目追捧洋品牌等不良社会现象。

美国之音、美国有线电视新闻网、全国广播公司、哥伦比亚广播公司、美国广播公司、世界电视网等，打着弘扬民主与维护人权的幌子，粗暴干涉中国内政，企图扰乱人心，破坏我国发展稳定。

互联网的普及使得美国的文化产品诸如好莱坞影片、迪斯尼动画片等向世界倾销。有人认为这标志着西方资本主义国家的传媒对第三世界的文化征服，也有人认为这不仅是金钱的绝对胜利，也是美国意识形态的胜利。

西方学者托马斯·L. 麦克菲尔曾认为，重商殖民主义寻求廉价劳工，劳工的双手、双脚和身体被榨取挖掘，用以开发原料和制造品。而电子殖民主义寻求的是心灵，它的目的是透过眼睛、耳朵来影响那些消费了进口媒介节目的人的态度、欲望和信念及其生活形态、消费意愿或购买形式。观众在无意中学会了西方的社会价值观和生活方式，导致了某种心智状态。电子殖民主义的目的在于变换你心智中的意象，在于使各种类型的电子进口软件对你产生长时期的影响。孩子们在接受这些媒介形象时，同时接受了这些媒介文化所蕴含的个人主义、消费至上和享乐主义的人生观。

马克思指出："如果从观念上来考察，那么一定的意识形式的解体足以使整个时代覆灭。"[①] 意识形态安全是国家安全的重要内容。其中，文化安全是指国家安全的一个重要组成部分，文化安全是指一个主权国家的主流文化体系不被其他文化侵蚀、取代或同化，能够完整地保持自己的文化传统和民族特性并不断传承和发展的状态。文化安全又包括意识形态安全。意识形态是社会的"黏合剂"，对社会生活具有引导、规范和整合的功能，意识形态安全是文化安全中居于核心地位的内容，意识形态安全了，文化才会安全。因此，在意识形态安全问题上要把握以下三方面：

第一，要掌握国际话语权，对我们的媒介话语权进行守望。话语权是意识形态领域的重要组成部分，对国家意识形态安全具有重要性。"媒介帝国主义"的实质就是树立西方国家的强势文化地位，造成国际话语系统的严重失衡，建立西方国家的话语霸权，而文化霸权和信息霸权则是西方国家实现话语霸权的两条主要途径，"媒介帝国主义"正是在文化霸权和信息霸权的基础上来话语霸权的。因此，我们一方面要打破国际话语霸权，反对国际媒体带有霸权性质地对我国国家形象做出歪曲报道；另一方面我们自己的媒体要第一时间澄清歪曲报道，正面引导社会舆论。

第二，要对我们的主流意识形态进行维护。主流意识形态不维护，就会在思想观念领域失去其主导性地位，丧失其对各种社会思潮的引导力、

---

① 马克思，恩格斯．马克思恩格斯文集：第8卷．北京：人民出版社，2009：170.

凝聚力和控制力。在当代中国，坚持马克思主义在意识形态领域的指导地位是维护主流意识形态安全的关键。一方面，要准确地理解马克思主义的意识形态属性，以解决实际问题为中心坚持和发展马克思主义，推进马克思主义中国化、时代化、大众化。另一方面，在网络化时代，要充分利用网络信息技术手段，主动出击，抢占网络宣传的制高点，掌握网上信息传播和意识形态斗争的主动权。要加强网络监控，及时发现、过滤和剔除网络媒体上的种种"西化""分化"以及颠覆社会主义制度的言论，营造一个健康的政治文化氛围。

第三，要扩大对外文化交流，增强中华文化的国际影响力。一方面，要有改革开放的心态，自觉与各种意识形态和文化展开积极对话，运用马克思主义的立场、观点和方法，批判地吸收资本主义意识形态中的合理成分，在与其他意识形态的交流互动中不断增强自身生命力；另一方面，要让世界各国人民更多地了解中华文化，打破美国的文化霸权，使中华文化走向世界。

意识形态安全问题从教师的学术研究角度看就是学术安全问题。"媒介帝国主义"的存在，给思想政治理论课教师加强学术安全提出了挑战课题。必须加强对世界体系中发达与不发达格局及不平等关系的研究。在这一研究中，不仅要研究文化霸权和文化殖民的关系，而且要强化对经济霸权和经济殖民关系的研究，特别是要将这二者结合起来研究。必须加强经济全球化中文化产业化与文化入侵问题的研究。在对主流意识形态进行维护的同时，必须提高文化产品的艺术性，以抗衡西方文化的入侵。文化的产业化发展与对西方文化侵蚀的研究同样是一个重要的研究课题。必须加强西方意识形态传播方式与我国主流意识形态传播方式的研究。要看到西方意识形态传播方式有值得我们学习借鉴的地方，比如隐性传播能够让人在不经意中接受传播的内容，这种方式需要我们在传播主流意识形态时学习。西方之所以能够进行隐性传播，与其经济、文化的强势有关。因此，只有在经济上、文化上强大起来，成为经济强国、文化强国，我们的主流意识形态也才能立得住，才能真正深入人心。

学术安全意味着思想政治理论课教学不能作为纯学术性的教学来从

事，必须要站在思想宣传和理论建设、意识形态建设及学术研究的统一立场上，必须考虑党和国家的前途命运，必须理性地对待西方的学术，必须保护我们自己的社会制度、价值观念、意识形态，必须讲政治纪律，守土有责、守土负责、守土尽责，必须以高度的意识形态自觉、学术精神自觉来维护学术安全。

3. 高校意识形态阵地建设的重任

中共中央办公厅、国务院办公厅印发的《关于进一步加强和改进新形势下高校宣传思想工作的意见》，明确地提出了高校加强意识形态工作的重要任务，这不仅是对高校宣传思想工作的要求，而且也给高校马克思主义理论和思想政治教育的发展提出了新的要求。这些要求具有对大学生进行思想政治教育的针对性和实效性。

在我国，高校马克思主义理论和思想政治教育在坚持正确的政治方向和舆论导向、推进马克思主义理论进教材进课堂进头脑、培养德智体美全面发展的社会主义建设者和接班人、确保社会主义办学方向等方面发挥了重要的作用。但是，教师对马克思主义理论能否真正做到讲准讲深讲透，对马克思主义理论的讲授能否真正做到求真求新求实，能否真正做到“内化于心、外化于行”，大学生能否真正做到“入耳入脑入心”等，依然是我们今天在新形势下要面对的问题。加强高校意识形态阵地建设关键在教师，要解决马克思主义理论和思想政治教育中的这些问题，根本还在于教师。

第一，要增强政治意识。加强高校意识形态阵地建设是一项战略工程、固本工程、铸魂工程，事关党对高校的领导，事关全面贯彻党的教育方针，事关中国特色社会主义事业后继有人。高校马克思主义理论和思想政治教育就是要巩固马克思主义在意识形态领域的指导地位，巩固全党全国人民团结奋斗的共同思想基础，因此，把坚定的理想信念放在首位，对于每一个老师讲好马克思主义理论课和对大学生进行思想政治教育是最为重要的。正确的理想信念是教书育人、播种未来的指路明灯，正确的理想信念是以我们的教育为人民服务、为中国特色社会主义服务、为改革开放和社会主义现代化建设服务、为培养社会主义事业建设者和接班人服务的要求为基准的。它告诫广大教师要始终同党和人民站在一起，自觉做中国特色社会主义的坚定信仰者和忠实实践者，忠诚于党和人民的教育事业，自觉把党的教育方针贯彻到教学管理工作全过程。

第二，要增强本领意识。当前，社会经济形式和经济利益、生活方式和组织形式、社会矛盾和各类问题等，发生了深刻的变化，经济全球化条件下各种思想文化交流交融交锋日益频繁，人们的思想活动呈现出独立性、选择性、差异性、多样性以及多变的态势，因而加强高校意识形态阵地建设的任务更加艰巨而复杂。面对这样复杂的状况，高校老师必须把增强本领意识放到重要位置，要始终站在知识发展的前沿，拥有扎实的知识功底、过硬的教学能力、勤勉的教学态度、科学的教学方法，刻苦钻研、严谨笃学，不断充实、拓展、提高自己。马克思主义理论和思想政治教育必须面向现实，研究回答重大的理论和现实问题，增强理论认同、政治认同、情感认同，必须使社会主义核心价值观内化为人们的精神追求，外化为人们的自觉行动。

第三，要增强责任意识。所谓责任，就是承担应当承担的任务，完成应当完成的使命，做好应当做好的工作。选择了当老师，就是选择了责任，就要尽到教书育人、立德树人的责任，就要尽到正确引导学生的责任，就是要把这种责任体现到平凡、普通、细微的教学过程之中。马克思主义理论和思想政治教育的责任，就是要承担起对大学生进行理论教育和思想引导的责任，就是要把坚持党的基本路线作为教学的基本要求，做社会主义核心价值观的自觉传播者，要明确学术研究无禁区，课堂讲授有纪律，个人言论要负责，无论是课上还是课下，都应严于律己，以自身的学术魅力和人格魅力去感染学生。

第四，要增强阵地意识。高校是弘扬主旋律、传播正声音、聚集正能量、树立正形象的阵地；课堂是传播马克思主义、弘扬社会正气、维护党的形象的平台。因此，要深入推进中国特色社会主义理论体系进教材进课堂进头脑，深入开展中国特色社会主义和中国梦的宣传教育，加强高校思想理论建设，加强具有中国特色时代特征的高校哲学社会科学学术理论体系和学术话语体系建设，坚决抵御西方敌对势力的渗透，抵御负面舆论、造谣传谣，用马克思主义占领课堂主阵地主渠道，不断巩固马克思主义的指导地位，不断坚定中国特色社会主义的道路自信、理论自信、制度自信、文化自信。高校每一个老师都应该做到守土有责、守土负责、守土尽责。

三、思想政治理论课教师的方法论教学

必须从马克思主义方法论角度来考量思想政治理论课教学实效性的提高，因而对思想政治理论课教师来说，必须掌握马克思主义方法论，并用于思想政治理论课教学之中。马克思主义方法论作为按唯物辩证法科学地认识客观现实的原则和方法的体系，是思想政治理论课课程建设不可或缺的内容。马克思主义方法论在思想政治理论课教学实效性的提高中具有重要的地位和意义。

1. 世界观和方法论的统一

世界观和方法论的统一是思想政治理论课教学的核心内容。马克思主义方法论并不是脱离实际的、高谈阔论和思辨的纯粹方法，而是马克思在全面、系统、深刻地揭示人类社会发展的客观规律基础上总结出来的科学的方法论，它来自改造社会的实践。在马克思探索社会发展规律、谋求解放全人类的道路上，方法是到达彼岸的桥梁，是实现成功的工具，方法论是马克思主义研究的本质规定性和规律性在逻辑上的反映，它为人类提供了认识世界和改造世界的最一般、最普遍的方法，是客观事物的普遍规律的反映。

马克思主义方法论虽然不同于世界观，但却与世界观相统一。所谓世界观，就是人们对整个世界的根本看法，它回答的是有关客观世界、人类社会和思维，以及人与世界的关系的最普遍的问题。这一根本看法决定了人们认识、分析和处理各种问题的方法。恩格斯曾经对马克思主义世界观

与方法论的关系做了经典的概括，即“马克思的整个世界观不是教义，而是方法。它提供的不是现成的教条，而是进一步研究的出发点和供这种研究使用的方法”①。马克思主义方法论是马克思主义世界观具体运用的结果，是建立在世界观的基础之上的，没有世界观就没有方法论。但与此同时，马克思主义世界观又是通过方法论得到阐明的，方法论是世界观的具体化、现实化，方法论再现了世界观。一旦人们按照世界观的根本看法去认识世界、改造世界，或者把世界观的各种原理、原则用来指导对世界、现实的认识，世界观就成了方法论，世界观与方法论就具有统一性。毛泽东说：“世界本来是发展的物质世界，这是世界观；拿了这样的世界观转过来去看世界，去研究世界上的问题，去指导革命，去做工作，去从事生产，去指挥作战，去议论人家长短，这就是方法论，此外并没有别的什么单独的方法论。所以在马克思主义者手里，世界观同方法论是一个东西，辩证法、认识论、论理学，也是一个东西。”② 因此，世界观制约并决定着方法论，有什么样的世界观，就有什么样的方法论；方法论也支持和影响着世界观，世界观是通过方法论得到进一步的发展和提升的。总之，方法论离不开世界观，世界观也离不开方法论。

高校思想政治理论课承担着对大学生进行知识传授、能力培养和世界观教育三个层次的教学任务，承担着把大学生培养成知识、能力、素质三者相统一的社会主义建设者和接班人的重要任务。如果说思想政治理论课教学使大学生能够完整准确地掌握马克思主义理论，使他们系统了解并掌握马克思主义理论所揭示的科学真理的努力是一种知识教育的话，那么对大学生进行的马克思主义方法论的教育就是一种能力教育。也就是说，让他们掌握马克思主义理论的目的在于，要求他们具备能够运用马克思主义的立场、观点、方法来分析问题和解决问题的能力。思想政治理论课关于马克思主义方法论的教育，不仅可以培养和增强大学生的思维能力和从事实践活动的能力，帮助他们掌握正确观察、分析和解决问题的方法，正确应对不断变化的现实。

---

① 马克思，恩格斯．马克思恩格斯文集：第10卷．北京：人民出版社，2009：691．

② 中共中央文献研究室．毛泽东著作专题摘编（上）．北京：中央文献出版社，2003：30．

马克思主义方法论从最一般的方法上规范人们的认识活动和实践活动，直接地、充分地体现着马克思主义世界观的基本原理。对大学生进行马克思主义方法论教育，是思想政治理论课四门课程的核心内容。要提高思想政治理论课教学实效，一方面，不能只停留在对大学生进行知识传授上。因为思想政治理论课课程中的许多内容如物质与意识、思维与存在、市场经济、科学发展观等，学生们从小学就开始学，到大学阶段再不提升学习的层次，势必会引起反感和抵触，这就要求教师必须将方法论内化在理论的教学中，着重培养大学生运用马克思主义的立场、观点、方法分析问题的能力。另一方面，必须做到理论与实际相结合，从世界观和方法论的统一上对大学生的马克思主义理论教育。邓小平所强调的“我们坚信马克思主义，但马克思主义必须与中国实际相结合。只有结合中国实际的马克思主义，才是我们所需要的真正的马克思主义”① 的思想，充分体现了理论与实际的结合，也给我们提供了进行思想政治理论课教学的方法论。对大学生的马克思主义方法论教育应该贯穿于思想政治理论课教学的全过程，不仅要体现在教学内容上，而且要体现在讨论、辩论、社会实践以及课程考核等课程活动中。例如，用“启发式”“讨论式”“互动式”等以启发思维为主的教学方法，充分发挥学生在教学过程中的主体作用，调动他们学习的积极性，使学生能够积极、主动、自觉地接受教育，理解和接纳所学的理论知识和理论观点，提高应对和处理实际问题的能力，掌握正确分析和解决问题的方法。马克思主义方法论可以给人们的实践以更直接、更切实的帮助，起到从马克思主义基本原理到社会实践的“桥梁”作用。

2. 研究方法和叙述方法的统一

研究方法和叙述方法的统一是马克思主义方法论的精髓之一，也是马克思主义方法论的具体表现。研究方法和叙述方法的统一是马克思一生从事理论研究和理论阐述所采用的最基本的方法。在搜集、整理和分析大量

---

① 邓小平. 邓小平文选：第3卷. 北京：人民出版社，1993：213.

纷繁复杂的社会经济现象以及所能发现的文献资料的基础上，借助于科学的抽象，使直接的感性材料上升为经过加工的思想材料，形成特定的概念、范畴、理论观点；然后，再通过构建框架结构、使用语言文字等方式表述出来。在这个过程中，“最一般的抽象总只是产生在最丰富的具体发展的场合，在那里，一种东西为许多东西所共有，为一切所共有”①。对大量纷繁复杂的社会经济现象进行科学抽象本身就是研究方法，因为只占有材料不是研究，抽象的实质就是对材料中的本质予以揭示，并在头脑中形成概念、范畴、理论观点。在这个过程中，“从抽象上升到具体的方法，只是思维用来掌握具体、把它当做一个精神上的具体再现出来的方式”②。对已形成的特定概念、范畴、理论观点，通过构建框架结构、语言文字等方式表述出来，所采用的就是从抽象上升到具体的叙述方法，它展现在人们面前的就是“许多规定的综合”，“是多样性的统一”，“它在思维中表现为综合的过程，表现为结果”，从而使“抽象的规定在思维行程中导致具体的再现”③。从研究方法和叙述方法统一的角度看，科学的抽象又是由研究方法通向叙述方法的中间环节，没有科学的抽象，没有头脑中形成的概念、范畴、理论观点，就不可能有叙述过程。可见，叙述的前提是研究，研究对于叙述至关重要，即使是叙述本身也是一种研究。马克思一生有很多的著作都体现了研究方法和叙述方法的统一，最有代表性的当数《资本论》。《资本论》是把研究方法和叙述方法结合起来的典范。

马克思主义方法论中研究方法和叙述方法的统一，为我们提高思想政治理论课教学实效提供了一定要处理好研究与教学之间关系的重要启示。毫无疑问，研究是教学的前提，没有研究支撑的教学是不成功的教学；没有研究能力的教师，不是一个优秀的教师。同样，优秀的思想政治理论课教师必须具备研究能力。在教学过程中，有人认为，思想政治理论课教学不需要什么科研含量，“中央文件怎么写，我们就怎么讲”。加上思想政治理论课教师教学任务十分繁重，基本上疲于应付，缺乏进行科研的时间和

---

① 马克思，恩格斯．马克思恩格斯文集：第8卷．北京：人民出版社，2009：28．

②③ 同①25．

精力，更少有科研的热情和动力。多年来思想政治理论课教学的实践使我们清晰地看到，思想政治理论课教学不仅要求教师有丰富的知识，而且还要把握时代脉搏，关注社会热点。只有研究型的老师才能够把握精深的理论，才能够吃透教材，才能够深入浅出地讲清楚马克思主义理论。因此，提高思想政治理论课教学实效的关键就在于：以广博的知识赢得学生的心，以科学的逻辑力量吸引学生，以分析和解决现实问题的方法提高学生的实践能力和创造能力。在教学过程中，也有人认为，思想政治理论课教学实效提高的重点在于创新教学的方式方法。创新教学的方式方法固然重要，变革教学方法是搞好教学的永恒主题，但是，思想政治理论课教学实效提高的重点应该是因人而异的。没有对精深理论的准确把握，没有对教材的吃准吃透，不善于把理论与实际结合起来，一味地追求教学方式方法的创新，是不可能真正提高思想政治理论课教学实效的。再者，采用什么样的教学方法来提高实效也是因人而异的，不仅因教师而异，还因学生而异、因课堂而异。

把握马克思主义方法论中研究方法和叙述方法的统一，我们在提高思想政治理论课教学实效的过程中必须做好三个方面的研究：第一，马克思主义理论一级学科的设立，使思想政治理论课教学获得了相应的学科支撑，使思想政治理论课教师有了相应的学科归属，有效地提升了思想政治理论课的教学水平和研究层次。我们要珍惜这一成果，要从根本上深层次地理解和研究“思想政治理论课建设必须有学科意识”的含义。第二，思想政治理论课“05 方案”的形成，使思想政治理论课教学具有了整体化和创新性的特点，对思想政治理论课教师提出了把理论原理、理论运用与理论发展相统一，把科学真理与科学精神相统一的高要求，同样是提升了思想政治理论课的教学水平和研究层次。我们要珍惜这一成果，要从根本上深层次地理解和研究“思想政治理论课的真正魅力在于它的真理性”的含义。第三，当代大学生有一些新的特点，他们给思想政治理论课教学带来了新的特点和难度，对思想政治理论课教师也提出了如何把思想政治理论课教学与他们的教学实际结合起来的新要求，同时提升了思想政治理论课的教学水平和研究层次。我们要爱护学生、尊重学生，要从根本上深层次地理解和研究“思想政治理论课建设要有人本意识、责任意识”的含义。

3. 整体性方法

整体性方法是马克思主义方法论的精髓之一，是马克思主义方法论的具体表现，是加强思想政治理论课教学研究的重要方法。整体性作为一种方法，是唯物辩证法的具体运用，也是唯物辩证法的方法论基础。整体性方法是马克思一生从事社会科学研究经常采用的一种方法，它强调的是在研究中要把研究对象、研究过程作为一个整体看待。例如《资本论》关于资本主义生产关系的研究。马克思对《资本论》的研究对象即资本主义生产关系的确定，是建立在对资本主义社会制度整体的研究上的。资本主义社会存在生产关系、分配关系、交换关系、消费关系等多种社会关系，还存在前资本主义生产关系、资本主义生产关系以及混合的生产关系等，马克思以资本主义社会整体为背景，抽出最能反映资本主义本质的生产关系作为研究对象。《资本论》的研究过程同样也体现了对整体性方法的运用。运用整体性方法研究问题的过程实际上就是对“生动的整体”进行分析、抽象的过程，是“抽象的规定在思维行程中导致具体的再现”的过程①。这个过程从方法论上来说，就是从“生动的整体”到“思维具体的整体”的研究和叙述过程。在《资本论》中，商品转化为货币，货币转化为资本，资本转化为剩余价值，单个资本循环转化为单个资本周转，单个资本转化为社会总资本，不变资本与可变资本之和转化为成本价格，剩余价值转化为利润，利润转化为平均利润，价值转化为生产价格，剩余价值转化为企业主收入、商业利润、银行利息、地租。经济范畴不断地由抽象上升到具体，从简单上升到复杂。整个《资本论》理论体系就是在这些经济范畴发生辩证转化的基础上构建起来的。从起点商品到终点地租，贯穿的是价值规律及其作用形式的逻辑进程，体现的是资本主义社会生产关系的整体。

---

①　马克思，恩格斯．马克思恩格斯文集：第 8 卷．北京：人民出版社，2009：25．

马克思主义方法论中整体性方法为我们拓展思想政治理论课教学提供了广阔的视野。思想政治理论课“05 方案”的整体化特点，要求思想政治理论课教师必须运用整体性方法讲授课程。而整体性方法的运用，主要表现在三个方面：第一，整体地思考课程内容，抓住课程的主线。无论对哪一门思想政治理论课课程，在教学之前都必须进行整体的思考和研究，只有抓住了课程的主线，才能讲好课，完成教学的目标。就“马克思主义基本原理概论”课程而言，整体地思考这门课程的内容本身就是一个研究过程。如何整体地把马克思主义三个组成部分融为一体，并不完全是教材组的任务，它是每个思想政治理论课教师必须做的事情。能使马克思主义基本原理的三个组成部分融为一体的关键就在于抓住主线，从阶级性上说就是无产阶级争取自身解放并最终解放全人类，从社会发展上说就是阐明人类社会发展的客观规律。前一条是思想路线，后一条是逻辑主线，思想路线与逻辑主线的高度统一，构成了我们对马克思主义基本原理的整体理解。第二，整体地把握课程特点，抓住课程的灵魂。无论哪一门思想政治理论课课程，其共同的特点是学术性与意识形态性的统一。马克思主义是在寻求无产阶级解放中揭示人类社会发展的客观规律的，是在对科学真理的阐释中体现理论逻辑的力量和学术价值的魅力的。它的意识形态功能是与学术价值的魅力紧密结合在一起的。当我们真正理解和把握了这个特点，在教学中就不会用学术性去取代意识形态性，也不会单纯地把教学看成一种政治上的宣讲。第三，整体地研究教学方法，抓住教学方法的核心。思想政治理论课是一门科学，也讲求艺术。思想政治理论课的教学是要在吃准吃透教材的基础上钻研讲课艺术，而讲课艺术最关键的就是贴近实际、贴近生活、贴近大学生。因此，理论与实践的结合是教学内容展开的重要方面，也是最基本、最核心的教学方法。

由此可见，以马克思主义方法论为核心，围绕思想政治理论课教学的基本内容和脉络，紧密结合时代的变化和发展，关注社会的热点和难点问题，了解大学生现实思想中的迷茫和疑惑，是使思想政治理论课教学实效提高的不容忽视的重要方面。

四、思想政治理论课教师的道德情操

师德是教师的灵魂。良好的师德风范是塑造优秀的思想政治理论课教师形象、提高思想政治理论课教学实效的关键。思想政治理论课教师必须具备高尚的职业道德和思想品德，并将其融入对大学生的世界观、人生观和价值观的教育引导之中。因此，思想政治理论课教师增强自我修养、磨炼道德情操、加强师德规范是极为重要的。

1. 道德情操

道德是一种社会意识形态，是人类在社会生活中为调整人们之间、个人与社会之间的关系，依靠社会舆论、传统习惯、内心信念所维系的行为规范的总和。它以善和恶、荣誉和耻辱、正义和非正义作为评价标准，并逐步形成一定的习惯和传统，以指导和控制人们的行为。高尚的道德是人类物质文明和精神文明的标志。古往今来，有许多道德高尚的人物被人们推崇，也有一些道德低下的卑劣之徒遭到人们的唾弃。道德有强烈的阶级性和历史性，它由一定的社会经济基础决定，并为一定的阶级服务。

道德情操通常指情感和节操的结合。道德情操在不同的时代有不同的含义。英国古典政治经济学家亚当·斯密写过一本书，叫作《道德情操论》。在他那个时代，人们把道德情操主要理解为克制私利的能力。斯密正是从这个含义上来写这本书的。《道德情操论》要竭力解释的是，具有利己主义本性的个人在资本主义生产关系和社会关系中如何克制自己的感情和行为特别是自私的感情和行为，如何为建立一个有必要确立行为准则的社会而进行有规律的活动。资本主义是永恒的，这是斯密理论的出发点，但显然也是错误的观点。然而，他却说明了一个有条不紊的社会的运行是以控制利己主义行为的道德情操为前提的。在社会主义社会，道德情操是无产阶级情感和革命坚定性的产物，是经过长期的社会实践形成的。

培养高尚的道德情操，需要提高道德修养。道德修养是人们为实现一定的道德理想而对自己的思想品质、思想意识进行自我教育、自我锻炼和自我改造的结果。它是按照一定的道德原则和规范进行反省活动，在反省活动中形成一定的道德情操，达到一定的道德境界。道德修养是一个从认识到实践的不断反复的过程，循环往复、不断提高、永无止境。职业道德修养是一定的社会道德原则在职业活动中的反映，是从事一定职业的人为了保持人与人之间、行业与行业之间友好和谐的关系，维持社会的良性运行和正常发展，按照社会一般道德原则和要求形成的、适应行业特点的行为规范。

道德情操对任何一个社会来说都非常重要，对在任何一个社会从事教育的人来说也非常重要，对思想政治理论课教师来说则更为重要。教育者的道德情操，往往指的是职业道德和思想品德。作为一名从事马克思主义理论与思想政治教育研究和教学的思想政治理论课教师，必须具有高尚的职业道德和思想品德，同时也必须对大学生的世界观、人生观、价值观进行教育引导。这两者构成真正意义上的思想政治理论课教师的道德情操。

思想政治理论课教师作为社会主义精神文明的开拓者，在传递社会科学知识、促进整个社会的发展方面起着十分重要的作用。思想政治理论课教师作为人类灵魂的工程师，在培育大学生人格、道德等方面起着其他教师不可替代的作用。思想政治理论课教师不仅是知识的传授者，更是大学生灵魂的塑造者。在科学技术进步的推动下，知识不断更新，社会发展对思想政治理论课教师角色的要求不再是单纯的传道、授业、解惑，而是已发展为怎么去激励和启发大学生思考。思想政治理论课教师也越来越成为帮助大学生发现问题并寻求解决问题的方法而不是只拿出知识或结论的人。由于当今社会信息源急剧增多，大学生视野开阔、思维活跃、知识面广，思想政治理论课教师如果仍然以有限的知识或权威的地位出现在大学生面前，是很难驾驭课堂的。因此，在新的历史时期，思想政治理论课教师只有了解自己所处的角色情景，具备良好的心理素质和职业适应能力，具备高尚的道德情操，才能成为一名合格的教育工作者。

思想政治理论课教师在大学生的心目中应该是道德的榜样和楷模。所谓道德榜样，又称道德典范，即道德规范的典型化与具体化的体现。道德榜样是历史上或现实生活中比较突出地、完备地体现一定社会或阶级的道德理想模式，被人们看作理想人格的化身和道德选择楷模的杰出人物。道德榜样体现着一个社会或阶级做人应具备的基本方向。思想政治理论课教师的道德形象，可以激励和教育大学生去实现一定的道德理想，履行一定的道德义务，从而促进社会主义物质文明和精神文明的巨大进步。思想政治理论课教师是构建和谐师生关系的主动者。师生关系是一对矛盾，其矛盾的主要方面是教师，构建和谐师生关系主要依靠教师。在现实生活中，我们看到，一些思想政治理论课教师并没有真正确立起尊重学生这一基本的道德情操，他们强调“尊师”远远超过了“爱生”。其实，对人格平等的追求是当代大学生强烈的心理倾向之一。“一日为师、终身为父”的传统观念已不再能为当代大学生所接受。学生们所赞成的是“师生也是朋友”的观念。当然，我们也强调学生同样要尊重教师，要学会从他人的角度考虑问题，要考虑他人的感受。但是，应该看到的是，学生们喜欢的是师德高尚、知识渊博、爱生如子的教师。学生们最不欢迎的是以权威压人、居高临下的教师。教师在学生中的威信和学生对教师的敬爱是靠教师高尚的道德情操、教书育人的艺术赢得的。因此，对思想政治理论课教师来说，要做一个受大学生欢迎、喜爱的教师，就必须彻底改变传统的“师道尊严”，要了解学生的基本特征和学生的个别差异，要尊重学生的人格，维护学生的合法权益，平等地对待每一个学生。思想政治理论课教育教学成功的秘诀之一就在于尊重学生。

以身作则、为人师表是思想政治理论课教师道德情操的重要表现。教师教人怎样做人，首先自己要知道怎样做人。教师工作有强烈的典范性，为人师表是教师的美德。教师以身作则，才能起到人格感召的作用，培养出言行一致的人。教师对学生的这种影响是任何教科书、任何道德箴言、任何惩罚和奖励制度都不能代替的一种教育力量。思想政治理论课教师作为大学生灵魂的塑造者，不仅是大学生的世界观、人生观、价值观的正确引导者，更要成为正确的世界观、人生观、价值观的代表。为人师表是思想政治理论课教师教育大学生的重要前提。思想政治理论课教师教育大学生，更重要的是培养大学生积极向上的生活态度，以积极的乐观的生存心境、人生态度对待社会和生活。只有关注社会、关注人类命运，对社会有强烈的责任感的思想政治理论课教师，才能唤起大学生对社会的责任感，唤起他们对我们这个社会发展中的各种热点、难点问题的注意与思考，才会使他们意识到自己所肩负的历史使命。只有关注社会、关注人类命运，对社会有强烈的责任感的思想政治理论课教师，才能扩大学生的视野，关注社会进程，树立远大理想，坚定积极的人生态度。

当今的时代是市场经济大潮冲击人们的时代，当今的时代也是网络信息技术冲击人们的时代，当今的时代还是全球化冲击人们的时代。在这样的时代条件下，教师的工作复杂而繁重，单纯从经济报酬上是无法体现教师的劳动价值的。思想政治理论课教师的特殊职业决定了他只有安下心来，甘于清贫、抵得住诱惑，开阔眼界、接受新生事物，才能完成党和人民的重托。

2. 培养道德情操的途径

高尚的道德情操在社会主义教育事业中是每个思想政治理论课教师都必须具备的。但是，在现实的生活中，这并没有为所有的思想政治理论课教师所认同并内化。有些思想政治理论课教师还只是凭借感性的、经验性的、朦胧状态的职业良心来尽自己的义务，并没有用理性的清晰的自觉的道德意识来指导自己的教育实践。因而就思想政治理论课教师本身而言，在道德情操的培养上还有待于进一步提高。

道德情操不是单纯的、脱离生活、脱离实际的空洞乏味的理念和说教，而是一种实践精神，它是和人们的实际生活紧密地联系在一起的。思想政治理论课教师的道德情操，如果不能给正确处理学生群体和教师群体关系的实践活动以有效的指导和帮助，不能真正落实到提高思想政治理论课教学的实效性中去，就有可能被人认为是一种虚伪的说教和宣传。完善的道德情操只有通过有效的途径才能内化为思想政治理论课教师的真正意识，进而成为思想政治理论课教师的师德行为。

首先，思想政治理论课教师要注重塑造自我。今天的时代，科学文化知识日益更新，人的主体地位和作用也日益增大，社会活动不仅以丰富的知识为基石，更以独立的人格为前提。以创新的精神为动力，道德情操作为思想政治理论课教师的行为规范，是通过思想政治理论课教师内心的信念起作用的。这就要依靠思想政治理论课教师在道德修养过程中的自我意识和自我觉悟。因此，思想政治理论课教师必须要做到“明德”和“自律”。

“明德”，即既要以学问教人，又要以道德育人，弘扬中国教育的优秀传统。儒家的经典著作《大学》开宗明义指出：“大学之道，在明明德，在新民，在止于至善。”这里的“明明德”，就是要以道德教人。无论是在古代、近代还是在现代，对“大学”的理解虽然有所不同，但不管怎样，都包含了教人以高尚道德的含义。现在人们称“大学”是有大师之地，而所谓大师，不但要有大学问，而且也应有高尚的道德。他们在以学问教人的同时，也往往以其高尚的道德感化学生。

“自律”，即无论是否有外在的约束和监督，思想政治理论课教师都能严格要求自己，自觉自愿地遵守规范。自律可以使教师将自己的思想意识、言行举止纳入规范之中，自觉监督自己的行为，并在自觉自愿地遵守规范的行动中感到欣慰和愉悦。这是培养教师道德情操的目的，也是教师道德情操建设的最高境界。思想政治理论课教师教书育人，是要引导学生学会生存、生活、做人和与人合作，培养学生成为社会主义事业的建设者和接班人。因而教师自身不仅必须具备较高的道德水准，而且既要言教，又要身教，身教重于言教。思想政治理论课教师要“为人师表”，更重要的是自己得先树立正确的世界观、人生观和价值观，要自重、自省、自警、自励、自强，以身作则，言行一致，要求学生做到的，自己首先要做到，禁止学生去做的，自己坚决不去做，在行动上为学生做出表率。

其次，思想政治理论课教师要注重塑造灵魂。在教师的道德情操中，“师爱”是灵魂。思想政治理论课教师要爱学生，这种爱在性质上是一种无私的、广泛的且不基于血缘关系的爱，在原则上是一种严慈相济的爱。这种爱是神圣的，它是思想政治理论课教师教育学生的感情基础，学生体会到这种感情，就会走近思想政治理论课教师，从而也会相信思想政治理论课教师所讲授的马克思主义理论知识。也正是在这个过程中，思想政治理论课教育教学实现了自己的根本功能。因此，“师爱”是思想政治理论课教师道德情操的灵魂。一个具备了“师爱”的思想政治理论课教师，才会努力不懈地坚持自我教育，不断提高自己的专业水平，开阔视野、拓展思路，进而纯化和完善自我，才会使学生更加尊敬他，师生关系也会因此而得到加强。

教师是人类灵魂的工程师，肩负着培养中国特色社会主义接班人和建设者的神圣使命。高超的教书育人的水平与高洁的为人师表的品行在思想政治理论课教师身上的统一，可以调动学生学习、活动的积极性和参与性，提高学生分辨和评析各种社会思潮的能力，可以使新时期的思想理论教育工作不是停留在口头上、会议里、文件中，而是直接走进学生、贴近生活，使马克思主义理论，渗透到学生的学习和生活之中，渗透到学生丰富多彩的文化娱乐活动之中，渗透到精神文明建设之中。一个能够塑造学生灵魂的思想政治理论课教师，才会在教学中显露出较高的艺术修养，才能更好地活跃课堂气氛，激发学生的学习兴趣与积极性，才能赢得学生对他的敬慕，进而使师生关系达到更加融洽的境地。

再次，思想政治理论课教师要注重塑造形象。教师形象，就是教师的思想、道德、业务、作风、礼仪等素质综合的外在表现。这种外在表现是以其内涵和真谛为基础的。学高为师，身正为范，是教师形象的内涵和真谛。其具体表现有人格、才华和外在形象两个方面。

许多实例表明，教师的人格和才华是影响学生成长的重要方面。教师健康的人格特征突出表现在如何对待教育工作，如何对待所教的学生。如果教师经常为不良的情绪所困扰，就会把烦恼、怨愤迁移到学生身上。人格健康的教师既知道如何工作，同时又有多方面的生活情趣，学识才华与高尚人格的结合，必定会产生强烈的“形象效应”，对学生德智体等方面的发展产生全面的影响。高尚的师德和高超的教艺是构成思想政治理论课教师良好形象的两个重要支撑点，缺一不可。作为一个思想政治理论课教师，应时时处处以职业道德标准规范自己的一言一行，修炼爱生、敬业、奉献的道德情操，应时时处处用先进的教育教学理论指导实践，提高自身的业务素质。只有将德与才完美和谐地集于一身，才会辐射出可亲、可信、可敬的无穷魅力。教师的外在形象并非指相貌丑俊，相貌丑俊是无法选择的。教师的外在形象主要是指作风、礼仪等，如果这样，一个思想政治理论课教师走上讲台，对学生产生的影响和给教学带来的后果是可想而知的。从思想政治理论课教师的职业角度看，思想政治理论课教师不是不要打扮，而是更应注重打扮，不过，这种打扮是入时而不赶时髦，朴素而不落俗套，整洁而不求妖艳，大方而不含浮躁，稳健而不显高傲，热情而不存轻佻。

最后，要注重建设培养思想政治理论课教师道德情操的制度。育人是为了用人，用人则必须育人。各高校在维护教师合法权益的基础上，应注重建设培养思想政治理论课教师道德情操的制度，科学地建立起各种能够最大限度地发挥思想政治理论课教师作用的制度，包括培养教师道德情操的学习培训制度、考评监督制度、激励约束制度等。

建立学习培训制度，开展教师的职业理想教育，是培养思想政治理论课教师道德情操的基础和前提。这一制度将教师学习职业道德规范制度化、规范化，可以使教师主动提高道德修养，自觉运用规范约束自己的教育教学活动，引导教师树立正确的教育价值观、质量观和人才观，加强尊重学生、爱护学生、保护学生的责任意识，也可以帮助教师不断提高思想政治素质和业务素质。

建立考评监督制度，充分发挥教师职业道德考评和社会监督的作用，这是培养思想政治理论课教师道德情操的重要保证。可以依据思想政治理论课教师职业道德考核测评标准，对教师进行职业道德考评，考评既包括学生评价、组织评价，也包括个人自评、教师互评。这样，既能够确保高校师德考评工作落到实处，又有利于发挥教师、学生、组织等方面的监督作用。

激励约束制度是培养思想政治理论课教师道德情操的重要手段。激励就是对依法执教、敬业爱岗、无私奉献、为人师表的思想政治理论课教师进行表彰。通过这些教师的道德感召和情操感染，使广大师生崇尚美好道德，并在内心产生一种对高尚道德情操的追求。激励约束制度在激励的同时，也要注意对思想政治理论课教师的职业道德进行约束，严格将教师的职业道德表现与奖惩、培训、聘任、辞退以及教师职务晋升、工资晋升结合起来，加强对违反职业道德规范的教师的处理。在道德压力和纪律约束下，思想政治理论课教师会在内心深处自觉约束自己的行为和思想，遵守规范和准则。如果思想政治理论课教师不加强自身的道德修养，不严格要求自己，不遵守党纪国法，不遵循社会主义道德准则，也就不可能引导学生形成良好的道德风尚。思想政治理论课教师品行端正、道德高尚，既可以理直气壮地教育学生，又可以潜移默化地影响学生。只有这样，才能培育学生形成良好的道德风尚，从而推动整个社会形成良好的社会道德风尚。

下篇　教学的学科境界

教学是通过学科来支撑的。专门人才的培养是和学科建设紧密联系的。思想政治理论课教学具有特殊性，它所依托的马克思主义理论学科，除了要培养专门的人才以外，还必须面向所有的大学生，为培养各类专门人才服务。马克思主义理论学科的建设，对促进思想政治理论课教学实效的提高起到学理支撑的作用。学科建设与课程建设的结合，是使教学具有“后劲”的关键，是使教师在自己的教学历程中具有“专业归属”的根本。显然，这也是教学的一种境界，是教学的学科境界。

第七章 马克思主义理论学科的建构及特征

思想政治理论课教学的实效是需要学科作为学理支撑的。马克思主义理论学科是思想政治理论课教师的学科归属，是思想政治理论课教学的生命之源。当然，除此之外，马克思主义理论学科的相关学科也为思想政治理论课教学提供了不竭的动力。随着思想政治理论课“05方案”的诞生和实施，马克思主义理论学科应运而生，并在提高思想政治理论课教学实效中发挥了不可或缺的重要作用。

一、马克思主义理论学科的分化与整合

从学科发展的历史来看，学科的分化与整合是一个历史发展过程，随着社会的变革，一方面是学科分工的脚步加速，另一方面是不断出现许多重新整合、跨领域的新兴学科。学科的分化与整合也是一个辩证发展的过程，随着学术文化事业的繁荣，学科在不断细分中整合，在整合中细分，分化与整合相互渗透，形成一个研究更深入、更具有综合性的学科体系。马克思主义理论学科一级学科增设的时间虽然不长，但综观这一学科增设的基础和它近些年的发展，我们仍然可以清晰地看到，它与其他学科一样

有着分化与整合的过程，既表现为学科分化与整合历史发展过程的产物，也体现了学科分化与整合的辩证发展关系。

1. 学术渊源：分科性研究与整合

马克思主义是迄今为止世界上革命性、科学性最强的世界观、方法论，是人们认识世界、改造世界和完善自身的强大的思想武器，也是适应实践发展要求并能指导社会实践不断前进的科学的思想理论体系。马克思主义理论关于自然界、人的思维和社会的发展变化的研究，关于人类社会发展的客观规律的研究，反映了无产阶级人民大众的立场，说明了它是革命的无产阶级的世界观，是工人阶级和劳动群众认识世界和改造世界的科学理论和思想武器。马克思主义理论研究反映了理论联系实际的原则，说明了马克思主义是适应时代发展的要求而创立的，也会随着时代的发展变化不断丰富和发展自身，具有与时俱进的理论品质。

一直以来，马克思主义理论研究基本上是按照哲学、政治经济学、科学社会主义三大部分分门别类地开展的，这和马克思主义创始人的思想逻辑发展进程相关。马克思在大学期间选择的是法律专业，后来又把研究的兴趣集中在历史和哲学方面，特别是集中在哲学研究上，并把研究哲学作为研究法学的重要基础。从马克思的思想逻辑进程来看，当他由唯心主义者转变为唯物主义者、由民主主义者转变为共产主义者以后，就以分析实现无产阶级解放并最终解放全人类问题为思想宗旨。唯物史观的创立、唯物辩证法的运用，使他有可能对资本主义生产关系进行解剖，发现了剩余价值，并把揭示人类社会发展的客观规律作为自己毕生追求的事业。正因为如此，马克思在这一分析过程中形成了自己的哲学思想、政治经济学思想和科学社会主义思想。尽管从恩格斯写作《反杜林论》到列宁完成《马克思主义的三个来源和三个组成部分》，他们并没有刻意地把马克思主义分成三大组成部分，但是，人们从哲学、政治经济学、科学社会主义三个方面对马克思主义理论的研究，成为把这三个分科性的研究整合为马克思主义理论整体研究的基础。

马克思主义理论学科的增设，要求从整体上对马克思主义理论进行研究，正如列宁所说："它完备而严密，它给人们提供了决不同任何迷信、任何反动势力、任何为资产阶级压迫所作的辩护相妥协的完整的世界观。"① 马克思主义理论学科关于马克思主义理论的整合，实际上是对马克思主义的分科性研究的整合。从马克思主义发展史来看，这和马克思理论分析的思想路线与逻辑主线具有高度统一性有关。如果实现无产阶级解放并最终解放全人类是马克思探索资本主义生产方式运行规律、创立马克思主义的思想路线，那么，揭示人类社会发展的客观规律就成为马克思进行理论分析、反映马克思主义理论整合程度的逻辑主线。思想路线和逻辑主线是高度统一的，没有思想路线，就不可能有揭示人类社会发展客观规律的逻辑主线。反过来，逻辑主线又是为思想路线服务的，人类社会发展客观规律的揭示为人的解放、人类的解放提供了思想武器。马克思主义理论的整合性研究并不排斥分科性研究。关于马克思主义哲学、政治经济学、科学社会主义三大组成部分的研究是马克思主义理论整合性研究的内容基础，没有马克思主义三大组成部分的分科性研究，马克思主义理论整合性研究就是无源之水、无本之木。当然，我们也看到，马克思主义博大精深，它所包含的内容远远不止这三大组成部分，还涉及社会学、历史学、文艺学、新闻学等内容，然而，三大组成部分的内容是其中最主要的、最根本的、最具有实质性的内容，它们由此而成为马克思主义理论整合性研究、构建马克思主义理论学科整体的主体内容。

2. 学科渊源：对不同专业或学科整合的发展

马克思主义理论一级学科是对 1997 年设立的"马克思主义理论与思想政治教育"这个二级学科在学科层级上的提升和内涵方面的拓展，而"马克思主义理论与思想政治教育"二级学科则是对马克思主义理论教育、思想政治教育这两个不同专业或学科的整合。因此，可以认为，马克思主义理论一级学科是对不同专业或学科的进一步整合和发展。

在马克思主义发展史上，马克思主义诞生以后就有了关于马克思主义

① 列宁．列宁选集：第 2 卷．北京：人民出版社，1995：309.

三大组成部分和马克思主义理论教育的实践。就我国而言，有了马克思主义理论在中国的传播，才有了中国共产党开展思想政治教育的内容、原则和方法。中国共产党成立以来，马克思主义理论一直是其对全党、全国人民进行思想理论教育的内容。新中国成立之初，马克思主义理论教育只在全党范围内进行，各级党校肩负起对党员干部进行马克思主义理论教育的重任。随后，在不到两年的时间里，马克思主义理论教育就由全党范围发展到全国范围，就由在各级党校的教育发展到高等院校的教育。之后，随着改革开放的发展，各种社会思潮激荡，各种现实问题产生，马克思主义理论教育也日益加强。马克思主义理论教育是马克思主义者运用马克思主义理论来教育、武装全党和全国人民的教育实践活动，是在马克思主义指导下研究、传播、教授、学习马克思主义理论的社会实践活动。马克思主义理论教育的任务，不只在于让教育者研究和掌握马克思主义理论，更重要的是让教育者把自己研究和掌握的马克思主义理论传授给学生，使他们能够树立起正确的世界观、人生观、价值观，树立起共产主义的信念和走中国特色社会主义道路的信心，在这种教育活动中培养出中国特色社会主义事业的建设者和接班人。在我国的高等教育中，马克思主义理论教育主要是体现在思想政治理论课教学之中。20 世纪 80 年代末 90 年代初虽然开始培养研究生，但并没有形成独立的学科。

思想政治教育是人类在阶级社会中的一种社会实践活动。从中国共产党成立之初推动马克思主义在中国的广泛传播开始，到开展党的工作把领导工人运动作为自己的中心工作和首要任务，就积极开展思想政治教育；从土地革命时期到抗日战争时期，再到解放战争时期，中国共产党逐步形成了思想政治教育的理论和方法，提出了一系列思想政治工作的理论原则。新中国成立以后，中国共产党运用思想政治教育的理论和方法，开展了大量卓有成效的思想政治教育工作，从而在贯彻党的各项方针政策、落实各项具体工作的基础上，确立了社会主义制度。进入全面建设社会主义的历史时期之后，思想政治教育不仅在军民、干部中得到开展，而且在高校中对青年学生也产生了重要影响。20 世纪 80 年代初，关于思想政治教育科学化问题的讨论促使思想政治教育发展成为一门独立学科。随后，教育部增设了思想政治教育专业（代码为0804），培养大专生、本科生和第二学士生、研究生等各种层次的思想政治工作专门人才。自此，思想政治教育专业确立了学科与专业的理论框架，思想政治教育学科形成。思想政治教育学科的形成与发展，直接推动了“马克思主义理论与思想政治教育”二级学科的形成，为后来马克思主义理论一级学科的形成建设及其发展提供了重要的学科积累和优势资源。

社会的发展和学科的发展，要求对“马克思主义理论教育”和“思想政治教育”专业或学科进行整合。“马克思主义理论与思想政治教育”二级学科正是这一整合的结果。马克思主义理论教育与思想政治教育在内容上的紧密联系是整合的依据。一方面，思想政治教育只有在马克思主义理论教育的基础上，才能完成对人们的人生观和价值观进行教育的任务，才能达到帮助人们树立为人民谋利益、为社会进步做贡献的价值观，明确努力学习、勤奋劳动、勇于创造的人生观的目的。显然，思想政治教育所需要的科学的世界观、明确的政治方向和崇高的人生目标，以及思想政治教育的理论内容，是以马克思主义理论教育为基础的。另一方面，马克思主义理论教育的内容又必须通过思想政治教育才能入耳、入脑、入心，马克思主义理论教育的目标也只有通过思想政治教育才能得到实现。思想政治教育使马克思主义理论教育更加贴近生活，更加贴近人们的现实思想，使马克思主义理论教育更加生动、更富有实效性，促使人们自觉地去接受马克思主义理论教育。1997年形成的“马克思主义理论教育与思想政治教育”学科隶属于法学门类，是政治学一级学科内的一个独立的二级学科。

大约经过9年的时间，“马克思主义理论与思想政治教育”二级学科在组成学科学者素质的提高、学科研究方向的凝练、学科学术方法的集聚、学科制度规范的形成等方面有了长足的进展，而这些进展在一定程度上形成了学科建设的优势。以此为基础，2005年12月23日国务院学位委员会、教育部印发了《关于调整增设马克思主义理论一级学科及所属二级学科的通知》，“马克思主义理论与思想政治教育”取消并调整到“马克思主义理论”下拆分为两个二级学科，这实际上意味着“马克思主义理论”一级学科对原先“马克思主义理论与思想政治教育”二级学科的进一步整合与发展。

3. 学科内容：专业细分与整合

马克思主义理论学科是一门从整体上研究马克思主义科学内涵、精神实质、理论体系，并把马克思主义理论的研究成果运用于马克思主义理论教育、思想政治教育和思想政治工作的学科。马克思主义理论一级学科下设马克思主义基本原理、马克思主义发展史、马克思主义中国化研究、国外马克思主义研究、中国近现代史基本问题研究、思想政治教育六个二级学科。因此，在学科内容方面，马克思主义理论学科内部有着较为明确细化的专业分工。马克思主义基本原理学科主要研究马克思主义经典著作和基本原理，从整体上研究和把握马克思主义科学体系；按照其逻辑层次和科学内容，大体上可划分为文献依据研究、理论体系研究、现实价值研究、思潮比较研究和理论教育研究五个方面。马克思主义发展史学科主要开展马克思主义发展史重大问题的研究，加强马克思主义经典作家思想的研究，开展通史、专题史、阶段史、传播史等领域重大问题的研究。马克思主义中国化研究学科主要研究马克思主义中国化的历史进程、基本经验和基本规律，研究中国化的马克思主义，也就是马克思主义中国化的主要理论成果。国外马克思主义研究学科主要研究冷战结束后的国外马克思主义、国外无产阶级政党的马克思主义、俄罗斯的马克思主义、亚洲国家的马克思主义、社会主义国家的马克思主义。中国近现代史基本问题研究学科主要研究中国人民在中国近现代历史发展中选择马克思主义、中国共产党和社会主义，研究中国共产党领导中国人民进行革命、建设和改革的历史进程、历史规律和历史经验，研究中国共产党领导中国人民对社会主义革命和建设规律、共产党执政规律、社会发展规律的探索。思想政治教育学科主要研究思想政治教育学基础理论、思想政治教育应用、思想政治教育历史、思想政治教育比较、思想政治教育现实追踪等。

六个二级学科虽然有着各自较为明确细化的专业分工，但它们作为马克思主义理论一级学科的构成内容在研究目标上具有一致性，即都是研究马克思主义理论及其运用的，“研究马克思主义基本原理及其形成和发展的历史，研究它在世界上的传播与发展，特别是研究马克思主义中国化的理论与实践，同时把马克思主义研究成果运用于马克思主义理论教育、思想政治教育和思想政治工作”①，“将理论研究同解析历史进程、总结历史经验结合起来”②。因此，六个二级学科相互联系、相互依存，构成了一个有机的整体，支撑着马克思主义理论一级学科的发展。六个二级学科的整合构成马克思主义理论一级学科体系，概括地说主要表现在三个方面：第一，马克思主义基本原理学科以其基础理论的地位，为其他五个二级学科奠定了理论基础，而马克思主义发展史、马克思主义中国化研究、国外马克思主义研究、中国近现代史基本问题研究、思想政治教育这五个二级学科，则为马克思主义基本原理学科提供了研究和建设的目标趋向。第二，前四个二级学科以其理论及理论与现实结合的研究，构成了一级学科中马克思主义理论的研究整体，而中国近现代史基本问题研究学科作为马克思主义理论研究与历史的结合、思想政治教育学科作为对马克思主义理论研究的一种实际应用，构成了一级学科中马克思主义理论在中国近现代史基本问题、人的思想品德和政治教育问题上的研究去向。第三，马克思主义理论一级学科所属的六个二级学科，都以文本研究与历史、现实结合的研究方式，反映了理论与实践的结合是马克思主义理论生命力的根本所在，是马克思主义理论一级学科体系具有科学性的根本所在，也是马克思主义理论学科生存和发展具有合理性的根本所在。

4. 学科与课程：分离与整合

马克思主义理论一级学科增设的重要原因之一就是为思想政治理论课教学提供学科支撑。思想政治理论课是用马克思主义理论武装大学生的头脑，引导和帮助大学生树立起正确的科学的世界观、人生观和价值观的主渠道。新中国成立以来，特别是改革开放以来，思想政治理论课随着时代的发展和中国特色社会主义现代化建设的需要，处于不断的改进和发展过

① 国务院学位委员会，教育部. 关于调整增设马克思主义理论一级学科及所属二级学科的通知：附件二《马克思主义理论一级学科及所属二级学科简介》.

② 国务院学位委员会，教育部. 关于增设“中国近现代史基本问题研究”二级学科的通知：附件二《“中国近现代史基本问题研究”二级学科简介》.

程中。这一改进发展过程就是不断分化又不断整合的过程。以新中国成立以后开设的“辩证唯物主义和历史唯物主义”“政治经济学”“国际共产主义运动史”“科学社会主义”等课程为基础，改革开放以来，高校的思想政治理论课经历了从“85方案”到“98方案”，再到“05方案”的历史演化。1985年形成的思想政治理论课，即“马克思主义原理”“中国革命史”“中国社会主义建设”“世界政治经济和国际关系”“大学生思想修养”和“法律基础”课，具有综合性特点，经过十多年的发展，开始分化为“马克思主义哲学原理”“马克思主义政治经济学原理”“毛泽东思想概论”“邓小平理论概论”“‘三个代表’重要思想概论”“当代世界经济与政治”“思想道德修养”和“法律基础”课，即“98方案”。从1998年到2005年，经过教育教学的实践，“98方案”再演化为“05方案”。“05方案”的四个重大变化是：第一，把“马克思主义哲学原理”和“马克思主义政治经济学原理”整合为“马克思主义基本原理概论”课程。第二，把“毛泽东思想概论”“邓小平理论概论”和“‘三个代表’重要思想概论”整合为“毛泽东思想和中国特色社会主义理论体系概论”。第三，把“中国革命史”“中国社会主义建设”“毛泽东思想概论”“邓小平理论概论”的部分内容整合进“中国近现代史纲要”。第四，把“思想道德修养”和“法律基础”整合为“思想道德修养和法律基础”。从思想政治理论课的这一演化过程来看，由整合到分化，再到整合，成为课程体系和课程内容的重要特征。

毋庸置疑，思想政治理论课在60多年的发展中，与马克思主义哲学学科、政治经济学学科、科学社会主义与国际共产主义运动学科、中共党史学科以及马克思主义理论与思想政治教育学科都有着紧密的联系。但是，课程与学科一直处于分离状态。从事学科建设的教师不从事思想政治理论课教学，学科内容的研究与思想政治理论课教学无直接联系；从事思想政治理论课教学的教师被排挤在学科建设之外，学科建设起不到直接为思想政治理论课教学服务的作用。因此，学科建设的主体与思想政治理论课建设的主体发生分离，学科内容的研究与思想政治理论课教学内容发生分离，课程没有专门的学科作支撑。马克思主义理论学科的增设，把思想政治理论课课程建设与马克思主义理论研究、思想政治教育整合起来，是促进思想政治理论课教师由教学型转向教学科研型、把最新研究成果运用到教学中、提高思想政治理论课教学的质量和效果的重要基础。思想政治理论课与马克思主义理论学科的整合不是形式上的，而是实质性的，也就是说，思想政治理论课课程建设开始直接融入学科建设之中，构成学科建设的一项不可或缺的重要内容，思想政治理论课以学科建设带动教学实效的提升，改变了课程与学科“两张皮”的现象。

思想政治理论课课程建设与马克思主义理论研究、思想政治教育的整合，强调了思想政治理论课的政治导向性和学术价值性，它既不是脱离政治和意识形态要求的单纯的理论传授，也不是纯粹的意识形态工具和道德说教。这一整合把学术性与意识形态性统一起来，要求我们把研究和教授马克思主义的理论范畴、思想观点、创新思维，研究推进马克思主义大众化和进行马克思主义理论教育的内容、方式方法与确立马克思主义指导思想的地位、坚持社会主义的发展方向、培养中国特色社会主义的接班人和建设者统一起来。这一整合明确了思想政治理论课教学是以马克思主义的学术性带动其意识形态性的实现。

二、马克思主义理论学科与思想政治理论课的关系

思想政治理论课与马克思主义理论学科存在着紧密的关系。一般认为，马克思主义理论学科是思想政治理论课的依托，而思想政治理论课则是马克思主义理论学科在教育教学中的具体展开和运用。国内学术界不少学者都对这一问题做过有价值的探讨。但是，人们的认识还是存在一些偏差，这里主要从课程建设和学科建设的关系角度，来阐释思想政治理论课与马克思主义理论学科之间的关系。

1. 马克思主义理论学科形成的原因

学术界有一种看法，即认为 2005 年底增设马克思主义理论一级学科，

主要是为了适应思想政治理论课“05方案”的实施。当然，思想政治理论课“05方案”的实效是需要学科来支撑的，“马克思主义基本原理概论”“毛泽东思想和中国特色社会主义理论体系概论”“中国近现代史纲要”“思想道德修养和法律基础”四门课的课程体系及建设，需要以马克思主义理论学科的科学而系统的知识和学术思想为依托，因此，马克思主义理论一级学科的形成无疑是和思想政治理论课“05方案”的实施有关。但是，不能把马克思主义理论一级学科的形成简单地看作由实施思想政治理论课“05方案”所为。

可以认为，马克思主义理论一级学科的形成是多种因素作用的结果，既有外部的推动，也有学科内在发展的要求。从外力来说，主要是党中央进一步提出繁荣发展哲学社会科学，全面实施马克思主义理论研究和建设工程，颁布进一步加强和改进大学生思想政治教育的意见。

从2001年8月7日江泽民提出哲学社会科学与自然科学“四个同样重要”开始，到2002年4月28日在视察中国人民大学时提出“五个高度重视”和“五点希望”，再到2004年中共中央发布《关于进一步繁荣发展哲学社会科学的意见》，充分表明了党中央对繁荣发展哲学社会科学的新认识，充分体现了党中央对哲学社会科学发展的殷切期望，也说明了繁荣发展哲学社会科学在中国改革开放和现代化建设中所具有的基础性、全局性的重要地位和作用，反映了我国的哲学社会科学进入了一个新的发展阶段。繁荣发展哲学社会科学必须加强思想理论教育。在当前经济趋于全球化、信息化、市场化的条件下，中国共产党要在中国这样一个拥有13亿多人口的发展中大国执好政，维护好、实现好、发展好最广大人民的根本利益，就必须要加强党的思想理论建设。教育部门既是繁荣发展哲学社会科学的研究和教学基地，也是培养繁荣发展哲学社会科学人才的摇篮，是培养合格的社会主义建设者和接班人的重要阵地，因此，马克思主义理论就成为对大学生进行思想理论教育的重要内容。

全面实施马克思主义理论研究和建设工程，要求我们深入研究马克思主义中国化的历史进程和基本规律，深入研究马克思主义中国化理论成果一脉相承又与时俱进的科学体系，深入研究当代中国马克思主义的最新成果，深入研究和准确阐述马克思主义经典著作中的基本观点。用科学的态度对待马克思主义，用发展着的马克思主义指导新的实践，着眼世界的变化，立足新的实践，把马克思主义中国化的理论成果进一步贯穿于马克思主义理论学科建设中，推动马克思主义理论学科的发展。编写充分体现当代中国马克思主义最新成果的马克思主义基础理论教材和哲学社会科学重点学科教材，形成体现当代中国马克思主义最新成果、符合中国特色社会主义理论与实践的马克思主义基础理论教材体系和哲学社会科学重点学科教材体系，着力造就一批学贯中西、享誉中外的马克思主义理论大家，一批政治方向正确、理论功底扎实、勇于开拓创新、善于联系实际的马克思主义学科带头人，一批中青年马克思主义理论研究和教学骨干。要完成马克思主义理论研究和建设工程的这些任务，必须形成能够有所依托的马克思主义理论学科。

中共中央《关于进一步加强和改进大学生思想政治教育的意见》明确地规定了进一步加强和改进大学生思想政治教育的主要任务，即以理想信念教育为核心，深入进行树立正确的世界观、人生观和价值观的教育；以爱国主义教育为重点，弘扬和培育民族精神；以基本道德规范为基础，深入开展公民道德教育；以大学生全面发展为目标，深入推行素质教育。加强和改进大学生思想政治教育的目的在于引导他们不断追求更高的理想目标，培养他们的爱国情怀、改革精神和创新能力，使他们始终保持艰苦奋斗的作风和昂扬向上的精神状态，培养他们良好的道德品质和文明行为，引导他们勤于学习、善于创造、甘于奉献，使他们成为有理想、有道德、有文化、有纪律的社会主义新人。要完成对大学生进行思想政治教育的任务，必然提出建立建设马克思主义理论学科的要求。

一个学科的形成是学科本身发展的要求。马克思主义理论一级学科的形成还在于学科内在发展所为。1997 年增设的马克思主义理论与思想政治教育学科，经过近 10 年的建设，在组成学科的学者、学科方向、学术方法等方面都有了一定的积累。马克思主义理论与思想政治教育学科在理论研究方面，在特定的描述对象、语言系统和理论体系结构方面趋于规范化，在学科梯队、课程设置以及高层次的研究生教育等方面基本趋于成熟；在学术问题的研究、国内外学术的交流等方面趋于增强。因此，马克思主义理论与思想政治教育学科的发展，从理论研究、人才培养以及社会对这一学科的需求等方面所显现的优势，促进了马克思主义理论学科的增设。马克思主义理论与思想政治教育学科是对马克思主义理论教育与思想政治教育的整合，这一整合产生了学科生长的合力，它不仅提出了马克思主义理论的整体性、综合性研究问题，使思想性、政治性、意识形态性融于知识性、学术性之中，也提出了节省资源与高效利用并重的问题。学科生长的合力给马克思主义理论学科的增设以重要启示。马克思主义理论学科是在社会发展的需求中，在对马克思主义基本原理、马克思主义发展史、马克思主义中国化研究、国外马克思主义研究、思想政治教育、中国近现代史基本问题研究这六个二级学科进行整合的基础上生成的。这种整合反映了学科建设效率的提高。马克思主义理论学科的增设，可以在同一研究对象和语言系统的基础上，整合人力资源，节省大量的物质资源、财力资源和管理资源。经过各种资源的节省和高效利用，促使马克思主义理论的大发展，进一步提升这个学科的能力。此外，在马克思主义理论与思想政治教育学科范围内，硕士点和博士点及一级学科学位授予权的设立、重点研究基地和重点学科的建立、学者队伍的形成、各种类型学术会议的召开、学科课程的设置、教学大纲的制定、本科人才的培养等，都为马克思主义理论学科增设以后的学科建设提供了宝贵经验。

2. 学科建设与课程建设

长期以来，不少高校在马克思主义理论学科的建设上，往往把注意力集中于思想政治理论课的建设，自觉或不自觉地把马克思主义理论学科的建设与思想政治理论课的建设等同起来。这种看法及做法虽然不会产生什么危害，但却在一定程度上影响了该校该学科点的建设和发展，从而也会影响思想政治理论课教学实效的提高。

思想政治理论课作为高校对大学生进行马克思主义理论教育、思想政治教育的主渠道，是马克思主义理论学科的重要组成内容。思想政治理论课的建设在使大学生树立起科学的正确的世界观、人生观和价值观方面起着重要的不可替代的作用。思想政治理论课建设主要涉及“马克思主义基本原理概论”“毛泽东思想和中国特色社会主义理论体系概论”“中国近现代史纲要”“思想道德修养和法律基础”四门课的课程体系建设，包括课程设置、教材编写、教学过程探讨和教师培训等，也涉及教学方法、教学管理的改进等问题。如何去完善思想政治理论课课程体系和课程设置，如何去构建思想政治理论课各门课程的教材体系，探讨教材所展现的理论内容，如何去提高思想政治理论课的教学实效，如何指导大学生运用马克思主义世界观和方法论去认识和分析社会问题、思想问题，如何通过开展马克思主义人生观、价值观、道德观和法制观的教育，引导大学生树立高尚的理想情操和养成良好的道德品质等，就成为思想政治理论课建设的重要内容，也是我国高校培养有理想、有道德、有文化、有纪律的社会主义建设者和接班人的必由之路。

但是，思想政治理论课建设并非就等同于马克思主义理论学科建设。学科建设有着更为宽阔的视野和厚实的基础，它构成了学校发展的关键性要素。它不仅包括课程建设的内容，也包括对学科本身的内在体系结构的调整和优化，还包括对科学研究、人才培养、资源投入等的建设。其中，学科内涵的丰富和完善、学科内在体系结构的调整和优化是学科建设的基本内容，提高科学研究水平、提升人才培养质量、优化资源投入是学科建设的重要基础。马克思主义理论学科建设必须有世界的眼光、战略的眼光、创新的眼光、整体发展的眼光，能够站在人类思想文化发展的高度，把握理论、思想、文化发展的前沿。必须结合社会、经济、科技、教育发展的实际，既注重马克思主义理论学科内在逻辑体系的研究，又注重马克思主义理论的整体性研究；既注重高校思想政治理论课教学研究，又注重面向社会不同群体的教育、宣传内容及方式研究。因此，学科建设考虑的并不只是课程开设问题、教材或专著的编写问题，也不是单纯的教学或科研问题，而是在教学与科研合为一体的基础上，如何把教学与科研制度化、规范化的问题，是如何把教学与科研的成果转化为提高大学生素质、提高广大人民群众素质，从而推动和保证教学与科研进一步发展的问题。学科建设既是一项综合性、长远性的基础工程，也是一项复杂的系统工程。

综上所述，学科建设不能停留在思想政治理论课建设的层面，反过来，可以进一步认为，思想政治理论课建设必须提到学科建设的高度。也就是说，必须严格按照马克思主义理论学科内在的逻辑体系加强思想政治理论课课程建设，以此展现这一学科知识和学术思想的系统性、科学性，从而体现出课程建设的科学性、稳定性；必须根据马克思主义理论学科发展的规律进行思想政治理论课教学，把握教学的特殊性，遵循教学的原则，使思想政治理论课的教学作为理论成果展现在教师面前，融入提高大学生思想素质，并把他们培养成中国特色社会主义事业建设者和接班人的过程，从而提高思想政治理论课的教学水平；必须弘扬马克思主义与时俱进的理论品质，根据时代发展的要求和社会实践的变化优化思想政治理论课教学内容，创新教学方法，用马克思主义的科学理论武装大学生的头脑，使他们能够自觉地运用马克思主义理论分析现实问题；必须按照马克思主义理论学科发展的要求强化思想政治理论课教学的思想性、政治性、意识形态性与学术性的统一，在教学活动过程中以知识、学术为依托对大学生进行思想和政治的引导，使他们能够真正信服马克思主义。

3. 课程依托的学科

思想政治理论课是用马克思主义理论武装大学生的头脑，引导和帮助大学生树立起科学的正确的世界观、人生观和价值观的主渠道。正如中共中央《关于进一步加强和改进大学生思想政治教育的意见》所指出的：“高等学校思想政治理论课是大学生思想政治教育的主渠道。思想政治理论课是大学生的必修课，是帮助大学生树立正确世界观、人生观、价值观的主要途径，体现了社会主义大学的本质要求。”

2005年形成的由党中央批准的思想政治理论课四门课程的新方案，充分体现了“三观”教育的内在要求，反映了马克思主义理论学科的内涵及内在逻辑体系。这四门课程通过讲授马克思主义的世界观和方法论，帮助大学生从整体上把握马克思主义，正确认识人类社会发展的基本规律；通过讲授马克思主义基本原理在当代中国的实际运用及马克思主义中国化的基本原理，帮助大学生把握马克思主义中国化的三大理论成果，坚定走中国特色社会主义道路的理想信念；通过讲授近代以来中国人民奋斗的历史，帮助大学生了解国史、国情，领会历史和人民怎样选择了马克思主义，选择了中国共产党，选择了社会主义道路，选择了改革开放；通过开展社会主义道德、法制教育，帮助大学生增强社会主义法制观念，提高思想道德素质，解决成长成才过程中遇到的实际问题。

可见，思想政治理论课的四门课程，既要对大学生进行马克思主义理论教育，又要对大学生进行思想政治教育；既要对大学生进行世界观和方法论的教育，又要对大学生进行人生观、价值观的教育；既要对大学生进行社会主义、爱国主义的教育，又要对大学生进行集体主义、道德、法制的教育；等等。这些方面的教育实效的提高，需要学科的发展为其提供理论和思想的基础。仅限于马克思主义理论学科本身很难担当起这一重任，它需要以哲学社会科学的其他学科如马克思主义哲学、马克思主义政治经济学、科学社会主义与国际共产主义运动、中共党史、法律等作为理论和思想的支撑。这些学科既具有科学性和学术性，又具有鲜明的意识形态性，对帮助大学生坚定正确的政治方向，正确认识和分析复杂的社会现象，提高马克思主义理论水平、思想道德修养和精神境界起着十分重要的作用。

思想政治理论课四门课程的教育教学，涉及广泛而深刻的思想理论内容，需要教师对马克思主义基本原理及其形成和发展的历史、对马克思主义科学体系包括马克思主义理论体系和教育教学体系、对马克思主义在当代中国和国外的发展，以及马克思主义理论与思想实际的结合等问题进行研究，这就提出了把思想政治理论课的教学内容与人文知识结合起来的问题。马克思主义理论作为一门具有强烈社会性质的科学，其本身就在知识占有的广度和深度上有着较高的水平和较广的内容，与人文科学是不可分离的。马克思主义理论的形成和发展离不开人文科学的发展，它不断地追踪人文科学发展的踪迹，并从中汲取新的营养来丰富和完善自身。从当代世界来看，经济的发展和社会的进步使学科处于既高度分化又高度综合，并向整体化方向发展的趋势之中。原有的各学科之间的界限逐渐被打破，不仅人文社会科学领域出现了许多边缘学科和交叉学科，而且自然科学和人文社会科学之间的相互渗透与结合也日益紧密，形成了相互促进的发展趋势。因此，增强人文科学素养，就是要求通过了解人文科学的基本知识、基本方法，以科学的精神、人文的精神促进社会科学的发展，促进思想政治理论课教学。

思想政治理论课的教学内容与人文科学知识的结合，是对人文科学与社会科学相辅相成和相互促进关系的把握，是对科学精神和人文精神相统一的把握。把握人文科学与社会科学的关系，可以把人类文化价值观念和伦理道德规范与科学知识、思想有机地结合起来，把社会发展需要与个人发展需要有机地结合起来，把提升人的精神生活与塑造健全的人格有机地结合起来，强化道德责任感、社会责任感。人文科学与社会科学都关注人的精神世界，引导人们追求真善美，赋予人类的生产、生活及科学活动以重要意义和价值导向，增强人类改造世界的动力。在思想政治理论课教学中，我们以坚定的马克思主义信仰、共产主义的理想信念，不懈地探索真理、坚持真理、为真理而献身。实现对思想政治理论课教学的这种要求，除了需要以马克思主义哲学、马克思主义政治经济学、科学社会主义与国际共产主义运动、中共党史、法律等学科作为理论的和思想的支撑，还需要伦理学、心理学、社会学等学科作为理论和思想的支撑。在思想政治理论课建设中，我们不应把思想政治理论课依托的学科仅限于马克思主义理论学科。

4. 学科与课程不能一一对应

马克思主义理论一级学科下设的六个二级学科，与思想政治理论课之间存在着紧密的联系，这是毋庸置疑的。马克思主义基本原理学科对马克思主义科学内涵、精神实质和内在逻辑联系进行整体性、综合性研究；马克思主义发展史学科对马克思主义产生、发展的历史过程及规律进行研究，以历史的研究再现马克思主义的科学内涵和精神实质；马克思主义中国化研究学科对马克思主义理论与中国具体实践结合所形成的、能够反映马克思主义科学内涵和精神实质的、既一脉相承又与时俱进的新的理论成果进行研究；国外马克思主义研究学科对当代国外马克思主义相关的理论、思潮、流派的发生、演进及其基本思想进行研究；思想政治教育学科运用马克思主义的立场、观点和方法，研究人们思想品德的形成和发展，以及思想政治教育规律，培养人们正确的世界观、人生观、价值观；中国近现代史基本问题研究学科对中国近现代历史中的关于马克思主义、社会主义、共产党的领导，以及改革开放中的基本问题进行研究。马克思主义理论一级学科下设的六个二级学科的研究内容和研究方向，为丰富和充实思想政治理论课教学内容提供了理论和思想的材料，也为思想政治理论课教学实现思想性、政治性、意识形态性与知识性、学术性的统一提供了学科的思维方式方法，为提高思想政治理论课的实效打下了研究性基础。而思想政治理论课则以其合理的课程设置、科学的教学体系和丰富的教学实践推动了马克思主义理论学科的建设和发展。但是，我们不能由此认为，马克思主义理论一级学科下设的六个二级学科与思想政治理论课四门课程是相对应的，更不能认为每一门课程都应在马克思主义理论一级学科下设的二级学科中找到自身的归属，如果没有，则要将相应的学科纳入马克思主义理论学科。对于这一问题，我们既应搞清楚马克思主义理论学科的形成并非仅由思想政治理论课“05 方案”的形成和实施所为，也应搞清楚马克思主义理论学科形成及建设的特点。

马克思主义理论的综合性、整体性研究是这一学科形成及建设的突出特点。2005 年 12 月 23 日，国务院学位委员会、教育部下发的《关于调整增设马克思主义理论一级学科及所属二级学科的通知》中的附件二《马克思主义理论一级学科及所属二级学科简介》明确提出：对马克思主义理论的研究既应该从哲学、政治经济学、科学社会主义等方面进行分门别类的研究，更应该进行整体性研究，完整地把握马克思主义的科学体系。可以认为，马克思主义理论的整体性，是以对马克思主义哲学原理、马克思主义政治经济学原理、科学社会主义原理进行分门别类研究为基础而形成的马克思主义的一以贯之的理论，是能够反映马克思主义科学内涵和精神实质的理论。但是，整体性并不只是就马克思主义理论研究而言的，它还是就马克思主义理论学科而言的。《马克思主义理论一级学科及所属二级学科简介》也明确指出：“马克思主义理论”是一门从整体上研究马克思主义基本原理和科学体系的学科。因此，可以认为，马克思主义理论学科的整体性是以马克思主义理论的整体性为基础而形成的马克思主义基本原理、马克思主义发展史、马克思主义中国化研究、国外马克思主义研究等四个学科之间在研究内容上的整体性，以及这四个学科与思想政治教育学科、中国近现代史基本问题研究学科之间在研究去向上的整体性。

马克思主义基本原理学科对马克思主义经典著作、基本原理及其形成和发展、科学的理论体系的研究，对马克思主义与当代社会思潮的研究，对马克思主义理论教育规律及其方法的研究，基本奠定了其他五个二级学科研究的坚实的理论基础，为其他五个二级学科提供了基本立场、观点和方法，也为其他五个二级学科进行研究生培养提供了方法论的平台。以马克思主义基本原理学科的研究为基础，才会有马克思主义发展史学科对马克思主义理论产生的历史必然性、历史过程的研究，对马克思主义与时俱进理论品质的揭示；才会有马克思主义中国化研究学科对马克思主义中国化的基本经验、基本规律，以及马克思主义中国化理论成果的研究；才会有国外马克思主义研究学科对当代国外马克思主义相关的理论、思潮、流派的发生、演进及基本思想的研究；才会有思想政治教育学科和中国近现代史基本问题研究学科对中国社会发展的历史规律和人们的思想品德形成、发展及思想政治教育规律的研究。马克思主义理论的这六个二级学科在研究内容和研究去向上具有严整性，共同构成了思想政治理论课建设的基础。因此，根据马克思主义理论学科形成的特点，高校每个学科点既要对马克思主义理论这个学科进行整体性建设，也要从宏观角度通盘考虑思想政治理论课四门课程的整体性建设。在思想政治理论课建设中，我们没有必要在马克思主义理论一级学科下设的二级学科中为每门课程找到归属，更没有必要借此将其他相关学科纳入马克思主义理论学科之中。

三、马克思主义理论学科的基本特征

马克思主义理论学科是一门从整体上研究马克思主义，并运用马克思主义立场观点方法分析问题、解决问题、实现马克思主义理论创新，弘扬马克思主义与时俱进理论品质的学科。深入研究马克思主义理论学科的基本特征是加强学科建设、搞好思想政治理论课教学的重要前提。

1. 整体性

整体性是马克思主义理论学科生存和发展具有合理性的基础。有别于我国学科发展实践中存在的马克思主义哲学、政治经济学、科学社会主义与国际共产主义运动三大学科，马克思主义理论学科的存在不突出整体性的特征，不从整体上研究马克思主义理论，这个学科的存在就会受到质疑。

什么是整体性？什么是马克思主义理论学科的整体性？解决这两个问题，对理解马克思主义理论学科具有整体性特征极为重要。所谓整体性，包含着方法的整体性、逻辑的整体性、内在整体与外在整体相统一三个方面。

马克思主义是革命性、科学性最强的世界观、方法论。方法的整体性强调了世界观、方法论是理解马克思主义理论学科整体性的立足点。也就是说，没有唯物史观，没有唯物辩证法，就不可能有马克思主义关于资本主义、社会主义的理论，也就不可能揭示人类社会发展的客观历史规律，从而也就没有马克思主义理论，更谈不上马克思主义理论学科的整体性了。因此，方法的整体性说明了整体性就是唯物辩证法的一种具体运用。

逻辑的整体性表明，马克思主义理论是一个具有严密的内在逻辑的有机整体，是由相互联系着的理论构成的。整体性的马克思主义理论就是指在马克思主义哲学、政治经济学和科学社会主义这三个组成部分中的“一以贯之”的具有综合性特点的理论。整体离不开部分，整体是以部分为基础的，整体大于部分，是部分的集合，但不是简单的相加。逻辑的整体性强调了哲学、政治经济学和科学社会主义三个组成部分是马克思主义理论的内容基础，但是，马克思主义理论又不是简单地对应于这三个组成部分，而是对三个组成部分中“一以贯之”的理论的高度提炼和概括。这三大组成部分的相互联系的理论对客观世界的发展、人的发展、人类社会发展规律性进行整体研究，这种研究不仅强调客观世界、人、人类社会各个层面各自的内在逻辑关系，更重要的是强调不同层面之间的内在逻辑关系。正是这些内在的逻辑关系构成了理论逻辑的整体性，使我们把马克思主义理解成关于人类社会发展的一般规律的理论。

内在整体与外在整体相统一所反映的整体性是历史的整体性。内在整体强调的是马克思思想发展的历史进程，表现在两个方面：一是在马克思思想发展过程中，当马克思实现了由唯心主义者转变为唯物主义者、由民主主义者转变为共产主义者以后，就以对实现无产阶级解放并最终解放全人类问题的分析为自己的思想路线，在这一分析过程中形成了哲学思想、经济学思想和科学社会主义思想，这些思想以它们之间的逻辑联系交融在一起，构成了一个严密的逻辑整体，揭示了人类社会发展的客观规律，人类社会发展客观规律的揭示成为马克思主义理论整体性的逻辑主线。思想路线和逻辑主线的高度统一是马克思主义理论内在整体的核心。二是马克思的理论从研究过程进展到叙述过程，反映的是从“生动的整体”① 到具体的整体的过程。马克思对理论问题的研究过程是运用抽象法对纷繁复杂的社会经济现象进行抽象分析并得出理论观点的过程，纷繁复杂的社会经济现象就是“生动的整体”，而研究得出的理论观点要通过构建理论体系叙述出来，这就需要运用抽象上升到具体的方法进行体系的构建，而这一过程呈现在读者面前就是“思维具体的整体”。“生动的整体”和“思维具体的整体”的统一，研究过程和叙述过程的统一，是理解马克思主义理论内在整体的重要方面。外在整体强调的是马克思主义理论在历史发展过程中的一脉相承和与时俱进。从马克思思想到中国特色社会主义理论体系的发展过程体现的整体性就是外在整体。中国特色社会主义理论体系是在发展中不断完善、在开放中不断前进的科学的理论体系，它继承并发展了马克思主义理论的整体性。马克思主义理论整体性在中国特色社会主义理论体系中得到了贯彻和体现。内在整体与外在整体统一于马克思主义理论的发展。无论是在马克思自身的思想发展中，还是在马克思的理论研究和叙

① 马克思，恩格斯．马克思恩格斯文集：第8卷．北京：人民出版社，2009：24.

述过程中；无论是在马克思思想到中国特色社会主义理论体系的发展过程中，还是在中国特色社会主义理论体系的每一个理论的形成中，都反映了历史的整体性。

马克思主义理论学科具有整体性特征，也可以从方法的整体性、逻辑的整体性、内在整体与外在整体相统一的方面来考察。

首先，从方法的整体性来看，毋庸置疑，世界观、方法论是马克思主义理论学科建设的立足点，这是不能改变的。没有唯物史观和唯物辩证法，就没有马克思主义理论，也就没有马克思主义理论学科。在马克思主义理论学科建设中，方法的整体性是通过具体的方法如理论原理、理论发展与理论运用相统一的方法，理论、历史与现实相统一的方法来贯彻的。

其次，从逻辑的整体性来看，马克思主义理论学科内在的六个二级学科既存在研究差别也存在逻辑关联。就研究差别而言，马克思主义基本原理学科对马克思主义科学内涵、精神实质和内在逻辑联系进行综合性研究；马克思主义发展史学科对马克思主义产生、发展的历史过程及规律进行研究；马克思主义中国化研究学科对马克思主义理论与中国具体实践结合所形成的、能够反映马克思主义科学内涵和精神实质的、既一脉相承又与时俱进的新的理论成果进行研究；国外马克思主义研究学科对当代国外马克思主义相关的理论、思潮、流派的发生、演进及其基本思想进行研究；思想政治教育学科运用马克思主义的立场、观点和方法，研究人们思想品德的形成和发展，以及思想政治教育规律，培养人们正确的世界观、人生观、价值观；中国近现代基本问题研究学科对“三个选择”及其规律进行研究①。差别构成联系。就逻辑关联而言，马克思主义基本原理学科以其基础理论的地位，为其他五个二级学科奠定了理论基础，而其他五个二级学科也为马克思主义基本原理学科提供了研究和建设的目标趋向；前

---

① 国务院学位委员会，教育部．关于调整增设马克思主义理论一级学科及所属二级学科的通知：附件二《马克思主义理论一级学科及所属二级学科简介》；国务院学位委员会，教育部．关于增设“中国近现代史基本问题研究”二级学科的通知：附件二《“中国近现代史基本问题研究”二级学科简介》．

四个二级学科以其理论及理论与现实结合的研究，构成了马克思主义理论学科中马克思主义理论的研究整体，而思想政治教育学科作为对马克思主义理论研究的一种实际应用，中国近现代基本问题研究学科作为对马克思主义理论研究在历史发展中的运用，构成了马克思主义理论学科中马克思主义理论在中国的发展。

最后，从内在整体与外在整体相统一来看，马克思主义理论学科所属的六个二级学科都有着自身的整体性，如果我们把每一个二级学科发展的整体性看成是内在整体的话，那么，马克思主义理论一级学科范围内的其他二级学科发展的整体性就是外在整体。任何一个二级学科的研究都是以马克思主义三个组成部分为基础进行整体性的研究，并且也都是在马克思主义理论学科的整体要求下发展自身，从而体现了内在整体与外在整体的统一。

2. 学术性与意识形态性相统一

学术性与意识形态性相统一是思想政治理论课教学必须把握的重要特征，同样也是马克思主义理论学科的重要特征。把握马克思主义理论学术性与意识形态性的统一是科学地对待马克思主义，完整地理解马克思主义理论、加强马克思主义理论学科建设的重要方面。

意识形态总是和一定的阶级、团体和具体的社会相联系。马克思恩格斯指出："思想、观念、意识的生产最初是直接与人们的物质活动，与人们的物质交往，与现实生活的语言交织在一起的。人们的想象、思维、精神交往在这里还是人们物质行动的直接产物。表现在某一民族的政治、法律、道德、宗教、形而上学等的语言中的精神生产也是这样。人们是自己的观念、思想等等的生产者，但这里所说的人们是现实的、从事活动的人们，他们受自己的生产力和与之相适应的交往的一定发展——直到交往的最遥远的形态——所制约。"① "统治阶级的思想在每一时代都是占统治地位的思想。这就是说，一个阶级是社会上占统治地位的**物质**力量，同时也

① 马克思，恩格斯. 马克思恩格斯文集：第1卷. 北京：人民出版社，2009：524-525.

是社会上占统治地位的**精神**力量。”① 意识形态总是为社会生活中占统治地位的阶级服务，为统治阶级维护的现状服务。马克思主义理论具有为无产阶级劳动人民服务的意识形态功能，是无产阶级认识世界、改造社会和完善自身的思想武器。但是，意识形态不仅具有政治性、阶级性、普遍性、现实性，它也是理论的意识形态。正因为如此，马克思主义理论的意识形态功能又是通过它揭示人类社会发展一般规律的理论逻辑力量和学术价值魅力反映出来的，是在对科学真理的阐释中体现出来的。马克思主义之所以对世界各国社会主义者具有强大的吸引力，关键就在于它把严格的和高度的学术性同意识形态性统一在一起。众所周知，马克思主义理论学科研究的是马克思主义的科学内涵、精神实质、理论体系和实际运用。这一研究范围深刻地说明了马克思主义是通过其理论价值深入人民大众之心的实践价值确立起在我国意识形态领域的指导地位的。

任何一种理论，尤其是一种科学的理论，都是一种学术，都有自己的特性和相对独立性，有自己的理论品质和自身的逻辑结构、逻辑关联。马克思主义理论在其产生、形成和发展的过程中，深深地蕴含着学术性与意识形态性的统一。在马克思主义创立的过程中。19 世纪 40 年代以前，流行于欧洲的理论学说尽管也有着许多合理的和有价值的成分，但是，这些思想在对社会历史发展特别是资本主义时代发展问题的理解上，陷入了极其混乱和武断的状态。与此相反，由马克思恩格斯创立的马克思主义，批判地吸取了人类在 19 世纪创立的全部最优秀的思想成果，从而使这一新的世界观具有高度的理论上的学术性，而且这种理论上的学术性完全建立在那一时代发展的现实基础之上，是那一时代发展的最先进阶级的意识形态的反映。因此，马克思主义在创立之初就公开声明，它是革命的无产阶级的世界观，是工人阶级和劳动群众认识世界和改造世界的科学理论和思想武器。马克思主义作为无产阶级人民大众实现利益需求和人类思想文化发展的必然要求，将实现无产阶级解放和全人类的解放作为理论研究的思想宗旨，而对人类社会发展客观规律的揭示则支撑着这一思想宗旨的实现。

---

① 马克思，恩格斯. 马克思恩格斯文集：第 1 卷. 北京：人民出版社，2009：550.

人类社会发展的最崇高的思想境界与人类社会发展的客观规律的研究追求，使学术性与意识形态性在马克思主义理论中实现了完美的统一。马克思主义在其产生、形成和发展过程中的理论探讨、学术研究及其现实需求、理想追求，反映了马克思主义具有阶级性与科学性高度统一、学术性与意识形态性高度统一的重要特征。而这一特征，正是对马克思主义理论特征的反映，构成了马克思主义理论学科的基本特征之一。

马克思主义理论学科本身就蕴含着学术性与意识形态性的统一。推进马克思主义大众化和加强马克思主义理论教育是马克思主义理论学科的一项重要任务，而在马克思主义大众化问题上，有的学者往往看到的是马克思主义大众化的形式即通俗化问题，还有学者认为应从意识形态角度宣传马克思主义，割裂马克思主义理论的形式与内容、宣传与研究，这实质上是肢解了马克思主义理论，破坏了马克思主义理论的整体性。这不仅有碍于马克思主义大众化的推进，也有碍于马克思主义理论学科的发展。推进马克思主义大众化和加强马克思主义理论教育，无疑需要将艰深的理论成果以人民大众喜闻乐见的生动形式呈现出来，但是，要以对马克思主义理论深刻内涵的准确把握为前提，要以对马克思主义理论的学术含量进行研究为前提。因此，推进马克思主义大众化和加强马克思主义理论教育，必须在把握内容与形式相统一、宣传与研究相统一中，把握学术性与意识形态性的统一。

马克思主义是从实践中理解事物的，是在把握时代、与时代的现实接触中发展自身的，因而理论与实践的统一中蕴含着学术性与意识形态性的统一。理论与实践的统一，实际上就是理论与实际的结合，或者说理论联系实际。反映学术性与意识形态性相统一的理论联系实际，必须联系的是当今世界发展中的重大问题、我国社会主义改革和现代化建设中的重大问题的实际。马克思主义理论联系实际，是将马克思主义理论寓于社会经济发展的实际之中，对深藏在社会经济发展实际背后的、人们在各种实践活动中的观念问题，以及思想路线、思维方式、生活方式和思想方法问题进行观照，使人们真正理解马克思主义理论的真谛，进而真正理解马克思主义理论对认识世界、改造世界的世界观、方法论意义，自觉地掌握并运用马克思主义理论去认识、分析、解决现实问题。

马克思主义理论学科建设中的理论与实践相统一，就是要求我们必须要研究马克思主义的理论范畴、思想观点、创新思维等，同时必须认识到这一研究在中国特色社会主义发展中的实践意义；就是要求我们必须研究如何推进马克思主义大众化和进行马克思主义理论教育的内容、方式方法等问题，同时也必须认识到这一研究在人才培养中的实践意义。把学术性与意识形态性的统一贯穿于马克思主义理论与实践的统一之中，在学科建设中，必须确立马克思主义指导思想的地位，必须坚持社会主义的发展方向，必须培养中国特色社会主义的接班人和建设者，而这些方面又是通过对马克思主义的理论范畴、思想观点、创新思维、科学体系的研究和教学来进行的，是以马克思主义的学术性带动其意识形态性的实现。

3. 服务性

一般来说，学科的服务性主要体现在社会服务上，而马克思主义理论学科的特殊性决定其服务性既体现在社会服务上，又体现在为思想政治理论课提供教学服务上。这是马克思主义理论学科不同于其他学科的一个重要特征。现实中存在一些有悖于这一特征的现象：一是有的从事学科建设的教师不关心思想政治理论课建设，使学科建设脱离课程建设；二是有的从事思想政治理论课教学的教师不注重学科建设，误认为只要搞好思想政治理论课教学就搞好了学科建设，把思想政治理论课建设等同于学科建设。这些现象的存在必然会导致马克思主义理论的非学科化倾向、理论研究成果缺乏针对性、学科建设主体与思想政治理论课建设主体分离等状况，直接影响思想政治理论课教学内容的时代性、教学方式方法的针对性、教育教学的实效性。

在思想政治理论课课程建设上，马克思主义理论学科的服务性主要体现在三个方面：

第一，凝练学科建设方向，为完善思想政治理论课课程体系服务。马克思主义理论学科所具有的整体性和学术性与意识形态性相统一的特征，是凝练学科建设方向的依据。加强马克思主义理论学科的整体性建设，其重要目的之一就是要把思想政治理论课的课程建设统一于马克思主义理论学科建设，认识思想政治理论课课程建设的整体性。改革开放以来，高校的思想政治理论课历史演化的一个最重要的特征，就是课程体系和课程内容向整体性方向发展。思想政治理论课“05方案”中的任何一门课程，都反映出课程内容的多学科融合，这不是马克思主义理论学科中某一个二级学科的内容所能涵盖的。加强马克思主义理论学科的整体性建设，可以为思想政治理论课课程的整体建设奠定坚实的学科基础，可以适应思想政治理论课课程的综合性发展要求，可以推动思想政治理论课课程体系在整体建设中得到完善。

学术性与意识形态性相统一也是马克思主义理论学科建设的方向。马克思主义理论学科只有始终按照学术性与意识形态性相统一的方向进行建设，才会有意义，才会有活力。按照学术性与意识形态性相统一的方向建设马克思主义理论学科，必然要通过思想政治理论课的教育教学体现出来。思想政治理论课课程体系所强调的科学原理与科学精神的统一，以及理论、历史、现实的统一，真正能为大学生所接受，能使他们在思想深处与马克思主义产生共鸣，不仅需要教师有对马克思主义理论的崇敬和信仰，更重要的是需要教师有严谨的科学态度、不断探索和创新的求真精神，能够把马克思主义理论转变为内在的思想资源，能够把马克思主义理论与历史、现实融会贯通，切实改变教学中存在的模式化、简单化、实用化、教条化状况。因此，在学术性与意识形态性相统一中完善和落实思想政治理论课课程体系，是加强马克思主义理论学科建设，增强马克思主义理论的学术影响力和政治影响力所必须面对的问题。

第二，凝合学科科研成果，为提高思想政治理论课教育教学实效服务。学科科研成果，是提高思想政治理论课教学实效的重要基础。体现马克思主义理论学科的服务性特征，凝合学科科研成果的依据，就是思想政治理论课的教学目的和要求。

思想政治理论课教学的目的在于，在运用马克思主义理论成果及马克思主义中国化的理论成果教育大学生的过程中，帮助他们形成共同的理想信念、强大的精神力量、基本的道德规范和远大的共产主义理想，帮助他们运用马克思主义立场观点方法分析社会发展中的重大问题，帮助他们正确认识改革开放中出现的新情况新问题，进一步认清自己的历史责任和使命担当。要完成思想政治理论课的教学目的和要求，提高思想政治理论课的教学实效，就必须以马克思主义理论学科的科研成果作为支撑。我们都知道，围绕马克思主义理论一级学科的六个二级学科都有自己特定的研究领域。从学科研究的范围来说，研究是广泛的、全面的，而能为思想政治理论课教学所提供的科研成果则必须是有针对性的，这就需要对学科科研成果进行凝合，集中地、有针对性地为思想政治理论课教学提供丰富的思想材料和有力的论据，使思想政治理论课教学具有强有力的说服力、感染力和亲和力。与此同时，还必须凝合思想政治理论课四门课程教学中对疑难问题的解析、对教法问题的研究，这是马克思主义理论学科建设中不可或缺的内容，也是提高思想政治理论课教育教学实效的关键。思想政治理论课教学实效的提高必须以加强马克思主义理论学科建设、凝合学科科研成果作为保证。

第三，凝聚学科建设队伍，为增强思想政治理论课教育教学能力服务。思想政治理论课教学任务的完成，思想政治理论课教学能力的增强，在很大程度上依赖于教学内容、教材教法的创新，而这一创新的主体就是思想政治理论课教师。要突出马克思主义理论学科为思想政治理论课服务的特征，必须凝聚学科建设的队伍。

马克思主义理论学科的建立和发展，解决了思想政治理论课教师的专业归属问题，提出了进行教师的专业化建设问题，为培养高素质的思想政治理论课教师搭建了高质量的平台。教师的专业化建设，成为凝聚学科建设队伍的重要问题。所谓专业化建设，首先在于思想政治理论课教师要把马克思主义理论作为自己的专业背景，把马克思主义理论作为进行思想政治理论课教学的专业基础。思想政治理论课教师要能够高质量地进行教学，增强课程的说服力、感染力，就必须有较高的马克思主义理论素养，必须能够面对社会发展实践和教学实践以及在实践中遇到的各种问题；必须使课程始终具有新鲜的内容，始终充满时代感，始终具有现实性；必须使教学方法始终具有创新性，始终切合大学生的实际。其次在于思想政治理论课教师要把马克思主义理论作为自己的学科，把马克思主义理论作为进行思想政治理论课教学的学科支撑。思想政治理论课教师要能够高质量地进行教学，增强课程的说服力、感染力，就不只是具有较高的马克思主义理论素养的问题，还必须从整体性角度把握马克思主义理论，把握马克思主义理论的科学内涵、精神实质和理论体系。毋庸置疑，思想政治理论课教师素质的提高，只有建立在马克思主义理论学科建设不断加强和发展的基础之上才有可能。当然，思想政治理论课教师素质的提高、教学能力的增强，又必将成为推动马克思主义理论学科建设的动力源泉。因此，我们必须认识到，思想政治理论课教学的队伍同时也是马克思主义理论学科建设的队伍。凝聚学科建设的队伍，就是凝聚思想政治理论课教师的队伍。建设这支队伍，是增强思想政治理论课教学能力、加强思想政治理论课建设的重要保证。

在思想政治理论课课程建设上，马克思主义理论学科的服务性体现在它的理论基础、学科归属、生命之源上。

四、马克思主义理论学科的人才培养

学科建设的关键是人才培养。马克思主义理论学科在人才培养上不同于其他学科的方面主要在于，它不仅要为其他学科培养政治方向好、思想素质高、具有中国特色社会主义共同理想的专业人才，而且还要为本学科培养专业宽、基础厚、能力强的专门人才。培养专业人才和专门人才，是马克思主义理论学科建设和发展中并驾齐驱的两个不可偏废的方面。专业人才的培养通过思想政治理论课的教学和加强思想政治教育来实现，而专门人才的培养是要通过招收不同层次的学生，通过对他们的精心培养来实现。教师在专门人才培养中的研究积累、指导经验积累，有助于其他学科专业人才的培养，有助于思想政治理论课的教学。

1. 人才培养的目标及要求

根据马克思主义理论一级学科的内在要求，以及我国高校马克思主义理论人才培养的实践，马克思主义理论学科在人才培养上，对不同层次的研究生有不同的要求。

在硕士研究生的培养上，马克思主义理论学科的培养目标是：(1) 具有马克思主义信仰和社会主义信念，德智体美全面发展；(2) 具有较好的马克思主义理论素养，较扎实的专业基础知识和较宽的知识面；(3) 具有正确的理论方向和良好的学风；(4) 比较熟练地掌握一门外国语，能阅读本专业的外文资料并具备一定的写作能力；(5) 成为本专业科学研究、高等教育和党政实际工作部门的专门人才。在博士研究生的培养上，马克思主义理论学科的培养目标是：(1) 具有坚定的马克思主义信仰和社会主义信念，德智体美全面发展；(2) 熟悉马克思主义经典著作，有比较深厚的马克思主义的理论功底和专业基础知识；(3) 能够较好地运用马克思主义立场、观点和方法研究和分析现实社会问题，具有一定的创新能力；(4) 至少掌握一门外国语，能够熟练地阅读本专业的外文资料，具备较强的写作能力和进行国际学术交流的能力；(5) 成为本专业科学研究、高等教育和党政实际工作部门的专门骨干人才。

人才培养的目标通过学位要求和导师指导来实现。马克思主义理论学科在硕士研究生培养上的学位要求主要是："了解马克思主义理论产生的历史必然性，马克思主义理论体系的基本结构，马克思主义的价值目标，马克思主义的基本特征；了解马克思主义发展的历史过程、历史经验和发展规律；了解当代国外马克思主义的理论、思潮及流派；了解中国近现代历史和人民选择马克思主义、中国共产党、社会主义道路和改革开放的历史进程和基本经验；了解马克思主义中国化历史进程的基本规律及所形成理论成果的主要内容和精神实质；了解马克思主义理论的前沿问题以及马克思主义中国化、时代化、大众化的基本问题；了解思想政治教育的基本理论与科学方法。能够较好地运用马克思主义立场、观点和方法，分析和总结马克思主义理论发展和指导实践过程中的经验教训，并研究和分析现实社会问题。"①

① 国务院学位委员会．马克思主义理论一级学科博士、硕士学位基本要求．

根据硕士研究生培养的学位要求，硕士研究生要获取本学科的硕士学位，必须具备的基本素质主要有：第一，学术素养。认真阅读马列主义经典著作和中国化马克思主义重要文献，有比较深厚的马克思主义的理论功底和相关专业基础知识。了解学科研究的最新学术动态和最新研究成果，善于在学术讨论中得到启发和提高。第二，学术道德。坚持正确的理论立场，不得违反四项基本原则，恪守学术道德规范，遵纪守法。严禁抄袭、剽窃、侵吞、篡改他人学术成果，严禁伪造或篡改数据、文献、注释，杜绝一切学术不端问题的发生。

硕士研究生获取本学科的硕士学位必须具备的基本学术能力主要有：第一，获取知识的能力。积极开展调查研究，掌握真实而丰富的第一手研究资料；养成学术思考的兴趣，掌握学术研究的科学方法。第二，科学研究的能力。具有较好的揭示理论与实践之间、其他理论与本学科理论之间的联系，以及理论体系内部之间存在的矛盾的能力，并善于将这些联系和矛盾转化为有价值的研究问题。在导师的指导下，积极参与学术研究训练，注意提高自己的科学研究和论文写作的能力。第三，展开实践的能力。贯彻理论联系实际的原则，注重提高分析问题和解决问题的能力，不仅要学好理论，还要运用好理论。第四，学术交流的能力。能够正确地表达自己的学术观点，积极展示自己的学术成果，并在学术交流中提高学术能力。此外，还要有较好的口头表达能力、组织协调能力等。掌握一门外国语，能比较熟练地阅读本学科的外文资料。

对硕士学位论文上的基本要求是主题集中、鲜明，文章层次清晰、逻辑严谨，引用资料翔实、可靠，基本观点正确、论证充分、有力，文笔流畅，书写格式规范。合理使用引文，对已有学术成果的介绍、评论、注释应力求客观、公允、准确。引文应以原始文献和第一手资料为原则。凡引用他人观点、方案、资料、数据等，无论是否发表，无论是纸质还是电子文本，均应详加注释；凡转引文献资料，应如实说明。不得以任何方式抄袭、剽窃或侵吞他人学术成果。学位论文应该在导师指导下，由研究生本人独立完成；注重学术质量，反对粗制滥造和低水平重复，力求在已有研究的基础上有所创新。

对马克思主义理论学科博士研究生学位的要求主要是：(1) 掌握马克思主义理论产生的历史必然性、马克思主义理论体系的基本结构、马克思主义的价值目标、马克思主义的基本特征。(2) 掌握马克思主义发展的历史过程、历史经验和发展规律。(3) 掌握当代国外马克思主义的理论、思潮及流派。(4) 掌握中国近现代历史和人民选择马克思主义、中国共产党、社会主义道路和改革开放的历史进程和基本经验。(5) 掌握马克思主义中国化的历史进程、基本规律和所形成理论成果的主要内容、历史地位和指导意义。(6) 掌握马克思主义理论的前沿问题以及马克思主义中国化、时代化、大众化的基本问题。(7) 掌握思想政治教育的基本理论与科学方法。(8) 能够很好地运用马克思主义立场、观点和方法，分析和总结马克思主义理论发展和指导实践过程中的经验教训，并研究和分析现实社会问题。

博士研究生获取本学科的博士学位必须具备的基本素质主要有：第一，学术素养。崇尚科学精神，对学术研究有浓厚的兴趣；进行过系统的科学研究训练，具备一定的学术潜力；在马克思主义理论的科学性及其当代价值的认识基础上，具有坚定的马克思主义信仰和社会主义信念，坚持正确的理论方向和良好的学风。熟悉马列主义经典著作、中国化马克思主义重要文献和马克思主义发展史，有比较深厚的马克思主义的理论功底和专业基础知识。坚持马克思主义在意识形态领域的指导地位，以学习、研究、传承马克思主义为己任，为马克思主义中国化的理论成果提供有学理支撑的阐释，为建设和发展中国特色社会主义提供科学的决策咨询意见，为高校思想政治理论课程建设服务。第二，学术道德。坚持正确的理论立场，不得违反四项基本原则；恪守学术道德规范，遵纪守法。严禁抄袭、剽窃、侵吞、篡改他人学术成果，严禁伪造或篡改数据、文献、注释，杜绝一切学术不端问题的发生。

博士研究生获取本学科的博士学位必须具备的基本学术能力主要有：第一，获取知识的能力。坚持理论联系实际的原则，弘扬马克思主义优良学风、科学精神和科学态度。坚持理论与实践、逻辑与历史、继承与创新、科学性与意识形态性的辩证统一。善于开展调查研究，掌握真实而丰富的第一手研究资料，及时了解并掌握本学科学术研究的前沿动态，深入进行学术思考；有效获取专业知识和研究方法，认真探究知识的来源，具有较强理论思维和逻辑推理能力。第二，学术鉴别的能力。对所研究的基本问题以及各种社会思潮具有一定深度的理论评价和价值判断的能力。在马克思主义理论研究中，能正确区分什么是必须坚持的马克思主义基本原理，什么是需要结合新的实践而加以丰富发展的判断，什么是需要破除的对马克思主义的教条式理解，什么是需要澄清的附加在马克思主义名下的错误观点。要能划清马克思主义同反马克思主义的界限，社会主义公有制为主体、多种所有制经济共同发展的基本经济制度同私有化和单一公有制的界限，中国特色社会主义民主同西方资产阶级民主的界限，社会主义思想文化同封建主义、资本主义腐朽思想文化的界限。在一些重大问题上，要能在深入研究的基础上形成自己独到的学术见解。第三，科学研究的能力。有独立开展高水平研究并组织协调学术力量进行攻关的能力。具有很强的调查研究能力、论文写作能力和独立完成课题研究的能力。在读期间，应在导师指导下相对独立地完成课题研究任务，发表较高水平的学术论文。第四，学术创新的能力。能够在所从事的研究领域开展创新性思考，开展创新性科学研究，取得创新性成果。掌握本学科研究的最新学术动态，增强马克思主义学术创造力，勇于和善于创新当代中国马克思主义的学术观点，建立起以马克思主义立场、观点、方法为指导的话语体系，牢牢掌握马克思主义话语主导权，不断增强当代中国马克思主义的国际影响力。第五，学术交流的能力。具有较强的本学科学术交流能力，以及在马克思主义理论学科内各学科方向之间、与马克思主义学科体系其他学科之间、与哲学社会科学相关学科之间进行学术交流的能力。能熟练地表达自己的学术思想，积极展示自己的学术成果，善于与其他学者开展学术合作，并在学术交流与合作中提高学术研究能力。此外，还必须具有较强的口头表达能力、与人开展合作的能力、组织协调能力等。至少掌握一门外国语，能够熟练地阅读本专业的外文资料并用外语进行学术交流。

在博士学位论文上的基本要求则主要是：第一，选题与综述的要求。遵循马克思主义理论学科的内在要求，注意处理好学科性质和研究特色的关系、基础理论研究和现实问题研究的关系。论文选题必须围绕六个二级学科的研究范围，既体现运用马克思主义立场、观点、方法对问题的分析和评价，又体现对马克思主义理论某些观点论证上的丰富或创新，以区别于哲学社会科学其他学科，有相对确定的学科边界。即使对涉及经济、政治、文化、社会、国际、党建等具体问题的研究，也要体现马克思主义理论学科的风格和特色。应撰写出对该选题已有的比较详尽的国内外研究成果和本人客观评价的研究综述，综述应反映对已解决问题的程度和主要观点，不同观点的争鸣和理论阐释中存在的问题，本人已有的研究条件和所做的前期准备等。要从综述的撰写中确立问题意识和学术针对性，明确课题研究的理论价值和实践意义，明确拟解决的重点难点问题，明确提出可能实现创新的论域或论点。第二，规范性要求。博士学位论文必须做到主题集中、鲜明，文章层次清晰、逻辑严谨，引用资料翔实、可靠，基本观点正确，论证充分、有力，文笔流畅，书写格式规范。合理使用引文，对已有学术成果的介绍、评论、注释，应力求客观、公允、准确。引文应以原始文献和第一手资料为原则。凡引用他人观点、方案、资料和数据等，无论是否发表，无论是纸质还是电子文本，均应详加注释；凡转引文献资料，应如实说明。第三，成果创新性要求。博士学位论文应该出新意，或在主要观点上有所创新，或论证与前人相比有所深化。避免泛泛而谈“选题创新”“填补空白”，或只谈“方法创新”而没有任何涉及理论观点或学术论证上的新意。应注重学术质量，反对粗制滥造和低水平重复。

2. 人才培养的特点

马克思主义理论学科的人才培养体系与一级学科下设的六个二级学科的划分有密切联系。这六个二级学科的划分不像其他学科划分那样有严格的学科分界线，马克思主义理论学科的六个二级学科是按研究领域来划分的。例如，马克思主义基本原理学科，原先只是一门课程，充其量也只是一个研究领域。这个二级学科所要研究的问题是马克思主义的科学内涵和精神实质、马克思主义基本原理的内容、马克思主义文本和经典著作等，而这些方面的内容对其他几个二级学科来说同样也都是要研究的。马克思主义发展史二级学科不研究马克思主义的科学内涵和精神实质，不研究马克思主义文本和经典著作，根本无法讲清楚马克思主义发展的历史过程和发展规律，也无法对马克思主义发展史进行全面了解，只不过这个二级学科在研究中侧重于对历史发展的研究。马克思主义中国化二级学科也是这样。不研究马克思主义的科学内涵和精神实质，不研究马克思主义文本和经典著作，就无法讲清楚当代中国马克思主义与马克思列宁主义的一脉相承和与时俱进的特征，无法真正去理解马克思主义中国化的理论成果，只不过这个二级学科在研究中侧重于对当代中国马克思主义理论成果的研究。其他二级学科依此类推。正因为如此，马克思主义理论学科人才培养中的硕士研究生培养正处在中国教育体制关于人才培养的“由宽到专”的中间阶段上，马克思主义理论二级学科的硕士研究生培养实际上是需要按照一级学科的要求进行的。只有这样，培养出来的硕士研究生才可能成为博士研究生培养的最重要的来源和最好的生源。正因为如此，马克思主义理论学科人才培养中的硕士研究生要完成的学业实际上应在本科阶段完成，但是，由于马克思主义理论没有本科专业，应在本科阶段完成的学业现在推迟到硕士研究生阶段进行。

由此可见，马克思主义理论学科的发展需要建立起自己的人才培养体系，即形成本、硕、博三级培养层次，实现马克思主义理论学科人才培养的有机贯通。按照本、硕、博三级培养层次，马克思主义理论学科人才培养的特点是：专业宽、基础厚、能力强。

专业宽，是指马克思主义理论学科培养的人才要有宽而广的跨学科、跨专业的知识面。这一特点要求马克思主义理论学科培养的人才不仅要掌握马克思主义基本原理及其科学体系，要有深厚的马克思主义理论素养，还必须增强人文素养，拓展多学科、多方面的理论与实际知识，把和马克思主义理论相关的各种背景材料、前沿学科知识和交叉学科知识等，与马克思主义理论融为一体。人文精神与社会科学素养、马克思主义理论素养的统一，可以达到以人文精神促进社会科学的发展，进而促进马克思主义理论研究的目的。

基础厚，是指马克思主义理论学科培养的人才要有坚实的马克思主义理论基础知识、厚实的马克思主义理论功底。这一特点要求马克思主义理论学科培养的人才必须认真读马克思主义经典作家的原著，读马克思主义学者和资产阶级学者的原著，加强马克思主义理论修养，精通专业知识。通过对历史的和现代的马克思主义学者、资产阶级学者的学术观点进行分析和评论，提高自身的马克思主义理论素养；通过对马克思主义理论与资产阶级理论的比较和鉴别，提高明辨是非、评判正误的能力，加深对马克思主义理论的理解，掌握马克思主义理论的真理性和科学性，加强马克思主义理论的坚定性。同时吸收其中有利于丰富和发展马克思主义理论的合理成分。

能力强，是指马克思主义理论学科培养的人才能够运用马克思主义基本原理分析新的实践，从新的实践中阐发理论，进行理论创新，并能够在社会舞台上宣传和实践马克思主义理论。这一特点要求马克思主义理论学科培养的人才要把科学性与实践性统一起来，使马克思主义理论能根据现实发展的状况不断发展自身，能随着历史条件的变化不断进行理论创新；能把科学性与意识形态性统一起来，使马克思主义理论既能体现现代社会的各类知识的综合化、一体化、人文化和信息化的趋势，又能真正指导中国特色社会主义发展。

马克思主义理论学科人才培养特点的这三个方面是统一的，体现为知识、能力、素质的辩证统一。在这三者的辩证统一中，首先包含了人文精神与社会科学素养、马克思主义理论素养的统一。知识作为能力和素质的载体，不仅包括了马克思主义理论知识，而且还包括了社会科学知识、人文科学知识。其次包含了科学性与实践性的统一、科学性与意识形态性的统一。这样，就有了在掌握了马克思主义理论知识、社会科学和人文科学知识的基础上，经过培养和实践锻炼而形成的能力。厚实而宽广的知识可以促进能力的增强，而较强的能力又可以促进知识的进一步汲取，从而促进实践能力、创新能力的提高。

马克思主义理论学科人才培养特点的这三个方面是递进的，只有以专业宽为基础，才能产生基础厚，从而才能达到能力强。因此，要想专业宽，就必须在本科设立马克思主义理论专业，仅有思想政治教育专业作为马克思主义理论学科人才培养的生源，是不可能为马克思主义理论学科的硕士研究生培养提供专业宽的基础的，是无法适应硕士研究生、博士研究生的培养要求的。要想基础厚，只有通过硕士研究生的培养才能达到；要想能力强，必须以本科、硕士的培养为基础，再通过博士阶段的培养才可能达到。因此，马克思主义理论学科的高素质的人才是通过本、硕、博三个层次的培养实现的。

3. 人才培养中的理论问题

马克思主义理论学科的人才培养，还有以下几个方面的理论问题需要进一步研究。

第一，专业教育与通识教育的结合。专业教育的产生是与学科的发展分不开的。马克思主义理论学科设立之前，从事马克思主义理论研究和思想政治理论课教学的教师找不到专业的感觉，对大学生进行的马克思主义理论教育更多的是表现为政治教育。马克思主义理论学科的设立是学科进一步发生分化与整合的结果，突出了马克思主义理论的专业化，使马克思主义理论的专业教育走上了学科发展的历程。

专业教育的内涵在于学问的高深。马克思主义理论本来就是一门高深的学问，在人才培养中，马克思主义理论教育不仅是思想政治理论课教学的内容，也是一种专业教育。作为专业教育，它一方面把学说化的马克思主义理论融入马克思主义的意识形态教育之中，易于为学生所接受；另一方面，它是培养专门人才的必需，将促进马克思主义理论研究和教学队伍茁壮成长。

马克思主义理论成为一种专业教育，并不排斥通识教育。马克思主义理论的通识教育，不仅是马克思主义理论的教育、社会科学的教育，而且涉及人文科学的教育。专业教育和通识教育的结合，目的在于通过马克思主义理论、社会科学、人文科学的深刻对话，达到理解和把握马克思主义理论的目的。就通识教育和专业教育的关系而言，通识教育是专业教育的补充，在专业教育的基础上进行通识教育，可以使专业教育得到进一步深化，可以扩充大学生的知识面，加强马克思主义理论、社会科学、人文科学的渗透，做到三者的结合，帮助大学生整体地接受马克思主义。

马克思主义理论一级学科下设的六个二级学科，对人才培养的要求不仅是“专”，更重要的是“通”。所谓“专”，就是要对马克思主义理论如基本原理、发展史、马克思主义中国化的理论成果等有高深的学问；所谓“通”，就是要对马克思主义理论的所有知识、所有思想都要熟悉、了解。“专”和“通”的结合，就是精通马克思主义理论。

第二，灌输教育与启发教育的结合。灌输教育在马克思主义理论教育中居于首要地位，它是一种由外向内的教育，是通过外在的影响因素作用于受教育者，从而使受教育者将相关知识内化的一种活动。教育本身也就意味着有意的直接的影响。无论是什么学科，是什么专业，其教育都必须是由教师提供必要的概念、原理和方法，而学生要理解这个学科和专业，不可避免地要去接受教师所讲的大部分内容。从这个意义上说，任何教育活动首先都表现为一种灌输教育。因此，在马克思主义理论教育中，灌输教育是必要的，如果排斥灌输教育，我们必然难以完成马克思主义理论教育的任务，学生也必然会失去学习、接受马克思主义理论的机会。

然而，灌输教育是对受教育者施加的一种有意的直接的影响，灌输教育分为强制性和非强制性两种。强制性灌输教育就是“一言堂”“注入式”，不从学生实际出发，使马克思主义理论教育中现实主义的东西多、实实在在的东西少，枯燥乏味的东西多，生动活泼的东西少。非强制性的灌输教育是一种“对话式”的灌输，是教育者和受教育者处于平等地位的教育，是“教”与“学”都为教育主体的教育，考虑学生的思想实际，考虑理论与实际的结合，考虑了学生的需要。因此，非强制性灌输教育实际上是灌输教育和启发教育相结合的一种方式。

灌输教育和启发教育的结合，既达到了教育的目的，也给了学生以思维发展的空间，既有了理论上的导向，也给了学生思想的自主发展。

第三，学术创新教育与学术规范教育的结合。创新型人才是 21 世纪培养学生的基本要求。马克思主义理论学科的教育，其根本任务就是培养高素质的中国特色社会主义劳动者，培养创新型人才。马克思主义具有与时俱进的理论品质，需要根据时代的发展、社会实践的变化不断丰富和创新理论。对学生来说，不仅要会学马克思主义理论，而且更重要的是会运用马克思主义理论知识，要把继承和创新结合起来，发展马克思主义理论。因此，在对学生进行马克思主义理论教育的过程中，必须把马克思主义理论基本知识的传授与马克思主义理论的创新教育结合起来，注重创新素质的教育和培养。

与此同时，还必须对学生进行学术规范教育，杜绝学术研究中的不正之风，如学术研究中浮躁、伪造、篡改、抄袭等行为，杜绝学习中的考试作弊、论文和作业抄袭等行为，培养学生的思想道德素质。

第八章 马克思主义理论学科的科研要求

马克思主义理论作为学科必然要强调学术性，从而具有自身的科研要求；马克思主义理论学科作为对思想政治理论课教学的学理支撑，也必然对思想政治理论课教师有着特定的科研要求。马克思主义理论学科的科研要求，是加强学科建设的根本要求，也是提高思想政治理论课教学实效的根本要求。

一、马克思主义理论学科的文献建构

文献作为记录、积累、传播和继承知识的载体，是一个学科理论研究和人才培养的重要基础和依据，文献建构则是学科建设和发展的重要内容之一。马克思主义文献学、马克思主义经典著作和基本原理等学科的研究是马克思主义理论学科建设的内容之一，马克思主义理论学科人才培养中必须普遍开设“马克思主义经典著作选读”课程。马克思主义理论一级学科作为一个从整体上研究马克思主义理论及其发展的基础性学科，全面建构具有自身特色的专业文献，已成为一项重要任务。

1. 文献建构的特点

马克思主义理论学科具有整体性、学术性与意识形态性的统一、为党的理论教育和思想政治理论课教学服务等特点。对这一学科的研究和建设，必须要着眼于悠久深厚的历史性、继往开来的发展性、指导实践的前瞻性。马克思主义理论学科的特点体现在学科文献的建构上，必然具有与其他学科不同的特点：

第一，文献建构要彰显马克思主义理论学科的基本特征。这主要表现为：(1) 整体性与分科性相统一。马克思主义理论学科是一门从整体上研究马克思主义基本原理和科学体系的学科。它研究马克思主义基本原理及其形成和发展的历史，研究它在世界上的传播与发展，特别是研究马克思主义中国化的理论与实践，同时把马克思主义研究成果运用于马克思主义理论教育、思想政治教育和思想政治工作，并将理论研究同解析历史进程、总结历史经验结合起来。整体性是马克思主义理论学科的突出特征。统领六个二级学科的文献，一方面是要凸显马克思主义理论的整体性，从分科性走向整体性；另一方面是要用分科性补充整体性，通过发挥各二级学科的专业特色，使马克思主义理论研究的辐射范围更广。只有在“分”与“合”的交互之中，才能真正建构起马克思主义理论学科的文献。

(2) 科学性与阶级性相统一。马克思主义的科学内容和政治使命是高度统一的。它旨在探索并揭示人类社会发展的客观规律，争取无产阶级的自身解放并最终解放全人类，实现共产主义。因此，马克思主义理论学科的文献建构，必须旗帜鲜明地坚定无产阶级的阶级立场，体现无产阶级的阶级利益，既要反映马克思主义经典作家对自然界、人自身发展、人类社会发展客观规律的分析和揭示，也要反映科学理论在工人运动实践、社会主义实践中所取得的马克思主义理论的最新成果，还要反映科学理论在指导实践并被实践检验的曲折过程中所引用的各类马克思主义者的文献，体现马克思主义理论鲜明的阶级色彩。

(3) 历史性与时代性相统一。马克思主义理论学科是一门历史学，它要研究马克思主义理论及其形成和发展的历史，要研究马克思主义在世界的传播与发展的历史，特别是它在中国发展创新的历史。历史总是现实的，总是和时代的发展紧密结合的。马克思主义与时俱进的理论品质，促使它在历史发展的过程中不断地回答时代变化所提出的各种问题，实现理论和实践上的发展和创新。因此，历史性与时代性相统一的特点也就内在地成为马克思主义理论学科文献建构的基本特点之一。

（4）意识形态性与思想教育性相统一。马克思主义理论是无产阶级认识世界、改造世界的强大思想武器，是中国特色社会主义理论体系形成和发展的指导思想，是思想政治教育的理论支撑，是集阶级性、政治性、方向性和教育性为一体的具有意识形态性的科学理论。马克思主义理论文献的传播、解读和普及的过程，实际上就是对人民大众、青年学生进行马克思主义理论教育的过程。因此，马克思主义理论学科的文献建构，必然要把对阅读者实行意识形态教育和思想教育作为基本目的和要求，使他们通过文献的阅读和学习，接受马克思主义理论教育，坚定中国特色社会主义的共同理想和实现共产主义的信念。

第二，文献建构要反映马克思主义理论的各类文本。文本是马克思主义理论文献的核心和重点。马克思主义理论学科文献建构中所要反映的文本主要有：（1）马克思主义经典作家已经完成的论著和公开发表的文献，如《哲学的贫困》《共产党宣言》《帝国主义是资本主义的最高阶段》等。这些是马克思主义理论学科文献建构的基础内容，它们是马克思主义经典作家对其理论观点的全面、系统、理性的阐发，是马克思主义理论的集中体现，也是研究马克思主义理论的基本依据。

（2）马克思主义经典作家未完成的手稿。如《1844年经济学哲学手稿》《1857—1858年经济学手稿》《1861—1863年经济学手稿》等。这些是马克思主义理论学科文献建构的重要补充内容。这些带有草稿性质的手稿是反映马克思主义经典作家心路历程和思想进程的真实记录，也是反映他们思想变化、理论形成和发展的重要线索。

（3）具有独立的科学意义和研究价值的书信。如马克思给恩格斯、维·伊·查苏里奇、约·魏德迈、路·库格曼等人的书信。这些是马克思主义理论学科文献建构不可忽视的重要文本，它包含着大量的思想理论、政治材料，包含着马克思恩格斯对一些作家的评论，包含着他们对当时流行的重大思潮的见解。这些细节性、阐释性的内容是深入理解和分析马克思主义理论的重要依据。

（4）读书摘录、笔记、批注、记事笔记和谈话记录等其他形式的文献，也是不能忽视的重要内容，如“人类学笔记”“历史学笔记”等。它们是读者（马克思主义经典作家）与作者（马克思主义经典作家阅读的书的作者）之间的思想交流和碰撞，是我们探索马克思主义经典作家思想理论开端，剖析其理论建构、思想发展的重要材料。

第三，文献建构要拓宽马克思主义理论文献的范围。与时俱进是马克思主义的重要理论品质，也是马克思主义理论学科文献建构的基本要求。在不同的历史条件下，一代代的马克思主义者在理论研究和实践探索中丰富、发展了马克思主义理论，形成了一系列马克思主义理论文献。马克思主义理论学科文献建构应以理论创始人、理论实践者、理论研究者为主体，拓宽文本作者，体现其与时俱进、开拓创新的发展性，虚怀若谷、海纳百川的开放性。

马克思恩格斯作为马克思主义理论的创始人，其理论文献是学科文献建构的核心。马克思恩格斯以实现全人类的解放为己任，在探索人类社会发展规律，指导无产阶级革命的实践斗争中，创立并发展了马克思主义理论。从马克思青年时代的博士论文，到标志马克思主义理论创立的《共产党宣言》，到马克思探索资本主义生产方式运动规律的《资本论》，再到马克思恩格斯晚年撰写的著作和恩格斯为马克思的著作《1848 年至 1850 年的法兰西阶级斗争》所作的导言，马克思和恩格斯一生的理论著述都证明其在与时俱进地发展和创新马克思主义理论。

苏联和中国作为社会主义的积极实践者，是把马克思主义从理论变为现实、在理论和实践两个层面上发展马克思主义的代表，它们关于马克思主义的理论文献是学科文献建构的主干。理论和实践的统一是马克思主义的内在机理和科学要求，是实现马克思主义的政治使命和社会功能的唯一途径。以列宁为代表的苏联的社会主义实践者和以毛泽东、邓小平、江泽民、胡锦涛、习近平为代表的中国的社会主义实践者，在理论学习和实践探索中所形成的发展着的马克思主义理论成果，应该成为学科文献建构的重要组成内容。例如，列宁的《论粮食税》、中国共产党领导集体所形成的“毛泽东思想”和“中国特色社会主义理论体系”等，都是与时俱进、发展创新的马克思主义的重要理论成果。此外，斯大林具有一般科学价值的文本也应该包括在内。

中外学者是研究马克思主义理论的生力军，其具有代表性、权威性的马克思主义理论著述，反映了马克思主义理论研究的最新成果，对拓展研究生的理论视野，推动马克思主义理论研究有着重要意义，也应成为文献建构中不可或缺的部分。比如，以客观视角研究马克思生平事业、出版著作和思想理论的“马克思学”的理论研究者弗·梅林、戴维·麦克莱伦、吕贝尔、尼·拉宾、艾伦·伍德等的理论成果。在立场坚定性和视域开放性的结合中，兼容中外学者的理论观点，是学科文献建构应有的气节和风范。

第四，文献建构要强化马克思主义理论的教育功能。马克思主义理论文献的传播、解读和普及的过程与马克思主义理论教育过程的同一性，决定了研究生研读理论文献过程与对研究生进行理论教育过程的同步性。因此，建构马克思主义理论学科文献应以文献内容推进文献功能，在科学地建构文献的同时注重发挥文献的教育功能。

（1）注重文献内容的基础性和重点性，是发挥马克思主义理论学科文献的理论教育功能的基本前提。马克思主义理论学科文献建构，应全面表述马克思主义的基本理论观点，系统勾勒其发展的历史过程，完整呈现其专业理论体系。与此同时，要强化对重要理论、观点和争议性问题的阐释和论述。这是使研究生全面把握马克思主义理论，辅助研究生深入研究马克思主义理论，实现学科文献的基础理论教育功能的前提条件。

（2）注重文献内容的现实性、前沿性和开放性，是实现马克思主义理论学科文献的理论教育功能的重要环节。理论接受的过程，是一个从认知走向认同，最后发展到践行的过程。理论灌输只是实现学科文献理论教育功能的起点，注重文献内容的现实性、前沿性和开放性，展现马克思主义理论注重现实、关注前沿、借鉴自省的秉性，以鲜活的姿态使研究生认同并践行马克思主义理论，才能够真正实现学科文献的理论教育功能。为此，马克思主义理论学科文献建构，一方面要根据时代发展变化，跟随理论研究的逐步深入，随时更新研究成果、研究动向、研究趋势，体现马克思主义理论研究的前沿性和发展性；另一方面要树立世界性的研究视域，以开放的胸怀、发展的眼光，积极吸纳和借鉴人类文明成果。

（3）注重文献内容的方法性和指导性，是马克思主义理论学科文献的方法教育功能的体现。毋庸置疑，培养高素质的、具有坚定马克思主义信仰和分析问题能力的马克思主义理论研究队伍，实现理论教育功能是建构马克思主义理论学科文献的目的之一。但是，理论研究以方法为前提。研究路径的选择、研究思维的转换、研究范式的确立是能否取得理论成果的关键。从方法角度，指导、启发研究生研读马克思主义理论文献，从事马克思主义理论研究，是马克思主义理论学科文献建构的一个不可忽视的重要方面。

2. 一级学科层面的文献建构

马克思主义理论作为一级学科，是对马克思主义理论的基本内涵、精神实质、科学体系、实际运用的研究和教学，因而这个层面的文献建构必须反映该学科理论的基础性，以及各二级学科专业发展的方向性。

首先，要反映各二级学科在文献建构上的共性要求。从内容上看，一级学科文献建构应该从马克思主义理论自身的整体性角度反映各二级学科在文献建构上的共性要求。

（1）对世界观、方法论的反映是一级学科文献建构的基点。马克思主义是最革命、最科学的世界观、方法论。正是在唯物史观创立的基础上，马克思运用唯物辩证法对资本主义生产关系进行了剖析，发现了剩余价值，揭露了资本主义剥削的秘密，揭示了人类社会发展的客观规律。没有唯物史观和唯物辩证法的指导和运用，就没有马克思主义，也就没有马克思主义理论学科，学科文献的建构也就无从谈起。因此，在构建马克思主义理论学科专业文献的过程中，应该坚持理论、历史与现实相统一的方法，将世界观、方法论及其运用贯穿其中。

（2）将马克思主义三大组成部分“一以贯之”的理论内容作为一级学科文献建构的基础。从恩格斯写作《反杜林论》到列宁完成《马克思主义的三个来源和三个组成部分》，他们的著作为我们从马克思主义哲学、政治经济学和科学社会主义三个方面理解和研究马克思主义理论整体性奠定了基础；后来中外学者关于马克思主义学说的文献则为我们深入研究马克思主义理论整体性提供了借鉴。当然，在马克思主义理论一级学科文献建构中，应该体现出马克思主义三大主要组成部分之间的相互联系性，特别是唯物史观、剩余价值理论、科学社会主义学说的逻辑关联，从而表明它们是反映马克思主义立场、观点和方法的文献。

（3）反映马克思思想发展进程中的思想宗旨与逻辑探求的统一是一级学科文献建构的核心。从马克思的思想发展历程来看，他在完成了思想和行动上的“两大转变”以后，就把实现无产阶级解放并最终解放全人类作为自己研究的思想宗旨，而揭示人类社会发展客观规律则成为他实现这一思想宗旨的逻辑探求。因此，一级学科层面的文献建构应该体现思想宗旨与逻辑探求的统一，从整体上建构一级学科的文献。

反映各二级学科在文献建构上具有共性要求的马克思主义理论一级学科文献中最具有代表性的就是《资本论》。《资本论》作为马克思主义的“百科全书”，是马克思在吸收前人优秀成果、掌握最新理论知识和实际资料的基础上，运用唯物史观解剖资本主义生产关系、探索资本主义生产方式运动规律的典范。在这一伟大文献中，马克思成功地实现了哲学、政治经济学、科学社会主义三大主要组成部分在理论逻辑上的融汇对接，并以其严密的辩证逻辑思维，展现了他的科学研究方法和叙述方法。《资本论》无疑是能够反映各二级学科在文献建构上共性要求的一级学科层面的文献。

其次，文献建构要涉及马克思主义理论学科的逻辑体系。马克思主义理论一级学科的文献建构，应该从六个二级学科的内在逻辑关系着手。

从学科的研究内容来看，马克思主义基本原理学科的文献建构无疑处于基础性地位。应把马克思主义创始人的主要著作作为文献建构的主干，例如，《德意志意识形态》《共产党宣言》《资本论》《反杜林论》《社会主义从空想到科学的发展》，以及恩格斯晚年的著作和通信等。这些文献涵盖了唯物史观、剩余价值理论、科学社会主义学说、辩证唯物主义认识论等基本内容。马克思主义基本原理学科文献建构的基础地位，为其他五个二级学科在文献建构中体现马克思主义理论与现实、历史的结合奠定了理论基础，也明确了建构的方向。当然，由于前四个二级学科与后两个二级学科之间存在着理论研究和理论运用的关系，为反映这一逻辑关系，一级学科层面的文献建构还应该突出理论与现实、历史的结合，列宁的《唯物主义和经验批判主义》《论粮食税》，毛泽东的《矛盾论》《实践论》，邓小平的《在武昌、深圳、珠海、上海等地的谈话要点》等，都凸显了马克思主义理论在历史发展中和实际中的运用，反映了马克思主义理论的发展。

从学科的研究分类来看，马克思主义理论学科的逻辑体系大致可分为理论学科（马克思主义基本原理、国外马克思主义研究、马克思主义中国化研究）、历史学科（马克思主义发展史、中国近代史基本问题研究）和教育学科（思想政治教育）三类。理论学科以经典作家创立马克思主义到马克思主义在国际上的分化、演变为主线，系统全面地反映马克思主义理论的发展状况，即马克思主义的基本立场、观点和方法，国外马克思主义理论，中国化的马克思主义理论。在理论与社会实践的结合中，应以民族化的方式发展马克思主义理论。历史学科是理论学科的重要补充，是为了深化对马克思主义理论和中国化的马克思主义理论的研究，从历史传承的角度进行针对性探讨的学科领域。教育学科是运用理论学科内容、发挥理论学科功能的重要体现，是将马克思主义理论与人们的思想实际相结合，探讨人民群众、青年学生如何接受、认同这一理论的研究领域。因此，一级学科的文献建构既要考虑各个二级学科的内在关系构成的一级学科逻辑体系的要求，也要充分观照到一级学科范围内各类二级学科发展的要求。当然，在一级学科范围内无论是理论学科还是历史学科或教育学科，研究生不仅需要研读反映基础理论的马克思主义文献，精读发展了的马克思主义文献，还要通读马克思主义学者和资产阶级学者的文献，在比较和辨析中深化对马克思主义理论的理解，从整体上掌握马克思主义理论。

再次，一级学科文献建构还应该涉猎思想政治理论课教学中重大理论和现实问题的研究成果。这和马克思主义理论学科为思想政治理论课教学服务的特点是紧密相关的。文献建构作为学科建设的重要一环，必须要对思想政治理论课教学中产生的重大理论和现实问题做出回应。

最后，文献建构要引领马克思主义理论学科的发展方向。马克思主义是立党立国的根本指导思想，是社会主义核心价值体系的灵魂，是全国各族人民团结奋斗的共同的思想理论基础。马克思主义理论学科是对马克思主义进行整体性研究的一门学科，是马克思主义学科系统的重要组成部分。就马克思主义理论学科自身而言，马克思主义完备而严密，它给人们提供了完整的世界观，是研究马克思主义理论整体性的学科；就我国马克思主义学科系统而言，马克思主义无疑是基础性和指导性学科，是关系党和国家前途命运的生命工程学科。这一关于马克思主义理论学科的定位，实际上指出了马克思主义理论学科发展的方向。一级学科层面的文献建构要引领马克思主义理论学科的发展方向，必须要明确学科的性质和定位，把握学科的内涵和特点，遵照学科的内在要求。

“学科专业人才培养应处理好学科性质和研究特色的关系，严格遵循马克思主义理论学科的内在要求，合理设置研究方向；处理好基础理论研究和现实问题研究的关系，充分体现二者的紧密结合；处理好理论学习和理论运用的关系，着力培养分析问题解决问题的能力；处理好提高思想政治素质和业务素质的关系，培养德才兼备的人才。”① 显然，处理好学科性质和研究特色的关系、基础理论研究和现实问题研究的关系、理论学习和理论运用的关系、提高思想政治素质和业务素质的关系，是马克思主义理论学科培养专业人才的发展方向。能否处理好这几大关系，实际上也是给一级学科层面的文献建构如何引领马克思主义理论学科的发展方向提供的标尺。

因此，一级学科文献建构中要注意的是：（1）必须充分考虑到马克思主义理论整体性的特性，避免过分突出各二级学科的研究方向、特色，忽略马克思主义立场、观点和方法对文献建构的统领；（2）必须严格按照马

① 国务院学位委员会. 关于进一步加强高校马克思主义理论学科建设的意见.

克思主义理论学科的内在要求，以“主流、经典、前沿”为原则，文献建构的内容既要体现学科发展的主流内容，跟上学科专业的发展要求，观照学科发展的前沿，又要从整体上反映学科中代表主流研究领域、经典理论、研究方法和前沿动态的文献；（3）必须把马克思主义理论与当代国内外经济社会发展的现实、与人们的思想实际结合起来，既要体现对马克思主义基本理论、观点和方法的坚持，又要发展、创新马克思主义理论；（4）必须以巩固马克思主义在我国意识形态领域的指导地位为立场，提高马克思主义理论教育的实效，在学科文献建构上，反对采取所谓的“价值中立”立场，反对“去意识形态化”或“泛意识形态化”的做法。

马克思主义理论一级学科层面的文献建构，如果做到了引领马克思主义理论学科的发展方向，就能够起到引领研究生研究马克思主义理论、坚定马克思主义信仰和社会主义理想信念的作用，就能够为培养让党放心、让人民满意的“专业宽、基础厚、能力强”的马克思主义专业研究人才，造就一支宏大的马克思主义理论研究、宣传的学术队伍做出贡献。

3. 各二级学科的文献建构

在马克思主义理论一级学科文献建构的基础上，建构各二级学科的文献，反映的是各二级学科培养具有自身专业要求的专门人才的需要。不同的二级学科在文献建构上有不同的要求，下面我们分别从六个二级学科来阐述。

马克思主义基本原理是马克思主义科学体系的基本理论、基本范畴，是其立场、观点和方法的理论表达，是人类社会的本质和发展规律的科学概括，是马克思主义学说的精髓。马克思主义基本原理学科的文献建构主要表现在：

第一，勾勒、阐述和发展马克思主义基本原理。从马克思恩格斯关于唯物史观、社会发展道路的论述，到列宁关于社会主义建设的实践，以及对规律客观性的尊重和认识，再到毛泽东关于社会主义建设道路的探索、科学发展观与和谐社会理念的提出，等等，通过这一系列文献的建构，勾勒一条马克思主义基本原理形成和发展的主线，以及不断发展创新的马克思主义的基本理论、基本观点和基本主张。

第二，反映马克思主义基本原理经受怀疑、诋毁、封锁和打击而不断发展的过程。从马克思主义诞生时敌人的“缄默抵制”，到19世纪末20世纪初遇到的“马克思主义运动的极端严重的内部危机”①，再到第二次世界大战至20世纪60年代中期马克思的“复活”，以及21世纪以来马克思主义面临的新挑战，等等，通过这一系列文献的建构，勾勒一条马克思主义基本原理发展的曲折路线，使研究生通过阅读文献掌握马克思主义基本原理的发展过程。

第三，国外学者对资本主义的新发展、社会主义的历史和未来的看法。建构国外学者关于现代资本主义、社会主义的文献，一方面可以通过他们的思想言论，让研究生客观地认识和了解现代资本主义的发展状况，了解世界社会主义发展的状况以及我国社会主义理论和实践建设中存在的问题，从而更好地理解和发展马克思主义基本原理；另一方面可以通过研读这些文献，使他们以更加开放的心态学习和掌握马克思主义。

马克思主义发展史是一门研究马克思主义产生、发展的历史过程和规律的科学。它侧重于对思想史、学说史的研究，从而与国际共产主义运动史、马克思主义中国化研究等学科相区别。马克思主义发展史学科的文献建构应当反映马克思主义思想发展的整体概貌，体现马克思主义理论发展的历史性、开创性、规律性。

马克思主义发展史的文献建构，在表现方式上可采用多主体、多角度的呈现方式。既可以用马克思恩格斯的文献系统勾勒，也可以用列宁的文献表达，还可以用后继的马克思主义研究者们的文献反映，从多主体、多角度呈现出用马克思恩格斯的文献表现马克思主义思想发展历程、用列宁的文献评述马克思主义发展历程、用马克思主义研究者的文献阐发马克思主义发展历程的主线。通过全方位、多元化阐释研究对象的表现方式，研究生能够在文献的学习和研究过程中，分析和思考马克思主义的发展史，掌握马克思主义发展史的脉络。

---

① 列宁．列宁专题文集·论马克思主义：第1卷．北京：人民出版社，2009：161.

研究马克思主义发展史，不是单纯地为了了解马克思主义发展的历史过程，而是透过对马克思主义思想发展过程的研究，总结马克思主义自身发展和指导实践的历史经验，揭示马克思主义发展的一般规律和在不同历史阶段发展的特殊规律，特别是在与各国实际相结合时不断发展的规律，从而在了解和把握21世纪马克思主义研究发展现状的基础上，面对新机遇和新挑战，探讨马克思主义仍然能够继往开来地向前发展的根本动力，推动马克思主义的发展迈上新的台阶。因此，马克思主义发展史的文献还应该编入一些中外马克思主义研究者的文献。

马克思主义中国化是马克思主义同中国具体实际相结合的过程。马克思主义中国化研究学科是专门研究马克思主义中国化的基本经验、基本规律，以及马克思主义中国化理论成果的学科。马克思主义中国化研究学科的文献建构，应充分体现马克思主义中国化过程中的理论性和实践性、本土性和外来性、探索性和试错性相统一的特点。

如何把马克思主义基本原理应用于中国的具体环境，使马克思主义体现中国特性、中国作风和中国气派，体现马克思主义的伟大力量，实现马克思主义的中国化，这是一个理论问题，更是一个需要在实践中不断摸索、创新，从而逐步形成理论，并在实践中加以检验的问题。在马克思主义中国化研究学科的文献建构中，要充分利用中外文献，阐述马克思主义中国化的基本内涵、基本要素、基本理念、基本理论以及与之相关的基本概念。在形式上，甚至可以利用一组论战性文献进行集中阐发：一方面可以由不同学者从不同视角启发研究生进行深入思考，另一方面可以以百家争鸣的形式对中国化马克思主义理论进行讨论，彰显马克思主义中国化理论研究的开放性。

马克思主义中国化的实践历程，是深入研究马克思主义中国化的核心和关键，也是构成马克思主义中国化研究学科文献的主体。以马克思主义中国化为主题，以中国特色社会主义道路、理论体系、制度为重点，总结中国在新民主主义革命道路、社会主义改造道路和社会主义建设道路的探索中，在社会主义制度确立、完善的过程中取得的经验、教训，深入研究以毛泽东、邓小平、江泽民、胡锦涛、习近平为代表的历届中央领导集体不断推进马克思主义中国化的历史进程和基本经验，系统掌握中国化的马克思主义理论成果的主要内容和精神实质，深刻揭示马克思主义中国化和中国化的马克思主义不断发展的基本规律，明确在市场化、信息化、全球化条件下推进马克思主义中国化的方向。因此，马克思主义中国化研究学科的文献，还应该有意识地收入国外学者的相关著述，以开放的心态、批判的眼光、发展的视野引导研究生加强研读。

国外马克思主义研究是对当代国外马克思主义相关的理论、思潮、流派的发生、演进及基本思想进行研究的学科。基于此，国外马克思主义研究学科的文献建构，应该遵循敞开胸怀、全面介绍、坚定立场、客观评析、借鉴吸收、深化发展的原则。

从内容上来看，国外马克思主义研究学科的文献应该聚焦于四个方面：一是外国共产党人根据时代变化和本国实际对马克思主义的研究，包括对发达国家和发展中国家共产党的研究，社会主义国家执政的共产党的理论与实践；二是对资本主义持批判态度的左翼学者对马克思主义的研究；三是既批判资本主义又批判现实社会主义的“西方马克思主义”的有关研究；四是从马克思主义文本出发研究马克思主义的思想流派；等等。

因此，在上述内容的安排上，国外马克思主义研究学科的文献可以采用对比映照的方式，通过用外文和中文两种语言，用国外学者和中国学者的不同立场，交相辉映地详尽介绍和评价国外马克思主义各主要流派的观点。采用国内相关的经典文献，从总体上评述国外一些主要流派的观点和思想，再辅之以国外各流派代表人物的英文文献，将原版文献与中文评述相互对照，在观点与评述的对应中，可以强化研究生对国外马克思主义理论的理解和把握。

在系统介绍和评价国外马克思主义理论内容的同时，反映国内学者在此方面的研究成果，也是国外马克思主义研究学科文献建构的重要组成部分。一是反映国外马克思主义研究中的基础性、热点性、前沿性问题。例如，对国外马克思主义合理定位的问题，即如何正确认识和处理国外马克思主义与马克思主义的关系问题。研究这类关键性、前提性问题的文献，是研究生确立研究专业基点的基本条件。二是开展国外马克思主义研究的方法文献。通过对研究路径、研究范式、理论思维方式等内容的文献的介绍和讨论，可以说明思维方式在研究中的地位和作用，同时也可以启迪研究生对自身研究范式、思维方式的思考。

思想政治教育是运用马克思主义理论与方法，专门研究人们思想品德形成、发展和思想政治教育规律，培养人们正确的世界观、人生观、价值观的学科。思想政治教育学科的文献建构应该循着从宏观到微观、从理论到实践的思路进行，使思想政治教育研究得以深入、细致发展，从而继续发挥思想政治教育的社会主义现代化建设的"生命线"作用。

思想政治教育作为一门学科经历了一个发展过程，文献建构可以从思想政治教育学科建设的角度入手，收入有关回顾该学科创立与发展的历程，探讨该学科的内涵、学科的性质、学科的研究范围、学科人才的培养、学科体系的建构、学科内在制度的建立等事关学科发展的前沿性问题的文献。

思想政治教育是关于人的精神世界成长、进步、发展的学说，同时也是一项实践活动，其文献建构应该包括对思想政治教育深层价值和本质的认识，思想政治教育重要组成范畴和功能以及中国共产党的思想政治教育理论的研究述评、思想政治教育发展的历史、中外思想政治教育的比较等，还应该包括对思想政治教育实践活动的本质、目的、内容、对象、主体等构成要素的探讨，对教育方法的概念、范式、形态等的发展变化过程的探讨，以及对影响教育过程的环境系统的结构和功能的探讨。此外，也包括对科学化、民主化在思想政治教育过程中的重要作用以及从活动实效的角度客观评析这一活动的地位、作用等的文献的探讨。

中国近现代史基本问题研究，是围绕历史和人民怎样选择了马克思主义、中国共产党、社会主义道路和改革开放，即中国的发展举什么旗、走什么路、由谁来领导等中国近现代史的基本问题，专门系统研究中国近现代的历史进程及其基本规律和主要经验的学科。中国近现代史基本问题研究学科的文献建构，应该始终围绕"中国"这个历史主体，体现中国在革命、建设和改革的过程中体现出的曲折性和前进性。

阐明历史和人民的"四个选择"，是中国近现代史基本问题研究文献建构的主题。在把握这一主题的基础上，文献建构中所要把握的内容主要有：一是马克思主义经典作家对中国革命的认识。例如，马克思的《中国革命和欧洲革命》、恩格斯的《波斯和中国》，论述了中国革命与世界革命的关系。二是反映中国共产党基本理论、基本路线、基本纲领、基本经验的成果。例如，邓小平的《在武昌、深圳、珠海、上海等地的谈话要点》及《江泽民在庆祝中国共产党成立八十周年大会上的讲话》《胡锦涛在庆祝中国共产党成立九十周年大会上的讲话》《习近平在庆祝中国共产党成立九十五周年大会上的讲话》等。三是敢于直面中国共产党在革命、建设时期经历种种历史挫折的文献。例如，党的六届七中全会通过的《关于若干历史问题的决议》、党的十一届六中全会通过的《关于建国以来党的若干历史问题的决议》等。

此外，中国近现代史基本问题研究的文献建构，还应该考虑以怎样的视角加强中国近现代史基本问题的研究。首先，建构马克思主义历史观和整体性研究视角的文献，开阔研究生的研究视野和思路。其次，建构研究中国近现代史基本问题不同角度和方法的文献，描绘中国近现代史基本问题研究的范式、方法和路径。最后，建构强调史料重要性及探讨史料路径的文献。史料收集方法、利用数据库进行观念史研究的方法、学科发展概况等，都应该在文献建构中有所考虑。

二、马克思主义理论学科的科研类型

任何学科都有其相对独立的知识体系、理论模块，都具有学术性，在它的形成和发展过程中都有待开发的新的未知领域，有待构建的新的学科理论，马克思主义理论学科也不例外。任何一个学科的存在和发展都有其自身的特点，从而在科研上也会有不同的要求，马克思主义理论学科有自身的科研类型。

1. 教学科研

教学科研的侧重点在教学问题研究上，包括思想政治理论课教学和专业课程教学的研究，特别是对思想政治理论课教学的研究。教学科研的内容主要有对教学内容的研究、教学规律的研究、教学方法的研究三个层次。从教学中提出研究论题，是进行教学科研的重要基础，其主要有三个方面：一是教学内容中的空白点，二是教学中学生们关注的问题，三是各门课程的交叉重合点。在我们的老前辈中，有的就是通过教学的研究论题把握了自己的研究方向和研究领域，并成为这一研究方向和研究领域的著名学者。例如，中共党史研究方面著名的学者彭明老师长期的研究论题是“五四运动史”。他之所以选择这一题目作为自己的研究论题并出了大量科研成果，主要是源于他的教学实践。他给学生开设过中国革命史、中国现代史、中国现代政治思想等课程。在讲授这些课程的过程中，他发现，无论是哪一门课程都涉及了“五四运动史”。五四运动时期既是中国近代史上的一个转变时期，也是中国由旧民主主义革命走向新民主主义革命的转折点。中国后来流行的一些社会思潮，大多是这一时期由国外传入中国并兴起的；中国新民主主义革命过程中出现的一些著名人物，也几乎都是在这一时期登上政治舞台的；中国新民主主义革命时期的许多革命运动，如工人运动、青年运动、妇女运动等也都是从这一时期发端的。把“五四运动史”作为研究论题的重要性可见一斑。同时，在几门课程的教学中，彭明老师发现，中国近代史课程只讲到辛亥革命为止，中国革命史课程又主要是讲中国共产党成立以后的历史，五四运动只是作为一个背景简单地交代一下。因此，在讲课过程中，五四运动时期的历史成为学生们感兴趣的一个问题，成为学生们在听课时提问最多的一个领域，又是教师讲课中的一个“盲区”。发现了这个教学中的“疑难点”和“盲点”之后，彭明老师便把它作为科研的主攻方向。正是这个主攻方向使他成为这一领域的专家、权威，成为党史学科的著名学者。显然，彭明老师关于研究论题的选择是和在教学中提出研究论题的这三个方面密切相关的。

在教学科研这种科研类型中需要注意的是：教学科研不能仅限于教学手段、方法的研究，而应是并且主要是教学中的问题研究，通常所说的“以一流的科研带动一流的教学”，并非讲的是以教学手段、教学方法、教学环节的研究来带动教学，如果这样，教学科研的路子就走偏了。对思想政治理论课而言，首先就是要以教学科研来带动教学，把出自教学论题的研究成果运用到教学中。在教学科研中，既要重视教学手段、教学方法、教学环节的研究，注重教学术语的通俗化、教学形式的活泼性、教学手段的现代化、教学方法的灵活性，以及教学环节的多样性，更要重视教学内容的研究。因为教学的趣味和艺术只有和理论、知识结合起来才能达到应有的效果。思想政治理论课要散发出魅力，要让大学生回味无穷，就必须研究其教学内容。因此，在教学科研中，教学内容的研究与教学手段、教学方法、教学环节的研究应该是并重的。作为思想政治理论课教师，“教书匠”与“研究者”是集为一体的。

2. 理论科研

理论科研的侧重点在对理论问题的研究上。马克思主义理论研究所取得的成果，既可以有教学中需要的，又可以有服务于社会的、提供给国家政府部门做决策参考的，以及推动学术界在某一论题上的研究趋于深化的。显然，任何科研都必须要有突出的、强烈的、敏感的问题意识，紧抓“有意义的问题”展开研究。所谓“有意义的问题”，一是能够直面现实并解决现实的问题，二是能够进一步推动和深化学术研究的问题，三是符合学科内在要求的问题。“有意义的问题”与“没有意义的问题”的分界，犹如英国学者伊·拉卡托斯所说的：“科学与伪科学的分界不全然是一个书斋里的哲学问题：它是一个与社会和政治息息相关的问题。”① 有鉴于此，马克思主义理论学科理论科研论题的选择必须突出三个要素：适合自身，即对所选择的论题要有自身的研究基础，使其有利于自身学术的长远发展；适合学术界，即以学术价值和理论联系实际为标准来选择论题，把握其在学术界的研究动向和意义，预期通过研究可以提高到的新的理论高度；适合所在学院和学科的发展，即所选择的论题不能离开自己的专业，不能离开学院发展的方向和学科发展的要求，通过研究使自己能够真正融入学院和学科的发展之中，成为学院和学科发展的“主力军”。

---

① 拉卡托斯．科学研究纲领方法论．上海：上海译文出版社，1986：1.

因此，从有问题意识到问题的选择，再到问题逻辑的展开，是教学科研的重要步骤，同样也是理论科研的重要步骤。在理论科研中强调问题意识，就是要有敢于寻求、探索现象背后的本质、问题背后的答案，通过这种寻求和探索来实现理论创新的勇气和精神。有突出的、强烈的、敏感的问题意识，是学术研究创新的前奏。有了问题意识，就有研究问题的方法论，就能抓住现象背后的本质、问题背后的答案，就能实现理论创新。问题选择合适与否也是理论科研的关键。在问题有“有意义的问题”和“没有意义的问题”，或者“真问题”和“伪问题”之分的情况下，只有抓住“有意义的问题”或“真问题”开展研究，才能真正反映出问题意识。问题逻辑的展开过程是从事理论科研的重点。既要能运用一定的方法和工具科学地分析和论证理论观点，强化理论分析，又能在对问题的认识深化中，不断探询新的问题。可见，问题逻辑的展开过程是一个在解决局部问题的过程中不断地对新事物产生新问题并进行探索、解答的过程，是对“问题簇”的探讨过程，是对问题与问题之间的逻辑联系的探讨过程。这样一个探讨过程，需要进行大量的文献阅读、深入的理论思考、广泛的历史和现实的考证，需要持之以恒的精神和锲而不舍的研究动力。

3. 宣传科研

宣传科研主要是面向广泛的社会群众基础，面向广阔的社会舞台，走向基层，走进社区，走向中国广阔的田野，走进人民群众的视野，对广大人民群众进行理论宣传教育，不断提高马克思主义理论的感染力、说服力、影响力和亲和力。宣传科研反映的是研究者的阐释能力，是推进马克思主义大众化的重要手段，体现了马克思主义理论学科和思想政治理论课的社会性质。

宣传科研和巩固马克思主义在意识形态领域的指导地位的任务密切相关，因而宣传科研并非是一个只研究宣传手段的问题，它必须把系统掌握马克思主义基本理论当作看家本领，必须学会运用马克思主义立场、观点、方法观察和解决问题。一般来说，宣传科研的成果表现为理论宣讲和理论通俗读物写作两种形式。宣传科研所要解决的问题主要表现在三个方面：一是把马克思主义理论、发展中国特色社会主义的宣传教育的一致性，与社会不同群体的特点和要求多样性统一起来；二是把理想信念和思想道德的宣传教育的理论性，与人民群众日常工作和生活的实践性统一起来；三是把艰深的理论、晦涩的语言，用生动的、通俗的方式表达出来，便于人民群众接受、信服。

在中国特色社会主义发展的进程中，面对社会思想观念和价值取向日趋活跃、主流与非主流同时并存、社会思潮纷纭激荡的新形势，宣传科研的核心任务就是："要深入开展中国特色社会主义宣传教育，把全国各族人民团结和凝聚在中国特色社会主义伟大旗帜之下。要加强社会主义核心价值体系建设，积极培育和践行社会主义核心价值观，全面提高公民道德素质，培育知荣辱、讲正气、作奉献、促和谐的良好风尚。"① 在全面对外开放的条件下，面对世界范围内各种思想文化交流交融交锋的新形势，宣传科研的一项重要任务就是"引导人们更加全面客观地认识当代中国、看待外部世界"②。一方面，要宣传阐释中国特色，"要讲清楚每个国家和民族的历史传统、文化积淀、基本国情不同，其发展道路必然有着自己的特色；讲清楚中华文化积淀着中华民族最深沉的精神追求，是中华民族生生不息、发展壮大的丰厚滋养；讲清楚中华优秀传统文化是中华民族的突出优势，是我们最深厚的文化软实力；讲清楚中国特色社会主义植根于中华文化沃土、反映中国人民意愿、适应中国和时代发展进步要求，有着深厚历史渊源和广泛现实基础"③。通过"四个讲清楚"宣传阐释中国特色，使人们明白独特的文化传统、独特的历史命运、独特的基本国情，注定了我们必然要走中国特色社会主义道路；对我国的传统文化、国外的东西，则要坚持"古为今用，洋为中用"，去粗取精、去伪存真，经过科学的扬弃后为我所用。另一方面，要"对世界形势发展变化，对世界上出现的新事物新情况，对各国出现的新思想新观点新知识，我们要加强宣传报道，以利于积极借鉴人类文明创造的有益成果。要精心做好对外宣传工作，创新

① 习近平．习近平谈治国理政．北京：外文出版社，2014：154.

② 同①155.

③ 同①155-156.

对外宣传方式，着力打造融通中外的新概念新范畴新表述，讲好中国故事，传播好中国声音”①。

总之，宣传科研不能脱离我国经济和社会发展的实际，不能脱离广大人民群众的实际生活和思想，要有守土有责、守土负责、守土尽责的职责，要讲好中国自己的故事，要做到形式多样、生动活泼，为群众喜闻乐见，能够回答群众中存在的思想认识问题，能够在群众的工作和奋斗中不断发挥精神支柱的巨大作用。

4. 行动科研

行动科研是马克思主义理论学科专业课程和思想政治理论课教学实践中的一项不可或缺的科研类型。前面所述的教学科研和理论科研，这两类科研讲到底就是在对问题的研究中获取新的成果，而行动科研恰恰是对教学科研和理论科研所获取的成果进行应用并对这种应用的效果及其改进做出的一种研究。也就是说，教学科研和理论科研所取得的研究成果要落实到专业课程和思想政治理论课课程的教学活动中，使其发挥应有的作用，实现其应有的价值，这就需要通过行动科研来实现。

行动科研最早是在20世纪30年代由美国的柯雷提出的。柯雷于1933年至1945年间担任美国印第安人事局局长。其间，他经常安排专业人士和非专业人士共同研究改善印第安人和非印第安人关系的方案，方案研制出来后再由实际工作者执行并评价。柯雷发现，要缩短这一过程，无须实际工作者等待专家研究的结果，可直接根据自身的需要，对自身工作进行研究，或许效果更好。他称此为行动研究法。到20世纪50年代，柯雷把行动研究法介绍到教育界，明确认为，所有研究工作，如果由应用研究结果的人来担任，其研究结果才不会白费，只有教师、学生、辅导人员、行政人员及家长、支持者不断检讨学校措施，学校才能适应现代生活之要求。他们采取积极态度，运用其创造思考，指出应用改变之措施，并勇敢地加以试验，通过有系统地收集资料，决定新措施的价值。这种方法就是行动

① 习近平．习近平谈治国理政．北京：外文出版社，2014：156.

研究法。自此之后，行动研究法得以很快发展，在教育领域得到广泛应用。

行动研究要完成的是两个方面的任务：一是对如何将教学科研和理论科研成果运用于教学实践进行研究，二是对运用之后所产生的实际效果、改进措施进行研究。显然，行动研究的根本目的不是为了理论上的产出和普遍规律的发现，而是为了行动的改变、实践的改进，是以已取得的理论成果指导行动实践的改进。行动研究的特点在于：第一，把研究问题和解决问题结合起来，把教育研究和教育行动结合起来，把研究结果和运用研究结果结合起来；第二，注重边实践边研究，边研究边实践；第三，具有个性化特征，即问题的解决及由此得到的经验只在自己特定的工作范围内有效，不一定普遍适用。

行动研究实施的原则主要有：第一，要行动。因为行动研究必须是持续的行动，以从行动中发现问题、研究问题、解决问题，逐渐提高教学水平。第二，要合作。因为行动研究的过程是从事相同工作的人的共同研究，它可以是教师、学生、社会有关人士之间的合作。第三，有弹性。因为在行动研究中，要随时根据实际情况确定要解决的问题，提出解决问题的研究计划。因此，只要有利于问题的解决，一切预定的计划都可以改变。第四，不断修正。行动研究本身就是不断考查研究结果、搜集各种研究相关证据、测量研究对象发展程度的过程。因此，在每个行动之后，都要予以考核或检验，以便随时修正行动，促成问题的妥善解决。

行动研究的过程实际上是一个从对问题的分析与解决问题的设想入手，不断思考、调节行动，使之逐渐趋近解决问题的目标，然后对行动过程中的结果尽可能进行详细了解和观察，最后对行动结果及其原因进行思考并提出修正方案的过程。这个过程是一个循环往复、不断改进的过程。马克思主义理论学科专业课程教学实践及行动研究的意义就在于：既可以对所取得的研究成果（理论和经验的正确性、有效性）做出检验，增强教师的科研能力和自信心，也可以通过教学实践不断发现问题、探索问题、矫正偏差，寻求应用已有研究成果的正确道路和具体操作方法，从而提高教学的实效。

总的来说，关于马克思主义理论学科的这四种类型的科研，要求我们做到五个方面：一是要有能够发现和选择问题的能力，发现“有意义的问题”无疑是进行科研的关键；二是要有收集和处理资料的能力，也就是在占有并处理资料的基础上解决问题；三是要有提炼概括并创新理论的能力，科研本身就是一项创造性活动，要对所掌握的材料进行理论上的提炼概括，形成对观点的新的论证，对理论做出发展和创新；四是要有撰写学术论文的能力，将研究所形成的新认识、新思想以论文的形式叙述出来，使自己的科研成果能够更好地发挥作用；五是要有以教学实践为基地，从更高的层面和更广阔的视角把研究成果应用于教学过程的能力。这五个方面的有机统一，是思想政治理论课教师科研和教学相得益彰的最高境界。

三、马克思主义理论学科的研究方法

任何学科都有自己的研究方法，马克思主义理论学科也不例外。马克思主义理论学科的研究方法，可从学科性方法、分析性方法、工具性方法三个层面把握。

1. 学科性方法

学科性方法，即唯物辩证法。唯物辩证法是关于自然、社会和思维的一般规律的学说，强调的是辩证地、客观地认识和分析各种社会现象，探求现象的内在本质。在研究中，它通常表现为两个方面：一是矛盾分析法，即研究一种关系所包含的两个相互关联的方面。马克思《资本论》对资本主义生产方式运动规律的探索，运用的正是这种矛盾分析法。通过对商品内部矛盾运动、商品外部矛盾运动、资本的矛盾运动、资本主义生产过程的矛盾运动，以及资本主义基本矛盾及其展开形式的矛盾运动的分析，《资本论》在展现一幅活生生的资本主义经济矛盾运动的全景图中，揭示了资本与雇佣劳动之间的剥削与被剥削的关系。二是范畴辩证转化法，即作为社会科学元素的范畴，遵循着简单与复杂的规定性而发生着辩证的转化。马克思《资本论》对资本主义经济矛盾运动的分析正是通过范畴的辩证转化体现出来的。比如，商品转化为货币，货币转化为资本，资本转化为剩余价值，通过单个资本循环转化为单个资本周转，单个资本转化为社会总资本，以及通过不变资本与可变资本之和转化为成本价格，剩余价值转化为利润，利润转化为平均利润，价值转化为生产价格，剩余价值进一步分割为企业主收入、商业利润、银行利息、地租等。《资本论》在展现一幅哲理性的范畴辩证转化的全景图中，剖析了资本主义社会资产阶级共同瓜分工人剩余价值的事实。

习近平在 2016 年 5 月 17 日的哲学社会科学工作座谈会上明确提出，在采用知识和方法时不要忘了老祖宗，不要失去了科学判断力。在马克思主义理论学科的方法采用上，唯物辩证法就是最具有科学判断力的方法，是学科的根本方法。列宁曾经对马克思运用唯物辩证法分析资本主义生产关系的研究方法做出高度评价，认为这是马克思做的最重要、最新颖的贡献，是马克思在革命思想史上迈出的非常英明的一步。列宁之所以这样认为，是因为马克思运用唯物辩证法成功地分析了资本主义社会的经济形态，写出了《资本论》这样具有永久生命力的传世之作；是因为马克思运用唯物辩证法所做的理论分析，提供了分析和研究社会经济现象的指导性原则，它可以从矛盾的关系、范畴的联系上展示社会的本质、结构和种种表现。

唯物辩证法与黑格尔的辩证法有着根本的区别。在《资本论》第 1 卷第 2 版的“跋”中，马克思公开承认自己是黑格尔的学生，认为黑格尔是过去所有时代中最有学问的人之一，能把欧洲哲学史上所有哲学家的辩证法思想都吸收过来变成自己的东西，也承认自己在《资本论》中运用了黑格尔的辩证法。但是，马克思强调黑格尔辩证法有着致命的弱点：黑格尔把社会和思维的运动过程看成是有终点的，社会运动的终点是他那个时代的普鲁士王国。思维运动的终点就是他的哲学。马克思强调唯物辩证法与黑格尔的辩证法是根本不同的，主要体现为三个方面：

第一，辩证法的基础不同。黑格尔辩证法的基础是唯心主义，在黑格尔那里，物质和精神的关系被颠倒了，他认为，外界存在的东西都是观念的产物。“在黑格尔看来，思维过程，即甚至被他在观念这一名称下转化为独立主体的思维过程，是现实事物的创造主，而现实事物只是思维过程的外部表现。”① 唯物辩证法则不同，“观念的东西不外是移入人的头脑并在人的头脑中改造过的物质的东西而已”②。这两种辩证法对现实世界起着不同的作用。唯物辩证法就表现在，他把经济的社会形态的发展看作“一种自然史的过程”，在研究经济运动规律时，不是从观念出发，而是从客观事实出发。

第二，辩证法的彻底性不同。黑格尔的辩证法是在承认思维的辩证发展的同时，否定物质世界的辩证发展，是在承认事物对立面的统一和斗争的同时，把统一看成是绝对的，而把斗争看成是相对的。唯物辩证法则是“在对现存事物的肯定的理解中同时包含对现存事物的否定的理解，即对现存事物的必然灭亡的理解”，是“对每一种既成的形式都是从不断的运动中，因而也是从它的暂时性方面去理解”。所以，马克思强调：“辩证法不崇拜任何东西，按其本质来说，它是批判的和革命的。”③ 唯物主义辩证法就是在肯定资本主义制度必然产生的同时，论证了它灭亡的必然性。

第三，辩证法的阶级性不同。黑格尔运用唯心主义辩证法，企图论证普鲁士君主立宪制度的合理性，唯心主义辩证法起着维护统治阶级的反动作用，成为德国资产阶级的意识形态。资本主义社会充满矛盾运动的现实，即普遍的经济危机“甚至会把辩证法灌进新的神圣普鲁士德意志帝国的暴发户们的头脑里去”④。唯物主义辩证法则“引起资产阶级及其空论主义的代言人的恼怒和恐怖”。因为它代表了无产阶级劳苦大众的利益，是为无产阶级利益服务的。

2. 分析性方法

分析性方法，包括抽象法、系统方法、抽象上升到具体的方法、逻辑与历史相一致的方法等。抽象法、系统方法等属于研究方法。抽象法是辩

---

①②③ 马克思，恩格斯．马克思恩格斯文集：第5卷．北京：人民出版社，2009：22.
④ 同①23.

证逻辑的一个基本方法，它运用人的抽象思维能力，从大量的社会现象中抽去外部的、偶然的、非本质的联系，找出内部的、必要的、本质的联系。显然，这种方法是建立在唯物辩证法的基础之上的。抽象法在运用过程中分两步进行：第一步，通过事物的错综复杂的现象，撇开次要的、非本质的因素，抽象出研究的特定对象。第二步，对抽象出的特定的研究对象进行理论分析，即通过去粗取精、为伪存真、由此及彼、由表及里的过程，揭示经济过程发展变化的最本质的东西、最简单的规定性。抽象法是任何学科进行科学研究都要采取的方法。自然科学采用抽象法可以在实验室中通过化学的、生物的、物理的各种实验手段来进行。但是，“分析经济形式，既不能用显微镜，也不能用化学试剂。二者都必须用抽象力来代替”①。抽象力是人的抽象思维的能力，是概括和抽取事物的本质特征的能力。它既不是感性直观的能力，也不是自然科学的实验研究手段，它是抽象法的手段。概括来说，抽象力有三个主要特征：一是抽象到本质的还原能力，即可以从形形色色的直接表象中还原它的内在的本质；二是对事物的抽象考察能力，即撇开现象形态，专注于事物的内在本质结构，专注于研究事物的性质；三是把经过思维的抽象所得出的成果用概念概括出来的能力，即思维经过抽象以后，要对事物本质进行概念上的准确概括。因此，运用抽象力手段进行科学抽象就是抽象法。

系统方法是指按照事物本身的系统性把对象放在系统的形式中加以考察的一种方法。也就是说，从系统的观点出发，始终注重从整体与部分之间、整体与外部环境的相互联系、相互作用、相互制约的关系中综合地、精确地考察对象，以达到对问题的最佳处理状态。系统方法的运用呈现四个特点：一是整体性，即把要研究的对象放在它所属的整体中，从整体角度来认识研究对象；二是相互联系性，即整体内部的各部分、各要素之间存在联系性；三是秩序性，即整体内部各部分、各要素之间的联系有一定的结构和规律；四是动态性，即整体、部分、要素都处在运动变化之中。例如，马克思《资本论》对资本主义生产关系的研究，就是把资本主义制

① 马克思，恩格斯．马克思恩格斯文集：第5卷．北京：人民出版社，2009：8.

度作为一个系统、一个由多种要素（局部生产关系）按一定顺序和层次组成的社会有机体来阐述的，从这种系统的观点出发，资本主义经济制度各要素之间的关系就处于相互联系和相互作用之中，并且通过一定的结构和结构的不断自我调整，有机地统一了这些要素，从而获得最大的结构功能。系统方法在《资本论》中的运用，说明了资本主义社会处在经常运动、变化和发展之中，资本主义社会是自我更新的活生生的有机体，从而揭示了资本主义必然灭亡的规律。显然，系统方法处理的是历史、现实和未来的关系，是一种结构性的分析。马克思在《资本论》中关于系统方法的运用，得到了列宁和西方一些学者的肯定和赞扬。列宁认为："按照马克思的理论，每一种这样的生产关系体系都是特殊的社会机体，它有自己的产生、活动和向更高形式过渡即转化为另一种社会机体的特殊规律。"① 西方一些系统论者也对马克思的系统方法予以赞扬。一般系统论的创始人贝塔朗菲认为，系统论是和马克思的光辉名字联系在一起的。美国学者麦奎里和安贝吉在他们的文章《马克思和现代系统论》中，也认为马克思是"一位早期的系统论者。他的理论工作的主要部分都可以看作富有成果的现代系统方法研究的先声"。马克思在系统论方面有着重大的贡献，主要表现在：（1）马克思把生产方式看作由各个独立要素构成的理论系统。（2）他分析了这些要素在系统中的"独立运转"（帕勒多的术语）。（3）他认为社会变化是由原系统的内部过程和阶级矛盾产生的。麦奎里和安贝吉认为，马克思对我们当代的系统分析的贡献是如此之大，波兰理论家希通卡则指出，可以把马克思称为社会科学中现代系统方法的始祖。

"当然，在形式上，叙述方法必须与研究方法不同。研究必须充分地占有材料，分析它的各种发展形式，探寻这些形式的内在联系。只有这项工作完成以后，现实的运动才能适当地叙述出来。"② 抽象上升到具体的方法，或者逻辑与历史相一致的方法表现为叙述方法。抽象上升到具体的方法，是在理论的逻辑结构中再现现实的矛盾运动的方法，也就是运用范畴、概念构建理论体系的方法，反映的是范畴的抽象与具体之间的关系。

① 列宁．列宁全集：第1卷．北京：人民出版社，1995：372.

② 马克思，恩格斯．马克思恩格斯文集：第5卷．北京：人民出版社，2009：21-22.

《资本论》理论体系的构建运用的就是这种方法，因为《资本论》讲的是生产关系方面的各个范畴之间的关系，是范畴的简单规定性与复杂规定性之间的关系，反映了从具有简单规定性的范畴上升到具有复杂规定性的范畴的逻辑发展过程。逻辑与历史相一致的方法，是我们叙述研究成果时经常用到的一种方法。其中，逻辑的方法就是思维推理的方法，也就是抽象上升到具体的方法运用中所反映的各个范畴之间的辩证逻辑联系，而历史的方法就是在研究问题时，按照历史发展的实际进程进行研究。逻辑的方法与历史的方法之间的关系主要表现在，逻辑的东西是对历史的一种理解，是用概念体系来反映历史的东西。逻辑的东西既可以展示现存社会结构整体及其表现形式，也可以用概括的形式揭示社会整体的发生、发展和灭亡的趋势。历史的东西可以通过逻辑的方式再现出来。采用逻辑与历史相一致的方法分析社会结构，既可以了解这个社会结构产生的历史、现状，也可以把握这个社会结构未来发展的征兆。《资本论》采用这一方法，把人类思维逻辑的进程与历史发展的进程统一起来，在对资本主义社会结构整体和它的表现形式的分析中，揭示了资本主义社会发生、发展、灭亡的历史趋势。一般来说，采用逻辑与历史相一致的方法分析问题，应该是历史从哪里开始，思想进程也就应当从哪里开始，人类思维的逻辑进程要符合和反映社会经济现象的历史发展过程。然而，我们必须看到，历史的发展常常具有跳跃性、曲折性，如果人的思维的逻辑进程处处都跟随历史的进程，势必会使人们更多地关注那些无关紧要的材料，使思维的逻辑进程受到无关紧要的材料的干扰。因此，逻辑与历史的一致只是大体的一致。

任何学科的方法都在演化、发展之中，马克思主义理论学科的分析性方法会随着时代的发展、实践的变化而不断发展。理论原理、理论原理的运用、理论原理的发展相统一的方法，在我们研究马克思主义理论的发展和创新中得到了广泛的运用。对马克思主义中国化的理论成果与马克思列宁主义的一脉相承、与时俱进的分析，对中国特色社会主义理论体系与马克思列宁主义、毛泽东思想的一脉相承、与时俱进的分析，对中国特色社会主义理论体系内部构成关系的分析，离开了理论原理、理论原理的运用、理论原理的发展相统一的方法，马克思主义理论的继承、发展、创新无从谈起。

3. 工具性方法

当今世界正在经历极其重大的变化。随着科学发展出现的杂交化、整体化发展趋势，学科之间的交叉与整合也趋于强化，从而研究方法的相互借用、相互促进就成为学科发展的一个重要方面。马克思主义理论学科的发展在有着自身特有的定性研究方法的基础上，必须借用其他学科的方法。唯有如此，才能推进马克思主义理论学科体系、学科内容、学科规范等方面的深入发展。

所谓工具性方法，主要是用严格的规则来搜集、处理和分析有关问题的数据和资料的方法，从而使问题的研究能够建立在定量分析的基础上。如案例分析法、实验研究法、调查研究法、数量分析法等，这些方法都已成为马克思主义理论学科研究的重要方法。这些方法在马克思主义理论学科中的运用，不仅可以丰富研究马克思主义理论而展开的搜集和分析材料的手段，强化理论和实际的联系，还可以进一步证实马克思主义理论研究的科学性、正确性。正如习近平所说，对一切有益的知识体系和研究方法，我们都要研究借鉴，不能采取不加分析、一概排斥的态度。马克思、恩格斯在建立理论体系的过程中就大量吸收借鉴了前人创造的成果。对现代社会科学积累的有益知识体系，运用的模型推演、数量分析等有效手段，我们也可以用，而且应该好好用。他还强调，马克思写的《资本论》、列宁写的《帝国主义论》、毛泽东同志写的系列农村调查报告等著作，都运用了大量统计数字和田野调查材料。

但是，在方法运用过程中，要避免用工具性方法来替代学科性方法和分析性方法。例如，在《资本论》中，用数理方法研究是必要的，它可以弥补理论分析的不足，但不能取而代之。

特别是计量方法的运用。计量是经验证据的精确化，也是量化经验证据，这种方法是自然科学的方法，现在为社会科学所借鉴，但是社会科学在运用中不能是为计量而计量，而是要从数据的分析中去发现被人们所忽略的或者没有被发现的认识。在法国学者托马斯·皮凯蒂的《21世纪资本论》中，计量方法起到了巨大的作用。皮凯蒂用翔实的数据和历史材料，对300年来欧美资本主义国家资本和财富收入的状况做了分析，证明了20世纪80年代以来主要资本主义国家财富和收入分配的不平等程度日益加深，这一分析的逻辑就是“资本收益率持续高于经济增长率”即$r>g$，结果就是财富分配的不平等。解决的办法就是采纳高额的累进税率，或者实行新的《资本税》税法。因为在资本主义发展的不同时期，经济增长率是显著上升的，但是，这种上升一般是和征收高额的累进税率有关的，比如高额的所得税和遗产税就是累进税率。一旦这些累进税率降低了，经济增长率也就降低了。为什么会有这一逻辑？就是因为皮凯蒂运用了计量方法，做了一个很大的数据库，支撑他的逻辑结论的就是这些数据库，他自己也承认，如果没有这些数据支撑，就没有这一逻辑分析，也没有这个结论。在他的《21世纪资本论》中，有大量的数据图表和对数据的分析。皮凯蒂的逻辑结论存在许多的争议，但不管怎样，他的研究说明了计量方法对社会科学研究的重要意义，还说明了一个最为重要的方面，即计量方法对社会科学的意义不是表现在形式上，而是具有实质意义。由皮凯蒂的研究可见，计量方法在社会科学中的运用，不是对已有的理论结论的佐证，而是从基本的经验和事实出发，通过论证，得出研究结论。

皮凯蒂的《21世纪资本论》通过对数量分析方法的采用，提出了具有实质意义的问题，但是，却得不出具有科学意义的结论，如果我们能够将数量分析方法与马克思的定性分析方法结合起来运用，可能对问题的研究大有裨益。习近平特别强调，解决中国的问题，提出解决人类问题的中国方案，要坚持中国人的世界观、方法论。如果不加分析地把国外学术思想和学术方法奉为圭臬，一切以此为准绳，那就没有独创性可言了。如果用国外的方法得出与国外同样的结论，也没有独创性可言。因此，我们在研究中必须从实际出发，坚持实践的观点、历史的观点、辩证的观点、发展的观点，在实践中认识真理、检验真理、发展真理。

四、学科建设与思想政治理论课教学的关系

充分发挥马克思主义理论学科对思想政治理论课的支撑作用，是高校在马克思主义理论学科建设中，对该学科与思想政治理论课关系问题进行探讨时已经形成的共识。当下的关键在于如何正确认识和充分发挥马克思主义理论学科对思想政治理论课的支撑作用。

1. 学科定位与课程教学实效

所谓学科定位是要找准学科的位置。对学科进行科学、准确的定位是学科建设的关键问题之一。关于学科定位，一般都是从教学、科研、社会服务三大职能的层面来理解。马克思主义理论学科建立的特殊性决定了这一学科定位的特殊性。马克思主义理论学科的定位，是要从学科内在的发展要求方面，遵循自身的发展规律，通过服务于思想政治理论课教学，提高思想政治理论课的教学实效，体现学科生命力。马克思主义理论学科的这一定位，既源于这一学科体系建构的特殊性，也源于这一学科功能发挥的特殊性。

马克思主义理论学科体系建构的特殊性，主要表现在它所属的六个二级学科的划分界限及其内在逻辑关系上。一般而言，不同学科之间的分界主要在于各自有着特定的研究对象、研究方法和研究范围。但是，如前所述，马克思主义理论学科不同于一般学科的特点在于，它从一开始建立时就按研究领域来划分其所属的六个二级学科。马克思主义理论学科所属的六个二级学科在研究内容上紧密关联，这说明了它们的学科特性是需要进一步去培育的，也说明了它们产生的特殊性就在于为思想政治理论课教学实效的提高提供了学科支撑。

马克思主义理论学科功能发挥的特殊性，主要表现在它所具有的科学研究、人才培养功能有明确的指向，即为提高思想政治理论课的实效服务。任何学科都有科学研究和人才培养的功能。但是，马克思主义理论学

科在科学研究和人才培养上的功能发挥不同于其他学科。科学研究是马克思主义理论学科的基础性功能，是马克思主义理论学科生命力的根本所在，也是思想政治理论课实效提高的根本所在。如果说马克思主义理论的科学性为马克思主义理论学科的发展提供了理论支持，那么我们更应该看到，马克思主义理论的科学性并不会自然而然地赋予马克思主义理论学科建设和发展的合理性、生命力。如果说思想政治理论课设置的必要性为在大学生中开展马克思主义理论和思想政治教育提供了重要契机，那么我们更应该看到，这些课程开设本身并不能自动地使大学生在思想深处与马克思主义产生共鸣。因此，马克思主义理论学科的生命力来自对马克思主义理论的研究。在这一研究中，一是要透过纷繁复杂的社会经济现象、新的实际情况，运用马克思主义理论的分析方法，抓住其内在的、本质的东西进行理论的高度概括，以此来丰富和发展马克思主义理论。二是不管现实发生了怎样的变化，马克思主义理论在中国特色社会主义发展中的指导地位不能变，在意识形态领域中的主导地位不能变。因此，在意识形态与学术性的统一中研究马克思主义理论，就成为马克思主义理论学科必须面对的极为现实的问题。这些研究，为思想政治理论课教学提供了丰富的材料，只有在对思想政治理论课的内容进行深入细致分析的基础上，才能帮助学生解决思想困惑和认识难点，理解并掌握好有关的重大理论问题，才能打破教师照本宣科，讲解材料空洞而枯燥无味的教学局面，才能引起学生学习马克思主义理论的兴趣，调动学生的学习积极性，从而提高教学实效。

马克思主义理论学科在人才培养中，是要用马克思主义世界观、方法论武装学生的头脑，指导社会经济发展的实践，如果不对马克思主义理论进行研究，就无法培养出发展中国特色社会主义的建设者和接班人。马克思主义理论学科人才培养功能发挥的特殊性，主要表现在通过思想政治理论课的教学为其他学科培养政治方向好、思想素质高、具有中国特色社会主义共同理想的专业人才，通过招收不同层次的研究生，培养出本学科的“专业宽、基础厚、能力强”的专门人才。为培养专业人才服务和培养专门人才，作为马克思主义理论学科人才培养中的两个不可偏废的方面，使我们明确看到，前一个方面足以说明马克思主义理论学科在功能发挥上与思想政治理论课的关系，说明了马克思主义理论学科的发展对思想政治理论课的支撑作用。

每个学科在建设中都要给自己的发展进行定位，以求得自身的生存和发展空间。马克思主义理论学科在学科建构体系和学科功能发挥方面的定位，不仅使自身的生存和发展有了广阔的空间，而且也为思想政治理论课教学实效的提高提供了理论支持。为提高思想政治理论课的教学实效服务，是马克思主义理论学科建设的重要任务。

2. 学科目标与课程教学任务

所谓学科目标是要达到的水平、程度或标准。科学的目标应该是学科根据自身在国家或区域经济建设和社会发展中所扮演的特殊角色及所担负的特殊任务，发展自己的特色和优势，提高学科的整体水平。马克思主义理论学科的目标就在于适应经济建设与社会发展需要，遵循学科发展和专业建设规律，优化师资队伍和教学科研条件，建立马克思主义教育教学体系，培养德智体美全面发展，政治素质高，理论方向正确，具有较好的马克思主义素养和较厚实的理论功底，并能用马克思主义立场、观点和方法分析研究当代现实问题的人才。马克思主义理论学科的这一目标，除了专业课的教育教学外，在一定意义上是通过高校思想政治理论课课程方案的实施和教学义务的履行来实现的。

思想政治理论课是中国特色社会主义大学的本质体现，是对大学生进行思想政治教育的主渠道。其教学任务就是对大学生进行系统的马克思主义理论教育，帮助他们树立正确的世界观、人生观、价值观，提高他们运用马克思主义的立场、观点、方法分析解决问题的能力。其根本目标就是培养千千万万中国特色社会主义事业的合格建设者和可靠接班人。马克思主义理论学科目标与思想政治理论课教学任务、根本目标的契合，说明了为思想政治理论课提供服务和支撑，是马克思主义理论学科建设的重要任务。

在新中国思想理论教育的历史上，思想政治理论课程始终对大学生起着进行马克思主义理论教育的作用。今天，面对社会发展提出的新要求和国内外形势的新变化，面对高校改革发展的新情况和青年学生成长成才的新特点，思想政治理论课教学任务更为艰巨。它不仅要用马克思主义中国化的理论成果教育大学生，增强他们对中国特色社会主义的理论认同、政治认同、情感认同，而且通过把社会主义核心价值观融入国民教育全过程，帮助大学生在科学理论指导下形成共同的理想信念、强大的精神力量和基本的道德规范。思想政治理论课教学任务的艰巨性表明，高举中国特色社会主义伟大旗帜，遵循思想政治理论课教育教学规律，改革思想政治理论课教学内容形式，强化师资队伍和教材教法，必须以加强马克思主义理论学科建设为保证。

马克思主义理论学科目标的实现、思想政治理论课教学任务的完成，在很大程度上依赖于教学内容、教材教法、体制机制的创新，而这一创新的主体就是思想政治理论课教师。思想政治理论课教师要高质量地进行教学，增强课程的说服力、感染力，就必须有较高的马克思主义理论素养，必须能够面对社会发展实践和教学实践以及在实践中遇到的各种问题，必须使课程始终具有新鲜的内容，始终充满时代感，始终具有现实性，必须使教学方法始终具有创新性，始终切合大学生的实际。毋庸置疑，思想政治理论课教师素质的提高，只有建立在马克思主义理论学科建设不断加强和发展的基础之上才有可能。当然，思想政治理论课教师素质的提高，又必将成为推动马克思主义理论学科建设的动力源泉。从这一意义上，我们又可以认为，思想政治理论课教学的主体同时也是马克思主义理论学科建设的主体。

建设一支立场坚定、始终与党中央保持高度一致，马克思主义理论素养高、人文社会科学基础知识扎实，善于运用现代教育教学手段创新教学方法，师德修养好、富有人格魅力和亲和力的思想政治理论课教师队伍，是完成思想政治理论课教学任务的迫切要求，也是实现马克思主义理论学科目标的迫切要求。建设这支让党放心、让学生满意的队伍，必然成为契合马克思主义理论学科目标与思想政治理论课教学任务的重要力量。由此可见，思想政治理论课教师队伍的素质要求，基本反映了马克思主义理论学科目标与思想政治理论课教学任务的内在统一性。

3. 学科特征与课程建设

所谓学科特征就是学科的优势和特色。加强学科建设就要“有所为，有所不为”，要突出优势和特色，因为优势和特色是学科建设的生命线。马克思主义理论学科区别于其他学科的最显著的特征就是整体地研究马克思主义。这种整体要求我们打破历来形成的马克思主义三个组成部分界限，综合地来理解和把握马克思主义理论，进行三个组成部分相互联系着的理论对客观世界发展、人的认识发展、人的自身发展、人类社会发展规律性的整体性反映的研究。马克思主义理论学科整体性的这一特征，要求我们强化学科意识，培养和建立学科研究和建设的整体意识。马克思主义理论学科整体性的这一特征，要求我们在强化学科为思想政治理论课提供支撑作用中，从宏观角度通盘考虑思想政治理论课四门课程的整体性建设。

以把握马克思主义理论整体性为基础，必须对马克思主义理论学科的内在逻辑体系即其所属的六个二级学科的内在逻辑联系进行整体性研究，从而为思想政治理论课课程的整体建设提供支撑。高校在马克思主义理论学科建设上一定要按照这一特征，旗帜鲜明地加强独具优势和特色的学科建设，并以此来支撑思想政治理论课的课程建设，提高思想政治理论课的教学水平。

从马克思主义理论学科与思想政治理论课的关系来看，加强马克思主义理论学科的整体性研究，其重要目的之一就是要把思想政治理论课的课程建设统一于马克思主义理论学科建设，认识思想政治理论课课程建设的整体性。思想政治理论课课程的整体建设，是需要建立在马克思主义理论学科整体性建设基础之上的，马克思主义理论学科的整体性建设为正确理解和大力建设思想政治理论课课程体系和课程内容提供了支撑。

马克思主义理论学科所属的六个二级学科的建立，在马克思主义理论学科建设与思想政治理论课课程建设之间建立了内在联系。马克思主义理论学科所属的各个二级学科与思想政治理论课的各门课程不是一一对应的关系，在学科和课程之间存在无法割断的内在的整体联系。我们很清楚，在六个二级学科中，特别是马克思主义基本原理、马克思主义中国化研究、中国近现代史基本问题研究、思想政治教育这些二级学科的设立，与思想政治理论课四门课程具有高度的一致性，这些二级学科的建设，必然要为思想政治理论课四门课程建设提供学科支撑。我们也必须看到，这些二级学科的建设为思想政治理论课四门课程建设所提供的学科支撑是整体的，任何一门思想政治理论课的课程建设都需要这些二级学科为其服务。此外，其他两个二级学科同样也在为思想政治理论课四门课程建设提供学科支撑，这一点是毫无疑问的。

马克思主义理论学科的整体性特征为思想政治理论课课程的整体建设奠定了坚实的学科基础，适应了思想政治理论课课程的综合性发展的要求，必将推动思想政治理论课教学实效在课程整体建设中得到提高。

第九章　站在新的起点发展马克思主义理论学科

马克思主义理论学科经过十年的发展，规模得到了迅速扩展，研究成果显著，教师的学科归属感和专业感增强，学科的研究方向、研究领域和建设目标也逐渐明晰。不仅如此，马克思主义理论学科在坚持正确的政治方向和舆论导向、加强大学生思想政治教育、推进马克思主义理论进教材进课堂进头脑，以及加强哲学社会科学学术理论体系和学术话语体系建设等方面都发挥了重要的作用。党的十八大以来，党中央高度重视马克思主义理论学科的发展，从巩固马克思主义在意识形态领域的指导地位、巩固全党全国人民团结奋斗的共同思想基础的高度，对学科的发展提出了“提升引领作用”新要求。这就要求我们站在新的起点上来发展马克思主义理论学科。

一、增强马克思主义理论自觉和学科自觉

理论自觉是理论创新的前提，也是学科生存和发展的基础。自然，马克思主义理论自觉研究是进行马克思主义理论创新的前提，也是马克思主义理论学科生存和发展的基础。因而，理论自觉和学科自觉是分不开的。

对马克思主义理论学科来说，呼唤马克思主义理论自觉，实际上就是呼唤我们以高度的学术研究良知和高度的社会责任感，树立问题自觉的意识和方法自觉的意识，进行马克思主义理论的创新和加强马克思主义理论学科的发展。

1. 增强理论自觉和学科自觉的基本点

高度的学术研究良知和高度的社会责任感，是马克思主义理论研究者应该具备的品质，是增强马克思主义理论自觉和学科自觉的基本点。也就是说，如果马克思主义理论研究者不具备高度的学术研究良知和高度的社会责任感，就不可能有马克思主义理论自觉和学科自觉。

所谓良知，是分辨是非善恶的准则，反映了人的德性。它是人的存在具有尊严的价值性的根本来源，简言之，是做人的基石。对学术研究而言，理论研究者无论在理论探究还是在实践探寻中，追求真理和知识、体现学术的尊严，都是学术研究良知的重要内容。因此，良知是理论研究者进行学术研究的基本底线，也是增强马克思主义理论自觉和学科自觉的基本点之一。首先，学术研究崇尚自由的科学精神，做学术研究的人应有追求真理和坚持真理的勇气。要敢于直面真相，探求世界本原；要敢于追求真理，探索人类新知；要敢于讲真话，弘扬“求真知”的精神。既不以学问媚上，成为权力附庸，也不从众媚俗，博取一片掌声；既不以“跑场子”猎取富贵，也不以媒体炒作来包装自己。追求真理和坚持真理，需要耐得住寂寞，甘于奉献，甘于清贫，只有这样，才不会出现学术剽窃等学术不端行为，才能抵得住利益诱惑而不会失去自己的良知。其次，学术研究强调实事求是的科学态度和基本方法，做学术研究的人必须坚守知识分子的良知。绝不说套话、大话和空话，绝不人云亦云，绝不把复杂的问题简单化，也绝不把简单的问题复杂化。既要老老实实、踏踏实实地做研究，也要在尊重他人成果、不把自己的观点强加于他人的基础上做研究。理论研究者的良知不仅是学术发展的真正动力，也是学术发展的最终目标，如费希特所说：“提高整个人类的道德风尚是每一个人的责任和最终目标，不仅是整个社会的最终目标，而且也是整个学者在社会中全部工作的最终目标。学者的责任就是永远树立这个最终目标，当他在社会上做一切事情时都要首先想到这个目标。”①

增强马克思主义理论自觉和学科自觉，必须直面我国学术界存在的浮躁之风、学术腐败等问题，提倡理论研究者有崇高的价值追求和为科学献身的精神，有勤奋、严谨、求实、创新的学术品格与朴实无华、谦逊诚实、淡泊宁静的学人品格，能够甘于寂寞、远离名利场、潜心求索、寻求创新。在这方面，马克思恩格斯是我们的楷模。唯有如此，我们才有可能做到马克思主义理论自觉和学科自觉。

增强马克思主义理论自觉和学科自觉的另一个基本点，就是每个理论研究者必须要有社会责任感。社会责任感是人们对社会责任的一种强烈的自觉意识和崇高的情感、意志，是责任认知、责任情感、责任意志、责任信念、责任行为五个方面有机统一而构成的一种个性道德品质。对于马克思主义理论研究者来说，社会责任感就是立身之本，就是研究动力。有了社会责任感，马克思主义理论研究者就会以天下为己任，始终站在时代发展的前列，保持一种观察和思考社会生活的敏锐性，关注并研究经济社会发展中的重大问题，针对干部群众中出现的思想疑虑和困惑、针对与人民群众利益息息相关的现实问题进行深入的研究阐释，注重理论与实践的结合，寻求解决问题之道；有了社会责任感，马克思主义理论研究者就会对历史负责、对社会负责、对人民负责，弘扬探求真理的科学精神和无畏精神，就能始终站在人民的立场上，自觉地运用辩证唯物主义和历史唯物主义的观点和方法进行学术研究，就能在学术研究中敢于担当、勇于进取，从那些不合时宜的观念、做法和体制的束缚中解放出来，从对马克思主义的错误的教条式的理解中解放出来，从主观主义和形而上学的桎梏中解放出来；有了社会责任感，马克思主义理论研究者就会始终保持一种尊崇创造性研究的精神，如果有与时俱进的创新意识，就能立足于社会发展的新实践，在坚持马克思主义的基础上，既延续本土文化的血脉和基因，又吸纳外来文明的元素和精华，不断推进马克思主义中国化、时代化、大众

① 费希特. 论学者的使命人的使命. 北京：商务印书馆，2003：144.

化，使马克思主义理论不断焕发出生命力、创造力、感召力；有了社会责任感，马克思主义理论研究者就会以一种严谨、规范、诚信的态度来对待学术研究，以强烈的敬业精神孜孜以求地执着于马克思主义理论研究事业，从而真正摆脱个人狭隘的名利观的制约，克服急功近利、浮躁的心态，自觉地抵制诸如短期行为、粗制滥造、追风跟风等不良学术行为，在深厚的学术积累、严谨求实的学风、强烈的创新意识中履行自己神圣的学术使命。

增强马克思主义理论自觉和学科自觉，必须把个人需求和个人利益统一于国家利益，把个人的理想和志向统一于祖国发展的未来，把实现自己的人生价值同祖国的需要结合起来，正确认识和处理个人学术追求与社会责任的关系。只有有社会责任感的马克思主义理论研究者，才可能做到马克思主义理论自觉和学科自觉，才可能在中国特色社会主义道路上实现自身的价值，肩负起历史和时代赋予的崇高使命。

2. 增强理论自觉和学科自觉的着力点

在一定意义上，高度的学术研究良知告诉我们的是要研究什么，而树立问题自觉意识是对研究什么的一种深入；高度的社会责任感告诉我们的是如何去研究，而树立方法自觉意识则是对如何去研究的一种深入。研究什么和怎样去研究，树立问题自觉意识和方法自觉意识，是从两个不同的层次上构成了马克思主义理论自觉和学科自觉的着力点。

树立问题自觉意识的前提是要知道什么是问题，抓什么问题。问题是学术研究的起点，也是学科发展的生长点。马克思主义理论的功能与哲学社会科学的功能是一致的，即认识世界、传承文明、创新理论、咨政育人、服务社会。马克思主义理论功能的发挥取决于我们的问题自觉，取决于我们能否面向现实生活与时代发现问题并研究问题，能否从马克思主义理论中找到被社会发展问题困扰而百思不得其解的答案。当然，我们要承认，只有抓住了“有意义的问题”，抓住了“真问题”，才能真正反映出问题自觉的意识。因此，只有体现和激发了理论自觉和学科自觉的问题，才是“有意义的问题”，才是“真问题”；只有与马克思主义理论的发展紧密联系的问题、把马克思主义理论的发展推进到更深层次的问题，才是“有意义的问题”，才是“真问题”。

马克思主义理论学科在发展中要营造问题自觉意识的氛围，这对学科的发展是至关重要的。马克思主义理论学科在近几年的发展中，对理论问题和学科建设问题进行了深入的研究。例如，对马克思主义理论整体性问题、马克思主义理论学科与思想政治理论课课程之间的关系问题、学术性与意识形态性的统一问题、马克思主义理论教育的效果问题、体系转化问题、人才培养问题、思想政治理论课教学的吸引力和亲和力问题等的研究，体现了马克思主义理论研究者学术研究求真的使命，体现了马克思主义理论研究的自觉的学科意识。这种对问题研究的自觉意识，是改变学科发展中的不足、明确学科发展方向的关键。只有有了问题自觉的意识，马克思主义理论的学术创新和理论创新才有可能，从这个意义上说，问题自觉是推动马克思主义理论深入研究和马克思主义理论学科发展的重要动力之一。

方法自觉意识是增强马克思主义理论自觉和学科自觉的重要方面。问题要真正成为“有意义的问题”，确确实实是“真问题”，方法自觉是关键。在对“真问题”的研究中，方法自觉实际上表现在两个层面：一是要求我们有面对问题的勇气，有自觉对问题积极思索的探索精神，有自觉对真理孜孜追求的科学态度；二是要求我们有面对现实的责任，不回避学术批评，不逃避学术竞争，不利用权势，不人云亦云。从马克思主义理论研究的现实和学科发展的现实来看，并不是人们没有方法意识，而是方法意识并不等于方法自觉。只有把方法意识自觉运用到对马克思主义理论的“真问题”的研究和把握中，运用到对马克思主义理论学科的研究和建设中，方法自觉意识才能彰显它的意义和价值。因此，怎么去研究、树立方法自觉的意识，是马克思主义理论自觉和学科自觉中最重要的环节。

方法意识有一般与特殊之分。哲学社会科学的一般方法意识与马克思主义理论研究和学科发展的一般方法意识是一致的。哲学社会科学的一般方法意识，即正确认识和处理坚持马克思主义与发展马克思主义的关系，正确认识和处理坚持“二为”方向与贯彻“双百”方针的关系，正确认识和处理传承借鉴与创新发展的关系，正确认识和处理个人学术追求与社会责任的关系。毋庸置疑，这也是马克思主义理论研究和学科建设的方法意识。特殊的方法意识实际上是要说明方法是随着研究对象的拓展而不断发展的，马克思主义理论的研究和学科的建设，在研究对象上并不是一成不变的，它必然会随着时代的变化、实践的变化而变化，也会随着人们对自然界、对人类社会、对人类自身的研究的拓展而拓展。也就是说，当现实不断挑战马克思主义理论时，其实也是在挑战马克思主义理论的研究方法和思维方式。一旦方法的发展陷入僵化，一旦方法的运用缺乏自觉意识，马克思主义理论就会停滞不前，马克思主义理论学科就会停滞不前。因此，方法的发展应该是开放的、动态的，方法的运用应该是自觉的，只有这样，才会带来马克思主义理论的发展，带来马克思主义理论学科的迅速发展。由此看来，方法自觉意识的确立是理论研究和学科建设的基础和前提，是关乎学科发展前途甚至生死存亡的决定性因素。

毋庸讳言，马克思主义理论研究和马克思主义理论学科的发展需要在问题自觉和方法自觉中不断进行“建设性反思”。可以认为，2005 年底以来，马克思主义理论学科建设取得重要进展，马克思主义理论学科蓬勃发展，但是，学科发展还很不成熟，学科的理论体系、研究方法还没有最终形成，学科规范化、制度化建设还有待加强。因此，增强马克思主义理论自觉和学科自觉，必须要杜绝一些不正常的、错误的意识。例如，割裂马克思主义理论的学术性和意识形态性；又如，把马克思主义理论学科建设的重任或者推给上级主管部门，或者推给学院领导，认为与个人无关；再如，以为马克思主义理论研究得到了中央的重视，马克思主义理论学科的地位自然就提高了；等等。其实，我们都很清楚，马克思主义理论的发展是永无止境的，作为一种学科，它也会始终受到各种各样的挑战，这就要求我们必须增强马克思主义理论自觉与学科自觉。

3. 增强理论自觉和学科自觉的根本点

研读经典著作可以使我们汲取到理论的逻辑力量和思考、分析问题的方法，提升我们的理论素养，提高我们分析问题、解决问题的能力，可以使我们准确地理解和把握马克思主义的立场、观点和方法，提高我们对马克思主义与非马克思主义、反马克思主义的鉴别力、判断力，也可以提高我们的理论水平。研读经典是增强马克思主义理论自觉和学科自觉的根本要求。

首先，无论是读马克思主义著作还是读当代学科著作，都应该读“经典”。什么是经典？经典是汇聚了一个时代最重要的知识、思想方法，并且是这个时代最有价值、最有意义的著作。也就是说，从人类目前所能认知的事实来看，经典中的知识、思想方法已经达到了前所未有的高度，它以这个时代的顶峰的姿态矗立着，让人无法轻易超越，并在当代依然具有实践的价值。除了西方马克思主义者像卢卡奇、葛兰西、柯尔施等人的著作外，还有一些非马克思主义学者的著作，如熊彼特的《资本主义、社会主义和民主主义》等，这都是经典。经典就是能够阐明真理、启人心智，并且是历久弥新的原创性著作。它是经过历史积淀形成的，是人类宝贵的文化遗产，给我们的是养分，是智慧。我们读经典，应该有一种感觉，那就是每一次的重读都会和初读一样，能够获得新的激动、新的发现、新的感悟。例如，毛泽东一生研读过很多的马克思主义经典，其中《共产党宣言》是他看了不下百遍的经典，他每读一次，都会觉得有新的启发、新的收获。可见，我们读经典，是要在经典中吸取充分的资源与养料，将其作为自己科研创新的动力和源泉。当代的学科前沿著作也不例外，它作为经典，不是随便找来的一些论文或文章，也不是一般的教科书或著作，而必须是我们这个时代最有价值、最有意义的著作。

我们必须读经典，因为只有读经典，我们的发展才会有高起点。读经典，一方面，我们感受到的是思想家的胸怀，接近的是思想家的心灵，体验到的是思想家的思想逻辑过程；另一方面，我们是在和思想家在同一平台上对话，思想家的严谨、深刻、创造力、洞察力等，都会给我们带来很多的启发和巨大的精神食粮。牛顿说：“如果说我比别人看得更远些，那是因为我站在了巨人的肩上。”马克思之所以能够写出令世人瞩目的、经久不衰的宏伟巨著《资本论》，其中一个很重要的原因就是他站在了“巨人的肩上”。在《资本论》的创作过程中，马克思为《资本论》的创作所做的研究准备工作之一就是阅读经典、写读书笔记。他的两大笔记，即《巴黎笔记》和《伦敦笔记》就是读经典的结果。《巴黎笔记》是马克思从1843年10月到1845年1月在巴黎期间系统阅读英国和法国古典政治经济学文献、恩格斯《国民经济学批判大纲》所做的7本笔记。《伦敦笔记》是马克思从1849年8月底到1853年底在伦敦期间阅读政治经济学著作和资料所做的24本笔记。这两大笔记是马克思创作《资本论》的重要依据。从《巴黎笔记》到《伦敦笔记》，说明了马克思是在与当时政治经济学理论发展的最高成就的“对话”中，是在批判地继承前人优秀的思想遗产的基础上，确立了自己理论研究的新起点。它给我们的重要启示是：读经典要广博，无论是马克思主义者的还是非马克思主义者的经典都要读；做研究要有高起点，资料要一流，要原始的。我们要想有所成就，就必须像马克思、牛顿那样能够站在巨人的肩上。学会选择经典，学会研读经典，也就学会了站在巨人的肩上；学会了站在巨人的肩上，也就有了研究和教学的高起点，也才能成就自己、造福后代。

其次，读经典必须原原本本、原汁原味地去读。这无疑是需要潜下心来刻苦攻读，2011年，习近平总书记在中共中央党校学员开学典礼上对怎么读原著提出了要求，即要专心致志地读、原原本本地读、反反复复地读，要“细嚼慢咽”地感悟原著的思想价值。这给我们怎么读原著以很重要的启示。在读原著上要处理好三个关系：

一是读原著与读辅助读物的关系。原著的辅助读物很多，读起来很便捷、很省事，容易懂，不像原著那样晦涩难懂、枯燥乏味。但是，我们应该看到，辅助读物仅仅起到“引路”“导读”的作用，如果想真正把握原著的思想价值，还是需要研读原著本身，辅助读物则不能代替原著。因为辅助读物与原著是存在距离的，辅助读物的作者在写作时往往会带有自己对原著的主观认识，认识的准确与否、到位与否、全面与否，都会直接影响到读者对原著思想价值的把握。此外，我们读原著的目的不仅仅是为了了解马克思主义经典作家的思想观点，更主要的是在研读的过程中体验经典作家的思想过程，掌握马克思主义的实质和精髓。而这是读辅助读物无法做到的。我们只有通过读原著，才能把马克思主义理论的根基打得厚重扎实，才能提高自身的理论素养，才会形成理论自觉。所以，习近平总书记说：只有在原著中，我们才能看到经典作家对马克思主义理论直接而又严谨的阐述，才能进一步发现历史和现实中的种种误读的危害和成因。显然，读原著的过程就是提高理论修养的过程。

二是读原著与学习发展史的关系。任何理论都是在特定的历史背景和条件下、在解决历史发展的重大课题的过程中形成的，都具有明显的历史性。对文本内容的理解必须放到当时的历史背景下去理解，对经典文本的研读必须置身于理论产生、发展、完善的历史过程中去研读。在学习发展史中读原著，可以准确地把握理论，把握理论的真谛。这就是说，“以史为镜可以知兴替”。在学习发展史中读原著，会认识到随着时代的变化，经典作家也在不断修正自己已经提出的理论观点。例如，马克思恩格斯在1848年共同合作的《共产党宣言》中提出了无产阶级革命的思想，认为工人革命的第一步就是使无产阶级上升为统治阶级，争得民主。这时，因为没有无产阶级革命的实践，他们没有也不可能具体说明无产阶级应该怎样来对待旧的国家机器。后来，有了法国二月革命和巴黎公社革命的实际经验，马克思在《法兰西内战》中总结这一经验时明确指出：“工人阶级不能简单地掌握现成的国家机器，并运用它来达到自己的目的。”马克思恩格斯认为这条经验十分重要，所以在1872年的《共产党宣言》的序言中，马克思恩格斯对这个原理进行了修改。在马克思主义发展史中，这样的例子是很多的。这表明，随着实践的变化，随着历史的发展，经典作家的思想会发生变化。这些变化只有在研究发展史中才能真正有所了解。不了解发展史，不可能对经典著作有很深、很全面的把握。因此，我们读经典，一方面是要读文本，另一方面是要读历史，把二者结合起来才能读深读透。有人将读原著和学习发展史的关系做了个比喻：只读原著、不学习发展史，就如同一只老鼠在地洞里钻来钻去，却不知道这个地道总体上是什么形状；只学习发展史、不读原著，又如同这只老鼠在这个地洞里钻来钻去找食物，找到了食物，却不去品尝食物的滋味。这个比喻很形象，也是很有道理的。我认为，读史可以使人明智，而读原著则可以锻炼人的各种思维能力，使人变得深刻。对思想政治理论课老师来说，只有把“明智”

和“深刻”结合起来，才能立得住、站得稳。

三是读原著与联系实际的关系。“学以致用，学用相长”。我们都很清楚，文本的研读不是从本本到本本，而是必须走向现实，必须把文本研读与时代变化、与新的实际结合起来。当然，纯学理的文本研究、考证性的文本研究，在思想、理论的原本性研究上是有着重要价值的，是需要有人去研究的。但是，我们在进行马克思主义理论的教学和研究中，更需要把现实问题与原著研究结合起来，搞清楚原著中哪些是必须始终坚持的，哪些是需要进一步发展的。所以，在马克思主义理论的教学和研究中，研读原著只是手段，目的还在于从理论思维的高度出发，回答当代中国与当代世界面临的新问题。在联系实际读原著中必须注意两种典型的倾向：一种是用现实来裁剪原著，即倾向于用我们当下的“问题”去理解文本、挖掘文本。这样做的实际结果是原著的内容依照“我的问题”被格式化了，可以任意裁减，需要的用，不需要的就放弃，使原著变成了达成某个研究、获得某种结论的工具。这必然会导致对经典著作的历史性误解，从“我注六经”变成“六经注我”。我们应该听取恩格斯在《资本论》第3卷的序言中的告诫：“一个人如果想研究科学问题，首先要学会按照作者写作的原样去阅读自己要加以利用的著作，并且首先不要读出原著中没有的东西。”① 另一种是用延伸性思维来理解原著的内容的做法，也就是说，原本意义的文本内涵已经无法适应当下的时代和实践发展的要求，但为了体现文本的价值，有的人就对原著内容做出想象性的理解。这样做的结果是把经典作家原著中的思想观点要么扩展了，要么缩小了，延伸到自己需要的方面。这虽然称不上子虚乌有，但也是对原著的曲解，是一种极其不严肃的文本阅读方式。

最后，处理好研读原著与思想政治理论课教学之间的关系。虽然我们读原著不是直接为思想政治理论课教学服务，但我们必须看到，原著的学习对我们的思想政治理论课教学却是有很大帮助的。一是通过读原著，我们提高了理论水平，打下了扎实的理论功底，通过长期的研究和积累潜移

① 马克思，恩格斯. 马克思恩格斯文集：第7卷. 北京：人民出版社，2009：26.

默化地沉淀为我们的素养，反映到课程的教学中。也就是说，读原著最关键的就是使老师能够在理论上强大起来，先用科学的理论武装自己，然后再去教导学生。正如毛泽东所说的："我们应该学习的是布尔什维克的聪明。我们的眼力不够，应该借助于望远镜和显微镜。马克思主义的方法就是政治上军事上的望远镜和显微镜。"① 我们所读的原著，实际上就是毛主席讲的望远镜和显微镜，我们先得真正掌握这个"望远镜"和"显微镜"，然后再拿它去教育学生。二是通过读原著，我们可以深化教学的内容。我们讲课的对象是从事各种专业学习的本科生，给他们上这四门课程就是要用科学的真理去说服人。在讲课中，我们也可以引导他们去读一些经典的著作，把教材的学习与经典的学习结合起来，但是，这必须是适度的。因为我们的课堂教学主要应以教材内容讲授为主，千万不能把这四门课程的教学变成了原著内容的讲授，经典原著的学习只是起到帮助学生掌握教材内容的辅助作用，帮助学生更好地理解和掌握所学的理论。由于课时的限制，在以原著学习促进课程教学时，还必须注意以学生的课外阅读为主，以学生的自学为"主"，同时要采取各种方式如学生社团、读书沙龙、党团校培训等进行导读，起到"正能量"的作用。在教学实践中，我们也体会到，结合原著进行课程教学要让学生在教学过程中能够自觉地阅读原著，不是一件简单的事情。对此，我们还必须进行认真的探索，找出一些切实可行的办法。三是研读原著要形成氛围。思想政治理论课教师在原著学习方面应起到核心的、领头的作用，或者是纽带的作用。"独学而无友，则孤陋而寡闻。"读原著虽然是个人的事，但独学往往会遇到许多需要解决的难题，如果能形成一个读书圈子，大家在一起交流、探讨，不仅可以及时解决难题和困惑，而且还会碰撞出思想的火花，获得读原著的收获与乐趣。

二、马克思主义理论学科制度建设

遵循学科规范是坚定马克思主义理论学科发展目标的前提，是提升马

① 毛泽东．毛泽东选集：第1卷．北京：人民出版社，1991：212.

克思主义理论学科引领作用的基础。坚持马克思主义理论的指导作用，增强马克思主义理论的凝聚力，提升马克思主义理论的影响力，就必须审视和反思学科十年发展中存在的不合规范的问题。站在新的起点上发展马克思主义理论学科，必须加强马克思主义理论学科制度建设。

1. 学科制度建设中的成绩与不足

马克思主义理论学科发展的这十年中，在制度建设方面有成绩，也有不足。比较突出的成绩可以归结为三个方面：一是教师的专业归属感增强。学科的设立和学科制度的建设，解决了教师的学科归属问题，使教师明确了学科建设对于人才培养、自身发展的重要意义。专业归属感是一种稳定的情感，它会使教师产生专业身份认同，并且能够明确该承担起哪些责任和义务。有了专业归属感，也就有了对学科建设的责任和义务。二是教学的学科支撑点增多。学科的设立和学科制度的建设，解决了教学的学科支撑问题，使思想政治理论课教学能够汲取学术养分，走在学术前沿，共享优秀成果。马克思主义理论学科的设立和发展在为思想政治理论课教学提供学科支撑的同时，也使自己成为不同于其他学科的一个具有指导性、引领性的学科。三是研究的整体性目标日渐明确。整体性作为马克思主义理论学科的重要特征，在这个学科的制度建设中得到了彰显。马克思主义理论学科经历十年的研究，逐渐明确了它是一门从整体上研究马克思主义的科学内涵、精神实质、理论体系，并把马克思主义理论的研究成果运用于马克思主义理论教育、思想政治教育和思想政治工作的学科。整体性赋予马克思主义理论学科生存和发展合理基础。在学科内容的研究中，在学科的建设中，在思想政治理论课的教学中，都必须研究和贯彻整体性。

马克思主义理论学科在十年建设中存在的问题比较突出的有：

第一，学科意识薄弱。一是从学科本身的情况看，由于它不完全是一个自然而然的生长过程，是靠外力推动立起来的，因此它的六个二级学科的划分界限不是很明显，有的学科很明显是由课程上升为学科的，所以，既然已经成为学科了，在建设过程中就必须要按照学科的属性来培育它、建设它，而不是离弃它，更不是用其他学科来取代它。学科发展还很不成熟，学科的理论体系、研究方法还没有最终形成，学科规范还非常欠缺。二是存在着以相关学科代替本学科的倾向，在马克思主义理论学科点上做着别的学科的事情。这个问题的存在，讲到底，就是没有处理好学科与课程之间的关系。这种情况所产生的后果，就是理论科研能力薄弱。三是学科建设中专业课程设置不规范，因人设课的现象较为普遍；研究生学位论文选题较乱，存在着偏离学科发展要求的现象。四是把马克思主义理论非学术化，或者把马克思主义理论非意识形态化，轻视马克思主义理论学科的发展。所有这些，归根结底，都和没有充分认识到马克思主义理论是一个已经设立的学科有关。

第二，学术研究成果总体发展不均衡。在马克思主义理论学科领域，有的高校只重视教学不重视科研，认为只要搞好了思想政治理论课教学，马克思主义理论学科也就建设好了，因而常常以思想政治理论课教学代替马克思主义理论学科建设，导致学术研究成果稀少。有的高校较重视科研而忽视教学，以马克思主义理论学科建设取代思想政治理论课教学，尽管取得了一些学术研究成果，但却缺少教学成果。由于没有处理好教学与科研、思想政治理论课教学与马克思主义理论学科建设的关系，一些有马克思主义理论一级学科博士点的高校学术研究成果相对丰硕，而其他一些高校学术研究成果较少。

从总体上看，马克思主义理论学科的科研综合实力相对薄弱，基础理论研究中有突破性的学术研究成果较少；研究中单兵、小股作战多，集体攻关少，思辨研究多，实证研究少；为党的思想理论建设提供决策的服务力度不够，为地方社会经济建设服务的规模气势小，学院社会影响小；学术研究成果中能够推进学术界在理论问题的研究上有所深入的学术研究成果较少，能够解决现实问题的重大理论成果较少。

第三，学科为教学服务的“唯一”和“之一”的关系没有处理好。马克思主义理论学科成立以来，对于学科的缘起和任务在思想政治理论课教学上究竟是“唯一”的还是“之一”的这个问题，学界一直有不同看法。认为马克思主义理论学科只具有为思想政治理论课教学服务功能的看法，影响了马克思主义理论学科的发展，使马克思主义理论的学科化步履维艰。为思想政治理论课教学服务是马克思主义理论学科的“唯一”还是“之一”的任务，这在马克思主义理论的学科化理解中不应该是个问题。因为马克思主义理论既然是一个学科，就不能只是为思想政治理论课教学服务。学科意味着学术，必须产出研究成果，学科为课程服务只是学科建设的一个方面，为思想政治理论课服务更是为课程服务的一部分内容。学科还具有为社会服务的功能，为党和国家的意识形态服务更是学科不能忽视的方面。马克思主义理论学科肩负着巩固马克思主义在意识形态领域的指导地位、巩固全党全国人民团结奋斗的共同思想基础的重任，必须从“两个巩固”的方面来看待马克思主义理论学科的价值，定位马克思主义理论学科的发展方向。因此，马克思主义理论学科不只是思想政治理论课的学科，学科为思想政治理论课服务是马克思主义理论学科的重要任务，但不是唯一任务。

2. 学科制度建设的基本要求

鉴于马克思主义理论学科点建设中存在关于学术研究、人才培养、学科管理等不规范的现象和问题，加强马克思主义理论学科制度建设应该尽快提上学科建设的议事日程。

第一，学科制度建设是学科建设中的一个特定概念，它不等同于学科的制度建设，也不等同于一般的学科建设，而是围绕学科制度的主要内容如学科规范制度、学科课程制度、学科梯队制度、学科培养制度、学科管理制度等进行的建设。

学科制度建设在任何一门学科的发展中都是非常重要的一个环节。一些有着历史积淀、有着多年成长经历的学科，基本上都走过了学科制度建设的历程，形成了规范性的、制度化的学科发展要求。当然，我们不能把学科制度建设看作学科建设的一个阶段性工作。当学科规范形成以后，它还将随着学科发展的新要求不断发展和完善，这也是为什么其他一些较为成熟的学科仍然在强调加强学科制度建设的重要性。只要学科存在，只要学科寻求发展，就必须要加强学科制度建设。马克思主义理论学科自增设以来，各高校该学科点在教育部的领导下对学科特征、学科与课程的关系、学科的内涵和范围、思想政治理论课课程建设等问题进行了深入的探讨，现在强调规范学科的发展，将学科制度的基本内容作为建设的主要对象，是有基础的，也是很有必要的。因此，提出加强马克思主义理论学科制度建设的时机已经成熟。

第二，加强学科制度建设不仅要重视学科制度的外在建设，更要重视学科制度的内在建设，以学科制度的内在建设促进外在建设。

在有关学科制度建设的研讨中，国内有学者把学科制度建设分为内外两个方面。社会舆论制度、政府支持制度、职称评定制度、期刊和基金设立制度等，是学科制度外在建设的内容；学科划分制度、学科规范制度、学科课程制度、学科梯队制度、学科培养制度等，是学科制度内在建设的内容。学科制度的内外建设划分，对我们加强马克思主义理论学科制度建设具有重要启示意义。从马克思主义理论学科的发展来看，学科的产生和发展过程恰恰说明了学科制度的外在建设对各高校马克思主义理论学科的发展产生了非常重要的影响。如果没有国务院学位办的支持，没有教育部的支持，没有学科点的评审制度，马克思主义理论学科很难得到较大和较快的发展。各高校在学科建设中非常关注学科制度的外在建设，是很有必要的。全国高校马克思主义理论学科研究会在强化学科建设中，对学科制度的外在建设也很重视，很关注社会对马克思主义理论学科的评价，例如组建学科论坛、出版学科研究刊物等就是力争使人们了解马克思主义理论学科，消解人们对马克思主义理论学科存在的一些偏见和误解。一门学科不可没有制度的外在建设，但是，一门学科发展的根本却在于学科制度的内在建设，以学科制度的内在建设促进外在建设。在学科划分制度上，我们把马克思主义理论一级学科划分为六个二级学科，这种划分的标准依据是什么？它的科学性是什么？在学科规范制度上，学术研究的规范和人才培养的规范是什么？怎么才能建立起马克思主义理论学科所具有的特色规范？在学科课程制度上，研究生不同层次的专业课程如何设立更为科学？如何才能有效地提高思想政治理论课的教学实效？不同类型的高校在该学科点的研究生课程设置上如何体现自身的特色？在学科梯队制度上，马克思主义理论学科的导师质量如何？如何提高导师的学术水平和质量？在学科培养制度上，同样有马克思主义理论学科培养什么样的人、怎样培养人的问题。对这些问题的研究、探讨、实践，可以进一步带动学科制度的外在建设：既可以获得较好的社会舆论，又可以得到政府部门的大力支持，通过改善学科发展的外部环境，进一步促进学科本身的发展。

第三，加强学科制度的内在建设，就马克思主义理论学科而言，应在加强对学科划分、学科课程、学科梯队、学科培养等的制度建设的基础上，重点搞好学科规范制度建设。

学科规范制度主要包括学术研究规范和人才培养规范。这是支撑学科建设和发展的两个极为重要的方面。学术研究尽管不都是为人才培养服务的，但却是人才培养的前提和基础。学术研究规范是保障学术研究的规章制度和个人行为准则，是进行学术活动必须遵守的共同规则。学术研究是人才培养的关键内容之一，更是人才培养规范的重要前提和基础，二者有着紧密的联系。在马克思主义理论学科制度的内在建设中，当前最为引人关注的是学科规范制度建设。这是因为：一是马克思主义理论学科是一个建立不久的学科。目前各高校在该学科点的学术研究和人才培养上还没形成规范性的建设，需要对此做出研讨并使之规范化。二是马克思主义理论学科的博导，其专业背景五花八门，涵盖社会学、教育学、历史学、法学等，在学术研究的主攻方向上也必然五花八门，有的在一定程度上偏离了马克思主义理论专业。三是马克思主义理论学科研究生的论文选题五花八门，有的甚至偏离了学科的内在要求，偏离了专业的发展方向。与此同时，写作的规范性也存在严重问题。

3. 学术规范建设

加强学科规范制度建设最重要也是最关键的，就是要加强学术道德和学风建设。加强学术道德和学风建设是加强学科制度建设的根本。

学风浮躁、急功近利、学术道德匮乏、学术行为不端是当前理论界存在的严重问题，也是各学科在发展中表现得尤为明显的问题。学术抄袭、学术剽窃、学术敷衍、教学敷衍等现象已经到了积重难返的地步。在学术研究中，产生了盲目追求数量、搞低水平重复、故步自封、创新意识不强、东拼西凑、形成泡沫学术和粗制滥造等状况。甚至有的学科还出现了追求纯学术研究、主张非意识形态化的问题。理论界存在的这些问题为我们进行马克思主义理论学科规范制度建设敲响了警钟。从现实状况来看，马克思主义理论学科建设中也存在一些学术敷衍、学术失范的问题，如前所述，缺少坐冷板凳坐出水平来的优秀学者，此外，还缺乏健康的学术争鸣与批评的精品力作，侵犯他人知识产权的情况也时有发生。学术敷衍、学术失范的后果必然是学术研究队伍的垮台。因此，除了要改革现有的学术制度和评价体系，更重要的是要加强学术道德和学风建设。

一般来说，学术研究规范大致包括三个层面的内容：

首先是学术尊严。这是思想层面的要求。从学术研究的性质上讲，学术研究活动是一项继承性很强的活动，也是一项专业性很强的活动。学术尊严是学术研究规范的本质和最高目标。因为学术的本质、使命和生命就在于创新，创新是学术研究的根本存在方式，没有创新的学术不是学术。讲学术尊严，起码要做到两个方面：一是在研究中处处保持对已有成果的尊重，保持对其他学者的尊重，在引用他人的研究成果时，详细地注明所引用的文献信息来源。这是学术研究规范的基本要求，也是学者必须具备的职业道德。二是研究必须遵守学术创新的原则。研究要在对已有成果的尊重的基础上有所发展、有所深入、有所创新，也就是要有“知识增量”。其中，对已有成果的尊重，就是指学术积累，对前人和同时代人的相关研究成果和结论进行系统而深入的总结，找出其得失以及进一步研究的起点。有所发展，有所深入，有所创新，这是指要站在前人的肩上说新话。没有学术积累的学术创新，往往是站不住脚的，而且往往是重复的。不做学术积累工作，对前人和他人做出的学术贡献置若罔闻，自封其学术成果进行了某些创新，这是不符合学术研究规范的。不做学术创新的研究也是不符合学术研究规范的。学术创新是学术研究的根本目的，也是学术研究遵循的最基本的原则。

其次是学术规则。这是技术层面的要求。学术规则是学术尊严的前提、基础和保证，主要有三个方面：一是对研究选题做出文献综述。要全面地了解、分析本选题领域中已有的研究状况，特别是对已取得的研究成果，要做深入的研究，要有知识的积累。二是合理使用引证标注规则。凡是在正文中不便出现而对理解正文又有重要帮助的内容，都应有详细的注解；凡是采用其他学者的言论，都应给予注释。引文必须注明出处，著作之后必须要有参考文献等。《高等学校哲学社会科学研究学术规范（试行）》（简称《规范》）对引文问题做出明确规定："引文应以原始文献和第一手资料为原则。凡引用他人观点、方案、资料、数据等，无论曾否发表，无论是纸质或电子版，均应详加注释。凡转引文献资料，应如实说明。"《规范》对学术成果的署名混乱问题做出约束："学术成果的署名应实事求是。署名者应对该项成果承担相应的学术责任、道义责任和法律责任。"三是论证过程逻辑严谨。研究中对任何一个观点进行论证时，既要考虑所依据的材料是否合适，是否充足，也要考虑所进行的逻辑推理是否严密。文句是否流畅，有无错别字，有无错病句等。

最后是学术道德。这是在道德层面上提出的要求。学术道德和学术规则一样，也是学术尊严的前提、基础和保证，主要是防止和杜绝学术研究活动和学术成果中出现不良现象。加强学术道德是加强学科规范的根本。

马克思主义理论学科的每个导师要按照《高等学校人文社会科学研究学术规范（试行）》的要求，要在严于律己、遵守学术道德、规范学术行为、坚持学术操守的基础上，形成学科在学术研究上的规范，并以学术研究规范去教育和培养研究生。在研究生刚刚开始他们的学术生涯之时，就教育他们要坚持"学行并重，德业双修"的优良学风，不断提高学术道德修养和加强学风建设，这是非常重要的。在加强学科规范制度建设中，必须把加强人才培养与加强学术道德结合起来，在人才培养规范中，除了要反对虚夸浮躁、追名逐利，反对抄袭剽窃、弄虚作假之外，还必须教育研究生怎么按照马克思主义理论学科的内在要求选好学位论文的论题，正确对待学术研究规范中参考文献的引用问题、直接引文和间接引文的出处问题等，教育他们在研究中要尊重学界已有成果，使他们认识到学术研究是有规范的，学风是学术研究的生命和学术成果的灵魂。不要东抄抄西抄抄，不要捉刀代笔，做学问必须遵守规范，遵守规范是学术的基本道德，做学问必须要有饱满的求知热情和刻苦钻研的精神，培养研究生自觉维护和遵守规范的学术态度，培养研究生以规范为荣、以不规范为耻的学术态度。只有加强了学术道德和学风建设，学科的主体才会有学术的追求和学术的境界，也才能在学术研究中出精品，在人才培养中出精品，学科发展才会有希望。

三、马克思主义理论学科的平台建设

马克思主义学院建设、协同创新中心建设、期刊发展、学科群等是支撑马克思主义理论学科制度建设的平台。平台建设对学科制度建设起着重要的促进作用。

1. 学院建设

伴随着马克思主义理论学科的发展，马克思主义学院建设有着非常好的势头。建好马克思主义学院与建设好马克思主义理论学科是一致的。因为学院是学科学术决策中心，是学科建设的主体，学院的实体性发展是学科发展的基础。从这个意义上看，马克思主义学院建设对学科建设而言，其重要性是不言而喻的。学院与学科的关系是紧密的，学院的命运与学科的命运是紧密联系在一起的。

建设一个什么样的马克思主义学院是人们十分关注的、在不断寻求答案的问题。要解决这个问题，应从以下四个方面入手：

第一，从学院的组织机构方面看，学院的类型是什么，这是首先必须解决的问题。何谓学院的类型？学院类型实际上应是学科群与学院的对应组合。根据各高校的情况来看，学院类型一般有三种：（1）单科性学院。按二级学科群组建的学院称为单科性学院。（2）相关学科群学院。按一级学科及相关的学科组建的学院。学院的基础是由关系比较密切的学科构成的学科群。这种学科群在学院内部形成了立体交叉、互联互补的关系，反映的是学科间的有机组合。学科群的完整性反映了学院在科研、教学以及师资队伍等方面对学科发展的促进意义。（3）跨学科学院。按大学科门类组建学院，如法学门类，涉及法学、政治学、马克思主义理论等相互交叉的学科领域。还有更广泛的跨学科学院，如华东师范大学“21世纪人才学院”，是全国首个跨学科学院，强调跨学科、多领域、“通”、“博”。北京大学元培学院也是跨学科学院，贯彻“加强基础、淡化专业、因材施教、分流培养”的十六字方针，特点就是只有学生导师而没有学科教师。在这些不同类型的学院中，最有利于教师交流、学科发展的学院就是第二种类型，因为它有马克思主义理论的一级学科及一些相关的学科。

第二，从学院建设的目标方面看，建设的目标是什么，这也是必须明确的问题。有人认为，马克思主义学院建设的目标就是加强思想政治理论课教学，我认为这一看法有失偏颇。如果把马克思主义学院建设的目标完全集中在思想政治理论课教学上，把思想政治理论课与学科等同起来，最后毁掉的就是马克思主义学院，就是马克思主义理论学科，就是思想政治理论课，就是我们的思想政治理论课老师。

学院建设的目标应该是完整的、全面的。主要包括：

一是建设卓越人才的培养基地。人才培养是学院建设的根本任务，马克思主义学院建设必须贯彻党的教育方针，以立德树人为根本任务，培养德智体美全面发展的社会主义建设者和接班人。因此，在人才培养上，一方面，要培养具有深厚的马克思主义理论素养和学术功底、具有坚定的马克思主义信仰和中国特色社会主义信念，以及具有能够运用马克思主义立场、观点、方法分析新的实践并从新的实践中阐发理论、进行理论创新，在社会舞台上宣传并实践马克思主义理论能力的专门人才；另一方面，要坚持育人为本、德育为先，通过办好思想政治理论课，为培养具有坚定的理想信念，具有中国特色社会主义道路自信、理论自信和制度自信，能够始终坚持用中国特色社会主义理论体系武装头脑的其他专业的专门人才服务。因此，卓越人才的培养基地建设，不仅是要上好思想政治理论课，为培养专业人才服务，还要培养马克思主义理论学科自己的专门人才，使马克思主义理论事业后继有人。

二是建设马克思主义理论的研究基地。马克思主义理论研究是学院建设的重要任务。首先，要紧密结合改革开放和社会主义现代化建设实践，紧密结合加强和改进党的建设的实践，深入研究马克思主义经典著作，帮助人们分清哪些是必须长期坚持的马克思主义基本原理，哪些是需要结合新的实际加以丰富发展的理论判断，哪些是必须破除的对马克思主义的教条式的理解，哪些是必须澄清的附加在马克思主义名下的错误观点。深入研究马克思主义中国化的历史进程和基本规律，深入研究马克思主义中国化理论成果一脉相承又与时俱进的科学体系，深入研究习近平在新的历史时期提出的新思想、新观点、新论断。其次，要紧密结合时代和实践的发展变化，联系国际社会主义事业兴衰的经验教训，联系我国的社会经济发展实际和干部群众的思想实际，深入研究国外马克思主义理论、流派及其对马克思主义的发展，深入研究当代中国马克思主义最新成果的学术研究，深入研究重大的理论和现实问题，等等。可见，马克思主义理论的研究基地包括了对马克思主义理论"源"和"流"的研究，国内和国外问题的研究，基础理论和理论运用的研究，马克思主义、非马克思主义及反马克思主义的研究，专业课程建设与思想政治理论课程建设的研究等。这是思想政治理论课和专业课教学效果的保障、马克思主义理论学科建设的支撑，以及马克思主义学院发展的动力。

三是建设党的思想理论的宣讲基地。党的思想理论的宣讲是学院建设的不可或缺的任务。善于做宣传思想工作是中国共产党的看家本领和政治优势，事关马克思主义在意识形态领域指导地位的巩固、全党全国人民团结奋斗的共同思想基础的巩固。马克思主义学院作为高校研究和宣传马克思主义的主阵地，应当站在高校意识形态建设的前沿领域，对大学生开展思想政治教育工作，应当面向社会其他群体，承担党政干部培训和社会服务类课题研究的任务，开展马克思主义理论的宣讲工作，发挥理论普及的作用，传播党的创新理论，发挥"人才库"和"智囊团"的作用，用马克思主义理论武装全党，保证党的基本路线的贯彻执行，为在全社会范围内坚持马克思主义在意识形态领域中的指导地位、加强国家文化软实力建设服务。

四是建设马克思主义理论教育家的培育基地。马克思主义理论教育家的培养是学院建设的基本任务。马克思主义学院的每一位教师都应成为马克思主义理论的教育家，高水平的马克思主义理论教育师资队伍的建设，就成为每个马克思主义学院着力建设的一件大事。在加强马克思主义理论队伍建设方面，要认真贯彻党中央提出的人才强国战略，把建设马克思主义学院的过程看作培养和造就马克思主义理论教育家的过程，着力造就一批学贯中西、享誉中外的马克思主义理论大家，一批政治方向正确、理论功底扎实、勇于开拓创新、善于联系实际的马克思主义理论学科带头人，一批中青年马克思主义理论研究和教学的骨干。

第三，从学科建设的特色方面看，特色是指学院、学科的个性，是在研究方向、学术队伍、基本条件、人才培养上不同于其他高校同类学院和学科的方面。从资源配置的核心内容上来说，实际上就是教师与学院、学科的对应组合。教师及教师的研究特色在学院、学科中如何配置，怎样才能发挥出他们的最大优势并彰显特色等，是问题的重点。

彰显学院和学科的特色，必须要处理好学科优势突出与平衡发展的关系：学院和学科建设要遵循发展的内在规律，学院、学科都有其发展的内在要求，同时还必须找到自己的比较优势，以培育学院、学科特色。这里的问题是突出对所要培育的特色的学科进行怎样的选择。一个学院，资源有限，不可能同时培育出很多有特色的学科，一般来说，主要是重点建设一两个学科，使它成为高水平的学科，成为“标杆”，然后再去影响和带动其他学科的建设。选择的过程就是对学院现有资源的合理配置的过程，不仅要对本学院教师的研究方向、研究成果做到心中有数，还要对其他高校同类学科的发展状况、学科特色有大体的了解，把握比较优势，此外，还必须把握学科发展前沿，在现有的 6 个二级学科中选择有发展潜力的学科进行特色培育。在学科资源的配置上，要能做到“有所为、有所不为，有所多为、有所少为，有所先为、有所后为”，在符合学科发展要求的基础上重点建设优势学科。只有根据自身状况、现有水平、学科发展潜力以及学科发展的需要，正确决策取舍，确定学科的整体布局，才能培育出具有优势和特色的学院和学科。

学科是学院生存和发展的手段，学科起的就是把老师凝聚在一起，围绕学科的研究方向干点实事、研究点问题、开展相关教学的作用。正因为如此，在学院建设中，如何抓好学科建设就尤为重要。一方面，在学院建设中，发挥学科引领学院发展的重要作用，要意识到这种引领会在一定程度上实现“双赢”。学科赢了，学院也就赢了。另一方面，在学科建设中，要有“构筑学科高地、推出学科精品、培育学科新人”的气魄，一旦确定好学科的研究方向和建设方向，就必须做到最好：一是加强平台建设，二是开展高水平研究，三是强化队伍建设。高地、精品、新人这三个方面赢了，学院也就赢了。

第四，从学院评价指标方面看，学院建设得怎样，总要有一个评价标准，需要评价指标。评价指标包含质和量两个方面，要处理好学院评价指标中质和量的两个方面之间的关系。质的指标主要有 9 项：（1）学科基础（如博士点学科、流动站等）；（2）学科优势和特色；（3）重要的科研项目；（4）学院发展中的学术气息和氛围；（5）实力雄厚的师资队伍；（6）研究生数量成规模且结构合理；（7）重点学科和重点基地；（8）馆藏图书资料；（9）国际合作与交流。量的指标主要有 8 项：（1）知名学者数量、创新团队数量、研究基地数量；（2）高级职称数量、构成和比例；（3）国家级科研项目数量、人均年科研经费；（4）博士点数量、省部级以上重点学科数量及其在同学科中的排名；（5）师生比例、研究生比例、留学生比例、在站博士后数量、博士学位授予数量；（6）获奖、论文、著作数量；（7）人均图书资料占有量；（8）年均国际学术交流人次。

2. 协同创新中心建设

协同创新中心是近些年出现的新事物，是高等学校创新能力提升计划即“2011 计划”的载体，也是继“211 工程”“985 工程”之后，国务院在高等教育系统提出的又一项体现国家意志的重大战略举措。尽管近年来高校开始向“双一流”建设发展，但是，协同创新中心在促进学科建设方面还是充分发挥了重大作用。

由于协同创新中心是一个新事物，因而理论界关于协同创新问题做了多方面的研究。关于协同创新的含义，从不同角度看，大体有五种看法：第一，协同创新是指围绕创新目标，多主体、多因素共同协作、相互补充，是多个独立的、没有直接隶属关系的组织形成的目标趋同、知识（思想、专业技能、技术）互补、运作配合、收益共享的创新模式，本质上是一种管理创新①。第二，协同创新是指不同创新主体，如国家、区域、企业、高校和科研院所，将创新要素有机配合，通过复杂的非线性相互作用产生单独要素所无法实现的整体协同效应的过程。在跨区域产业集群中的协同创新是指不同区域的产业集群，经由“点—线—面”相结合的发展路径，通过产业链、技术链、创新链的“三链合一”，最终形成一体化的创新生态系统的过程②。第三，协同创新是指在区域创新体系中，某一地区的产业集群内部各企业之间的结网、互动、人才流动等各种要素进行组合、整合与融合，以及学科集群内部各学科之间人才、资源、信息打破障碍，进行交流、渗透与融合，在此基础上，学科集群与产业集群为了共同目标，各要素之间跨集群进行深层互动、互补、互助、互融产生协同效应而达到创新的目的③。第四，产业协同创新是指产业创新和产业协同的结合。产业创新主要指产业的技术创新。产业协同是指开放条件下各产业子系统自发相互约束耦合，表现出在时间、空间或功能上有序结合的过程。产业协同是产业创新的重要保障，产业协同通过产业纵向关联促进产业创新，产业协同的层次决定产业创新的空间；产业创新不仅是产业协同的重要促进力量，而且也成为产业协同的必备要件④。第五，高校协同创新是指高校内部各学科教师之间、高校与高校教师之间，以及高校教师与科研院所和企业的研究者、生产者、管理者之间，围绕国家重大战略需求、重大科技项目、解决行业关键和共性技术以及生产实际中的重大问题，投入各自的优势资源和能力，在政府、科技服务中介机构、金融机构等相关主体的协同支持下合作攻关，

① 王迎军. 构建协同创新机制，培养拔尖创新人才. 中国教育报，2012-04-23.

② 杨耀武，张仁开. 长三角产业集群协同创新战略研究. 中国软科学增刊（下），2009.

③ 黄莉敏，等. 湖北省学科集群与产业集群协同创新研究内容的探讨. 科技管理研究，2011 (1).

④ 徐力行，毕淑青. 关于产业创新协同战略框架的构想. 山西财经大学学报，2007 (4).

力求在科学研究、技术开发上取得重大进展和突破性创新活动①。

协同创新的理论基础主要体现在创新理论和协同学两个方面。熊彼特于1912年在《经济发展理论》一书中首次提出“创新”的概念，后来在《经济周期》和《资本主义、社会主义和民主主义》中将“创新”之概念进一步加以运用和发挥，形成了“创新理论”。他把创新看作系统总体，认为创新包括产品创新、工艺创新、市场创新、资源配置创新、组织创新。20世纪60年代，美国经济学家罗斯托提出技术创新，以技术创新分析经济成长的六个阶段：传统社会阶段、为“起飞”创造前提阶段、“起飞”阶段、成熟阶段、高额群众消费阶段、追求生活质量阶段。20世纪70年代，美国学者纳尔逊和温特通过对创新过程机理的深入研究，创立了创新进化论，推动了技术创新和制度创新的融合，使得人们对创新理论的研究又开始向熊彼特的创新理论回归。20世纪80年代，弗里曼、多西、齐曼等人在更广的范围开展了技术、组织、制度、管理、文化的综合性创新研究，推动了企业创新要素研究的发展。20世纪90年代，哈佛大学教授马可·扬西蒂提出了“技术集成”的理念，亦即集成创新。集成创新是利用各种技术工具，在各要素的结合过程中注入创造性思维，产生“1＋1＞2”的集成效应。集成创新所要解决的不是技术的利用问题，而是怎样把技术资源与实际应用结合起来的问题。创新理论的发展过程，表明了在创新管理领域中，技术创新与组织、制度等方面的创新开始由分化走向融合。我国从20世纪90年代开始专注于集成创新的有关研究。“协同”概念由德国学者赫尔曼·哈肯于1971年首先提出，主要是用来反映复杂系统的子系统间的协调合作关系，1977年他提出了“协同学”理论框架。协同最显著的特点就是通过各子系统间的相互作用，实现单个个体无法实现的新的结果或目标。协同不仅强调合作，还是追求在竞争基础上进行合作的系统行为。赫尔曼·哈肯还强调，协同揭示了大自然构成的奥秘，并在社会科学领域有重要应用，如经济中的协同效应等。20世纪60—70年代，对协同的学术研究一度比较热，

① 李忠云，邓秀新. 高校协同创新的困境、路径及政策建议. 中国高等教育，2011（17）.

如梯德等指出，许多创新没有实现最佳效益的一个重要原因，正是由于没有采用系统的方法，忽略了系统中各要素间的相互关系。进入80年代中后期，科技与经济的结合日趋紧密，协同思想在创新系统理论中得到重视和深化，并以“产学研合作”为主题探索企业与大学、科研机构和中介组织之间如何通过要素的互动形成创新合力。

协同创新也经历了一个实践演化过程，即由协同制造发展为开放式创新，最后发展为协同创新。协同制造从传统的串行工作方式，转变成并行工作方式，打破了时空约束。2003年，美国的亨利·切萨布鲁夫教授提出了开放式创新模式。开放式创新模式下，组织的所有创新活动的边界都是模糊的。相对于协同制造和开放式创新，协同创新是一项更为复杂的创新组织方式，其关键是形成以大学、企业、研究机构为核心要素，以政府、金融机构、中介组织、创新平台、非营利性组织等为辅助要素的多元主体协同互动的网络创新模式，通过知识创造主体和技术创新主体间的深度合作和资源整合，产生系统叠加的非线性效用。

协同创新在我国的提出，以及它的理论基础和实践演化，使我们进一步认识到它的含义。

首先，协同创新过程是一个复杂的、开放的系统过程，产生的效果是整体协同效应。在协同创新中心内部，多主体、多要素的协同，协同创新的内容要面向社会、面向市场，协同创新的成果不是单一的，而是集群式的，不仅是理论的、技术的，还应是应用的，不仅是产品本身，还应是能力的提升，具有“孵化器”的作用，这些都表明了系统的复杂性、开放性。协同创新产生的效果是单个主体、单个要素的研究无法达到的，而是整体协同效应，是1＋1＞2。马克思主义理论学科中六个二级学科的协同创新即意味着马克思主义理论的学科集群不再是六个二级学科的聚集问题，而是所要研究的问题需要哪些学科，哪些学科就可以聚集起来，从而形成一个学科集群。例如，研究马克思主义理论教育，需要马克思主义基本原理、马克思主义中国化、思想政治教育、心理学、教育学等学科共同来完成，如此，这些学科就可以聚合起来，构成学科集群。学科集群反映的是学科发展的整体协同效应。“集群”的形成是成立协同创新中心的重要内容。

协同创新工程与“985 工程”“211 工程”不同：第一，在范围上，后者主要是以校内为单位形成，所以有“985 高校”“211 高校”的提法；协同创新工程的多主体、多要素则说明它是跨界（不同高校、不同学科、不同行业）形成的，所以只有协同创新中心的提法。第二，在学科上，“985 工程”“211 工程”主要是围绕校内的几个相近的重点学科形成学科群来开展；协同创新工程则强调学科集群的形成。第三，在视野上，“985 工程”“211 工程”主要是在校内产出成果；协同创新工程主要关注协同创新能力，所以它注重的是通过大协作来做“大工程”。协同创新中心所面对的问题是国家急需解决的，其重要性和规模都需协同才能完成。

其次，协同创新中心存在的目的就是要满足国家需要。无论是科研成果，还是拔尖创新人才的培养，都要符合国家急需的要求，符合国家发展的战略要求。双向创新整合主要表现在两个层面：一是产业集群与学科集群的双向互动式创新，即一方面，产业集群催生学科集群，学科集群的创新能力为产业集群提升竞争力服务，从而推动产业的创新，促进产业结构的调整；另一方面，学科集群融入产业集群的发展中，二者在技术与应用的结合中，既发挥了学科互补的优势，又促进了学科的深入发展。二是协同创新既产生提升人才、学科、科研“三位一体”创新能力的效果，又产生了协同创新中心多主体、多要素共赢的效果。提升人才、学科、科研“三位一体”创新能力，要求的不再只是产品，不再只是论文或专著，而是创新能力，包括理论的和实践的和可持续发展等方面的创新。协同创新中心的多主体、多要素的共同发展，要求的并不是形成某个高校的某个学派，而是构建主体的共赢局面，是在推进原有学科的发展的基础上形成并建立新的学科。

最后，协同创新的实质是跨领域、全方位和异质互补的创新模式。有人把协同创新的重点放在联合、合作上，这固然没错，但是，在协同创新中，协同只是创新的方式、载体、机制，创新才是目的，是结果，因而协同创新的重点应在创新上，在创新能力的培育上。协同创新的实质就在于，它是一种跨界推进的创新性工程，要跨学科、跨区域、跨行业等，要打破学科界限、区域界限、行业界限，形成一个具有学术社区意义的中心，进行理论和实践结合的创新性研究。

协同创新中心建设是国家的宏观顶层设计，是国家的战略思考，但它也无疑成为学科建设的重要平台。协同创新中心在实践中分为面向科学前沿、面向文化传承创新、面向行业产业和面向区域发展四种类型。

马克思主义理论如何实现协同创新？由于马克思主义理论研究所形成的创新能力是要为社会服务的，因此，社会、学研的合作可以成为协同创新采用的方式，这里的社会包括政府、社区等多个组织。协同创新的方向和领域可以是成果集群与学科集群。成果集群，从理论与实践的结合上看，包括科研成果、实践基地、创新团队、拔尖人才，而其中的科研成果又包括了理论研究成果、资料研究成果、调查研究成果等。学科集群则是根据所要进行创新性研究的内容进行学科的互补形成的。怎么确定进行创新性研究的内容是一个极为重要的问题。问题和问题域是支撑马克思主义理论实现协同创新的基本点。在开展协同创新的过程中，关键是要把握问题和问题域。问题，包括学科前沿问题、经济社会发展中的重大理论与实践问题等；问题域则是提问的范围、问题之间的内在的关系和逻辑可能性空间，实际上也就是相关的问题连在一起需要多个学科来解决。对问题和问题域做一个形象的概括，即“从哪里来、到哪里去”。“从哪里来”，是指提出问题的社会来源，既是国家急需的，也是学术生长点；“到哪里去”，是指问题的研究为谁服务、目标是什么，就是推进学科的发展、促进中国特色社会主义实践的发展。

由此可见，马克思主义理论的协同创新，可以简单概括为：以问题和问题域为基点，以社会、学研为一体，以提升人才、学科、科研“三位一体”的创新能力为目标，形成成果集群和学科集群。一方面，以问题和问题域的研究为内容的成果集群催生学科集群，使学科集群的创新能力促进标志性创新成果、实践基地、创新团队、拔尖人才产生并服务于社会；另一方面，学科集群在促进成果集群的产生中，使学科集群在培养人才、服务社会中实现知识创新的价值，从而推动学科的发展，包括丰富原有学科并创建形成新的学科。

3. 学科群建设

学科建设是一种群体行为，学科要建设好，从学科建设的主体来说不是一个人的事情，也不是某个学院及领导的事情。在现实中，教师个人不重视学科建设、不参与学科建设，学科建设的观念很淡薄、意识很薄弱；学院领导虽然很重视学科建设，但有的领导因为马克思主义理论学科的特殊性而往往把建设的关注点放在了思想政治理论课教学的建设上，建设的关注点至多延伸到研究生的培养上，对学科本身的建设抓得不够，比如对学科体系的建设、研究方向的凝练、学科的学术建设等重视不够。

学科建设需要在与相关学科的交流中发展，也就是说，任何一个学科要建设好、发展好，就必须将自己置身于学科群。学科群是现代学科高度分化和综合的结果。它是一个有机综合体，是围绕一个具体的目标和任务，由若干个同类学科或跨门类学科集合而成的学科群体。在马克思主义研究领域，学科群分“大马”“中马”“小马”三个层次。“大马”学科，即马克思主义学科体系内部的各个学科，如马克思主义理论、哲学、经济学、科学社会主义与国际共产主义运动、法学、新闻学、政治学等；“中马”学科，即马克思主义理论、哲学、经济学、科学社会主义与国际共产主义运动；“小马”学科，即马克思主义理论学科及所属的各二级学科。马克思主义学科体系内部的各个学科存在着相互依存、相互促进的共生关系，一个学科的发展可以为另一个学科的发展提供动力和营养，从而构成一个学科群。一般来说，一个学科与多个学科发生联系，可以大大丰富学科的生长点，增强学科的共生效应，促进这个学科整体水平的提升。今天，马克思主义理论学科在发展理念上已由建制上的学科本位走到了学科视野拓宽、学科影响力提升的关头，因而置身于马克思主义学科群中来发展自己已是刻不容缓之事。

按照学科群发展的意识来建设马克思主义理论学科，要有“两个打破”的意识：第一，要打破学科狭隘的观念，拓宽学科发展视野。即不要自说自话、封闭发展，要在如何与马克思主义相关学科进行交流与合作、如何与人文社会科学的学科进行对话与碰撞，如何利用外在的、相关的学科环境、发挥学科群的优势中发展自己这两个问题上下功夫：一方面，学科之间的交流与合作，有利于学术借鉴、方法和视野的拓展，可以催生新的研究方法，开创前沿的研究领域，促进学科结构优化，保持学科的活力与优势；另一方面，可以以其他学科为参照，在汲取其他学科的知识、方法的同时，审视自己的不足，丰富和深化自己的内涵。这对一个发展时间不长、正处于发展中的学科来说无疑是很重要的。第二，要打破学科保守的观念，重视学科交叉发展。学科的发展要具有开放性，马克思主义理论学科在学科群中发展，实际上是打破了同类学科之间交流与合作的障碍，发挥了学科之间的综合优势，加强了学科之间的交叉与渗透。只有这样，才能使马克思主义理论学科真正发挥引领作用。当然，关键还是先要把自己做强了。

正因为马克思主义理论学科建设要置身于学科群建设之中，反映的是不同的学科之间的交流对话，真要能做到这一点，没有学科的学术建设是不可能的。因此，对于马克思主义理论学科来说，首要的是要强化学术意识。

学术意识对于学科而言，本不应是个问题，但是，马克思主义理论学科具有特殊性，它是一个思想性、政治性、综合性很强的学科，这就使得学术意识成为马克思主义理论学科建设中一个不得不说的问题。所谓学术意识，指的是运用科学的方法深入地分析问题。马克思主义理论学科的学术意识，指的就是根据马克思主义立场、观点、方法全面、深入地分析问题。也就是说，并非指纯粹的学理研究，而是要用马克思主义理论来审视、分析实际问题，不是谈现象，而是要分析因果关系、本质要求、内在原因。由此可见，强化学术意识实际上就是强化问题导向。

强化学术意识是以扎实的学术研究为基础的，学术研究的成果在时间的推移中具有连续性、积累性和传承性。在马克思主义理论学科的发展中，我们的学术研究要有这种连续性、积累性和传承性，要能自觉地从马克思主义理论的学科视角出发去观照和研究问题，要真正确立起马克思主义学术研究的比较优势，就必须研读马克思主义的经典，以及在马克思主义发展中非马克思主义、反马克思主义的经典；要了解和研究马克思主义是怎么产生的、在历史上是怎么经受挑战、展开交锋并得到发展的，马克思主义是如何回答各个不同时代的新课题的，马克思主义在中国又是如何与时俱进、实现理论创新的，等等，研读经典是强化学术意识的催化剂。

强化学术意识，有助于马克思主义理论学科的学术积累和创新。学术积累意味着学术研究，学术创新是在前人研究的知识的基础上向前推进的。如果没有学术积累和传承，学术创新就会成为无源之水、无本之木。强化马克思主义理论研究的学术意识，对学术积累和创新有极大意义。例如，对马克思主义理论学科学术史的研究，实际上就是在为马克思主义理论的学术积累和创新做一项基础性的工作。强化学术意识，也有助于形成马克思主义理论学科的学术传统。马克思主义理论学科在发展过程中必须要有自己的学术传统，尽管它增设时间不长，但是，马克思主义经典作家的学术思想、研究方法、研究风格已经奠定了该学科学术传统形成和发展的基础。在新的历史条件和新的实践之下，形成马克思主义理论学科的学术传统是加强学科的学术建设的重要方面。

四、学科、学院、课程“三个建设”的互动

站在新的起点上思考马克思主义理论学科的建设，或者思考思想政治理论课的建设，或者思考马克思主义学院的建设，必须是这三者之间的联动，绝不是各自的单打独斗。学科、学院、课程（这里主要指思想政治理论课建设）三者本来就是一个紧密联系、相互作用的有机整体，三者的建设必须拧成一股绳、形成一股劲。

1. “三个建设”的机遇与挑战

学科、学院、课程的建设是一项战略工程、固本工程、铸魂工程，事关党的思想理论建设和意识形态建设，事关全面贯彻党的教育方针，事关中国特色社会主义事业接班人的建设和培养。党的十八大以来，党中央高度重视学科、学院、课程的建设，从巩固马克思主义在意识形态领域的指

导地位、巩固全党全国人民团结奋斗的共同思想基础的高度，对学科、学院、课程的建设提出了新的要求。

2015年1月，中共中央办公厅、国务院办公厅印发的《关于进一步加强和改进新形势下高校宣传思想工作的意见》（简称《意见》）明确提出：第一，要切实推动中国特色社会主义理论体系进教材、进课堂、进头脑。要统一使用马克思主义理论研究和建设工程重点教材，把统一使用工程重点教材纳入相关专业人才培养方案和教学计划，把工程重点教材作为国家级重点规划教材，把工程重点教材使用情况作为教学评估的重要内容。第二，要建设学生真心喜爱、终身受益的高校思想政治理论课，实施高校思想政治理论课建设体系创新计划，全面深化课程建设综合改革，编好教材，建好队伍，抓好教学，切实办好思想政治理论课。高校要制订思想政治理论课建设规划，在学校发展规划、经费投入、公共资源使用中优先保障思想政治理论课建设，在人才培养、科研立项、评优表彰、岗位聘用（职务评聘）等方面充分重视思想政治理论课教师，确保思想政治理论课在高校教学体系中的重点建设地位。第三，要着力增强大学生思想政治教育针对性、实效性，启动大学生思想政治教育质量提升工程，深入开展中国特色社会主义和中国梦教育，加强党史、国史和形势政策教育，把社会主义核心价值观融入高等教育全过程，完善中华优秀传统文化教育，高度重视民族团结教育，积极开展马克思主义民族观宗教观、党的民族宗教政策和相关法律法规的宣传教育，广泛开展各类社会实践和公益活动，加强高校心理健康教育与咨询示范中心建设，做好就业指导和家庭经济困难学生资助工作。第四，要充分发挥高校哲学社会科学育人功能，深化哲学社会科学教育教学改革，充分挖掘哲学社会科学课程的思想政治教育资源，建立健全符合国情的哲学社会科学人才培养质量标准体系，制定实施马克思主义理论、新闻传播学、法学、经济学、政治学、社会学、民族学、哲学、历史学等相关专业类教学质量国家标准，启动实施卓越马克思主义理论人才培养计划，深入实施卓越新闻传播人才、法律人才培养计划。第五，要提升马克思主义理论学科的引领作用，实施马克思主义理论学科领航计划，改革马克思主义理论学科评价方式，重点建好一批马克思主义理论研究和建设创新基地，编写一批马克思主义理论学科研究生核心教材，培养一批马克思主义理论学科带头人，造就一批马克思主义理论教育家，重点建设一批有示范影响的马克思主义学院。《意见》不仅对思想政治理论课教育教学提出了在新形势下发展的新要求，而且也明确了马克思主义理论学科在高校宣传思想工作中的重要地位及发展要求，提出了马克思主义学院建设的方向。

2015 年 7 月，中共中央宣传部、教育部颁布《普通高校思想政治理论课建设体系创新计划》，从实施思想政治理论课建设体系创新计划的主要任务角度，对学科、学院、课程建设提出了更为具体的要求。第一，推进统编教材编写使用，编写教师参考用书、学生辅学读本、教学指导资料和理论普及读物等教学系列用书，构建面向教师和学生不同对象，辐射本专科生、研究生各个层次，涵盖纸质和数字化等多种载体，体现思想性、科学性、可读性相统一的立体化教材体系。第二，提高专职教师队伍整体素质，广泛争取知名专家学者和党政领导干部的支持，注重发挥辅导员队伍的联动作用，健全完善选聘配备、培养培训、特聘教授等制度，建设一支理想信念坚定、师德高尚、理论功底扎实、教学效果良好的高水平思想政治理论课教师队伍，形成专兼结合、结构合理的教学人才体系。第三，改革教学方法，创新教学艺术，倡导集体备课和名师引领，强化问题意识和团队攻关，注重发挥教与学两方面的积极性，形成第一课堂与第二课堂、理论教学与实践教学、课堂教学与网络教学相互支撑，理念手段先进、方式方法多样、组织管理高效的思想政治理论课教学体系。第四，加强马克思主义理论学科规范化建设，凝练学科方向，汇聚学科队伍，扩大学科影响，把马克思主义理论学科建设成为哲学社会科学优势学科，构建以马克思主义理论学科为引领，相关学科为补充，有效支撑思想政治理论课建设的学科体系。第五，健全完善评价标准，明确评价导向，优化评价机制，坚持评建结合，管理与服务并重，紧密结合思想政治理论课教材、教师、教学等实际，构建有利于激发各方面积极性，全面系统、科学规范、运行有效的综合评价体系。第六，加强独立二级机构，重点建设一批马克思主义学院，稳定经费投入渠道，强化高校党委责任，不断健全基本要求具体、责任分工明确、政策制度完善，有利于形成工作合力的思想政治理论课建设条件保障体系。这六大任务虽说是思想政治理论课建设的任务，但实际已覆盖了学科、学院、课程“三大建设”的任务，反映了三者的联动性。

总体来说，在新的形势下，明确了建成优先发展、优势发展、优质发展学科的要求。“三优”学科的发展讲到底就是要表现在两个方面：一是学科要有辐射力，能对其他学科产生影响；二是学科要求有推动力，能推动马克思主义理论研究的深入，推动哲学社会科学的繁荣发展，推动其他学科的发展不偏离中国特色社会主义发展的轨道。在新的形势下，明确了建好马克思主义学院的要求，最终体现在两个方面：一是先进性，马克思主义学院要有领先地位，要成为马克思主义理论研究的排头兵、领头羊；二是持续性，马克思主义学院要有长远发展，有发展的后劲。在新的形势下，明确了办好思想政治理论课的要求，概括地说，一是要建设一支让党放心、让学生满意的思想政治理论课教师队伍，二是要打造学生真心喜欢、终身受益的思想政治理论课。

学科、学院、课程的地位很明确，也很重要，建设任务更加繁重。面对社会思想观念和价值取向日趋活跃、主流和非主流同时并存、社会思潮纷纭激荡的新形势，面对我国经济发展进入新常态、国际发展环境深刻变化的新形势，面对改革进入攻坚期和深水区、各种深层次矛盾和问题不断呈现、各类风险和挑战不断增多的新形势，面对世界范围内各种思想文化交流交融交锋的新形势，面对全面从严治党进入重要阶段、党面临的风险和考验集中显现的新形势，如何巩固马克思主义在意识形态领域的指导地位，培育和践行社会主义核心价值观，巩固全党全国各族人民团结奋斗的共同思想基础，如何推进全面小康社会进程，促进社会公平正义，如何加快建设社会主义文化强国，增强文化软实力，提高我国在国际上的话语权，迫切需要学科、学院、课程更好地发挥作用。总之，在坚持和发展中国特色社会主义，统筹推进“五位一体”总体布局和协调推进“四个全面”战略布局，实现“两个一百年”奋斗目标、实现中华民族伟大复兴中国梦的历史进程中，学科、学院、课程都大有作为。

2. “三个建设”的互联互动

学科、学院、课程“三个建设”不是割裂的，不是各行其道，而是交叉融合的。学科、学院、课程“三个建设”不能顾此失彼，而要协同发展。马克思主义学院建设是马克思主义理论学科建设、思想政治理论课建设的重要平台，学院中的基地、团队、中心等机构的建设，可以为马克思主义理论学科建设、思想政治理论课提供建设的场地。学院关于科研、教学的建设显然又是马克思主义理论学科建设和思想政治理论课建设的题中之义。反过来，学科建设、思想政治理论课建设又是马克思主义学院建设内容的重中之重，没有马克思主义理论学科建设和思想政治理论课建设，马克思主义学院也就没有发展的根基，就没有立足之地。甚至我们还可以说，离开了马克思主义理论学科建设和思想政治理论课建设，就无所谓马克思主义学院的存在，而离开了马克思主义学院，马克思主义理论学科建设和思想政治理论课建设必然受到影响。马克思主义学院出成果、出人才这两大重要任务，是有赖于学科的发展和课程的建设的。

学科、学院、课程“三个建设”的互联互动是从学院与学科的关系、学科与思想政治理论课的关系，以及思想政治理论课与学院的关系等方面表现出来的。这里着重从马克思主义学院建设与马克思主义理论学科发展的关系谈谈学科、学院、课程“三个建设”的互联互动。

第一，学科发展的专业性与学院建设的综合性之间的关系。尽管马克思主义理论学科要求内容研究趋于整体性、综合性，但在学科归属上则要求教师加强专业化建设，能把马克思主义理论作为专业来对待，专业归属感要求教师在产生专业身份认同的同时，能够明确承担起学科建设的责任和义务。而在学院的发展中，尽管随着学校规模的扩大、院系建制的增多和学科的扩增，马克思主义理论学科已成为马克思主义学院的学科，但是马克思主义学院的目标功能实际上并不限于马克思主义理论学科的建设方面，特别是那些学科群类型的学院，其功能目标明显具有综合性。

从马克思主义学院的发展来说，学科的深入发展要求学院按照学科领域来建立，体现学科发展的专业化；同时，由于现实世界的复杂性，现实问题的复杂性，学院在组织建制上又要面对复杂的世界、复杂的问题，具有解决现实问题的综合性。一方面是要体现学科教师的专业性，另一方面是要反映学院发展的综合性，学院如何为促进学科教师提高专业化水平提供条件，显然是处理好学院建设和学科建设二者关系不可或缺的方面。处理好马克思主义理论学科发展的专业性与学院发展的综合性之间的关系，是加强学科、学院、课程建设，实现互联互动不可或缺的重要方面。

第二，学科发展的学术权力与学院建设的行政权力之间的关系。这是一个在学院这个环境内如何破解行政权力与学术权力二元化的问题。这和马克思主义理论学科必须体现学术性与意识形态性的统一是不同的问题。马克思主义理论学科发展的学术权力主要是指占有学科知识优势的专业权威，学术权威不受行政权力的干预，并对学科的建设和发展产生影响。从一定意义上说，学术权力的存在确保了学术的氛围，也保证了学院教学、科研的基本属性，保证了学科的深入发展。

马克思主义学院所承担的任务是繁重的，无论是卓越人才的培养、马克思主义理论的研究，还是党的思想理论的宣讲，毫无疑问，都必须以学术为主，具有很强的学术属性，必须维护学术的尊严，坚守学术的质量，树立学术的权威，否则，马克思主义学院的任务就无法完成。但是，从另一个角度来说，学院本身又是一个社会组织，它拥有自身的规划、人事、财务以及对外联系等事务，必须赋予管理人员一定的管理权力，必须体现出行政权力。就学院的现实运作来看还是存在着一些问题的，例如，学院中很多的学术性事务，现在交给了行政系统进行决策，从而把执行机构变成了决策机构，在一定程度上架空了合法的决策机构，如教授委员会、学术委员会、教学委员会等。又如，在学院内部的学术管理中，如科研规划、经费预算、项目确定、学术带头人的评选、学科建设、专业建设、课程建设等方面的问题，本应该是通过学术权力发挥作用，但在实际运作过程中，行政权力发挥主要作用，行政权力成了学院的实际决策权力。

在学科发展中，学院的行政权力和学科的学术权力并非是对立的，关键在于如何使这两大权力趋于统一？应尽量避免用行政权力替代学术权力，用行政权力干涉学术权力。当然，也不能反过来，缺乏学术自信心，学术权力依附于行政权力。这两种情况都不利于学科的发展。所谓“趋于统一”，主要在于如何使学院的行政权力与学科的学术权力有效地形成合力，充分体现学科的学术本质的问题，以行政权力辅助学术权力开展工作，以行政权力服务于学术权力，以行政权力保证学术权力的发挥等，从而保证教师有更多的时间和精力投身学科建设和课程建设。

第三，学科发展的累积式与学院建设的跨越式之间的关系。学科发展是一项系统工程，包括学科梯队建设、科学研究和学术方向凝练、人才培养、社会服务、项目建设等综合性建设活动。搞好学科建设的关键在人，选拔和培养一支素质优良、结构合理、研究方向明确的学科队伍特别是学科带头人队伍对学科发展至关重要。科学研究是学科建设中一个重要的方面，科研成果是学科实力的具体体现，重大的科研项目的研究以及成果的获得是学科建设的前提与拉动力。学科发展的关键是人才培养，人才培养的质量在很大程度上又取决于学科发展的水平。这与教学工作又是密不可分的，教学质量是评价学科建设的重要指标，教学所涉及的诸多方面，如培养目标、培养模式、专业划分与设置、课程体系与教学内容、教学方法、教学手段、教学组织与管理、教学队伍、教学评价等，教学建设所包括的教师队伍建设、专业建设、课程建设、教学基地建设和学风建设等，基本上又都是学科建设的范围和内容。学科发展工程的复杂性、系统性、综合性，决定了学科发展水平的提升不可能是立竿见影的，而是长期累积式的，它的发展过程只能是一个逐步推进的发展过程，靠突击是很难奏效的。

学院跨越式发展的意义在于，在对旧有状况做出改变的基础上实现了新的变化，取得了一系列成绩，产生了一定的效果。学院跨越式发展所需要的条件，显然与学科发展的范围和内容具有一致性。首先是要有一个具有创新精神、明确办院方向、能够凝聚人心，并具有包容品格的院长，要有一批能够构筑“学术尖顶”、形成优势学科的知名教授，要有一个能做事、做成事的好的环境和氛围。从这个意义上说，学院发展的跨越式与学科发展的累积式并非是矛盾的，关键在于这二者如何在把握核心要素如学术带头人、学术队伍等方面进行互补。学院和学科、课程的内在联系，说明了没有一流的大师就没有一流的学术队伍，没有一流的队伍就没有一流的学科、一流的课程。没有一流的学术队伍，没有一流的学科和课程，也就不可能有一流的学院。

第四，学科发展的外放性与学院建设的内敛性之间的关系。马克思主义理论学科经过十多年的建设，现在已经站在了拓宽学科视野、提升学科影响力的新的历史起点上，这既是由学科发展的过程决定的，又是由学科发展所具有的外放性特点决定的。学科要建设好，就是必须将其置身于学科群中。马克思主义学科体系内部的各个学科如马克思主义理论、哲学、经济学、科学社会主义与国际共产主义运动等，存在着相互依存、相互促进的共生关系，一个学科的发展可以为另一个学科的发展提供动力和营养，构成一个学科群。马克思主义理论学科是马克思主义学科体系这个学科群中的一个重要组成部分，它的外放性指的就是学科的拓展性，就在于它要与相关学科发生联系。这表现在多个方面：与马克思主义相关学科进行交流与合作、与人文社会科学的学科进行对话与碰撞、与各种错误思潮和错误观点进行斗争和交锋、有效利用外在的学科环境发挥学科群的优势等。马克思主义理论学科发展的外放性是针对这个学科过去十多年的建设成就和不足来说的，是针对这个学科怎样从“大”走向“强”、从速度型走向质量型、从铺摊子走向提升学科影响力来说的。学科的外放性已成为今天如何发展自己、做好自己、做强自己的重要路径，成为提升马克思主义理论学科引领作用的重要路径。

学科的发展是需要外放的，要面向不同的学科、不同的范围、不同的层次，学院的建设则在一定程度上具有内敛性。它以自身在科研、教学、人事、财务等方面的建设，给教师以安全感。处理好学科发展的外放性与学院发展的内敛性之间的关系，将二者进行互补和结合，所达到的效果就是广博内敛，使学院中的每个教师通过学科间的交流和合作提升自己的学术内涵和修养，增强自己的学术素养，使教学更加专业化，使课程教学更具有实效和影响力。

3. “三个建设”在互联互动中需注意的问题

学科、学院、课程“三个建设”的互联互动在实践中需要注意的问题有：

第一，避免学院建设与学科建设相互取代。如前所述，学院建设与学科建设有联系也有区别，学院建设和学科建设的主体（教师队伍）基本是一致的，但学院与学科的功能、地位是不同的，目标任务也有差别，因此，二者不能相互取代。

第二，避免学院建设和学科建设任务的“褊狭化”。加强思想政治理论课教学已是今天设置独立的二级科研教学机构，并把马克思主义理论学科落实到马克思主义学院建设中一个重要的目标指向。马克思主义学院发展的综合性要求，特别是马克思主义学院建设任务的宏观性、战略性，决定了学院发展的后劲，决定了它的发展为思想政治理论课教学服务的重要性，马克思主义学院的发展关乎马克思主义理论学科的发展和思想政治理论课的发展。但是，加强学科建设、思想政治理论课建设不等于学科建设和课程建设可以取代学院建设，可以认为，学院建设必须要有学科建设和课程建设，但不能认为学科建设好了，思想政治理论课教学搞好了，学院的发展就上去了。学科、学院、课程“三个建设”必须是联动的，否则既不利于学院发展，也不利于学科发展，更不利于思想政治理论课的发展。

第三，避免马克思主义学科与马克思主义理论学科等同。马克思主义理论学科是马克思主义学科的重要组成部分，二者有紧密的关系，但二者不是一回事，马克思主义学科宽泛得多，除了包括马克思主义理论学科外，还包括了马克思主义理论学科的相关学科，如哲学、政治经济学、科学社会主义与国际共产主义运动、中共党史等学科，包括了哲学社会科学中意识形态属性比较强的相关学科，如法学、社会学、新闻学等学科。不能以马克思主义学科的建设代替马克思主义理论学科的建设，把握好马克思主义学科的广泛性与马克思主义理论学科的专业性之间的关系，是加强学科、学院、课程“三个建设”的重要方面。

第四，避免学科、学院、课程“三个建设”中研究的“窄化”现象。学科、学院、课程“三个建设”的核心任务是“研究”，要研究马克思主义理论，研究党的思想理论、方针政策，研究重大理论和实践问题，研究课程教学中的重点难点问题，研究教学的教材、方式方法和手段，等等。所有这些研究既包括理论研究、教学研究，也包括宣传研究、行动研究。这四大类型的研究在学科、学院、课程“三个建设”中是并存的，是不可分的，不能只重视理论研究、教学研究而忽略宣传研究、行动研究，因为不加强宣传研究，学科、学院、课程“三个建设”的任务是难以完成的；不加强行动研究，思想政治理论课教学是很难取得实效的。而在理论研究和教学研究中，不能只重视理论研究而忽略教学研究，更不能将研究和教学割裂开来，既不能以思想政治理论课的教学来代替马克思主义理论的研究，也不能以思想政治理论课教学方法的研究来代替思想政治理论课教学内容的研究。在教学研究中，思想政治理论课教学的研究与马克思主义理论类专业课教学的研究，以及马克思主义理论学科研究生培养的专业课教学的研究是并重的。

后　记

本书的“前言”对写作思路、写作提纲、基本素材已经有了交代，按理说，不用再写“后记”了。但是，这本书的写作是基于以往研究的多个片断，并非一气呵成，在写作时间上跨度较大，当我坚持在暑假期间按提纲完成全部书稿后，发现还有一些需要特别说明的地方，于是，就增加了这个“后记”。

本书的三大部分内容尽管都是以“教学”之名撰写的，但是，这个“教学”已不再是狭义上的“教学”了，它已经拓展到学术、学科层面，是我从切身体会中对“教学”的一种理解。

本书有两个章节是和博士生合作完成的：上篇第三章的第三节“正确认识和处理政府与市场的关系”，是和彭俞超（中国人民大学财经学院博士后）合作完成的；下篇第八章的第一节“马克思主义理论学科的文献建构”，是和邓春芝（西南大学马克思主义学院讲师）、龙晓菲（西南大学马克思主义学院副教授）合作完成的。特此说明。

本书的写作是对平时研究的一种汇集、梳理和总结，书稿中难免会有一些不周全的地方，也可能会有一些表述随意的地方，更可能会有局部重复的地方，敬请读者谅解、指正。

张雷声

2017 年 9 月

图书在版编目（CIP）数据

思想政治理论课教学的境界/张雷声著. —北京：中国人民大学出版社，2018.5
（高校马克思主义理论教学与研究文库）
国家出版基金项目
ISBN 978-7-300-24401-3

Ⅰ.①思… Ⅱ.①张… Ⅲ.①高等学校-思想政治教育-教学研究-中国 Ⅳ.①G641

中国版本图书馆 CIP 数据核字（2017）第 112775 号

国家出版基金项目
高校马克思主义理论教学与研究文库
思想政治理论课教学的境界
张雷声　著

出版发行	中国人民大学出版社		
社　　址	北京中关村大街 31 号	**邮政编码**	100080
电　　话	010－62511242（总编室）		010－62511770（质管部）
	010－82501766（邮购部）		010－62514148（门市部）
	010－62515195（发行公司）		010－62515275（盗版举报）
网　　址	http://www.crup.com.cn http://www.ttrnet.com(人大教研网)		
经　　销	新华书店		
印　　刷	天津中印联印务有限公司		
规　　格	165 mm×230 mm　16 开本	**版　　次**	2018 年 5 月第 1 版
印　　张	24.5 插页 1	**印　　次**	2018 年 5 月第 1 次印刷
字　　数	360 000	**定　　价**	88.00 元